Anton von Prokesch-Osten

Geschichte des Abfalls der Griechen

Erster Band

Anton von Prokesch-Osten

Geschichte des Abfalls der Griechen
Erster Band

ISBN/EAN: 9783741183966

Hergestellt in Europa, USA, Kanada, Australien, Japan

Cover: Foto ©Lupo / pixelio.de

Manufactured and distributed by brebook publishing software
(www.brebook.com)

Anton von Prokesch-Osten

Geschichte des Abfalls der Griechen

GESCHICHTE

DES

ABFALLS DER GRIECHEN

VOM

TÜRKISCHEN REICHE IM JAHRE 1821

UND DER GRÜNDUNG

DES

HELLENISCHEN KÖNIGREICHES.

AUS DIPLOMATISCHEM STANDPUNCTE.

VON

ANTON FREIHERRN VON PROKESCH-OSTEN.

ERSTER BAND.

(TEXT. BAND I.)

Mit Unterstützung der Kaiserlichen Akademie der Wissenschaften.

WIEN, 1867.

IN COMMISSION BEI CARL GEROLD'S SOHN.

Bearbeitet in den Jahren 1834 bis 1848 und seit dem Jahre 1853 bis zum Schlusse des vierten Bandes fertig gedruckt, ward dieses Werk durch ausserordentliche Umstände seither am Erscheinen gehindert.

Vorwort.

Ich schreibe nicht, um gelobt zu werden. Ich schreibe aus Gewohnheit der Arbeit, aus Lust zur Forschung und Wahrheit. Ich schreibe wie der Biber baut und der Baum Blätter treibt.

Seit langen Jahren die Schicksale des griechischen Landes theilend, seiner Kämpfe Augenzeuge, seiner Leiden und Hoffnungen Mitfühlender, am Baue seiner Wiedergeburt auch eine Hand, für die Bewahrung seiner errungenen Unabhängigkeit thätig, was Wunder, dass ich die Fackel der Geschichte in das diplomatische Labyrinth des Befreiungskrieges zu tragen unternahm?

Meine freundschaftlichen Beziehungen zu vielen der eingreifenden Männer, meine Stellung selbst, gaben mir Quellen, die kein Anderer sammeln konnte. Alles, was bis jetzt über den Gegenstand geschrieben wurde, ist Parteischrift oder gar schwaches Stückwerk. Ich will etwas Vollständigeres, von Parteileidenschaften Unentstelltes geben. Was mich selbst berichtigen kann, wo ich irre, stelle ich dem Leser in den Beilagen zu Gebote.

Athen, im Frühjahr 1848.

Ant. Freiherr v. Prokesch-Osten.

Inhalt.

Einleitung.

Ob es der Mühe werth ist, die Geschichte des griechischen Aufstandes zu schreiben, wird erst die Zukunft entscheiden. Schilderungen von Mord und Krieg, von Kühnheit und Schwäche, von Elend und Täuschung, von Missbrauch und Einmischung sind müssige Uebungen. Wenn dieser Kampf nur den Uebergang von einem Raupenzustande zum andern bezeichnet, dann mögen sich immerhin die Irrthümer unter den Schülern forterzählen, welche die laufende Münze auf den Marktplätzen der Tagesgeschichte sind. Sollte aber wieder ein veredeltes Geschlecht dies schöne Land bewohnen, das einst so reiche Blüthen und Früchte trug, dann möge es auf den Blättern, die wir ihm nachlassen, in unserem Bestreben einer umfassenden und wahren Schilderung seiner blutigen Wiedergeburt einen Beweis der Achtung sehen, die wir zum Voraus für dasselbe hegten und uns um der Hoffnung willen lieben, mit der wir ihm entgegenblicken.

Es soll die Aufgabe dieses Werkes seyn, die Thätigkeit der Kräfte, welche die Losreissung Griechenlands erwirkten, in ihrem richtigen Verhältnisse zu einander darzustellen und namentlich das Spiel und Wirken der bis jetzt weniger gekannten diplomatischen nachzuweisen, welche den leitenden, ja den entscheidenden Einfluss übten. Eine kurze Einleitung soll den Stand der Frage bestimmen.

Dass ein Volk, welches täglich der Willkühr ausgesetzt ist, und wäre sie die gemässigtste, derselben zu widerstreben sucht, ist natürlich, und ist es um so mehr, wenn dieses Volk durch Erinnerungen, Sprache, Religion und Sitten von demjenigen, dem es unterworfen, abgetrennt dasteht und sich überdiess an Fähigkeiten und Fertigkeiten überlegen sieht oder glaubt. Was hielten dem Griechen Fremde und Einheimische in Liedern und Geschichten vor die Augen, als seine einstige Grösse und seine Schmach? — was predigten seine Priester, als den Retter und Erlöser, der Allen ein Mittler war und seyn wird? — welches Bewusstseyn begründete der von so vielen seiner Söhne erworbene Besitz eines tiefgreifenden Einflusses in alle politischen und Handelsbeziehungen des türkischen Volkes zu anderen Völkern, wenn nicht dasjenige des geistigen Uebergewichtes? — was sollte der Anschluss an europäische Bildung, wozu ihn die Stimmen der Fremden und Mitbrüder, aus redlichem Glauben und aus Erkenntniss dessen, wohin er führen musste, täglich aufforderten, und hinter dessen lockendem Bilde die Aussicht auf Glück lag, das Jeder auf seine Weise ausmalte, erwirken, wenn nicht die Losreissung vom türkischen Joche?

Constantin hatte seinen Thron auf die Religion gebaut. Die Herrschaft durch die Religion war die einzige, welche die morgenländischen Christen als eine solche begriffen, die ihre Berechtigung in sich trug, und von Gott empfangen hatte. Von allen Stützen der Herrschaft aber war keine als die Gewalt dem Sultan zu Gebote. Religion, Sitten, Gesetz, Vaterlandsliebe waren gegen ihn im Bunde. Als nun auch die Gewalt zu brechen begann, war die Revolution in allen Gemüthern. Der Ausbruch derselben hing nunmehr von den Mitteln und deren Vereinigung ab. Ihr wahrer Grund lag in der Zunahme der Mittel der Griechen und in der Abnahme derjenigen der Türken. Es musste die Zeit kommen, wo beide im Gleichgewichte standen, und weiter diejenige, wo die Mittel der Griechen denen ihrer Ueberwinder bereits wirklich überlegen waren oder wenigstens dafür gehalten wurden. Diesen letzten Zeitpunkt zu beschleunigen und zu nützen, war die Aufgabe und Leistung der Hetäristen, welche die Losreissung Griechenlands als Ziel vor Augen hatten, so wie diejenige der Fremden, welche dieses Ziel wieder als Mittel zu anderen Zwecken herbeiführen wollten.

Es ist ein Fehler des Eroberers, ein unterworfenes Volk, das sich mit dem Sieger auf keine Weise verschmelzen kann, als organischen Körper, als Staat im Staate fortbestehen zu lassen. Diesen Fehler beging Mohammed II. Dadurch wie er das Patriarchat und die Synode bestellte, gab er allen Anhängern der orientalischen Kirche, die sein weitläufiges Reich bewohnten, einen Mittelpunkt. Der Patriarch von Constantinopel war ihnen die von Gott gegebene Obrigkeit, war ihr König in Fesseln mitten unter dem gefesselten Volke.

Die Misshandlungen, welche die Griechen von den Lateinern vor und nach dem Falle von Constantinopel erlitten hatten, hinderten, dass sich unter ihnen die alte Anhänglichkeit an die morgenländische Kirche durch neue Hoffnungen lockerte. Das Bedürfniss der Vertheidigung der kirchlichen Unabhängigkeit wurde in dem Verhältnisse lebendiger, als dasjenige der politischen abstarb. Es hatte sich nicht gegen die Muselmänner geltend zu machen, denn nicht in Bezug der Kirche waren diese die Dränger; sie liessen dieselbe freier als jede andere gewähren, achteten die Klöster, umgaben sie mit Vorrechten, stellten den Priestern zum Theile die Gerechtigkeitspflege und Verwaltung anheim und machten die Lehren der Kirche durchaus nicht zum Gegenstande von Untersuchung und Streit. Anders war es mit den Lateinern, von welchen die Griechen in bürgerlicher Beziehung nicht besser als späterhin von den Türken behandelt worden waren, und die überdiess ohne Unterlass ihre Kirche befehdeten. Dieses Verhältniss schloss und hielt das griechische Volk fest an den kirchlichen Mittelpunkt, den ihm der Eroberer gelassen hatte.

Wenn dieses Band hinreichte, um im kirchlichen Sinne einen Körper, den man griechisches Volk nennen konnte, zu erhalten, so ging aus ähnlichen Fehlern der Eroberer, dort, wo örtliche Verhältnisse es erlaubten, wie im eigentlichen Griechenlande, auch ein politisches Band für den so begünstigten Landstrich hervor und vollendete die Gestaltung eines Gesonderten, welcher die völlige Abtrennung um so leichter folgen konnte. Dahin gehört die Ausbildung des Gemeindewesens, wodurch die Türken die wirkliche Herrschaft auf den Inseln für eine lockere Schutzherrschaft hingaben, auf dem Festlande und in der Halbinsel aber eben so viele Mittelpunkte kleiner ihrer Herrschaft abgeneigter Körper erhielten. Sie gaben den Griechen zuletzt auch die Waffen in die Hand durch die Erneuerung der byzantinischen Einrichtung der Armatoli, welchen die Sicherheit der Strassen und die Bewachung der Pässe übertragen war und denen zur Seite sich die Klephten als nicht gebilligte Haufen bildeten, die beide zusammen einen bedeutenden Theil der waffenfähigen Jugend in sich fassten und im Volke das Vertrauen auf eigene Kraft steigerten.

Bei solcher aus der Religion hervorgegangenen Unmöglichkeit des Zusammenfliessens der Besiegten mit den Siegern, bei der Vernachlässigung von Seiten der letztern aller der Mittel, wodurch sie die Unterwerfung hätten vollenden können, handelte es sich nur mehr darum, dass dieser fremdartige Körper im türkischen Staate den Glauben auf die zur Losreissung nöthige Kraft gewann, um bei der nächsten Veranlassung loszuschlagen.

Dieser Glaube ging zum Theile aus dem wirklichen Zuwachse an Mitteln, theils aus der Abnahme derjenigen des Sultans, theils aus der wachsenden Zuversicht auf auswärtige Hülfe hervor. Dieser letzte, als der am leichtesten den Irrthum zulassende Punkt, war mit der Stellung, Haltung und Macht des glaubensverwandten Russlands seit Peter des Grossen Zeit ungemein gewachsen und um die Mitte des vorigen Jahrhunderts so stark, dass es Katharinen nicht schwer wurde, die Inseln und die Halbinsel zum Aufstande zu bringen. Das Misslingen desselben führte die Griechen zu grösserer Umsicht und gleichsam auf sich selbst zurück; Reichthum, Kenntnisse, Schiffkraft wurden die nächsten Ziele der Mächtigeren unter ihnen, von denen überhaupt eine Bewegung ausgehen konnte, und diese mussten im Verhältnisse ihrer Zunahme die Zuversicht wieder auf die Höhe bringen, wo der Funke aufgenommen und in die Adern des ganzen Körpers geführt werden konnte. Nach dem Frieden von Kainardschi bildete Hassan-Pascha die Seemacht der Pforte, er nahm die Inselgriechen zu Matrosen und seit dieser Zeit wurden die Inseln des Schatzes gewahr, den sie besassen; die türkische Flotte wurde von den Griechen abhängig und die Zuversicht in diesen zur Erkenntniss gesteigert, dass sie zur See der Pforte sich würden erwehren können. Um den Bestrebungen der russischen Consuln entgegen zu arbeiten, welche die Inselbewohner zur Auswanderung einluden, behandelte die Pforte diese mit besonderer Milde und Rücksicht, und stellte ihre Schiffahrt in Vortheil gegen die übrigen Handelsflaggen; daraus zogen insbesondere Hydra, Spezia und Ipsara ihre erstaunliche Entwicklung, und, durch die Verhältnisse in Europa begünstigt, gewannen sie schnell und reichlich; die grossen erworbenen Summen vermehrten ihre Mittel und hoben ihren Muth. Grössere Schulen zu Kydonia, Smyrna, Chios, Janina — kleinere in Pathmos, Salonich, Ambelaki, Zagora, Athen, Dimitzana und anderorts, die vermehrte Verbindung mit Italien, Deutschland und West-Europa endlich steigerten die Kenntnisse. Dem auf ganz anderen Wegen der Entwicklung gehenden Herrn gegenüber, hatte der in seiner Wesenheit abgesonderte griechische Körper an Muth, Geld und Kenntnissen reichlich gewonnen, eben so viele treibende, dem wirklichen Besitzgenuss und der Zufriedenheit in der Beschränkung fremde, verlangende Kräfte. Bei diesem Verhältnisse mangelten nur noch die Gelegenheit und der Anstoss zum Ausbruche; die eine gab die Pforte selbst durch den Bruch mit dem mächtigen Nachbar des griechischen Festlandes Ali Pascha von Janina; den anderen gaben die Hetärie und die Menge eifriger Fremder und Einheimischer, welche die Spannung Russlands mit der Pforte wissentlich oder aus Irrthum missbrauchten.

Sultan Mahmud, im Bestreben die Macht und die Einkünfte seines Reiches fühlbarer in seine Hand zu bekommen, schlug die mächtigen Ayans in Rumelien nieder, in denen Nationalkraft und Achtung gebietender Wille noch wohnten. Er schwächte dadurch die Gränzländer Griechenlands an Mitteln zum Angriffe, wie zum Widerstande. Im Jahre 1820 griff der Sultan auch Ali Pascha von Janina an, der als Klisurarch des nördlichen Griechenlands, seine Macht gewonnen und die Armatoli theils an seinem Herzen gehegt hatte, theils zu verderben durch lange Jahre bemüht gewesen war, aber durch das eine wie das andere die Anstalt selbst hob, in den Gebirgen jenes Kriegerleben erzeugte, das ewig Wache steht und jedes Stück Brod nur am Ausgange eines Kampfes sieht, und so für den bevorstehenden Krieg, ohne es zu wissen, zahlreiche und gewichtige Elemente bereit legte. Die Griechen fürchteten nur Ali Pascha. Sobald der Sultan diesen angriff, wussten sie, dass er sich dadurch des einzigen Mittels, sie im Joche zu halten oder in dasselbe zurückzuwerfen, begab. Ali seinerseits, sobald er den Ferman des Bannes empfing, gab Gehör den Hetäristen, die ihn umdrängten, und wies er auch den Antrag der Eifrigsten aus ihnen, die ihm von Taufe und von dem Throne der Constantine sprachen, zurück, so munterte er doch zur raschen Schilderhebung auf, und sagte Hülfe dem Unternehmen zu, das ihm nun in seinem Entwurfe und Ziele bekannt war. Um sich berief er die Armatoli der thessalischen Pässe und was sonst aus dieser Landwehre unter ihm gedient hatte. Der Seriasker Soleiman Pascha, der gegen Ali zog, that das ähnliche; er rief die Bewohner des nördlichen Griechenlands in die Waffen. Dieser Missgriff, auf den Rath seines Geheimschreibers, eines Griechen, gethan, kostete ihm bald darauf den Kopf, aber die Folgen blieben. Die Griechen jener Bezirke, die Waffen zu nehmen ermächtigt, nahmen sie und kehrten sie bald gegen die Haufen des Grossherrn, die verheerend das Land durchzogen. In der Aufregung dieses Kampfes und unter dem Mantel desselben bildete sich der gewaffnete Aufstand der Griechen gegen die Pforte.

Diese Veranlassung wäre aber wie hundert frühere vorübergegangen, ohne mächtigen Anstoss an die so bereiteten Elemente an vielen Stellen zugleich gegeben. Dazu gehörte eine viel- und weitverzweigte Verschwörung, die auf eine grosse Macht sich berufen, die Zagenden oder Besonnenen mit sich fortreissen, die Mittel vereinigen und durch eine gewaltige That das Zeichen zum Ausbruch geben konnte. Dies that die Hetärie.

Der erste Entwurf zu einer Gesellschaft unter dieser Bezeichnung gehört dem im Jahre 1784 nach Russland gezogenen Hospodar der Walachei, Alexander Mavrokordato an. Linderung des Elends war deren nächster Zweck, Verbreitung europäischer Kenntnisse reihte sich daran, und allmählig bildete sich Erziehung der Griechen nach europäischen Ansichten und Meinungen zum Lieblingsgegenstande für viele Menschenfreunde aus, den auch solche, die es nicht waren, aus Eitelkeit und Mode betrieben. Graf Johann Capodistrias, der hervorragendste Mann seines Volkes, hatte seine hohe Stellung und seinen weitreichenden Einfluss häufig für eben diesen Gegenstand geltend gemacht; er wurde gerne der Schützer und Lenker der meisten auf Ausbildung der Griechen gerichteten Bestrebungen, und in diesem menschenfreundlichen Sinne, die Umgestaltung der Lage des Volkes auf dem milden Wege verbreiteter Erziehung vor Augen, erneuerte er im Jahre 1814, während seiner Anwesenheit zur Zeit des Congresses in Wien, mit Lord Guilford und anderen Freunden den noch nicht völlig erstorbenen Bund. Kein Werk des Geheimnisses sollte er seyn; offen warb der Graf für den Verein im Namen der Gesittung, der Religion und der Achtung für Wissenschaft und Kunst. Griechen und Fremde traten ihm bei, bedeutende Namen liessen sich einschreiben und Beiträge wurden geliefert. Die Philomusen in Athen, Lord Guilford in Korfu wurden Mittelpunkte dieses Strebens. Was sie thaten, entspross dem einen zu Wien gepflanzten Stamme.

Kaum erscholl die Nachricht von diesem Vereine unter den Griechen in den verschiedenen Ländern Europas und namentlich in Russland, als sich, wie es kommen musste, die Einbildung mit dem Offenen nicht zufrieden gab, an einen geheimen Plan, der kein anderer als die politische Wiedergeburt des griechischen Volkes seyn konnte, zu glauben begann und in dem Namen des Vorstandes des neuen Bundes die Bürgschaft der Billigung dieses Planes wenigstens von Seite Russlands, vielleicht von Seite mehrer Grossmächte, als unbezweifelbar gegeben sah. Dieser Wahn, in vielen Gemüthern wurzelnd und an der warmen Liebe des Grafen für Volk und Kirche sich nährend, ermuthigte bald Einige, ob sie ihn nun theilten oder nicht, ihn fruchtbar zu machen. Noch im Jahre 1814 vereinigten sich in Odessa drei für sich wenig bedeutende Männer, Nikolaus Skuffas aus Arta, Athanasius Tzakaloff aus Janina und Panagiotis A. Anagnostopulos aus Andritzena, unter sich zu einem geheimen Bunde, den sie den Bund der Befreundeten nannten. Sie beschlossen, in der Meinung der Griechen ihn an die Stelle des offenkundigen zu schieben, und jenem mit Hülfe dieses die Genossen zu werben. Der grossartige Betrug konnte gelingen, denn er lag in den Wünschen und in dem Wahne des Volks. Das Ziel aber, das sie dem Bunde steckten, war nicht die früher und späterhin begriffene und vorangestellte Wiederbelebung der alten Hellas; eine weit grössere, weit wirksamere, weit brauchbarere Idee belebte den Bund, — es galt für alle Griechen der morgenländischen Kirche ein Vaterland wieder zu gestalten, einen Staat zu gründen, der, wie einst, Constantinopel zur Hauptstadt haben sollte, — nicht Athen, und Sparta und Theben, sondern das Byzanz der Kaiser herzustellen. Die Wiederherstellung des griechischen Reiches war also das Ziel des Bundes, nicht die Nationalität sondern die Kirche seine Grundlage, und darnach waren seine Lehren. Es arbeiteten nun die Drei Schwur und Zeichen und die übrigen Ausrüstungen geheimer Gesellschaften aus. Sie gaben sich nur als Werkzeuge, machten die Aufgenommenen sich nur als solche betrachten, wiesen auf eine höchste, leitende Macht, ohne sie zu nennen, hin, und wussten diese Macht um so wirksamer, als Niemand sie da suchte, wo sie wirklich war und Jeder nach Oben sah und sich für gewiss hielt, sie zu errathen. Nach Moskau wegen zerrütteter Geldverhältnisse gegangen, warben

Skuffas und Tzakaloff dort im Herbste 1815 mehrere Anhänger; aber erst im folgenden Jahre, als die Beiden wieder nach Odessa zurückgekehrt waren, bekam der Bund seine völlige Ausbildung. Sieben Grade traten nun an die Stelle von den dreien der Brüder, der Empfohlenen und der Priester; es wurden nämlich die der Hirten, der Oberhirten, der Geweihten und der Führer beigefügt. Die oberste Leitung hatten sich die drei obengenannten Männer bewahrt; aber sie fühlten das Bedürfniss, sie in die Hand des Grafen Capodistrias zu legen. Getäuscht oder auch nur hoffend, sandten sie Nikolaus Galatis aus Ithaka desshalb im Jahre 1816 nach Petersburg.

Im Wunsche vereinigt, über die Wege und Mittel unter sich getrennt, lag ein Abgrund zwischen dem Vorstande derjenigen Hetärie, welche die natürliche Reife des Volkes herbeiführen und abwarten wollte, und zwischen dem Abgeordneten der Andern, die den Aufschub verwarf und durch die Glut des Kampfes die Reife herbeizuführen dachte. Capodistrias sprach sich mit Galatis aus. Unbedachtsames Benehmen von Seite des Letzteren machte dem Ersteren die gerne bewahrte Schonung unmöglich; er liess ihn festnehmen, versicherte sich seiner Papiere, beschränkte sich aber darauf, ihn nach den Fürstenthümern bringen zu lassen, und dort der Aufsicht des russischen General-Consulates zu empfehlen.

Diess beirrte den Glauben der Menge nicht. Anagnostopulos weihte um dieselbe Zeit mehrere einflussreiche Capitaine der griechischen Halbinsel ein, die über Odessa nach Petersburg, dort Soldansprüche geltend zu machen, reiseten und die beiden Mainoten Elias Chrysospathis und Panagiotis Dimitrakopulos. In Ismael gewann er den Führer der bulgarischen Truppen Kalikiotis, der aber bald darauf starb und Andere nicht unbedeutende Männer. Es erstarkten die Drei in der Zuversicht in ihr Werk so sehr, dass sie schon damals, Ende 1816, nach Griechenland selbst gehen und dort den Ausbruch einleiten wollten. Aber nach einigem Bedenken übertrugen sie ihren Sitz, im Frühjahre 1817, nach

Constantinopel, gewannen da an Panag. Sekeris, einem Handelsmanne aus Tripolitza, eine sehr thätige Stütze und verzweigten sich von dort aus mit Hülfe der aus Petersburg nach Griechenland zurückgekehrten Capitaine, und durch eigene Aussendlinge über die Inseln des Archipels, über das gesammte griechische Festland, über die Fürstenthümer und Macedonien und bis in die Hofhaltung des Pascha von Janina hinein. Im Jahre 1818 waren der Hetärie fast alle Mönche und Bischöfe, die Capitaine, die Seeleute, viele Primaten, die Führer der geregelten Haufen und der Silioten auf den jonischen Inseln, die Häuptlinge der Klephten, die griechischen Umgebungen der Paschen und türkischen Gouverneure in der Halbinsel, in Thessalien, in Epirus, die in Alexandria, Cypern, Syrien, auf der Kleinasiatischen Küste ansässigen Kaufleute, die vorzüglichsten griechischen Familien in Constantinopel gewonnen. Klephtenlieder regten im eigentlichen Griechenland die Jugend an; in Panagiotis Andronikos von Tripolitza erstand ein Tyrtäus des bevorstehenden Kampfes. Oeffentliche Blätter bearbeiteten überdiess die Meinung in Europa. Ja, in den Fürstenthümern schien der Eifer kaum mehr zu bändigen, denn dort wirkte der Archimandrit Dikäos, ein gewaltsamer, unermüdeter und von dem Glauben auf Russlands Beihülfe durchdrungener Mann, der die Truppenhäuptlinge Olympios, Sabbas und Keratios mit sich fortriss, seinen Arm weit über die Donau und über die thessalischen Gebirge bis hinunter ins Herz der Halbinsel auszustrecken verstand und das unverweilte Losbrechen für die Bürgschaft des Gelingens hielt. Anagnostopulos musste selbst nach der Wallachei eilen, um ihm in den Arm zu fallen, und konnte ihn nur dadurch bändigen, dass er ihn seines Wahnes beraubte und unter die Leiter der Hetärie aufnahm. Durch Ephorien, die er einrichtete, bemächtigte er sich in den Fürstenthümern der Gährung, und lenkte sie ab ohne sie zu hemmen. Auch in Constantinopel und im eigentlichen Griechenlande wurden zu Ende des Jahres 1818 und in den folgenden Monaten Ephorien eingerichtet. Man wusste sich von dem Patriarchen Umlaufschreiben für den Peloponnes zu erbitten, welche, in der Meinung es handle sich um eine Schule, gegeben, die Aufstellung einer Ephorie auch in der Halbinsel empfahlen. Alles drängte der Reife zu, aber das Werk wuchs den Gründern aus den Händen.

Es war unmöglich, dass ein so weit verbreitetes, so tief in das Mark des Volkes eingreifendes Wirken den Herren des Landes, den Türken, verborgen bliebe. Auch kannten sie es theilweise, wurden viel und von vielen Seiten berichtet darüber; doch überblickten sie es in seinem Zusammenhange damals noch nicht, und der Wahn, der auf sie übergehen musste, die Grundlüge der Hetärie, die eben das Schwert und der Schild derselben war, hielt die Regierung des Grossherrn unthätig oder wenigstens von Gewaltschritten ab. Nicht sowohl den Verrath an die Türken, als denjenigen an die Befreundeten selbst fürchteten die Führer der Hetärie und dieser Besorgniss opferten sie einen ihrer frühesten, thätigsten und vertrautesten Brüder, den unbesonnenen Nikolaus Galatis, der von Ehrsucht durchlodert an seine Begehren die Drohung der Aufdeckung des Geheimnisses zu knüpfen gewagt hatte. Mit milden Worten bewog ihn Anagnostopulos nach Constantinopel zu gehen, dort übernahmen ihn Sekeris und Tzakaloff; der Letztere führte ihn sodann als Freund und Rathgeber mit sich nach Hydra und liess ihn auf dem gegenüber liegenden Gestade von Hermione, im November 1818 ermorden.

Gedrängt durch die Kräfte, die sie aufgerufen hatten, beriethen die Führer um diese Zeit noch einmal im tiefsten Ernste unter sich, was zu thun, und erkannten zunächst vor Allem die Unerlässlichkeit, den Schleier der Täuschung nicht zu heben, nämlich den Wahn bestehen zu lassen, der in Kaiser Alexander das Haupt der Verschwörung sah. Sie erkannten aber auch die Nothwendigkeit eines neuen Versuches auf Capodistrias, und der Pathmier Emanuel Xanthos, der nun mit im geheimsten Rathe sass, übernahm die Ausführung. Anagnostopulos sollte einstweilen in den Fürstenthümern niederhalten und vorbereiten, Tzakaloff im eigentlichen Griechenlande, Sekeris aber, der auch nach Skuffas Tode dessen Stelle unter den Leitern einnahm, in Constantinopel den Mittelpunkt bilden und die Gelder verwalten, die aus den Beiträgen der Brüder zusammenflossen.

Aber um dieselbe Zeit, zu Anfang des Jahres 1819, war Graf Capodistrias, die Gesinnungen seines Kaisers und den Stand der Welt kennend, bereits tief beunruhigt durch die Zeichen, die er sah. Er erliess am 18. April, während seines Besuches in der Heimath Korfu, ohne sich als Verfasser zu bekennen, aber von Jedermann errathen, eine Denkschrift, worin er die zum Aufschube geneigte Hetärie, diejenige, welche die natürliche Reife des Volkes abwarten wollte, lebhaft vertrat, und, obwohl völlig einverstanden mit dem Ziele des Bundes, so wie mit der Begründung desselben nicht in der engen, nur mit dem Scheine des Lebens ausgerüsteten Idee der Nationalität, sondern in der weiten und lebendigen Kirche, darauf antrug, in den Priestern dem Volke seine Retter und durch sie das Volk zu erziehen. Auf diesem Wege allein war nach des Grafen Ansicht die Abtrennung von der Pforte, die Wiedergeburt zu erreichen; durch unverrücktes Festhalten an die Kirche und durch die von einer Zahl ausgezeichneter Jünglinge, die in Russland, in der Schweitz, in England, in Amerika in die Schule des Lebens eingeführt werden und die erworbenen Erfahrungen dem Vaterlande zubringen sollten, allein aber diese Wiedergeburt zum Heile des Volkes zu wenden *).

Dieser Rath konnte gegen den Eifer der Ungeduldigen nicht Recht behalten, und bei Anderen, die im Misstrauen gegen Russland aufgewachsen waren, that demselben die Besorgniss Eintrag, dass die Priester willige Werkzeuge in der Hand eben dieser Macht abgeben würden. Die zum Ausbruche Entschlossenen wussten diese Denkschrift als einen zur Verhüllung des entscheidenden Augenblickes nöthigen Schleier von ihren minder entschlossenen Brüdern betrachten

*) Siehe die Denkschrift in G. Waddington's Visit to Greece. London 1825. Auch Portfolio V. IV. XXX.

zu machen und die Anwesenheit des russischen Ministers in Korfu als Hebel auf die öffentliche Meinung zu benützen. In keiner Zeit war der Wahn, dass der Graf der geheime Leiter der Verschwörung sey, allgemeiner und fester, als eben jetzt, und die ausweichenden Antworten, die er auf viele Anfragen gab, vermochten wenig gegen die Kraft dieses Wahnes. So schrieb Bischof Ignatius aus Pisa an ihn, so Theodor Negris aus Bukarest, so Lazarus Kunturiotis aus Hydra, so selbst der Bey der Maina, Peter Mavromichalis, der zuletzt einen eigenen Abgeordneten an ihn sandte, Kamarinos. Diesen aber wussten die Leiter in Constantinopel hinzuhalten, bis Xanthos sich seines Auftrages entlediget haben konnte.

Im Jänner 1820 kam Xanthos nach Petersburg. Er entdeckte dem Grafen die ganze Verschwörung, ihre Mittel, ihre Lage; er legte sich und sie in seine Hände. Wehmuth überkam den Grafen; sein Herz täuschte ihn; er glaubte den Sturm noch mit Worten beschwören zu können; seiner Beredsamkeit, so meinte er, erlag die des Abgeordneten und er liess ihn gehen, glaubend er habe ihn von der Tollkühnheit des Unternehmens überzeugt. Xanthos aber, nachdem er abgewiesen, jeden Aufschub für unmöglich haltend, wandte sich an Alexander Ypsilanti. Dieser junge Mann, Sohn des nach Russland entwichenen Hospodars Constantin Ypsilanti, durch seinen Ursprung Grieche, durch seine Erziehung Franke, durch seine Stellung im russischen Heere, so wie durch die Gunst des Kaisers dazu geeignet, den Schein, dessen die Hetärie nicht entbehren konnte, aufrecht zu halten, überdiess tapfer, freigebig und kecken Geistes, nahm ohne vieles Bedenken die Vorschläge des Xanthos an und erfüllte diesen mit Zuversicht. Die Leiter in Constantinopel, ohne Wahl, waren zufrieden, den Führer für den nicht mehr zu hemmenden Krieg gefunden zu haben. Am 15. Juni 1820 wurde Fürst Alexander als oberster Vorstand der Hetärie von denen anerkannt, die bis dahin die oberste Gewalt in Händen gehabt hatten, und allen Ephorien als der Feldherr für den heiligen Krieg bezeichnet. Aber einstweilen war Kamarinos auf der Rückreise von Petersburg und sprach sich offen überall gegen den Wahn der Theilnahme des Grafen Capodistrias, gegen das Unternehmen selbst und gegen Ypsilanti aus. Er trug auch Briefe des Grafen an den Bey der Maina, deren Inhalt nicht zweifelhaft seyn konnte. Ypsilanti, kurz gefasst, liess ihn durch bestellte Mörder bei der Fahrt über die Donau ertränken und sich die Briefe ausliefern. Diess Hinderniss weggeräumt, benützte er das Ansehen und die Mittel, die ihm seine Stellung in Russland gab, um den Wahn nicht fallen zu lassen, der die Hetärie trug. Er berieth mit Xanthos und Anderen den Plan des Unternehmens, sagte für Servien, für die Fürstenthümer, ja für Russland gut und mit reichen Beiträgen ausgerüstet, begann er an mehreren Orten zugleich die Bildung einer gewaffneten Macht, mit welcher er in die Fürstenthümer einzufallen und dadurch das Zeichen zum allgemeinen Aufstande zu geben versprach.

Wo waren die Mittel für ein so ungeheures und gefährliches Unternehmen? Sie lagen in Menge da, aber nirgends waren sie gesammelt oder geordnet. Sie lagen in der Ueberzahl der Schiffe und in der entschiedenen Ueberlegenheit des griechischen Seemannes; sie lagen in dem Verhältnisse der griechischen zur türkischen Bevölkerung vom tänarischen Vorgebirge bis zum Olymp; in dem Einflusse, den die Griechen überall übten, wo sie mit Türken zusammenstanden. Aber eigentliche Kriegsvorräthe gab es wenige, obwohl Sekeris Waffen ankaufen liess und Pulvermühlen an einigen Orten eingerichtet wurden. Auch die Zuschüsse an Geld waren verhältnissmässig nur sehr gering. Der Krieg, die Nothwendigkeit sich zu vertheidigen und anzugreifen, sollte die Mittel erzeugen und vereinigen. Die Leichtsinnigen trugen sich mit den grössten Erwartungen und zählten auf Hunderttausende unter den Waffen. Die Ueberlegenden rechneten doch auf die Wunder und Verbreitung der Begeisterung; Alle endlich bauten fest auf die Hülfe Russlands.

Wir, die wir in dieser Zeit gelebt haben, und wissen, dass mit Ausnahme höchst Weniger, ganz Europa den Krieg Russlands mit der Pforte für nahe, und alles, was die Hetärie that, für ein Werk dieser Macht hielt, wir dürfen nicht erstaunen, dass allen Griechen und auch ihren Feinden eben diese Meinung fest ins Herz gepflanzt war. Als nun, dem Rathe aller denkenden Männer seiner Umgebung entgegen, der Sultan den Kampf gegen Ali Pascha begann und dadurch sich und den einzigen Mann, den die Griechen fürchteten, lähmte, war der Ungeduld der Hetäristen kein Zaum mehr anzulegen. In den Fürstenthümern nützte sich ihre Thätigkeit zwar noch in Zwist und Spaltungen ab. Missgriffe in Ernennung zu Kriegswürden und gegenseitige Verdächtigungen, mancherlei von einander abweichende Pläne auch warfen Trennung in die Hetäristen, aber im eigentlichen Griechenland verkündeten die Priester fast laut den nahen Kampf um Erlösung; Hydra, Ypsara und Spezia sammelten und rüsteten ihre Schiffe; Dikäos, von Ypsilanti nach Achaia und Arkadien, Peräbos nach der Maina, Andere nach anderen Orten gesendet, brachten Aufrufe und Zusicherungen in alle Berge, auf alle Inseln und verkündeten das nahe Kommen Ypsilanti's. Ueberall arbeiteten, was von grösster Wirksamkeit war, die russischen Consuln, seit Capodistrias Verwaltung Griechen von Geburt, in ihrem Sinne. Zwar waren im Winter von 1820 auf 1821 wieder viele Abschriften der abmahnenden Denkschrift vertheilt worden, aber sie machten keine Wirkung. Sie schien nur durch den Wunsch des Grafen Capodistrias bedungen, die Macht seines Einflusses zur Förderung des Unternehmens zu bewahren.

Die Fähigsten unter den Hetäristen suchten auf die Cabinete selbst zu wirken und sie nach ihren Wünschen zu stimmen. Dahin gehört eine Denkschrift von Alexander Mavrokordato über die Lage des türkischen Reiches, welches der im Jahre 1818 nach Italien entwichene Fürst der Wallachei, Johann Karadja*) im September 1820

*) Dieser ausgezeichnete Mann stand in hoher Gunst bei dem Sultan, der, nicht etwa um ihn zu opfern, sondern um ihn, den ersten Christen, in den Reichsrath zu nehmen, denselben nach der Hauptstadt berief. Aber für den Sultan lag ein Grund zu dieser Berufung auch in dem Wunsche, der ihm von den Russen abgedrungenen siebenjährigen

mehreren Höfen zusandte. Der Verfasser stellte darin die Türken als der Auflösung nahe und unrettbar dar, den Aufstand der Griechen aber als nothwendig und vor der Thüre. Mit Recht sprach er darin seine Verwunderung aus über die Unzuverlässigkeit, so wie über das Widersprechende in den Meinungen, welche europäische Schriftsteller in Beurtheilung der Angelegenheiten der Türkei an den Tag legten; über den eitlen Wortkram, mit dem sie die Leser abzufertigen pflegten, über ihre völlige Unwissenheit endlich in Hinsicht der Statistik dieses Reiches, so wie der Sitten und Gebräuche der Völkerschaften, die es bewohnen. Aber auf diese Unkenntniss zählend, schilderte er die Verwaltung als völlige Willkühr, und als Ergebniss derselben völligen Druck und allgemeine Zerrüttung im Innern. Nach ihm konnte die Türkei, deren Ausdehnung er auf 115,000 Quadratstunden und deren Bevölkerung auf 23 bis 25 Millionen Seelen annahm, nicht über 70,000 Mann Truppen ins Feld stellen, und diese nur von Mai bis Oktober beisammen halten. Die Einkünfte berechnete er auf 60 Millionen Franken und stellte sie als ungenügend, täglich durch Entvölkerung und Werthverminderung des Geldes abnehmend dar. Er wies in der Bevölkerung die nicht-türkischen Elemente als vorwaltend nach und insbesondere in dem europäischen Theile des Reiches diese zu den Türken in dem Verhältnisse, wie sieben zu zwei. Schliesslich untersuchte er die Frage, von welchem Gewichte das ottomanische Reich in der Wagschale gegen Russland sey, und verwechselte dieselbe, wie die meisten seiner Zeitgenossen, mit derjenigen, wie viel ihr Gewicht in der politischen Wagschale Europas ausmache.

Dauer der Regierung der Hospodare der That nach nicht nachzukommen. Darum hatte ihm Karadja, als er das Fürstenthum erhielt, auch insgeheim versprechen müssen, nach 3 Jahren seine Entlassung zu nehmen und nur mit Mühe hatte derselbe für ein viertes Verlängerung erhalten. Diess war nun abgelaufen. Ging Karadja nach Constantinopel, so stellte er sich mit Russland schlecht; ging er nicht, so brach er dem Sultan sein Wort. Ueberdiess kannte er die Hetärie, und wusste, dass er, wenn in Constantinopel anwesend, eines der ersten Opfer des Ausbruches fallen würde.

Er gab sich hauptsächlich Mühe die Unmöglichkeit für die Pforte hervorzuheben, jemals aus dem Verfalle sich wieder zu erheben; ja sogar diejenige, die zunehmende Schnelligkeit des Falles in die geöffneten Arme Russlands zu hemmen. Damals im Dienste des Fürsten, der den Verträgen gemäss für sieben Jahre zum Hospodar der Wallachei ernannt gewesen und nach vergeblichem Versuche, Russland dahin zu bewegen, ihm die Zusage für andere sieben Jahre bei der Pforte zu erwirken, im vierten nach Italien entflohen war, schlug Mavrokordato die Errichtung unabhängiger Fürstenthümer in Servien, der Wallachei und Moldau, als einfaches Mittel vor, die Gefahren zu beseitigen, die für Europa aus der Nichtigkeit der Pforte sprossten. Hinter diesem Vorschlage trat seine Ansicht vor von der Gerechtigkeit und Nothwendigkeit, von der Ausführbarkeit und Nähe des griechischen Aufstandes, aber gelehnt an den Krieg Russlands gegen die Pforte, welchen er gleichfalls als unvermeidlich und nahe ankündigte; endlich als eigentliches Ziel der Denkschrift wagte und entwickelte er die Behauptung, dass nur die Wiedergeburt des griechischen Reiches die durch die Errichtung von drei unabhängigen Fürstenthümern allerdings nur vertagte Gefahr gänzlich heben und den unvermeidlichen und nahen Fall des türkischen Reiches in ein für Europa günstiges Ereigniss umwandeln könnte *).

Diese Ansicht war so ziemlich die allgemeine in Europa. Sie hatte in der Achtung für das Christenthum, in den Hoffnungen der Civilisation, in der Politik vergangener Jahrhunderte, in der Furcht vor Russland ihre Stützen; — hatte also manches Wahre, aber auch manchen Schein für sich; denn sie beruhte zum Theile auf unbilliger Beurtheilung der türkischen Regierung sowohl als des türkischen Volkes, zum Theile auf absichtlicher Entstellung der Thatsachen. Sie hob die Klugheit über die sicherste Grundsäule jedes Besitzes, das Recht, das nur mit Gewalt aber nicht mit Gründen umzustürzen ist, und konnte eben desshalb bei den Cabineten, die im Rechte das

*) Siehe Beilage I. 1.

Leben der Regierungen und Staaten vertheidigten, keinen Eingang finden.

Die Zuversicht in Russland machte die Hetäristen leicht über die Besorgnisse wegblicken, die ihnen der Bund der Mächte gegen das Gelingen des Aufstandes einflössen sollte. Die wachsenden Reibungen zwischen Russland und der Pforte i. J. 1820 steigerten diese Zuversicht, und russische Consuln und Reisende, beeifert für den Fall des Krieges, der Pforte einen Feind mehr und Russland einen Verbündeten im Innern des türkischen Reiches zu werben, fanden unter den Griechen um so leichter Glauben, da jene nicht selten als Auftrag ansehen machten, was sie aus Eifer thaten, und auf einen Griechen, der den ersten Platz im Vertrauen des Kaisers Alexander inne hatte, und dem, ob auch sein Ausspruch ungeneigt war, die öffentliche Meinung dennoch den ersten Platz auch unter den Vaterlandsfreunden zuerkannte, hinweisen konnten. Die zweideutige Stellung Serviens, das Missvergnügen in den Fürstenthümern, der Kampf gegen Ali Pascha reichten bei dieser Voraussetzung hin, um für die erste Zeit und bis sich Russland entschieden haben würde, den Erfolg als verbürgt zu betrachten. Nun kam noch die Unmöglichkeit in Erwägung, das offenbare Geheimniss länger zu bewahren, und als Ypsilanti, seit längerem mit seinen Brüdern und Freunden in Kischenew, nun die Nachricht erhielt, dass Aristides Pop, den er mit eigenhändigen Briefen nach Servien gesendet hatte, um dort das Volk gegen den Fürsten Milosch aufzuregen, von dem Pascha von Widdin aufgehoben worden war, so verwarf er jede Zögerung, und dem Rathe der beiden Abgeordneten Dukas Konstantinos und Gerasimos Orphanos entgegen, die am 22. Februar 1821 von Jassy zu ihm geeilt kamen, um ihm zu melden, dass die Vorbereitungen noch lange nicht genugsam vorgeschritten, brach er am 7. März über den Pruth in die Moldau, und so war der Wurf gethan.

Wie lange voraus auch der Aufstand der Griechen erwartet, ja verkündet gewesen war; dennoch, als er nun wirklich ausbrach, waren selbst diejenigen überrascht, welche mit Zuversicht diesem Ereignisse entgegensahen, und am eifrigsten daran gearbeitet hatten. Sie bedachten nun, dass keine unmittelbare Veranlassung, keine neue Klage, kein neuer Druck da waren, um die Griechen zu bewegen, den Ausbruch zu übereilen. Die Lage derselben war seit dem unglücklichen Versuche v. J. 1771 in keiner Hinsicht schlimmer geworden, sie genossen im Gegentheile aller Freiheiten, alles Schutzes, der mit dem mohammedanischen Gesetze sich vereinbaren liess; ihre industrielle, ihre geistige Entwicklung, wo die örtlichen Verhältnisse sich dazu boten, war unbeengt geblieben; sie hatten ihren Handel, ihren Besitz schnell und ungemein erweitert, waren zu grossen Glücksgütern gelangt und genossen derselben auf ihre Weise nach Lust und Wunsch. Die hervorstechenden Familien derselben, weit entfernt in Vergessenheit und Nichtachtung zu verkümmern, genossen überall eines bedeutenden Einflusses und hatten insbesondere zu Constantinopel einen grösseren auf die Reichsgeschäfte, als sie je zuvor zu üben in der Lage gewesen waren. Nichts kündigte auch der Pforte den allgemeinen Aufstand an. Zwar war sie gewarnt worden, erst von Ali Pascha von Janina selbst, diesem seltsamen Manne, der selbst auf seine Feinde einen unwiderstehlichen Zauber zu üben verstand, — den Leontios in seiner Gluth für Kirche und Reich, zum Christen, zum Haupt der Hetärie und zum Kaiser in Constantinopel machen wollte, — und der, als er fiel, noch von denen vertheidiget wurde, die er dreissig Jahre lang auf das blutigste bekämpft, aus ihren Sitzen getrieben und beinahe vernichtet hatte. Während er mit den Verschwornen unterhandelte, setzte er, um das gegen ihn drohende Ungewitter zu zertheilen, die Pforte von der Verschwörung in Kenntniss, theilte ihr Zeichen und Geheimnisse mit. Auch der Kapudan Pascha und mehrere türkische Befehlshaber lieferten Belege ein, — Mechmed Ali von Aegypten berichtete im gleichen Sinne, und selbst die Cabinete, das russische nicht ausgenommen, warnten, namentlich zur Zeit des Ausbruches der Unruhen in Italien, vor den Umtrieben der Gesellschaften und Vereine, die angeblich zu menschenfreundlichen und wissenschaftlichen Zwecken, am adriatischen Gestade, auf den Jonischen Inseln und selbst in der Morea sich gebildet hätten; aber die Pforte konnte diese Warnungen zurückweisen, wenigstens war es nicht bloss Leichtsinn, was sie bestimmte, das ausserhalb dem Kreise der Fortschritte, Irrungen und Krankheiten der europäischen Civilisation liegende Reich des Sultans für unverwundbar durch die Grundsätze und Umtriebe zu halten, die mehr als einen christlichen Staat über den Haufen geworfen hatten. Ferner durfte ihr scheinen, dass im Innern dieses Reiches nichts geschehen war, was den Griechen eben diesen Zeitpunkt als den vorzüglich geeigneten zum Aufstande bezeichnen sollte. Der Kampf Ali Pascha's von Janina konnte allerdings bedeutende Bewegungen in Albanien und in den Nachbarländern hervorbringen, aber der grausame und treulose Charakter dieses Statthalters schien der Pforte zu bekannt, als dass selbst die überspanntesten oder die blindesten unter den Griechen auf ihn als einen Beförderer oder Schützer ihrer Unabhängigkeit oder auch nur als auf einen treuen Verbündeten hätten zählen können. Es stand überdiess mit seiner Sache zu Anfang des Jahres 1821 schon so schlimm für ihn, und der Ausgang war so leicht vorauszusehen, dass sie nicht annehmen durfte, es würden die Griechen, die nicht den Augenblick seines Sieges benützt hatten, nun denjenigen, wo sein Fall gewiss war, wählen und an sein Verhängniss sich schliessen. Ihrer eigenen Fehler nicht bewusst, auch die Bedürfnisse eines christlichen Volkes, in welches europäische Bildung bereits hie und da Eingang gefunden hatte, nicht begreifend, konnte die Pforte, sobald der Aufstand der Griechen eine Thatsache geworden und nicht mehr zu läugnen war, die Veranlassung dazu nur von Aussen gekommen voraussetzen, und wie dicht auch darüber noch der Schleier lag, es fehlten ihr Belege für ihre Meinung nicht. Zwar sagte man ihr, dass diese Veranlassung im Geiste des Jahrhunderts, im Beispiel, anderwärts gegeben, in den emsig verbreiteten Lehren der Revolution, in den Umtrieben geheimer Gesellschaften läge, und sie begriff, dass gewiss diese und andere Ursachen mächtig eingewirkt, die bereits bestehende Gluth gesteigert, Häuptlinge und Mittelpunkte gebildet und eine Zahl Griechen mit der Hoffnung gänzlicher Abreissung ihres Landes von dem türkischen Reiche vertraut gemacht hatten, aber sie wusste andererseits, dass die ungeheuere Mehrzahl der Griechen nichts von dem, was in Europa vorging, kannte oder nur geringen Werth darauf legte. Bestimmte und örtliche Aufforderungen konnten also, nach ihrer Meinung, allein die allgemeine Bewegung, den wirklichen Aufstand bewirken, und diesen Gedanken einmal gefasst, konnte sie über die Quelle dieser Aufforderungen nicht zweierlei Ansichten hegen. Ganz Europa sah den Einbruch Ypsilanti's für den Vorläufer des russischen Krieges an. Dass die Mine gerade auf dieser Seite sprang, musste auch der Pforte als ein schlagender Beweis dafür gelten.

Europa theilte sich in zwei Meinungen über den Ursprung des griechischen Aufstandes, und beide waren irrige. Die Einen behaupteten, er sei die natürliche Frucht des schweren Druckes gewesen, unter welchem die Griechen schmachteten; die Anderen, darunter die Souveraine und Cabinete, sahen darin nur das Werk der überall anwesenden, auf Zerstörung aller heutigen Staaten hinarbeitenden Partei. Gewiss hatte der Druck seit lange her den Zündstoff gehäuft, dessen die Brandleger benöthigten, und ebenso gewiss konnte die Zerstörungspartei ihnen brauchbare Werkzeuge in die Hände gelegt haben. Aber weder der in der letzten Zeit eher verminderte als vermehrte Druck, noch die zur Ausführung eines so weit ausgreifenden Planes in Ländern, denen sie ferne stand, unfähige Partei, hätten den gleichzeitigen Ausbruch auf so vielen Punkten und in einem Augenblicke veranlassen können, der im Grunde so wenig günstig dazu war, wo die Pforte in Frieden mit allen Mächten stand und die Revolution in Italien durch Oesterreich so eben eine Niederlage erlitten hatte. Die dritte, richtige Erklärung entschwand den Blicken gleichsam unter der Last der beiden anderen. Der griechische Aufstand war eine natürliche Folge der durch die Griechen gewonnenen Macht und Entwicklung, und der durch die Missgriffe des Sultans mehr noch als durch von ihm unabhängige Umstände herbeigeführten äussersten Schwäche des türkischen Reiches. Den Anlass zum Ausbruche gab der Stand der Pforte zu Russland. Die Völker kannten die mehrjährigen Umtriebe der russischen Agenten in Griechenland nur wenig. Die Cabinete kannten sie zwar; Klugheit und Rücksichten machten sie aber schweigen hierüber, und sie entschleierten sie nicht dem Auge der Völker. Die Geschichte aber muss die von den Einen verkannte, von den Andern verborgen gehaltene Wahrheit auf ihren unbestechlichen Blättern verzeichnen und darthun.

Nach dieser Einleitung wollen wir an die Geschichte selbst gehen und sie Blatt für Blatt vor unseren Augen entrollen. Die Zeit der Leidenschaft ist vorüber, auch diejenige, wo Uebertreibungen vortheilhafte Waffen waren; der Kampf ist entschieden, die Losreissung, wenn nicht der Griechen, doch eines Theiles des eigentlichen Griechenlands bewirkt; wir glauben, dass den kommenden Geschlechtern nur mit der Wahrheit gedient sei.

Erster Abschnitt.

Von dem Einfalle Ypsilanti's in die Moldau, und dem Ausbruche des Aufstandes im eigentlichen Griechenlande bis zur Entfernung des russischen Ministers in Constantinopel.

Wenige Unternehmungen sind mit grösserem Leichtsinne vorbereitet, mit gleicher Zuversicht begonnen, und mit mehr Unfähigkeit geführt worden, als der Angriff Ypsilanti's auf die Fürstenthümer. Seine völlige Unkenntniss der Verhältnisse in diesen Provinzen that bei den ersten Schritten sich kund. Das Missvergnügen der Bewohner derselben mit dem Zustande der Dinge, schien dem Häuptling der Hetärie die Bürgschaft für den Erfolg; er brachte nicht in Anschlag, dass es nicht sowohl gegen die Türken, als gegen die

Bojaren und griechischen Fürsten gerichtet war. Mittel, die dem Verschwörer allenfalls hätten genügen können, dem mit der Brandfackel des Aufruhrs Einherschreitenden aber nicht, waren fast seine einzigen, Bestechung und Ankauf wenig sicherer Menschen, Vorspieglung grosser Kräfte und Mittel, die Hinweisung endlich auf die angeblich nahe Hülfe Russlands. Unfähige und prahlende Leute durchzogen ein paar Monate früher die Fürstenthümer. Was sie sagten und thaten, war eher gemacht, die Unternehmung zu hindern als sie vorzubereiten. Die Bojaren, aufmerksam gemacht, schwiegen dennoch, denn sie hielten die Unternehmung ohne ausdrückliche Zustimmung Russlands für eine unmögliche, mit dieser Zustimmung aber für eine unfehlbare. Der Hospodar der Moldau, Michael Sutzo, erfuhr die Absicht Ypsilanti's kaum ein paar Monate bevor sie ausgeführt wurde; sein Geheimschreiber Jakovaki Rizo, eines der thätigsten Glieder der Hetärie, gab diesem Fürsten nicht früher Nachricht davon, als bis dessen Umgebungen und Wachen gewonnen waren und ihm kaum eine Wahl blieb. Dennoch gehört der Entschluss dieses Fürsten zu denen, die nur durch grosse Täuschungen oder durch grosse Hingebung zu erklären sind. Er war ein Günstling des Sultans und in dessen nächstem Vertrauen; er hatte in dessen geheimen Cabinetsrathe gesessen, der unter Halet Efendis mächtiger Leitung ein Ministerium neben dem Ministerium, diesem unbekannt, bildete und wo alle Verhandlungen unmittelbar unter den Augen des Sultans statt fanden; er hatte, da er, der Christ, gegen die Vernichtung der Ayans, gegen den Kampf mit Ali Pascha von Janina gesprochen, was kein Türke wagte, dennoch die Gunst des Sultans in einem seltenen Grade bewahrt, war von ihm mit Wohlthaten überhäuft worden und in fortwährendem Briefwechsel mit ihm. Er hatte eine liebenswürdige Familie, grosse Reichthümer, Jugend und eine glänzende Stellung; — er setzte alles auf's Spiel und sich den schwersten Vorwürfen des Undankes und des Verrathes aus. Aber er war Vater hoffnungsvoller Söhne; vierzehn seiner Familie waren vor ihm als Opfer der Willkühr der Sultane gefallen; er wollte ein Vaterland und Sicherheit für seine Kinder; er hoffte auf die Herstellung des griechischen Reiches; er glaubte an den russischen Krieg, und an die Billigung des Aufstandes von Seite der grossen Nachbarmacht; er durfte glauben, dass an seinem Entschlusse die Geschicke seines Volkes hingen.

Was die Entwicklung militärischer Mittel betraf, so glaubte Ypsilanti, es könne daran nicht fehlen, da viele Hetäristen über alles Land zwischen dem Pruth, dem jonischen und dem Mittelmeere ausgegossen waren, und zahlreiche übertriebene Berichte ihn täuschten. Er glaubte wirklich an einen Triumphzug durch die Fürstenthümer, Bulgarien und Macedonien nach dem eigentlichen Griechenland und ein anderer Alexander, meinte er die Völker mit sich fortzureissen. Die Moldau war durch den Entschluss des Fürsten sein; die Wallachei glaubte er durch seine Verbindung mit Georgakis, dem Führer einer in Diensten des vorigen Fürsten stehenden Schaar von Macedoniern und Epiroten, durch Olympios, Pharmakis und andere Hetäristen leicht zu gewinnen; Bulgarien sollte ihm Sabbas, ein Grieche aus Pathmos, aufregen; in Servien war eine Verschwörung eingeleitet, die den Fürsten Milosch stürzen und das ganze Land in Flammen setzen sollte. Beide Fürstenthümer, reich genug an Lebensmitteln um mehr als hunderttausend Mann bequem zu nähren, waren zu diesem Zeitpunkte von den Türken so gut als verlassen, Braïlow, Adai-Kebir und die Donaufestungen fast entwaffnet, und selbst aus den Nachbarprovinzen, aus Thracien und der Bulgarei, hatte der Kampf gegen Ali Pascha fast alles Kriegsvolk weggezogen. Eine geringere Zahl von Leuten als Ypsilanti führte, würde genügt haben, die Fürstenthümer wirklich in Brand zu setzen und die einigen dreissigtausend Griechen, Bulgaren, Servier und Fremde, die darin herumirrten und dem Meistbietenden folgten, unter der Fahne des Kreuzes zu vereinigen, hätte ein erfahrner und denkender Mann das Unternehmen bereitet und Einklang in die Bestrebungen zu bringen gewusst.

Der im Jänner 1821 stattgehabte Tod des Fürsten der Wallachei, Alexander Sutzo, war aber dort die Veranlassung zu übereiltem Ausbruche geworden. Georgakis glaubte schon im Februar nicht länger zögern zu dürfen, und ohne sich früher mit Sabbas zu verständigen, bewog er Theodor Wlodimiresko (Sludschiar Todor) die Unzufriedenen um sich zu sammeln und den Aufstand zu beginnen. Dieser Todor, ein Wallache, hatte in russischen Diensten gestanden, war auch einer von denen, für welche Russland durch seinen Minister an der Pforte Entschädigungen und Ersatzsummen ansprach, überdiess war er keck, eitel und ehrsüchtig und schien der Mann für die Sache. Georgakis gab ihm ein halbes hundert Albanesen und sprach ihm von dem Fürstenhute der Wallachei. Todor sammelte um sich erst ein paar hundert Mann, verkündigte dann Minderung der Abgaben und Abschaffung der Frohnen, sah sich bald von einigen tausend Bauern umgeben und marschirte nun auf Bukarest los. Die Bojaren der Hauptstadt flohen vor ihm, aber Sabbas, der keinen Aufstand in diesem Sinne wollte, behauptete die Stadt mit etwa fünfzehnhundert von den Seinigen. Die Pforte, nicht ganz ohne Warnung, legte mehr Gewicht darauf, als sie unter anderen Zeitverhältnissen gethan haben würde; aber sie glaubte mit den eingebornen Truppen auszureichen, trug daher nur den Kaimakamen Wachsamkeit auf und suchte die Abreise des wenige Tage zuvor ernannten Hospodars, des Fürsten Karl Kallimachi zu beschleunigen, welcher Pfortendollmetsch, dann Hospodar der Moldau durch sieben Jahre, zuletzt türkischer Bevollmächtigter in den Verhandlungen mit Russland gewesen war, und hoch in der Gunst des mächtigsten Mannes im Divan Halet Efendis stand. Der russische Minister in Constantinopel, sobald er das Beginnen Todor's vernahm, sprach sich kräftig dagegen aus, forderte die Pforte zu strengen Mitteln auf, und, ihrer Einladung gerne sich fügend, befahl er dem russischen General-Consul in Bukarest, den Rebellen vorzufordern und festzuhalten. Er theilte auch der Pforte die Berichte dieses General-Consuls über den Fortgang des Aufruhrs, so wie deren einliefen, mit, und erklärte sich bereit, eine Kundmachung zu erlassen, um das Unternehmen als einen Frevel auch gegen Russland vor aller

Welt zu bezeichnen. Diess schien ihm genug; als aber die Pforte an die Donauplätze den Befehl erliess, im Falle, als die Kaimakame Truppen ansprächen, deren in die Fürstenthümer rücken zu lassen, trat der russische Minister gegen diese Massregel als gegen eine den Verträgen zuwiderlaufende auf, und forderte, dass sie wenigstens in so lange nicht angewendet würde, bis nicht der russische General-Consul mit den Kaimakamen zuvor über die Unerlässlichkeit dieser Truppenhülfe einig geworden wäre.

Bis hieher war der Aufstand nur der Versuch eines Tollkühnen. Ganz anderen Charakter nahm er an, als am 7. März gegen 6 Uhr Abends Alexander Ypsilanti über den Pruth ging, die längs dem Flusse, auf dem Wege nach Jassy und in dieser Hauptstadt selbst vertheilten Albanesenhaufen sich alsbald nach seinen Befehlen bewegten, die Wachen des Hospodars und der Bojaren für ihn sich erklärten, eine Menge russischer Offiziere und Soldaten sich an dieselben schloss, die Türken, welches Standes, Ranges oder Geschlechtes sie waren, im ganzen Fürstenthume überfallen, entwaffnet, gefangen oder niedergehauen wurden, Aufrufe an das moldauische Volk, an die Hetäristen, an alle Hellenen an demselben Tage ausgegeben, nicht mehr einen Theilaufstand, sondern die über alle Provinzen des türkischen Reiches, wo Griechen wohnten, ausgebreitete, alle Griechen umfassende Verschwörung verkündigten, das Kreuz als Kriegsfackel erhöht wurde, und Ypsilanti in denselben Aufrufen, vor aller Welt auf eine grosse Macht hinwies, welche sein Unternehmen zu unterstützen beabsichtige, in seinen Reden aber, in öffentlichen und anderen Gelegenheiten diese Macht mit ihrem Namen bezeichnete und sich für einen Beauftragten Russlands nehmen machte *).

Die Pforte erhielt die Nachricht dieses verhängnissvollen Ereignisses am 14. März Abends. Die beiden Geschäftsträger des Hospodars der Moldau, der Eine dessen Bruder und der Andere dessen Schwager, hatten so gut ihre Flucht eingerichtet, dass sie sogar den

*) Siehe Beilage I. 8.

grössten Theil ihrer Habe an Bord eines englischen Schiffes, das sie nach Odessa entführte, bringen liessen, während sie, wie gewöhnlich, dem Reis Efendi aufwarteten. Mit ihnen entfloh der Sohn des Fürsten Karadja, Bruder der Gemahlin des Hospodars der Moldau.

Die Pforte sah, wie ganz Europa, in der That Ypsilanti's nur den unmittelbaren Vorläufer des russischen Krieges; sie glaubte sich überrascht, überfallen auf treulose Weise; das schroffe Benehmen des russischen Ministers Freiherrn von Strogonoff, die tausend zerstreuten Zeichen der weitverzweigten Verschwörung, der Unterwühlung des ganzen Reiches standen nun auf einmal voll schrecklicher Bedeutung vor ihr; sie erwartete im nächsten Augenblicke den Ausbruch des Aufstandes in jedem Theile des Reiches, wo Griechen wohnten; sie erwartete die Kriegserklärung Russlands.

Der erste Ausruf des Sultans war der frommer Wuth, wie die Natur und Grösse der Gefahr, wie der Drang der Selbsterhaltung sie wecken mussten. Strogonoff, gleichzeitig von dem Geschehenen unterrichtet und die Wirkung davon errathend, griff zu dem nächsten Mittel; er theilte der Pforte ohne Zögern seine Nachrichten mit. Der Divan lud ihn für den 16. zu der Unterredung, die Strogonoff verlangt hatte, ein, und sprach ihm mit wenigem Rückhalt seine Ansicht und Besorgnisse aus. Feierlich wies der russische Minister die Anschuldigungen gegen seinen Hof zurück, bezeichnete und verdammte als Hochverrath das Unternehmen, das Ypsilanti mit Berufung auf Russland zu versuchen im Begriffe war und bot das ganze Gewicht seiner Stellung der Pforte zur Hülfe dar. Auch erliess er am 21. eine Kundmachung an alle russische Unterthanen im türkischen Reiche, um sie gegen die Vorspiegelungen der Aufrührer zu warnen. Der Sultan schien beruhigt, war es aber nicht; schon hatte er Seida-Efendi, den entschiedenen Gegner der Russen, in den Rath berufen, die Bewaffnung von 17 Kriegsfahrzeugen, den Marsch einiger Truppen und die Errichtung von Magazinen in Erzerum anbefohlen. Ein Ferman erklärte Sutzo und Ypsilanti und alle ihre Begleiter, und die mit ihnen gemeine Sache machten, für Hochverräther; der Patriarch belegte sie mit dem Fluche der Kirche.

Zu Anfang März empfingen die zu Laybach versammelten Souveraine die Nachricht von den ersten Vorfällen in den Fürstenthümern. Sie waren vereinigt, um die Revolution niederzuschlagen, die im südlichen und westlichen Italien ihr Haupt erhoben hatte und fühlten sich von dem Berufe erwärmt, überall, wo ihr Arm oder ihr Rath hinlangte, die Grundsäulen der bestehenden Ordnung aufrecht zu halten.

Der erste Erlass aus Laybach war eine Antwort des Grafen Nesselrode an den russischen General-Consul Pini in Bukarest vom 7. März *).

Darin wurde die Verwandtschaft dieses Aufstandes mit den übrigen in Europa ausgesprochen: »In der Wallachei, heisst es, wie in Madrid und Lissabon und Neapel öffnet ein Haufe eidbrüchiger Soldaten der Unordnung die Thore und sucht den Staat der Anarchie in die Hände zu werfen. Dort wie hier heucheln die Anführer die tiefste Achtung für den Souverain und unumschränktes Vertrauen in seine Gerechtigkeit, während sie der obersten Gewalt sich zu bemächtigen und ihre Umwälzungsplane auszuführen streben; dort wie hier entweihen die Feinde des Friedens und der Ordnung das, was das heiligste unter den Menschen ist, den Eid; verkünden, dass sie nur das Eigenthum schützen, nur die Ruhe sichern wollen, verführen die Völker, mit diesen Vorwänden ihre verbrecherischen Absichten bemäntelnd, — und wagen Alles, um Alles zu zerstören.«

Dieser Einleitung folgte die Erklärung: »Die verbündeten Mächte sind entschlossen mit der Revolution nicht zu vertragen, sondern sich dem Uebel entgegen zu stellen, überall, wohin sie reichen und mit allen Mitteln, die ihnen zu Gebote stehen.« — Die an Wlodimiresko von Seite des General-Consulats gestellte Vorforderung wurde nicht nur belobt, sondern es sollte dasselbe diesen Lieutenant

*) Siehe Beilage I. 3.

des russischen Ordens, den er besass, und jedes Schutzes Russlands verlustig erklären, über die völlige Verdammung der Vorfälle in der Wallachei von Seite Russlands nicht den geringsten Zweifel bestehen lassen und die Pforte auffordern, mit Gewaltmitteln gegen die Aufrührer nicht zu säumen, den neuernannten Hospodar Fürsten Kallimachi ohne Verzug nach seinem Posten abgehen zu machen und mit ausgedehnten Vollmachten zur Unterdrückung des Aufruhrs zu versehen.

Kaum waren diese Weisungen von Laybach abgegangen, so trafen dort die Schreiben des Fürsten Alexander Ypsilanti und des Hospodars Michael Sutzo an den Kaiser, so wie das gleichzeitige des Letzteren an den Grafen Capodistrias, aus Jassy vom 24. Februar ein, welche über den Umfang des Aufruhrs neues, unerwartetes Licht gaben*). Nicht bloss die Erweiterung des Aufstandes eines Soldatenhaufens zu einem seit lange vorbereiteten Aufruhr in beiden Fürstenthümern, nicht bloss die unberechenbar mächtige Stütze, welche diess zukunftschwere Ereigniss durch die Theilnahme eines in russischen Diensten stehenden, mit so manchen Personen von Einfluss im Kaiserreiche verwandten oder freundschaftlich verbundenen Generalen erhalten musste, der Aufstand von zehn Millionen Griechen, in so vielen Provinzen des türkischen Reiches vertheilt, wurde darin angekündigt, erschien als ein seit langem vorbereiteter Plan und die Religion wurde als Fahne des Krieges ausgesteckt.

„In diesem Augenblicke, schreibt Ypsilanti, schlagen die „Capitaine in Epirus die Truppen des Sultans; die Sulioten, die Parganioten kehren in ihre Heimath zurück, um sich frei zu erklären; „alle Berge Griechenlands bevölkern sich mit furchtlosen Streitern der „Freiheit; die Morea, der Archipel regen sich, Kreta steht auf; „Servien, Bulgarien, Thracien und Macedonien eilen zu den Waffen; „die Wallachei und die Moldau werfen das Joch von sich, und die „erschreckten Türken liegen zu Constantinopel selbst auf einem Vulkan,

*) Siehe Beilagen I. 4. 5. 6.

der bereit ist, sie zu verschlingen.« Der Erretter Griechenlands, der Vorstreiter des Kreuzes gegen den Islam mit den Griechen zu werden, das war es, was die beiden Häuptlinge des Aufruhrs dem Kaiser Alexander zumutheten und Sutzo sprach das Begehren des Einmarsches russischer Truppen in die Fürstenthümer sowohl in seinem Schreiben an den Kaiser als in demjenigen an den Grafen Capodistrias in klaren Worten aus. Er bat darum, als um das einzige Mittel, diese Länder vor dem gewissen Untergange zu schützen, da Ypsilanti unverzüglich seine Bewegung nach Griechenland fortsetzen würde.

Der Ton dieser Schreiben sprach nicht für kluge Berechnung des Unternehmens. Schroffer noch traten die Missgriffe in den Aufrufen Ypsilanti's hervor, welche den Bestrebungen, zu denen sie die Griechen begeistern sollten, unbegreiflicher Weise eine Farbe andichteten, die, wäre sie die wahre gewesen, sorgsam hätte verborgen werden müssen. Ypsilanti wies als auf nachahmungswürdige Beispiele, auf die Versuche europäischer Völker hin, welche die Souveraine bereits verworfen hatten und verwerfen mussten; er versprach den Griechen viele Freunde der Freiheit, die auf den Augenblick harrten, aus Europa herbeizueilen; und dem so bezeichneten Unternehmen sagte er mit kecker Zuversicht die Hülfe einer grossen Macht zu, unbekümmert darum, dass der Souverain, in dessen Händen sie lag, unter den Vordersten im Kampfe gegen die Revolution stand.

Kaiser Alexander, unbekannt mit den Umtrieben seiner Agenten, er, dessen Seele nicht den Wunsch, aber auch nicht die Ahnung dieses Angriffes auf die Pforte hatte, fasste allsogleich den Entschluss, den die Grundsätze, die er vor ganz Europa ausgesprochen hatte, ihm auferlegten. Er strafte Ypsilanti Lügen, verdammte in klaren, entscheidenden Ausdrücken dessen Unternehmen, und zerriss die Bande, die diesen Mann an Russland knüpften. Das merkwürdige Schreiben, das er an ihn desshalb richten liess, war von der Hand des Grafen Johann Capodistrias*). Man müsste alles, was Ehre, Treue, Redlichkeit heisst, unter die Fabeln weisen, wenn man annehmen wollte, dass die Sprache, die dieser Minister damals führte, dass seine feierlichen Aeusserungen und das Ganze seines Benehmens in Laybach Spiel der Heuchelei, des Betruges und der Treulosigkeit gewesen seyen. Obwohl der wärmsten Wünsche für die Zukunft seiner Mitgriechen voll, obwohl seit langer Zeit der Freund Ypsilanti's, war er dennoch nicht dessen Mitverschworner, nicht einmal der Vertraute von dessen tollkühnem Unternehmen und konnte es seiner ganzen Natur nach nicht seyn. Gewiss, Graf Capodistrias wünschte die Loslösung der Griechen vom türkischen Reiche, aber die langsame, naturgemässe, den Erfolg durch den Ueberfluss der Mittel verbürgende Loslösung, das Reifwerden zum Abfalle und zum Uebertritte in eine andere glücklichere Lage. Dieser Zeitpunkt lag, nach seiner Meinung, wenigstens noch ein halbes Jahrhundert ferne, und die politischen Verhältnisse jener Tage, so meinte und berechnete er mit der Schärfe und Zuversicht der Leidenschaft, würden die Abtrennung begünstigen. Er wusste besser als irgend Jemand, dass ein eigentlicher Aufruhr und blutiger Aufstand nie und nimmermehr von dem Monarchen, dem er diente, gebilligt werden würde. Endlich, selbst wenn er die griechische Revolution so, wie sie sich ergab, gewünscht, gewollt, befördert hätte, so würde er dennoch den ungünstigen Zeitpunkt ihres Ausbruches beklagt haben, dessen Wahl ihn selbst den fürchterlichsten Verlegenheiten preisgeben und seinen Sturz herbeiführen musste.

Alexander Ypsilanti, leichtsinnig und missbraucht, sah den Boden unter seinen Füssen weichen bei dem ersten Versuche, festen Stand darauf zu nehmen. Er hatte den Beistand Russlands laut angekündigt; laut auch sprach diese Macht ihre Missbilligung seines Unternehmens aus, und heftete daran die Erklärung, dass es nie und nimmermehr Unterstützung finden könne. Fürst Alexander wurde

---

*) Siehe Beilage I. 7.

aus der Armeeliste gestrichen; bestimmte Befehle gingen an den Grafen Wittgenstein, Befehlshaber der am Pruth und in Bessarabien stehenden Truppen, sich unter keinem Vorwande weder mittelbar noch unmittelbar in die Unruhen der Fürstenthümer zu mischen; diese Beschlüsse wurden an die Pforte mitgetheilt, und die Versicherungen erneuert, die ihr bereits gelegenheitlich des Aufstandes Wlodimiresko's gegeben worden waren. Der Kaiser betrachtete als eine Ehrensache, dass die Redlichkeit seiner Gesinnung im Glauben des Divans unangetastet dastehe. Baron Strogonoff wurde dringend angewiesen, diesen zu überzeugen, dass die Politik Russlands den Umtrieben, welche die Ruhe türkischer Provinzen zu stören drohten, gänzlich fremd sei; dass eine Politik, wie sie die Unruhstifter Russland zutrauten, im grellsten Widerspruche mit den Gesinnungen des Kaisers stehe, und dieser in seinen Verhältnissen zur Pforte die Aufrechthaltung und strenge Erfüllung der bestehenden Verträge als stätes Ziel vor Augen habe. In diesem Geiste waren das Schreiben des Grafen Capodistrias abgefasst, das dieser Minister im Namen des Kaisers an Alexander Ypsilanti am 26. März aus Laybach erliess; in diesem auch die Depesche an Baron Strogonoff von demselben Tage *). Kaiser Alexander hoffte noch, dass der neue Hospodar Kallimachi, mit ausserordentlichen Vollmachten ausgerüstet und durch zureichende Militärkräfte unterstützt, an Ort und Stelle leicht die grossen Landbesitzer an sich reissen und dadurch den Aufstand niederschlagen könnte. Beide Actenstücke trugen einen milden Charakter; der Widerglanz der öffentlichen Meinung in Europa fiel darauf.

Am Morgen des 24. März empfing Strogonoff durch den Grafen Tolstoi die Depeschen seines Hofes aus Laybach vom 7. März, welche nur erst den Aufstand Wlodomiresko's betrafen. Sie erleichterten ihm den Ritt nach Bebek, wohin ihn der Reis Efendi zu einer Unterredung eingeladen hatte, aber ihre Wirkung erlag

*) Siehe Beilage I. 8.

unter den schweren Anklagen, mit welchen ihm der Reis-Efendi entgegentrat. Nicht blos die zahllosen Anschuldigungen gegen die auf türkischem Gebiete und besonders gegen die in der Hauptstadt wohnenden Russen; nicht blos der frei ausgesprochene Verdacht gegen die Glieder der Gesandtschaft selbst und die feste Behauptung, dass auf russischem Boden der Aufruhr bereitet worden sei und von dort aus geleitet werde, war es, was an diesem Tage den russischen Minister erwartete. Die Aufrufe Ypsilanti's und die Berichte über die angeblich im Namen und auf Befehl des Kaisers Alexander geschehene Besitznahme der Moldau fielen schwerer in die Wagschale; am schwersten aber die Briefe, welche der Leichtsinn der Hetäristen in die Hände der Türken hatte fallen machen und die das Einverständniss der russischen Gränzbehörden durch eine Reihe von Thatsachen an Tag legten, die Mitschuld hochstehender Männer auf das nachdrücklichste darthaten und die kecken Hinweisungen der Rebellen auf russische Hülfe fast unwiderlegbar bestättigten. Unter diesen Briefen befand sich einer des Grafen Capodistrias an Alexander Ypsilanti, dessen Inhalt nicht im Einklange mit den gleichzeitigen und späteren Erklärungen des russischen Cabinets war, und, als die Privatmeinung des Ministers betrachtet, nur durch dessen Ueberzeugung erklärt werden konnte, dass nun nichts mehr aufzuhalten sey, und Alles an Alles gesetzt werden müsse. In diesem Schreiben sagte Graf Capodistrias dem Fürsten Alexander: „dass er nicht besorgen solle, ohne Unterstützung zu bleiben; kräftige Hülfe werde ihm werden; alle Griechen im russischen und türkischen Reiche und selbst in den Jonischen Inseln seien bereit auf den ersten Wink die Waffen zu ergreifen, um sich ein Vaterland und Unabhängigkeit zu erkämpfen.“ Strogonoff hatte gegen dieses schwer in die Wage fallende Beweisstück nur eine Antwort; er läugnete die Aechtheit dieses Briefes und aller ähnlichen, und erklärte sie für niederträchtige Versuche der Rebellen, die Pforte zum Bruche mit Russland zu bringen. Der Reis-Efendi nahm diese Erklärung an und forderte als Beleg für die Gesinnungen des Kaisers zunächst die Auslieferung der Rebellen, welche nach Russland geflüchtet waren oder flüchten würden, weiter die Berechtigung, Schiffe unter russischer Flagge vor ihrer Abfahrt von Constantinopel durchsuchen und jeden verdächtigen Unterthan der Pforte vom Bord nehmen zu dürfen; endlich die feierliche Kundmachung der Verdammung des Aufstandes von Seite des Kaisers. Diese Kundmachung sollte an alle russischen Unterthanen und Schützlinge und auch an die Inseln des Archipels gerichtet werden und der russische Gesandte versprechen, gegen die beiden ersten die strengsten Polizeimassregeln zu nehmen.

Strogonoff versprach ohne Zögern die Offenbarung der Gesinnung seines Kaisers; gestand auch die Untersuchung der Schiffe, jedoch mit der Klausel zu, dass die übrigen Flaggen derselben gleichfalls unterzogen würden, und erklärte sich bereit, was die Auslieferung der auf russischen Boden Geflüchteten betraf, diese Forderung seinem Hofe auf das günstigste einbegleiten zu wollen, gab jedoch den Rath, von Oesterreich ein Gleiches zu verlangen. »Die Pforte wisse ohne Zweifel, sagte er, wessen sie sich von der Macht zu versehen habe, gegen die sie, wegen der Menge Bosnier und anderer Flüchtlinge, die bei ihr Aufnahme fänden und vom türkischen Gebiete aus das österreichische verheerten, im tiefen Unrecht stehe.« Der Reis-Efendi nahm diese Wendung für ein Bekenntniss der Absicht, die Auslieferung nicht zuzugestehen, schwieg aber vor der Hand darüber. Er theilte dem russischen Minister mit, dass die Pforte Truppen in die Fürstenthümer werde rücken lassen, eine Massregel, zu der Strogonoff nun seinen Beifall gab und nur für die Consulate Russlands das Recht sich ausbedung, die Einwohner in Vertheilung der ihnen daraus erwachsenden Lasten zu unterstützen. Auch den gegen Michael Sutzo gefassten Beschluss gab der Reis-Efendi dem russischen Gesandten kund, den dieser gleichfalls, jedoch mit dem Vorbehalte billigte, dass die Mitschuld dieses Fürsten ämtlich erhoben, und die Beweise dafür ihm dargelegt würden. Beide trennten sich mit dem Anscheine von Zufriedenheit. Der Reis-Efendi beklagte noch die unter drängenden Verhältnissen, wie die dermaligen, wirklich unbequeme Entfernung des russischen Ministers von der Hauptstadt, denn es wohnte derselbe in Bujukdere; er lud ihn ein nach Pera zu übersiedeln. Strogonoff, obwohl ohne Haus in dieser Vorstadt, verstand sich hierzu. Schon am nächsten Tage liess die Pforte ihm das Haus eines gewissen Tinghir-Oglu anbieten, der auf die Weisung es für die russische Botschaft zu räumen, sogleich die Schlüssel derselben zusandte. Strogonoff lehnte diese Aufmerksamkeit ab, miethete ein anderes und bezog dieses noch im Laufe des März. An demselben Tage schrieb der Reis-Efendi an den Grafen Nesselrode in der Absicht, keinen Zweifel darüber zu lassen, dass der Pforte mit der moralischen Unterstützung von Seite dieser Macht, aber auch nur mit dieser gedient sei, und wollte dadurch dem Antrage, Truppen in die Fürstenthümer rücken zu lassen, zuvorkommen.

Mit sichtbarer Vorliebe blickte die Pforte auf England. Für sie war die heilige Allianz die Einleitung eines Kreuzzuges gegen den Islam, und England, als derselben nicht angehörig, die einzige freundschaftlich gesinnte Macht. Das Umlaufschreiben Castlereaghs gegen die zu Troppau gefassten Beschlüsse in Bezug auf Neapel, galt dem Divan für einen Beweis, dass, wenn auch Grossbritannien weniger streng als die Mächte des Festlandes der Revolution entgegen träte, es dieselbe desshalb nicht geradezu billigte oder zu fördern beabsichtigte; wohl aber sah der Divan in dieser Erklärung des englischen Cabinets, das Bestreben Englands, eine von den übrigen Mächten abgetrennte Stellung sich zu bewahren, und da er diese Mächte in mehr oder weniger Abhängigkeit von Russland, dessen feindliche Absicht er nicht in Zweifel zog, hielt, so erschien ihm Grossbritannien immer mehr als der natürliche und einzige sichere Verbündete der Pforte. Lord Strangford, am 20. Februar in Constantinopel angelangt, mit Auszeichnung empfangen, war schon in den ersten Tagen der Vertraute des Kiaja-Bey, Gianib-Efendi, der obwohl nicht mehr im Amte, fortfuhr, die entscheidende Hand in den äusseren Angelegenheiten zu haben. Wenn auch die

Hoffnungen des Divans auf England durch die Erläuterungen, welche der Botschafter jenem Umlaufschreiben gab, eben nicht gefördert wurden, so war doch das Bedürfniss, sich mit irgend einer Macht gut zu stellen, zu gross, als dass der Divan nicht über das für seine Wünsche Ungenügende weggesprungen wäre. Alles, was Bezug auf Russland hatte, wurde vom Divan dem englischen Botschafter mitgetheilt, also auch das aufgefangene Schreiben Capodistrias, gegen das sich im Grunde nichts anders sagen liess, als was schon Strogonoff gesagt hatte.

Der Sultan, zu Gewaltmassregeln geneigt, und durch das Gefühl gefoltert, dass er auf Minen sitze, griff nach jeder Stelle, wo er den Faden der Verschwörung zu erhaschen hoffte. Der Erzbischof von Ephesus, mehrere Bojaren und angesehene Griechen mussten in's Gefängniss; es fielen die Häupter des alten Skanavi, des Michel Mano, des Gross-Logothet Rizo und anderer. Gewaffnete Haufen wurden in die griechischen Dörfer am Bospor, in die Vorstädte, in die Stadt selbst gelegt; man begann die Rajas sowohl, als die europäischen Schützlinge zu entwaffnen, was zu Missbrauch der Gewalt und zu Gräuel Veranlassung wurde, einerseits den Schrecken unter den Christen und anderseits die Aufregung unter den Türken mehrte. Wer von den ersten ein Mittel zur Flucht zu Gebote hatte, ergriff es; viele entkamen auf europäischen Fahrzeugen nach dem schwarzen oder weissen Meere; andere erlagen im Versuche. Die Pforte suchte dieses Trachten nach Flucht durch das Begehren zu hindern, das sie an alle europäischen Minister am 29. März stellte, den Fahrzeugen die Aufnahme türkischer Unterthanen zu verweigern, und die Ausführung dieses Verbotes durch die Zugabe der Untersuchung der Fahrzeuge durch einen türkischen und einen europäischen Beauftragten an den Dardanellen und an der Ausfahrt in das schwarze Meer sicher zu stellen.

Durch die Thätigkeit des Grossvezirs nicht befriediget und durch die gemässigten Gesinnungen des Mufti beengt, schickte der Sultan den einen nach Gallipoli, den andern nach Brussa in Verbannung. Benderly-Aly-Pascha wurde Grossvezir, Tassindschizade Mufti. Ein Ferman des Sultans am 30. März abgelesen, rühmte die Hebräer und Armenier ob ihrer Treue, verkündigte die Gesinnungen des Kaisers von Russland und aller übrigen Souveraine, empfahl die Franken, insoferne sie ruhig sich benähmen, dem öffentlichen Schutze, beschuldigte die Griechen des tollkühnen Versuches, den grossherrlichen Thron über den Haufen zu werfen, bedrohte sie dafür mit der ganzen Schwere seines strafenden Armes und forderte zuletzt die Türken auf, die Waffen bereit zu halten, indem der Feind mitten unter ihnen stände. Einige Hinrichtungen begleiteten die Kundmachung dieser kaiserlichen Worte, die durch ein Umlaufschreiben des Patriarchen auch an alle Bischöfe und überhaupt an alle Rajas, die zur griechischen Kirche sich bekannten, gerichtet wurden.

Aus der Erde stiegen alsbald lügenhafte Gerüchte, der Widerhall der Grosssprechereien der Hetäristen, welche die Wuth der Türken zur Raserei steigerten und dem Sultan kaum möglich machten, die Niedermetzlung aller Griechen in der Hauptstadt zu verhindern. Bald sollten alle türkischen Wachtposten und Schlösser überfallen, bald das Arsenal und die Flotte angezündet, bald Constantinopel selbst in Flammen gesetzt werden; von einer Stunde zur andern erwartete Jedermann etwas Entsetzliches und Ungeheures. Bevor ein Mann in der Morea oder auf den Inseln sich erhoben hatte, war die Nachricht von dem Aufstande dieser Ländertheile schon zehnmal als eine Gewissheit verkündet worden; so lief auch am ersten Tage des April das Gerücht von grausamer Ermordung aller Türken auf Chios, verursachte am 2. blutige Händel in den Strassen der Hauptstadt, am 3. einige Polizeimassregeln, die fast noch schlimmer waren, und wurde dann, wie so viele andere, durch frische Nachrichten widerlegt oder verdrängt.

Indessen war die von Strogonoff verlangte und versprochene Kundmachung an die auf türkischem Gebiete befindlichen russischen Unterthanen und Schützlinge auch wirklich gegeben worden und dämpfte einigermassen den verderblichen Eifer der gesicherten Freunde der Griechen. Die Antwort Strogonoff's vom 18. März *) auf das Schreiben Ypsilanti's an ihn vom 23. Februar war bereits im Geiste der Aufträge geschrieben, die aus Laybach um einen Monat später ihm zukamen. Strogonoff und der Reis-Efendi nahmen am 3. April frühere Berathungen, diejenigen über den fünften Artikel des Bukarester-Vertrages, wieder auf. Um jeden Verdacht eines feindlichen Rückhalts weg zu schieben, äusserte der russische Minister sogar die Absicht, die feierliche Audienz beim Sultan, die er noch immer nicht gehabt hatte, nächstens zu begehren; er nahm auch die um diese Zeit erfolgte Entfernung des Glanib-Efendi vom Posten des Kiaja-Bey zum Theil wenigstens als eine Rücksicht für sich, und als einen Ausspruch des Wunsches auf, mit Russland nicht zu brechen, denn dieser warme Diener des Sultans und Freund Halet-Efendis hatte sich im Rathe stets am heftigsten gegen diese Macht ausgesprochen.

Die Nachrichten aus Odessa von der Aufnahme, welche dort die Flüchtlinge aus Constantinopel gefunden; von der Begeisterung, die den ganzen Süden Russlands zu Gunsten der Griechen ergriffen; die Nachrichten aus Bukarest von der völligen Anarchie, die dort herrschte, von dem Vorrücken der Rebellen und endlich von dem Einmarsche des Wlodimiresko in diese Hauptstadt steigerten die Besorgnisse im Divan und Volk. Die Regierung schnitt alle Landverbindungen durch; Reisende, Ankömmlinge, Abgehende, fremde und eigene, alle wurden angehalten, ihre Papiere durchsucht, und die Personen nicht selten misshandelt. Die Nachricht von Unterhandlungen der Rebellen in den Fürstenthümern mit Milosch Obreskowitz, dem Knes von Servien; die Sage vom Ausbruche des Aufruhrs in diesem Lande; die Aufforderungen des Ali-Pascha von Janina an die Griechen, deren Sache er zur seinigen zu machen vorgab; die Erklärung des Metropoliten von Montenegro und der Herzegovina für

*) Siehe Beilage I. 9.

diesen, die Winke aus Morea, und aus Epirus endlich über Zusammenkünfte von Privaten und Bischöfen, von dem Herüberwandern suliotischer Haufen aus den jonischen Inseln und von Versammlungen der Hetäristen in Prevesa, denen Logotheti, der Gefährte Minichini's und andere Flüchtlinge aus Neapel beigewohnt haben sollten, drängten die Regierung zu immer gewaltigeren Massregeln. Während gewaffnete Schaaren zu Wasser und zu Lande nach der Donau gesendet wurden, und an 10,000 Mann, darunter 7000 Janitscharen sich zu folgen bereiteten, während an Kurschid und Ismael Pascha drängendere Befehle ergingen, mit den Sulioten und Ali-Pascha zu Ende zu kommen, bemächtigte sich die Regierung selbst der dienstlichen Correspondenz der fränkischen Consule in der Morea mit ihren Ministern in Constantinopel, ordnete die Untersuchung der Schiffe aller Flaggen bei der Ausfahrt in das schwarze und in das weisse Meer, in Phanaraki und in den Dardanellen, an, ohne länger zu warten, dass die Minister über die Art derselben sich mit ihr einverstanden; nöthigte die den fürstlichen Familien unter den Griechen Angehörigen nach dem Viertel Phanar, und liess die Häuser und Personen, überhaupt aller Griechen, in Stadt und Vorstädten verzeichnen.

Am 14. April langten die wichtigen Beschlüsse der Souveraine aus Laybach vom 26. März in Pera an. Baron Strogonoff theilte sie Tags darauf dem Reis-Efendi mit. Sie machten nicht den erwarteten Eindruck; denn, wie sehr sich die Pforte auch hütete, den Glauben auf den Antheil Russlands laut zu gestehen, er lebte im Herzen des Sultans und aller seiner Minister. Die Macht und Ausdehnung des russischen Einflusses nicht blos in den Fürstenthümern, sondern auch in Rumelien, Albanien, Morea, auf den Inseln, in Constantinopel und bis an die Pforten des Serails und des kaiserl. Divans war als eine bekannte Sache angenommen; das Band zwischen dem russischen und griechischen Klerus bestand; alle russischen Consuln waren Griechen; die russische Kauffahrtei im schwarzen Meere und in der Levante war durch Hydrioten, Spezioten, Ipsarioten geführt; wo Unruhen losbrachen, geschah es unter Vortragung des russischen Namens; russische Kokarden wurden vertheilt; die ganze Welt endlich schrie laut: Das thut Russland! Aber die Gesandtschaft in Constantinopel selbst war in allen ihren Gliedern der Pforte verdächtig und verhasst. Da war ein Herr Catacacy, Schwager des Fürsten Ypsilanti's und Bruder des Civil-Gouverneurs von Bessarabien im täglichen Verkehr mit den phanariotischen Familien. Zu Kischenew, dem Sitze dieses Statthalters, hatte Ypsilanti den Einfall in die Moldau vorbereitet, und von dort aus war der Brief an Milosch überschrieben, wodurch er diesen zum Aufstande und gemeinschaftlichen Wirken mit ihm einlud. Da war ein Herr Daschkoff, von dem man versicherte, dass er gelegenheitlich einer durch die ganze Levante gemachten Reise zur Untersuchung oder Einrichtung der Consulate sich überall mit den griechischen Bischöfen und Primaten öffentlich und geheim besprochen, den Glanz eines geheimen, auf die Befreiung der Griechen gehenden Auftrages um seine Stirne gezogen, grosse Ehren in dieser Voraussetzung empfangen habe, und überall von den Griechen gefeiert, den Türken nicht angenehm seyn konnte. Da war Strogonoff selbst, leidenschaftlich und gewaltsam, in seinen Aeusserungen mehr noch als in seinen Handlungen, von Jedermann für einen entschiedenen Freund der Griechen gehalten. Er hatte den Reis-Efendi mit seinen Anhängern umstellt. Der Pforten-Dollmetsch Murusi insbesondere war ihm blindlings ergeben. Hochmüthig gegen die Dollmetsche der übrigen Gesandtschaften, kroch dieser vor dem russischen, und Strogonoff erhielt regelmässig Bericht über Alles, was durch dessen Mund gegangen war. Wenig beruhigt durch die Erklärung des Kaisers Alexander, verlangte der Divan von dem russischen Gesandten eine Kundmachung an alle Griechen in den bestimmtesten Ausdrücken. Dieser erklärte sich hiezu nicht ermächtiget und rieth zur Gewalt, aber gleichzeitig zur Verzeihung. Der Divan verwarf den Vorschlag, erklärte, dass die türkischen Truppen ohne Verzug über die Donau brechen würden, und wollte nur von unbedingter Unterwerfung wissen. Das den Europäern nachgebildete Wort: „Seine Hoheit ist nicht gewohnt, mit Rebellen zu unterhandeln," — war sein letztes. Nun suchte Strogonoff, der das Elend überblickte, welches die Loslassung türkischer Horden bei der dermaligen Stimmung der Pforte über die Fürstenthümer bringen musste, an dem kaiserlichen Internuntius, Grafen v. Lützow, eine Stütze zu gewinnen. Aber auch dessen Wirken blieb ohne Erfolg; denn schon hatte der Sultan das Wort ausgesprochen, die Religion sei in Gefahr und dadurch die Wuth der Militzen, von deren Meinung er abhängig war, zum Hasse gegen alle Christen gesteigert. Der Divan sah in den Bemühungen Strogonoff's nichts mehr als den Beweis, dass der berechnete Schlag missglückt war, und dass Russland, gegen die eigene ursprüngliche Ansicht, den Griechen nunmehr nicht die Mittel oder die Einigkeit zutraute, den gewünschten Umsturz des türkischen Reiches zu bewerkstelligen.

Darüber waren aus der Morea die ersten Nachrichten von dem wirklich ausgebrochenen Aufstande eingetroffen; denn bevor der Erfolg die Wurzellosigkeit der Unternehmung in den Fürstenthümern aufdecken konnte, hatte diese ihre Wirkung im eigentlichen Griechenlande gemacht. Schon im Jänner waren die Metropoliten von Patras und Arkadia, Andreas Zaimis aus Kalavryta, Andreas Lontos aus Vostitza und mehrere der bedeutendsten Mitglieder des Bundes im letzteren Orte zu gemeinsamer Berathung zusammengetreten; sie erwogen die Mittel, die Zeit des Aufstandes, die Verheissungen, die ihnen der Archimandrit Gregorius Dikäos von den Verschwornen in den Fürstenthümern gebracht hatte, und noch beschlossen sie zu zögern, die Mittel zu mehren, sich scheinbar zu fügen. Aehnliche Berathungen hatten früher schon in Kalamata stattgefunden zwischen Petro-Bey Mavromichalis, dem Fürsten der Maina, den Metropoliten von Arkadia und Monembasia und mehreren lacedämonischen und messenischen Archonten, und ähnlichen Beschluss zur Folge gehabt. Noch ahneten die Türken in der Halbinsel die Mine nicht, die unter ihren Füssen geladen wurde. Kurschid-Pascha, der Statthalter des Sultans, konnte noch im Februar mit Zuversicht in die Ruhe des Landes dasselbe verlassen, und er glaubte genug gethan zu haben, indem er 1000 Mann aus Thessalien in die Halbinsel nachrücken liess.

Sein Stellvertreter Salih-Pascha, während Kurschid-Pascha zu Felde gegen den Statthalter von Janina lag, glaubte mehr thun zu müssen; er liess um die Mitte Februar die Pulvermühlen in Dimitzana zerstören, ordnete die bei bedenklichen Umständen übliche Entwaffnung in der etwa 400.000 Seelen (darunter ¹/₈ Türken) haltenden Halbinsel an, und berief die Prälaten und Archonten nach Tripolitza. Neun Bischöfe, darunter die von Korinth, von Arkadia und Monembasia, zwölf Primaten, darunter Theodor Delijani von Karitäna, Sotirios Notaras von Korinth, Johann Perrukas von Argos, u. a. m. gingen auch wirklich dahin, und Peter Mavromichalis, wich er gleich für seine Person der Vorladung aus, sandte doch seinen Sohn Anastasius. Andere, wie Andreas Lontos, die Zalmis und Germanos, Erzbischof von Patras, machten sich zwar auf den Weg, hielten aber in Kalavryta an, und nach täuschender Verhandlung mit den Türken, das Gerücht verbreitend und selbst dadurch geschreckt, als gingen die Türken mit der Ermordung aller nach Tripolitza gezogenen Häuptlinge um, erhoben sie am 4. April die Fahne des Aufstandes. Wenige Tage früher hatten Nik. Soliotis und Petmezas von der Maina aus mehrere nach Tripolitza ziehende Türken überfallen; und die dem Bey der Maina pflichtigen Haufen des Theodor Kolokotronis, Nikitas und Anagnostaras waren nach Kalamata niedergestiegen und umschlossen den Woiwoden dieses Ortes. Am 4. drangen die Griechen von allen Seiten in denselben, zwangen die Türken sich zu ergeben, hielten Tags darauf ein feierliches Hochamt zur Eröffnung des Freiheitskampfes, und so wie sich an mehreren Orten Epitropien aus den Angesehensten bildeten, so in Kalamata eine Gerusia, deren Vorstand, Peter Mavromichalis, am 9. April ein Manifest an die europäischen Höfe erliess, worin die Absicht, das türkische Joch abzuschütteln, angekündigt, und der Schutz der Mächte angesprochen wurde *).

---

*) Siehe Beilage I. 10.

Eilig flohen die Türken aus allen offenen Orten nach der Hauptstadt. Die im spartanischen Gebiete verliessen ihre festen Thürme und zogen eben dahin. Kolokotronis umgab Karytäna, Nikitas besetzte Leontari, die Mavromichalis wandten sich gegen Tripolitza. Mehrere tausend Hirten und Bauern liefen ihnen zu. Man waffnete sie mit türkischen Waffen und besetzte alle Pässe gegen die Hauptstadt.

Nun sah die Pforte ihre schlimmsten Besorgnisse als gerechtfertigt an. Der Pforten-Dollmetsch Murusi war das erste Opfer, das dieser Ueberzeugung fiel. Statt zu einer Unterredung zwischen dem Reis-Efendi und dem kaiserlichen Internuntius, die an diesem Tage festgesetzt war, ging er zum Tode. Er wurde in seinen Amtskleidern nach dem Alai-Köschk geführt und dort angeblich wegen Verbindungen mit dem Bey der Maina enthauptet. Schon waren die Bischöfe von Therapia und Nikomedien, die Metropolitane von Adrianopel, Salonich und Türnova eingekerkert; Verhaftungen, Nachsuchungen, Hinrichtungen häuften sich. Achttausend Janitscharen, nach Varna eingeschifft, hatten ihren Zug durch die Vorstädte und den Bospor mit Grausamkeiten und Gewaltthaten aller Art bezeichnet. Vergeblich machten mehrere europäische Minister Vorstellungen an die Pforte; sie erhielten unwillige Antworten. Lady Strangford selbst, obwohl von zwei Janitscharen begleitet, erlitt auf dem Gange nach der Kirche einen Schlag von einem türkischen Weibe. Mehrere griechische Kirchen wurden angegriffen, beraubt, in Brand gesteckt; die Häuser der Franken und selbst diejenigen der Gesandten waren bedroht. Weiber und Kinder flüchteten in die Behausungen türkischer Freunde oder mit ihren Männern in den russischen Gesandtschaftspallast, der allein seine Pforten offenhielt und wo eine Orta Janitscharen als Wache stand.

Die Gleichgültigkeit, vielleicht die geheime Freude, mit welcher die Regierung diesen Unordnungen zusah, wurden nicht gemindert durch die unerwartete, für die Pforte günstige Wendung der Dinge in den Fürstenthümern. Der Metropolit und mehre Bojaren der

Wallachei sandten nämlich ihre Unterwerfung an den Divan ein und versprachen die Auslieferung des Wlodimiresko. Sie schrieben gleichzeitig (Bukarest, 10. April) an Strogonoff, um ihn zu bewegen, ihnen das Wort für die Bitte zu führen, ihre Beschwerden auseinander setzen zu dürfen. Ypsilanti erliess an die türkischen Grenzbehörden eine Erklärung, worin er Waffenstillstand versprach und sie gleichfalls dazu aufforderte, »indem der russische Minister in Constantinopel, nach dem Wunsche seines Kaisers, der Pforte die Bedingungen vorzulegen habe, auf welche die Provinzen sich unterwerfen würden.« Aus Kalintina am 12. April schrieb er auch an den russischen Gesandten, er habe das Schreiben des Grafen Capodistrias vom 28. März erhalten, sich hierauf alsogleich zurückgezogen und dem Kaimakam des Fürsten Kallimachi von diesem Rückzuge Kenntniss gegeben*). »Ich gehe, sagte er am Schlusse seiner wenigen Zeilen, Seiner Majestät dem Kaiser die Bitte und Wünsche der Griechen vorzubringen und erwarte mit Verlangen ihren Rath.« Diese Sprache klang nicht wie die eines Mannes, der sein Unternehmen als ein Verbrechen betrachtet zu sehen fürchtete. Sie verlängerte den dem Unternehmen heilsamen Wahn.

Strogonoff legte diese Briefe alsogleich der Pforte vor und diese zog die Folgerungen daraus, welche sie in ihrer Ansicht von der Rolle, die Russland spielte, nur bestärken konnten. Das Einrücken türkischer Truppen in die Fürstenthümer stellte der russische Minister nun, wo sich diese Provinzen, wie er sagte, der gesetzlichen Herrschaft ihres Souverains wieder unterworfen hatten, als völlig unnöthig dar, und was noch zu thun blieb, am besten durch ihn selbst zu thun, indem er sich zwischen Ypsilanti und die Pforte als Vermittler für die Interessen der Fürstenthümer stellte. Er drang überdiess auf Milde und unterstützte das Begehren der Bojaren, welche die Erzählung des Verrathes und der Flucht des Hospodars Michel Sutzo mit der Bitte schlossen, den Nachfolger zu ernennen und zu senden.

---

*) Siehe Beilage I. 11.

Die Pforte wies die Zumuthung auch einer mittelbaren Verhandlung mit Ypsilanti voll Abscheu zurück und drückte ihr Erstaunen aus, wie der russische Hof an diesen Verbrecher und Verräther, Raja der Pforte von Vater auf Sohn, das Wort richten könne. Sie bestand auf der Nothwendigkeit des Einmarsches ihrer Truppen, indem die schriftliche Unterwerfung eben so gut Lüge als Wahrheit sein könnte, die Verräther noch im Lande anwesend wären und der wahre Weg zur Ruhe durch dieser und ihrer Anhänger Bestrafung ginge. Die Verräther nicht zu empfangen, auszuliefern oder öffentlich vor den Augen der Welt zu bestrafen, war die Forderung, welche die Pforte an Russland sowohl als an Oesterreich richtete, dessen Internuntius den Freiherrn von Strogonoff in den Forderungen der Nachsicht und Milde unterstützte. Von dieser Bestrafung oder Auslieferung machte die Pforte die Ernennung von Hospodaren abhängig, bis dahin aber sollten die Fürstenthümer durch Muhafis oder Militär-Gouverneure verwaltet werden*).

Strogonoff, in der Absicht, die blutige Rache zu hindern, und den Einfluss Russlands in den Fürstenthümern zu bewahren, wollte die Bittschrift und Erklärung des Metropoliten und der Bojaren als genügende Zeichen der Unterwerfung anerkannt wissen; er verwarf die militärische Besetzung und Verwaltung als einen Bruch der Verträge, wiederholte den Vorschlag, Ypsilanti eine Thüre zur Flucht offen zu lassen, als eine Massregel der Klugheit, begehrte Ermächtigung, ihn hierzu zu vermögen und sah nur in der alsogleichen Ernennung der Hospodare das Mittel der Beschwichtigung. Den Einmarsch türkischer Truppen hielt er nur insoferne für zulässig, als sie als Begleiter der Hospodare die Fürstenthümer beträten.

Die Pforte antwortete mit einem entscheidenden Schlage auf das Haupt der griechischen Kirche. Sie liess ein paar Tage darauf, am heiligen Ostertage selbst, alle Priester des Viertels Phanar und der griechischen Vorstädte festnehmen, drei Metropoliten und drei

---

*) Siehe Beilage I. 12. 13.

andere Priester vor ihren Kirchen, ja den Patriarchen selbst vor seinem Pallaste in vollem Kirchenornate aufhängen. Seit achtzig Jahren hatte ein solcher Gräuel nicht statt gefunden. Er wurde grässlicher durch den Tag und durch den Hohn, der ihn begleitete und der ihm folgte. Eine halbe Stunde nach der That verfügte sich der Gross-vezir an die Stelle, liess sich Schemel und Pfeife geben und betrachtete mit Vergnügen den Leichnam. Der Metropolit von Sparta, zum Patriarchen ernannt, musste dem scheusslichen Hergange beiwohnen. Tags darauf (21. Redscheb 1236) hing man das Jafta an den Gerichteten; es zeihte ihn des Verbrechens, die Verschwörung gekannt und nicht angezeigt zu haben, wodurch er zum Verräther an dem Sultan und an seinem eigenen Volke geworden sei, das durch ihn grosse Gefahr gelaufen, selbst und ganz ein Opfer zu fallen. Diese Hinweisung bezog sich auf einen Vorschlag Halet-Efendi's und des Kapudan-Pascha, in den letzten Tagen des März dem Sultan gemacht, in der Nacht auf ein gegebenes Zeichen alle Griechen in der Hauptstadt zu überfallen und nieder-zu metzeln. Diese sicilianische Vesper und Bartholomäusnacht war in der Meinung in Vorschlag gebracht, den Griechen zuvorzukommen, die, wie es hiess, auf ähnliche Weise der Besatzungen der festen Punkte sich entledigen, und diese in Besitz nehmen wollten. Die Absetzung des Grossvezirs und des Mufti war, der öffentlichen Meinung zu Folge, eben durch den Widerspruch gegen diesen Mordanschlag veranlasst worden. Am dritten Tage nach der Hinrichtung des Patriarchen wurde die Abnahme des Leichnams den Juden überlassen, welche denselben unter Hohn und Schimpf, mit dem Gesichte zur Erde gekehrt, nach dem Meere zogen und darin versenkten.

Da der Eindruck dieser Vorgänge auf die Gesandten der europäischen Mächte und insbesondere auf Strogonoff nicht anders als schrecklich sein konnte, so suchte dieser die Minister von Oesterreich, Frankreich und England zu einem Schritte zu vermögen, den selbst ihre Würde zu verlangen schien, zur Erklärung an die Pforte nämlich, dass sie ihre Höfe angehen würden, Kriegsschiffe zu ihrem Schutze nach Constantinopel zu senden. Am Tage der Abnahme des Patriarchen hatte der kais. Internuntius die Gesandten bei sich zu einem Gastmahle vereinigt, wobei diese Erklärung beschlossen werden sollte. Lord Strangford aber fürchtend dem Brande neuen Brennstoff zuzulegen, hatte die Verabredung der Pforte mitgetheilt, sich von ihr eine beruhigende Antwort auf seine Vorstellungen über die Gefahren, die den Franken drohten, geben machen, und hinderte nun den Schritt dadurch, dass er sich seinerseits für völlig beruhigt erklärte. Dieser Umstand riss den Spalt noch weiter, der bereits zwischen Lord Strangford einerseits und den Ministern von Russland und Oesterreich andererseits bestand. Der Erste gewann an Ansehen bei der Pforte, der andere verlor daran, und berichtete an seinen Hof, der dritte begehrte seine Abberufung und erklärte der Pforte, dass er seine Regierung um die Sendung eines Kriegsschiffes zu seiner persönlichen Sicherheit angegangen habe. Die Pforte, obwohl des Willens sich auf gutem Fusse mit allen Mächten zu erhalten, erstarkte im Entschlusse die Empörung in Blut zu ersäufen.

Am letzten April nahm der Sultan dem Benderly Ali-Pascha, der sich gegen einige Günstlinge versehen hatte, das nur durch wenige Tage geführte Siegel, verwies ihn nach Cypern und ernannte an seine Stelle den Kaimakam Elhadsch-Salih-Pascha, der vor zwei Monaten noch Verweser der Fruchtvorräthe der Hauptstadt gewesen war. Der neue Grossvezir schärfte allen Türken der Hauptstadt ein, nur bewaffnet sich zu zeigen, was zu vielen Gräueln und Missbrauch der Waffen Veranlassung gab. Drei Bischöfe wurden am 1. Mai, andere an anderen Tagen auf dem Hippodrome hingerichtet; griechische Kaufleute endeten vor ihren Häusern oder Magazinen; viele griechische Kirchen wurden unter Volksgetümmel eingebrochen, geplündert, zerstört. Der Taumel hatte bereits fast das ganze Reich ergriffen. Im Innern von Kleinasien, in allen Küstenplätzen, wo Griechen wohnten, wurden sie beraubt, ermordet. Nur an wenigen Orten, namentlich in Aegypten, wagten oder vermochten die Statthalter, dem durch die schauderhaftesten Lügen und durch religiöse

Wuth gereizten Volke Einhalt zu thun. In der Hauptstadt selbst war die Regierung nicht mehr Herr der Bewegung; die Janitscharen vereinigten sich und trotzten; die Jamaks schossen auf jede bewaffnete Truppe, die ihre Gewaltthaten zu hindern kam; die Befehle, die Drohungen, selbst die Strafen blieben für die Aufrechthaltung der Ordnung ohne Erfolg. Der Taumel schien vielmehr die Regierung selbst mehr und mehr in seine Kreise zu ziehen und fortzureissen. In dem bei der Ernennung des Elhadsch-Salih-Pascha erlassenen Hattischeriff beschuldigte sie dessen Vorfahrer im Amte, Benderly-Ali-Pascha, einer Milde, welche den heiligen Eifer der Muselmänner zu lähmen gedroht hatte. Sie machte daher jedem Gläubigen Milde zum Vorwurf, blies die religiöse Wuth mit eigenem Munde an, und würde bei einem schlechten Volke allen Verbrechen und Leidenschaften Thüren und Thore geöffnet haben. Es war der Schrei des Schreckens und der Rache! Ganz Europa warf den Stein dafür auf die Pforte, aber ganz Europa war Partei und mit seinen Wünschen und Neigungen auf Seite der Empörer. Dennoch, selbst in diesem Aeussersten, war weder von Austilgung aller Griechen, noch von Krieg gegen das Christenthum die Rede; also die Antwort nicht einmal gleichen Tones mit der Ausforderung. Die schrecklichen Worte beschränkten sich im Grunde auf den Wachruf an alle Muselmänner zur Unterstützung ihres Glaubens und des Reiches, das in seinen Grundsäulen bedroht war.

In dieser Stimmung war es verzeihlich, dass die Pforte ihren Ton gegen Strogonoff höher nahm und seinen sowohl als des kais. Internuntius Antrag auf Verzeihung verwarf. Der russische Minister schloss hieraus, dass sie die Absicht habe, die Fürstenthümer den Janitscharen zur Plünderung zu überlassen und sprach, in Folge des Art. VII. des Vertrags von Kainardschi das Schutzrecht Russlands für diese Länder an. Die Verhandlungen über diesen Punkt führten zu persönlichen Beleidigungen. Hierzu kam die Verhaftung eines in Pera und namentlich von Strogonoff sehr geachteten Mannes, Danesy, der türkischer Unterthan, einer der angesehensten Griechen und Banquier der russischen Gesandtschaft war und durch den viele

Gelder der Griechen ihren Weg genommen hatten. Strogonoff begehrte dessen Freigebung, denn der Mann war auf seinem Gange nach der Pforte in Begleitung und gewissermassen unter dem Schutze des russischen Dollmetschers Franchini gewesen, und von dessen Seite weggerissen worden. Das erste Begehren war schriftlich, das zweite feierlich durch die Secretaire der Gesandtschaft mündlich gemacht, das dritte durch Strogonoff in Person; alle blieben ohne Erfolg. Nur mit Mühe konnte der Gesandte von dem Entschlusse abgebracht werden, dem Sultan sein Begehren selbst in die Hände zu legen. Er liess es durch den Staatsrath Fonton thun, der mit einem zahlreichen Gefolge den Sultan auf dessen Zuge nach der Moschee abwartete. Auch dieser Schritt blieb ohne Erfolg.

Einstweilen hatte der Versuch, einen der Dreidecker, und dadurch das gesammte Arsenal, wo mit grösster Thätigkeit gearbeitet wurde, in Brand zu stecken, schaarenweise Hinrichtungen von Hydrioten, Spezioten und anderer Inselgriechen veranlasst. Die Flucht nach dem schwarzen Meere war nicht zu hindern, ebenso wenig die Aufnahme in Odessa, wo die Entkommenen wie Märtyrer empfangen wurden. Diese Aufnahme wurde in Constantinopel auf Rechnung der russischen Regierung geschrieben. Wirklich war auch das Haus des Gouverneurs von Odessa, des Grafen Langeron, der früher manche der Verschwornen als tägliche Gäste aufgenommen hatte, nun allen Flüchtlingen offen. In Verhältnissen, wie die damaligen, wo alle menschlichen und religiösen Gefühle für die Unterstützung der Unglücklichen sprachen, welche die Staatsrücksicht von sich stossen sollte, war es allerdings für den russischen Beamten schwer, die Pflicht seines Amtes mit den Forderungen seines Herzens zu vereinigen; eben so schwer war es aber auch für den Mann, der im Divan sass, die Scheidelinie zwischen beiden zu erkennen, und die Handlung aus Menschlichkeit nicht wenigstens von dem russischen Hofe als gebilligt vorauszusetzen.

Aus der Morea waren die Nachrichten für die Pforte die schlimmsten. Zwar drängten die Türken den Haufen des aus der

Maina niedergestiegenen Kolokotronis bei Alonistäna zurück, jagten die Mainoten auf die Gebirge, und siegten in mehreren kleinen Gefechten; aber durch Ueberfälle ohne Ende gefoltert, blieb ihnen doch nichts anderes übrig, als sich in die festen Plätze zu ziehen, deren es neun in der Halbinsel gab, das Schloss von Patras, dasjenige der Morea, Akrokorinth, Modon, Koron, Navarin, Nauplia, Monembasia und Tripolitza. Alle diese Punkte wurden noch im April mehr oder weniger bedrängt. Die Persönlichkeit des Theodor Kolokotronis drang durch, um einigen Zusammenhang in die Bestrebungen der Griechen zu bringen. Aus altem Klephtengeschlechte, von Kindheit auf Krieger, später im englischen Dienste auf den jonischen Inseln zu einiger Ordnung gebildet, ein Riese an Körperkraft, keck und gewandt, beredt auf seine Weise, wurde er der natürliche Führer, dem die meisten sich gerne unterordneten. Sein stärkster Arm war sein Neffe Nikitas. Sein Anhang war auf allen Bergen, in allen Thälern. Er ordnete Feuerzeichen an, von einem Ende der Halbinsel zum andern; sein Auge war überall, aber noch waren seine Mittel schwach, unsicher, unberechenbar. Die Unterordnung war nur freiwillig, und auch nicht allgemein. Die Spaltungen, die später so bedeutend wurden, traten schon bei den Anfängen hervor. Während der kleine Krieg gegen jeden der festen Plätze der Türken geführt wurde, suchten die griechischen Führer in drei Massen die Mittel zu nachdrücklicheren Angriffen zu vereinigen. Unter dem Bischof Theodoret von Vrestheni und den Mavromichalis sammelten sich mehrere tausend Mann bei Valtetzi, drei Stunden im Südwest von Tripolitza gelegen; Kolokotronis sammelte in den arkadischen Gebirgen; Germanos in und bei Patras, dessen Schloss er bedrängte. Aber zu Ende April langte aus Rumelien Jusuff-Selim-Pascha mit 1000 Pferden an und jagte die Griechen aus Patras. Im Mai setzte Mohamed, der Kiaja Kurschid's, mit etwa 5000 Mann, aus Rumelien über, zerstörte Vostitza, verstärkte die Besatzung von Akrokorinth, verbrannte Argos, warf einige hundert Mann in Nauplia und ging dann nach Tripolitza.

Mit den türkischen Bewohnern von Lala in Elis und etwa 4000 Mann guter Truppen, suchte er die bei Valtetzi sich sammelnden Griechen zu vertreiben. Diese aber vertheidigten sich wacker in ihren in Eile aufgeworfenen Schanzen. Nikitas brachte Blei aus Argos herbei, wo er eine türkische Schule abgedeckt hatte; Kolokotroni brach sich durch den Feind Bahn; Anagnostaras und Andreas Metaxa, der mit fünf bis sechshundert Zantioten und Kephalonioten eben damals in der Morea erschienen war, griffen ihn im Rücken an. Die Türken mussten abstehen, und eine grosse Menge von Waffen fiel in die Hände der Griechen. Nicht glücklicher war ein Angriff auf Doliana (30. Mai), den Nikitas und der Bischof von Vrestheni aushielten. Diese Vortheile ermuthigten die Griechen, sich Tripolitza zu nähern. Sie besetzten die Höhen von Trikorpha und schlugen sich in den umliegenden Orten. Koron berannten die Mainoten ohne Erfolg. Navarin mit Hülfe von ein paar Schiffen schlossen sie unter Bischof Gregor von Modon besser ein. Das reiche und blühende Lala mit seinen mehr als tausend türkischen Familien, und was sich aus der Umgegend an Türken dahin oder nach der fränkischen Burg Chlumitzi hatte flüchten können, hielt noch tapfer gegen G. Sisinis, Gg. Plaputas, Delijannis, Asimakis Photilas und Andreas Metaxa, die zusammen über 3000 Mann führten. Monembasia war durch Mainoten und Tzakonen hart bedrängt. Nauplia hatten Gkigka Botasis und die Speziotin Bobolina zu Wasser und vieles Volk aus Argos, Kranidi und Hermione zu Lande eingeschlossen gehalten, bis der Kiaja Kurschid's es im April mit schwerem Verluste für die Griechen entsetzte. Gegen Korinth hatten sich die Dörfer des Isthmus erhoben, und 2000 Mann unter Anagnostis Petmezas die Beschiessung von Akrokorinth begonnen, bis sie für kurze Zeit vertrieben wurden. Im Mai sammelten Germanos, A. Zaimis, A. Lontos u. a. m. bei Patras wieder an 8000 Mann; die Stadt war bereits ein Raub der Flammen geworden. Ueberall also hoben die Griechen der Halbinsel das Haupt. Die Führer hatten das richtige Gefühl, dass, um dem Aufstande Körper zu geben und nach aussenhin Schein, das Gerüste der Regierung unverzüglich mehr und mehr ausgebildet werden müsse. Der Verein zu Kalamata, der sich Senat geheissen hatte, wandelte sich am 7. Juni in eine Centralbehörde um, zu deren Vorstand von Primaten und Abgeordneten verschiedener Eparchien der Bischof von Vrestheni erwählt wurde. Beigegeben wurden ihm Sotirios Charalampis aus Kalavryta, Athanas. Kanakaris aus Patras, Anagnostis Papajannopulos Delijannis aus Karytäna, Theodorakis Rentis aus Korinth und Nik. Poniropulos aus Pyrgos. Diese Regierung, deren eigentliches Haupt Peter Mavromichalis als Oberfeldherr blieb, nahm ihren Sitz im Kloster Kaltetzä und dann in Stamnitza. Sie war bevollmächtigt, bis Tripolitza eingenommen seyn würde *).

Ihre Gewalt war gering, und dehnte sich nur über die Gebiete aus, welche ihre Kraft gegen die Hauptstadt gewandt hatten. Es war ein freiwilliges Zusammenstehen von Häuptlingen, welche durch persönliche Eigenschaften, Geldmittel und Ansehen das Volk hinter sich herrissen. Von einer Ordnung im europäischen Sinne konnte also bei dieser Einrichtung keine Rede seyn, obwohl man europäische Bezeichnungen für sie borgte, und so war es gewissermassen während der ganzen Dauer dieses Kampfes.

Die Inseln hatten einen abgesonderten Senat gebildet, und sich gleich anfänglich erhoben, Spezia zuerst, dann Ipsara, endlich Hydra. Am 29. April liefen 18 ihrer Schiffe, darunter 7 speziotische und 11 hydriotische, unter dem Befehle des Jakob Tombasi, aus dem argolischen Golfe, langten am 4. Mai in Tenos an, wo die Fahne des Aufruhrs durch die Primaten und den Erzbischof bereits aufgesteckt worden war, und vereinigten sich am 8. vor Chios mit drei ipsariotischen Fahrzeugen. Ihr Plan, Chios in Aufstand zu setzen, misslang; sie griffen im Archipel einige türkische Transporte auf und kehrten nach ihren Inseln zurück.

Das Bedürfniss eines leitenden Hauptes wurde allgemein gefühlt.

---

*) Siehe Beilage I. 14.

Man glaubte es gefunden, als zu Anfang Juni Demetrius Ypsilanti, der von Alexander entsandte Bruder, unerwartet, aber gerne gesehen und jubelnd begrüsst in Hydra erschien. Gregor Kantakuzen und mehrere junge Griechen aus Europa herbeigeeilt, erschienen mit ihm. Er wies die Vollmachten von seinem Bruder, und es wurde ihm nicht schwer, zwischen dem Senate von Hydra und der Regierung im Lager vor Tripolitza in seiner Person ein Band zu knüpfen. Feierlich wurde er von allen Gliedern der Regierung, von den vorzüglichsten Capitainen und Primaten zu Astros eingeholt (21. Juni) und in das Lager von Vervena gebracht. Erzbischof Germanos und alle Hetäristen waren herbeigeeilt. Auf die Bestallung seines Bruders zum General-Bevollmächtigten der hohen unsichtbaren Regierung, auf die von diesem auf ihn übertragene Vollmacht sich stützend, nahm er in feierlicher Versammlung, gleichsam in Gegenwart des gesammten durch seine Krieger vertretenen Volkes der Halbinsel die oberste Gewalt in Anspruch, und beantragte die Auflösung der bestehenden Gerusie. Mit Grossherzigkeit trat Peter Mavromichalis dem Fremden, hinter dem man ganz Russland zu sehen vermeinte, seine Stelle als Oberbefehlshaber ab, und ordnete sich unter ihn; das Gleiche thaten Theod. Kolokotronis und alle Capitaine der Halbinsel. Aber es schien zu viel gefordert, nicht bloss den militärischen Theil der Herrschaft; sondern die Regierungsgewalt überhaupt ausschliesslich in seine Hände zu geben. Die Gerusie berief sich auf ihre Bevollmächtigung bis zur Einnahme von Tripolitza; Ypsilanti bestand auf seinem Begehren, drohte abzureisen, und gab endlich zu, dass die Gerusie bleibe, aber den Erzbischof Germanos und Asimakis Zaimis als Mitglieder aufnehme, die Regierung mit ihm gemeinschaftlich führe, und nach Kalavryta übersiedle.

Nun hatte der Aufstand in der Halbinsel ein Haupt, und die Hoffnung auf russische Hülfe gab ihm Zuversicht in diesem ersten entscheidenden Zeitpunkte.

Am 30. Mai war eine zweite See-Expedition ausgelaufen, aus 22 hydriotischen, 9 speziotischen und 7 ipsariotischen Schiffen bestehend. Sie machte am 9. Juni im Hafen von Eresso auf Mytilene den ersten Versuch mit Brandern gegen ein türkisches Linienschiff, das von einem Geschwader von 2 Fregatten, 3 Corvetten und 2 Brigg sich gesondert hatte. Er gelang, das Linienschiff wurde verbrannt und die übrigen türkischen Schiffe flohen nach den Dardanellen. Nun suchten die Griechen Mytilene aufzuregen und die asiatische Küste. Ueber diesen Bestrebungen ging Ayvali zu Grunde. Das griechische Geschwader, durch vier Schiffe aus Hydra verstärkt, nahm von den Unglücklichen so viel es eben vermochte auf, und war am 25. Juni bereits wieder in Hydra, von wo einstweilen 10 Schiffe nach Patras und der albanesischen Küste ausgelaufen waren.

Im griechischen Festlande erhoben sich zuerst Salona, Livadia und Theben. Die Türken der ersten beiden Orte flohen in die Castelle, die jedoch bald in die Hände der Griechen fielen. Galaxidi folgte und rüstete seine Schiffe. Die Athenienser standen auf und nöthigten die Türken, in die Akropolis sich einzuschliessen. Am 7. Mai wurde die Stadt erstiegen, und herbeigeeilte Bewohner von Zea, Hydra und Kephalonia begonnen Batterien gegen das Schloss aufzuführen. Anfangs Juni verjagten die Aetolier und Akarnanier unter Makris die Türken aus Mesolongi und bald darauf aus Vrachori. Churschid-Pascha, mit Ali-Pascha beschäftiget, hatte nicht Mittel genug, um die Verbreitung des Aufstandes im Gebirge zu hindern, der durch die einheimischen und suliotischen Capitaine gefördert wurde. Georg Tzongas bedrängte Vonitza; Andreas Karaisko und Gogos Bakulas vertheidigten die feste Stellung von Makrynoros gegen einen Haufen Albanesen, die von Arta aus hereinzubrechen drohten. Dasselbe that Giannakis Rangos bei Aphti. Die Wlachen vom Pindus kamen schaarenweise ins ätolische Gebirge, ihre Dörfer den Türken preisgebend. Anthimos Gazis regte die Halbinseln Kassandra und Magnesia auf, und der ganze Olymp erhob sich. Odysseus, aus Ithaka herübergekommen, setzte sich am Parnasse fest. Die Türken zogen sich nach Arta, nach Salonich, nach Euböa und in die Städte von Thessalien.

Das Auftreten des zweiten Ypsilanti's, der auch aus Russland gekommen und noch vor Kurzem im Hause des Grafen Langeron in russischer Gardeuniform erschienen war, erbitterte tief die Pforte. Zu harten Klagen gab ihr auch das Benehmen des russischen Consuls in Patras, Vlassopulo, Veranlassung, der, ohne Zweifel eines der thätigsten Glieder der Hetärie, durch seine Flucht im Augenblicke der Wiederbesetzung der Stadt durch die Türken seine Schuld an Tag legte, ja sie erhöhte durch den Umstand, dass er die flüchtigen griechischen Fahrzeuge mit russischer Flagge bedeckte.

Es gab aber zwei Punkte, die zu unmittelbarem Zwiste zwischen der Pforte und Strogonoff Veranlassung wurden, nämlich der Beschluss der Pforte, die Durchfuhr des Getreides aus dem schwarzen ins weisse Meer zu hindern, und das Begehren Strogonoff's einem russischen, zu seinem Dienste gestellten Kriegsschiffe den Aufenthalt im Bospor zu erlauben. Die Menge griechischer Freibeuter, welche nicht selten unter russischer Flagge den Archipel durchkreuzten, schnitt der Hauptstadt die Zufuhr von dieser Seite ab. Die Pforte fürchtete die grössten Gefahren in Constantinopel selbst durch diese Beengung, und während sie mit Schnelligkeit einige Fahrzeuge rüstete und nach den Dardanellen sandte, den Pascha von Aegypten, die Raubstaaten, selbst England gegen die Freibeuter aufrief, ordnete sie an, dass alles aus dem schwarzen Meere, unter welcher Flagge immer nach Constantinopel kommende Getreide nach den kaiserlichen Magazinen gebracht und denselben verkauft werden müsse. Strogonoff, dem sie mit Note vom 11. Mai davon Kenntniss gab, verweigerte seine Zustimmung zu dieser Massregel, die den Artikeln 31, 32 und 35 des am 10. Juni 1783 zwischen Russland und der Pforte geschlossenen Handelsvertrages entgegenstand, die aber allerdings die Noth des Augenblickes erfordern, entschuldigen und unter billigem Einverständnisse für eine Zeit ins Leben bringen konnte. War seine Verneinung in der Antwortnote vom 16. Mai bestimmt ausgesprochen und durch die Drohung des Bruches verstärkt, so fügte Strogonoff doch das Anerbieten bei, der Pforte so viel Getreide als sie wollte, in Odessa zu dem dortigen Marktpreise zu verschaffen.

Der zweite Punkt führte zu unangenehmen Schritten, welche den hohen Grad der Spannung an Tag legten und Pera fast für die Person Strogonoffs selbst fürchten machten. Der Kaiser, seinen Wünschen zuvorkommend, hatte die Sendung eines kleinen russischen Kriegsschiffes nach dem Bospor angeordnet. Am 2. Mai setzte Strogonoff hievon die Pforte in Kenntniss; am 7. erschien es unter der Flagge eines Postschiffes und ging zu Bujukdere vor Anker. Die Pforte nahm dieses Fahrzeug für was es sich gab, nämlich für ein Handelsschiff und setzte den Capitain desselben unter einem Vorwande gefangen. An diese Gewaltthat fügte sie diejenige, die Familie eines russischen Unterthanen, der in Galata wohnte, ins Gefängniss zu führen und dessen Haus zu versiegeln, sowie griechische Flüchtlinge auf russischen Schiffen festzuhalten, was die Verweigerung der Erlaubniss der Abfahrt für die Schiffe aller Flaggen zur Folge hatte. Die Nachrichten aus Smyrna und aus dem Archipel, die wie natürlich die an sich schon schlimme Wirklichkeit weit überboten und nach welchen bereits über hundert grössere griechische Schiffe diess Meer durchkreuzten, alle Seehäfen bedrohten, Türken von europäischen Fahrzeugen rissen und mordeten, — alle Cykladen nicht bloss, sondern auch Mytilene, Chios und selbst Tenedos in vollem Aufstande geschildert wurden, so zwar, dass die Pforte die Flotille von sechs Schiffen, die sie erst auslaufen lassen wollte, nicht mehr für stark genug und in den Dardanellen zurückhielt, gossen böses Blut in alle Beschlüsse. Der Sultan ordnete Lager auf der asiatischen Küste an und theilte die Hauptstadt selbst in sieben Militärbezirke, deren er jedem einen Pascha vorsetzte. In Unterredungen bei dem Mufti und bei dem Grossvezir, zu denen der Janitscharen-Aga und zwei andere Offiziere dieser Miliz gezogen wurden, besprach man nun häufig die militärischen Mittel des Reiches, die Umwandlung der Janitscharen in ein stehendes Heer. Ermahnungen liefen durch das ganze Reich an alle Muselmänner, die Zwistigkeiten unter sich fallen zu lassen und sich zur Vertheidigung des Glaubens zu vereinigen. Man sprach von Errichtung des kaiserlichen Hauptquartiers in Adrianopel; am Bospor wurden die Schlösser und Batterien ausgebessert, der Krieg mit Russland galt für entschieden und nahe.

In der Zwischenzeit ging der Notenwechsel zwischen der Pforte und der russischen Gesandtschaft über die Angelegenheiten in den Fürstenthümern fort. Der Divan beharrte auf dem Begehren der Auslieferung der Flüchtlinge, auf der Weigerung die Hospodare dermalen schon nach diesen Provinzen zu schicken und auf der Verwaltung durch Militärgouverneure. Der russische Minister weigerte die Auslieferung, als durch die Wuth der Pforte unmöglich gemacht, erklärte alle Bande des gewöhnlichen Rechtes durch die von ihr verübten Grausamkeiten gelöset, das Militärgouvernement verwerflich; die Sendung der Hospodare für nicht aufzuschieben und als nöthig, dass die türkischen Truppen den Befehlen derselben unterworfen würden. Die Anarchie nahm dort täglich überhand. Wlodimiresko hielt den Metropoliten und einige Glieder des wallachischen Divans gefangen und war Herr des Landes. Ypsilanti beschäftigte sich zu Tergowischt mit Vertheidigungsanstalten. Die Spannung zwischen beiden Parteihäuptern hatte bereits zu Anfang Mai einen so hohen Grad erreicht, dass nur die gemeinschaftliche Furcht vor der Annäherung der türkischen Truppen, die bereits auf dem linken Donauufer standen, sie von Thätlichkeiten abhielt. In Jassy hatten die Hetäristen mit Gewalt sich der Regierung bemächtigt, während viele Bojaren geheime Verbindung mit dem Pascha von Ismail unterhielten. Der Einmarsch der russischen Truppen und Geldunterstützung aus griechischen Hülfskassen wurden von jenen als nahe angekündigt und dadurch der Muth der Ihrigen aufrecht gehalten. Am 13. Mai überfiel aber Ibrail-Pascha mit 6000 Mann und 17 Kanonierschaluppen die Insurgenten bei Galacz und rieb sie auf. Diess vermochte die Hetäristen am 18. Jassy zu räumen. Gegen Ende des Monates drang der Pascha von Silistria nach Bukarest vor und bemächtigte sich ohne Schwertstreich dieser Stadt,

Die Pforte hatte bereits die Ueberzeugung gewonnen, dass die grössere Gefahr ihr aus dem eigentlichen Griechenlande drohte, sie war daher in den Massregeln, die zur Abwendung derselben nach ihrer Ansicht führen sollten, schroff und unabänderlich. Die schlimmen Nachrichten drängten sich aus dieser Richtung. Der Sultan erfuhr nach und nach, wie Ost- und Westgriechenland dem Beispiele der Halbinsel gefolgt, überall sich die Türken in die festen Schlösser zurückgezogen und von den Griechen umschlossen waren; wie diese zahlreiche Haufen unter der Führung ihrer Bischöfe, Primaten und Capitaine bildeten, den Religions- und Vertilgungskrieg zu Wasser und zu Lande ausriefen; in Salona, Livadia und auf den Punkten, wo die Türken keine Schutzwehr hinter Mauern hatten, sie alle dem Schwerte opferten; wie die Hülfe Russlands, ein Kreuzzug des ganzen christlichen Europas für gewiss galt, wie man dort selbst auf Beiwirken des Pascha von Janina rechnete. Unter solchen Umständen ist begreiflich, dass die Pforte die Durchfuhr des Getreides aus dem schwarzen ins weisse Meer nicht zuliess, noch die Flucht der Griechen aus Constantinopel freigab, welche für sie die Zahl der Geiseln minderte und die der Aufrührer verstärkte. Sie verweigerte standhaft den Schiffen aller Flaggen, welche ihr das Getreide nicht zu von ihr bestimmten Preisen überliessen, die Abfahrt-Fermane. Der österreichische Internuntius setzte sich durch eine Note vom 20. Mai gegen diese Lähmung des Handels; Strogonoff that erneuert dasselbe vier Tage später und gab an die russischen Kaufleute die Weisung fortzufahren, ihre Fermane zu verlangen und den aus der Verweigerung für sie hervorgehenden Schaden amtlich anzugeben; auch berief er sich hinsichtlich des russischen Getreides auf nicht russischen Schiffen und des fremden Eigenthums auf russischen auf den Grundsatz, dass die Flagge die Waare decke.

Was der Pforte den Widerstand erleichterte, war zum Theile die Geneigtheit der Kaufleute, an die Pforte das Getreide zu verkaufen, die Leichtigkeit, mit welcher diese sich desshalb zu Uebereinkünften mit ihr herbeiliessen, vorzüglich aber der Mangel an Einigkeit, rücksichtlich dieser Frage unter den Ministern der europäischen Mächte. Frankreich und England, die wenigen Getreidehandel im schwarzen Meere hatten, nahmen die Miene an, der Pforte nachgeben zu wollen. Lord Strangford insbesondere, der seinen Einfluss über denjenigen aller übrigen Minister zu heben beabsichtigte, erkannte der Pforte das Recht zu diesem Vorschlage zu, und bedingte sich nur gerechte Preise für das von englischen Schiffen der Pforte abgegebene Getreide. Die Pforte, die sich bei seiner Ankunft schon mit Wärme an ihn geschlossen hatte, warf sich ihm in die Arme. Sie schien seinen feierlichen Auftritt beim Sultan kaum erwarten zu können, während sie dem russischen Minister, der den seinigen ansprach, kaum antwortete. Lady Strangford, die der Aufwartung ihres Gemahls beiwohnte, wurde insbesondere bewirthet, eine Auszeichnung sonder Beispiel. Die Medaillensammlung des ein paar Wochen früher enthaupteten Handscherly gab die Pforte Lord Strangford als Geschenk und er nahm sie an. Dafür muthete sie ihm zu, englische Kriegsfahrzeuge von Malta nach dem Archipel gegen die Insurgenten zu rufen, und wollte sich seiner bedienen, um ihre Aufforderung zum Beistand an die Raubstaaten gelangen zu lassen, den sie mit ihm berathen und wobei sie sich zu vierfachem Ersatze des Schadens verpflichtet hatte, der aus dieser Massregel den englischen Kauffahrern erwachsen konnte.

Die Minister der Pforte zogen laut den Vergleich zwischen dem Benehmen Englands und Russlands, indem sie sagten: »der russische Consul von Patras ist der Hauptanstifter des Aufstandes, der englische in eben dieser Stadt der erste, der die Pforte warnte; Russland nimmt die Verräther auf, die jonische Republik weiset dieselben zurück; die englische Flagge wird im Archipel die türkischen Fahrzeuge gegen die griechischen Raubschiffe schützen, die russische prangt auf diesen Raubschiffen, sie segeln mit russischen Papieren und der russische Consul von Chios, nach Ipsara entflohen, waffnete dort die Schiffe, die sich seither mit denen von Hydra und Spezia vereinigt haben; Lord Strangford gab die Versicherung in seiner

Rede an den Sultan, dass England nie den Bestand des türkischen Reiches angreifen lassen werde; Strogonoff verweigert trotz dem Buchstaben des Tractates die Herausgabe der unrechtmässig in Besitz gehaltenen asiatischen festen Plätze und will der Pforte das Recht abstreiten, Provinzen, die ihr gehören, zu verwalten und aufrührerische Unterthanen zu strafen.«

Das Misstrauen zwischen dem englischen und russischen Minister wuchs in dem Verhältnisse, als sich ihre Stellung mehr entwickelte. Der Internuntius neigte sich zu Strogonoff und entsprach hierin den Wünschen seines Hofes nicht. Die Lage der Hauptstadt wurde indessen mit jedem Tage unsicherer. Die Hinrichtungen folgten sich zahlreich. Der grosse Haufe übte ungehindert Gewaltthätigkeiten jeder Art. Die Milizen rotteten sich zusammen, die gemeinen Janitscharen verliessen ihre bürgerlichen Gewerbe und Beschäftigungen und das Gesindel schloss sich an sie. Die Blutbäder von Galacz, Jassy und anderen Orten schienen den Durst nach Blut in den niederen Volksklassen der Hauptstadt anzuregen. Die Regierung kam mehrmal zur Erkenntniss der Nothwendigkeit, der Wuth des Volkes Einhalt zu thun, liess die Versammlungen in den Kaffehäusern auseinanderstäuben, mehrere Ulema und Offiziere verbannen, einige sogar hinrichten. Sie sandte einen grossen Haufen Jamaks, d. i. Leute der Besatzungen der Schlösser auf die Flotte; zog auch unter Ibrahim-Pascha von Brussa bei Bujukdere ein Lager von 12000 Mann zusammen, mit der Bestimmung zum Theile zur Wache gegen diese gewaltsamen Haufen zu dienen. Aber sie selbst schien ebenso oft vom Taumel fortgerissen; ihre grässlichen Massregeln gegen die in der Hauptstadt dienenden Moreoten, die sie zusammenfangen, auf die Flotte bringen, zum Theile ersäufen und deren Weiber und Kinder sie verkaufen liess; die ununterbrochenen Hinrichtungen von Geistlichen und anderen Griechen; die gewaltsame Matrosenpresse unter den Inselgriechen erzeugten unablässigen Schrecken unter dem einen Theile der Bevölkerung und steigerten die Wuth in dem andern. Aller Handel stockte, alle Gewerbe lagen darnieder; rasende Haufen plünderten die Häuser der Griechen und bedrohten diejenigen der Franken; die Flucht, so oft vergeblich, der Mord auf den Strassen nahmen zu — die türkische Bevölkerung schien wie betrunken; — selbst die Weiber gesellten sich den Gewaltthaten bei und Tod den Ungläubigen! war der Heerruf für alle. Die Provinzen folgten dem Beispiele der Hauptstadt. In Magnesia, in Smyrna fanden Mordscenen statt. Zu Adrianopel wurden auf Verlangen der Janitscharen, gegen den Willen des Mollah, an einem Tage dreiundzwanzig Griechen aus den vornehmen Klassen hingerichtet, darunter der ehemalige Patriarch von Constantinopel, Cyrillus, der dort in Zurückgezogenheit lebte.

Diese Auflösung aller Bande der Menschlichkeit — diese Verletzung jeder Rücksicht für die christlichen Mächte, bestimmten Strogonoff seine Verbindung mit der Pforte abzubrechen. Er fand den Vorwand dazu in der Drohung des Divans, das ihm zugekommene Postschiff mit Gewalt aus dem Bospor weisen zu lassen und in dem Bemühen sich seiner Uebersiedlung von Pera nach Bujukdere zu widersetzen. Am 5. Juni gab er seinen Entschluss dem Reis-Efendi kund und erklärte die Weisungen seines Hofes abwarten zu wollen *). Die Türken beschränkten sich darauf, ihn zu Bujukdere zu beobachten und den Erfolg seiner am 9. Juni abgeschickten Meldungen ihrerseits gleichfalls abzuwarten.

Am 12. Mai hatten die Souveraine Laybach verlassen. Es geschah am Tage der Abreise selbst, dass Alexander die Nachricht von den blutigen Vorgängen in Constantinopel empfing. Der gewaltige und tragische Charakter des Kampfes, die unberechenbaren Folgen desselben, die er haben konnte für die Pforte, für ihre gesammten christlichen Unterthanen, für die Nachbarstaaten und für die wichtigsten Interessen Europas befielen seine Seele. Der Aufstand, den man erst nur als einen bald vorübergehenden Stoss betrachtet hatte, erschien nun als eine der Katastrophen, welche das Schicksal der Staaten umzuwandeln bestimmt sind. Graf Capodistrias musste die Lage der Dinge aus demselben Gesichtspunkte sehen, also

*) Siehe Beilage I. 16.

die Verlegenheiten fühlen, welche aus den Ereignissen für ihn, in seiner Stellung als Minister, drohend heranwuchsen; er musste die Unmöglichkeit erkennen, die Pflichten, welche ihm eben diese Stellung auferlegte, mit dem Antheile zu vereinigen, den er gezwungen werden würde, an den Interessen, Leiden und Gefahren, an den Verbrechen selbst seiner Landsleute, an den Begehren, Bitten und Umtrieben seiner zahlreichen Freunde zu nehmen. Die Nothwendigkeit abzutreten, selbst die falsche Stellung aufzugeben, die unter solchen Umständen ein Mann von höheren Geistesgaben und Kräften als er nicht zu überwinden im Stande gewesen wäre, schien klar, und wenn Ehrgeiz oder ein falsch verstandener Patriotismus ihm über diese Nothwendigkeit noch Zweifel liessen, so hätte der Kaiser aus eigener Wahl ihn dieser gefährlichen und schweren Rolle entheben sollen. Uebertriebene Rücksicht und Edelmuth liessen aber den Kaiser zur rechten Zeit nicht zu diesem Entschlusse kommen, der ihm manchen Kummer und manchen Widerspruch erspart haben würde.

Den Gang, welchen die Cabinete zu nehmen beschlossen, haben wir bereits angegeben. Ihre aus dem, was sie als das Bedürfniss der Zeit ansahen, hervorgegangenen Grundsätze, so wie ihre durch die gegenseitige Stellung bedingten Interessen, liessen keinen andern zu. Ihnen zumuthen, sich zu Werkzeugen der Unordnung, des Umsturzes des Bestehenden herzugeben, das war ebenso unklug als zwecklos. Man hat sich in Betrachtungen erschöpft, um zu beweisen, dass die von der Pforte über die Griechen geübte Macht keine gesetzliche war; dass ein christliches Volk nicht Unterthan eines nicht christlichen seyn konnte, ohne nicht alle göttlichen und menschlichen Satzungen zu verletzen; dass keine Verjährung den Verlust unveräusserlicher Rechte gesetzlich machte; dass die Rechte der Griechen eben in diese Klasse gehörten, und wenn auch durch Jahrhunderte nicht aufgenommen, es doch in jeder Zeit werden konnten, also der Aufstand eine heilige Pflicht, ein gerechtes Zurücknehmen des mit Gewalt Entzogenen war, und dass die europäischen Souveraine an Gott, ihrem Gewissen und ihren Pflichten sich versündigten, wenn sie einen Augenblick anständen, sich gegen den Unterjocher für die Unterjochten, gegen den Tyrannen für die Opfer zu erklären.

Diese Ansichten mochten den Meinungen und Wünschen des Tages zusagen und unter Voraussetzung anderer politischer Verhältnisse als derjenigen, die wirklich bestanden, Ausgangspunkte für eine veränderte Politik abgeben; den Cabineten konnten sie keine Richtschnur seyn, ihnen, die sich als bestellt betrachteten, nicht um die Geschäfte der Welt zu machen, die einem höheren Wesen, nicht aber schwachen Geschöpfen zustehen, sondern das positive Recht aufrecht zu halten, welches die Beziehung von Staat zu Staat regelt und ohne Angriff auf sein eigenes Leben in keinem Dritten angegriffen werden kann. Die Herrschaft der Pforte sprang aus Eroberung und die Eroberung, auf welchem Wege sie immer bewirkt worden war, ist allerdings überall und zu allen Zeiten als ein genügender Titel der Herrschaft angesehen worden. Die Herrschaft der Türken über die Griechen war überdiess durch eine Menge Verträge mit den christlichen Mächten befestiget worden, so dass ohne diese Verträge selbst über den Haufen zu werfen, auch das Gesetzmässige dieser Herrschaft von diesen Mächten nicht bestritten werden konnte.

Die feierlichen Erklärungen, mittelst welcher die Souveraine der Revolution überhaupt das Zeichen der Verdammung aufgedrückt hatten, mussten daher ihre Anwendung auf den griechischen Aufstand finden. Die Cabinete konnten ohne in handgreiflichen Widerspruch mit sich selbst zu gerathen, nicht an einem Gestade des Mittelmeeres das für unschuldig und löblich erklären, was sie auf dem andern als verbrecherisch und strafbar bekämpften. Diese Betrachtung lag ihren ersten Beschlüssen zu Grunde. Nur Russland, Oesterreich und Preussen unterzeichneten die auf die Verdammung der griechischen Revolution bezüglichen Actenstücke, aber auch Frankreich und England trotz den Rücksichten, welche sie einer mächtigen Partei in ihrem Innern bezeigen mussten, schlossen sich an den Grundsatz und erklärten durch Wort und That das zu Laybach aufgestellte System für das ihrige.

Es war aber auch das Interesse der Mächte im vollen Einklange mit diesem Grundsatze. In der Zeit, von welcher es sich hier handelt, war die Unabhängigkeit der Griechen nur noch der Traum weniger Leute; die Cabinete konnten den Versuch sie zu erringen, nur als eine wenig begründete, kurz dauernde Unternehmung betrachten, mussten aber die Unfälle aller Art, die Verheerungen und Mordscenen, welche sie begleiteten und die Unordnung, die daraus folgen musste, in politischer Beziehung und rücksichtlich der Handelsverhältnisse fürchten. Ihr nächster Wunsch konnte daher kein anderer seyn, als diesen Versuch bald möglichst unterdrückt zu sehen. Da aber, wie schuldvoll auch in ihren Augen die Anstifter waren, Menschlichkeit und Religion für die mitgerissenen Völker sprachen, so geziemte es doch dem Edelmuthe der Regierungen auch ein Mittel zu finden, die erzürnte Pforte zu mässigeren Gesinnungen zu stimmen und sie zu vermögen, Verbesserungen in der Verwaltung der von Griechen bewohnten Länder vorzunehmen.

Um diess doppelte Ziel zu erreichen, waren auch zwei Schritte zu thun: es war nämlich nothwendig die Häuptlinge der Revolution durch eine bestimmte Erklärung in Kenntniss zu setzen, dass sie, um die Mächte nicht zu hindern an einer entsprechenden Amnestie und an einer günstigen Gestaltung der Zukunft zu arbeiten, sich jedes weiteren Angriffes enthalten, ihre Sache den Mächten überlassen mussten; diess erreicht, musste man mit der Pforte in ernste und in ihrem Ziele unverrückte Unterhandlungen sich einlassen, mit freundschaftlichem aber festem Tone gemeinschaftlich dahin wirken, dass die Gräuel des Krieges und der Rache unterblieben und dann die Verbesserungen in der Verwaltung vorzeichnen und darauf hinarbeiten, die Pforte von dem Vortheile, den sie selbst daraus ziehen würde, zu überzeugen.

Das war aber nicht der Gang, den die Mächte einschlugen, und nur vereinigt einschlagen konnten, der eben desshalb mit einem

Nachdrucke zu befolgen gewesen wäre, der jedem andern Gange mangeln musste. Aus Laybach entfernt, umtönten das Ohr des Kaisers Alexander andere Stimmen und gewannen den Menschen, wenn sie auch den Kaiser nicht gewinnen konnten. Hätten sie das Letztere vermocht, so wären wenigstens nicht die halben Massregeln zum Vorschein gekommen, welche die nächste Epoche bezeichneten. Nur Russland hätte unverdächtig thun können, was die Hetäristen als letztes Ziel wollten. Durch andere Mächte gethan, wäre es als ein Wirken gegen Russland erschienen und hätte die wichtigen Freundschaftsbande mit diesem Staate gelöset. Russland aber musste allerdings den Sultan als Nachbar bequemer finden, als ein byzantinisches Reich. Es lag daher zwischen den äussersten Wünschen Russlands und der Hetäristen eine unausfüllbare Kluft, und durch die Gewalt der Umstände Russlands über diese wegzureissen, war wenig mehr als ein tollkühner Traum. Dennoch hofften damals viele noch, durch philanthropische und christliche Gesinnung die politische zu besiegen, und wurden durch die Pforte, durch die öffentliche Meinung in Europa und durch mehrere der eingreifenden Staatsmänner unterstützt.

Der Schrei über die von den Türken begangenen Grausamkeiten hallte durch ganz Europa mit tausendfältigem Echo nach und machte die edelsten Saiten gerade in den besten Gemüthern erbeben. Der Sultan, mit allen Gräueln der Einzelnen belastet, stand für die öffentliche Meinung wie ein Henker auf dem Hochgerichte. Dass seine Lage eine entsetzliche, er zu plötzlich in dieselbe geworfen war, und dass weit andere Mittel als die seinigen dazu gehört haben würden, um im ersten Augenblicke das richtige, seinen wahren Interessen entsprechende Benehmen zu treffen, daran hatte freilich Leidenschaft nicht Zeit zu denken. Welche europäische Regierung kann sagen von sich, dass sie in ähnlicher Lage sich alsogleich zurecht gefunden hätte? Je unerwarteter die Ereignisse waren, desto schrecklicher musste auch ihre Wirkung sein. Als Schlag auf Schlag der Einfall in die Fürstenthümer, der Aufstand der Morea und der

Inseln, die Gewaltthaten, Ermordungen aller Art gegen alles, was Muselmann hiess, bekannt wurden, wie sollten Wuth und Rache nicht in Flammen gerathen? Von allen Seiten brach das Gewitter auf die Pforte herein, die sich bewusst war, es nicht veranlasst zu haben, — überall sah sie sich verrathen und den Krieg auf Tod und Leben ihr angekündigt, nicht etwa um ihr Nachgiebigkeit abzudringen, sondern um ihre Macht, ihren Besitz, ihr Bestehen über den Haufen zu werfen. Wer wusste nicht, dass sie in ihrem Verfalle noch ein Gefühl von Würde bewahrt hatte, welches der hochmüthige Angriff von Seite eines Volkes, das sie tief unter sich glaubte, eben so tief verwunden musste? Die Staatsmänner, welche in dieser traurigen Krise handelnd aufzutreten hatten, da einmal ihre Regierungen die Beschwichtigung des Aufstandes wollten, hätten diese Umstände erwägen, nicht den Kopf verlieren sollen beim Anblicke der ersten Ausbrüche, welche Schrecken, Wuth und Furcht zu Constantinopel und anderorts machten, und insbesondere nicht vergessen, dass diese Gräuel herausgefordert durch ähnliche und weniger zu entschuldigende waren. Während Europa wiederhallte vom Wuthgeschrei gegen die Türken und zum Kreuzzuge aufforderte, hätten die Cabinete und ihre Organe, in einer höhern Sphäre stehend, dahin wirken sollen, dieses Fieber zu mindern, die Pforte zu beschwichtigen durch kluge und würdige Massregeln, und das grosse Ziel der Wiederherstellung und Aufrechthaltung des Friedens nicht aus den Augen verlieren. Das war, wie die Sachen damals standen, die einzige zweckmässige Politik. Es gab allerdings eine andere, nicht innerhalb dem Rechte liegende, welche die Zeitverhältnisse, Leidenschaften und Irrthümer benützend, als eine solche einhergeschritten wäre, die ihre Berechtigung in sich trägt und die Niemand zum voraus loben darf, so wie sie hintennach Niemand tadelt. Diese aus der vereinten Anstrengung der Mächte hervorgehend, hätte Gefahren der Zukunft einen mächtigen Damm entgegen bauen können; aber eine solche Politik fordert volle Sicherheit der Regierungen im Innern und diese fehlte; die grösste gegenseitige Achtung und Einheit der Ansichten, auch diese fehlten; oder sie forderte die entschiedene Ueberlegenheit einer Macht, und diese bestand nicht.

Andere Ansichten und Wege gewannen die Oberhand. Kaum war Alexander nach Petersburg zurückgelangt, so brachen die feindlichsten Gesinnungen gegen die Pforte rings um ihn los. Krieg schien der Wunsch aller Russen, wie verschieden auch die Ursachen sein mochten, aus denen diess Verlangen sprang. Religiöser Eifer lieferte Vorwände und Wortkram, war aber im Grunde wenig lebendig. Kräftiger wirkte der anmassende, eitle, unzufriedene Geist des modernen Liberalismus, der in der Armee und in den höhern Classen in Russland sehr um sich gegriffen hatte, und nun lärmend die über das Reich gebreiteten Hetäristen unterstützte, welche den Krieg als heilige Pflicht predigten. Die Südprovinzen träumten von grossen Vortheilen, die aus dem Umsturze der Macht ihnen erwachsen würden, welche die Schlüssel zum Bospor in der Hand hielt. Die Armee, müde des Friedens, dachte an Ehre, Beförderung, Ruhm; die Anhänger der Politik Katharinens endlich glaubten den Augenblick gekommen, die alten Entwürfe ins Leben zu führen, die mit dem Charakter, den Alexander der seinigen aufgedrückt hatte, schlecht sich vertrugen. Alle diese zusammen, und ihre Zahl war gross, tadelten die Politik Alexanders als eine europäische und suchten ihn für eine solche zu stimmen, die ihnen vorzugsweise eine russische schien, mehr ihrer National-Eifersucht und Eitelkeit schmeichelte und ihn abzog von der gemeinsamen Sache, die seine Seele erfüllte und im heiligen Bunde sich ausgesprochen hatte.

Der Kaiser widerstand diesem Andrange. Die Ueberlegenheit seines Geistes, der Schwung seiner Seele und die Festigkeit seines Charakters wiesen die Trugschlüsse einer engen Politik, und die Entwürfe zurück, welche Ehrsucht mit dem Mantel russischer Interessen behing. Aufrechthaltung des Friedens, Befestigung der bestehenden Ordnung in Europa und für seine Glaubensgenossen alles Glück und alle Freiheit, die auf gerechten Wegen sich erlangen liessen, das waren die Ziele, welche Alexander vor Augen hielt. Er wollte die Griechen aus dem Abgrunde retten, in welchen sie sich selbst geworfen hatten, aber dabei nicht seine Grundsätze aufopfern, nicht die Gräuel eines Krieges zu denen, welche der Aufruhr hervorgebracht hatte, fügen, eines Krieges, dem Niemand ein klares Ziel anweisen konnte, und dessen erste Folge die Niedermetzelung von hunderttausend griechischen Familien, die Vertilgung des ganzen griechischen Volkes und eine Reihe unberechenbarer Katastrophen hätte sein können.

Aber das Organ seines Willens, das Cabinet, handelte nicht in diesem Geiste. Capodistrias, erschrocken über die Gefahr seiner Landsleute, nach eilig wirkenden Mitteln suchend um sie zu retten, unterjocht überdiess durch den Taumel von Europa, glaubte in den Verhandlungen mit der Pforte statt des freundschaftlichen Tones den gebietenden nehmen zu müssen. Er wusste wohl, dass der Kaiser den Krieg nicht wollte, aber er hoffte, dass eine schwache Regierung, wie die türkische, es an Veranlassung hiezu nicht fehlen lassen, den Drohungen nicht widerstehen würde.

Gerade einen solchen Gang, wie der, den die Pforte befolgte, gerade eine solche Handlungsweise wie diejenige des Freiherrn von Strogonoff brauchte Capodistrias. Bevor noch die Berichte vom 9. Juni zu Petersburg anlangten, schien der Kriegspartei der Sieg entschieden und sie ging alsogleich ans Werk. Capodistrias kannte seinen Kaiser zu wohl, um zu wissen, dass er allein ihn nicht zum Aeussersten führen konnte und dass ganz Europa die Verantwortlichkeit mit ihm theilen müsste, bevor er sich zum Kriege entschlösse. Aber er schmeichelte sich, die europäischen Mächte so tief in sein Netz zu verwickeln, dass sie ihm folgen müssten, wohin er sie auch führte. Diese Hoffnung war die Quelle aller seiner irrigen Berechnungen.

Stark durch die Waffen, die ihm die Pforte und Strogonoff bis Ende Mai geliefert hatten, trat das Petersburger Cabinet am 22. Juni vor alle übrigen Cabinete der europäischen Grossmächte wie vor einen grossen Gerichtshof hin und führte seine Sache auf die Weise, dass es von allen Seiten Beifall für sich erwartete und aus jeder Hand die schwarze Kugel gegen die Pforte fallen zu machen hoffte*). Ihm lag insbesondere daran, Oesterreich mit sich zu reissen, die wichtigste Macht in dieser Frage und das wichtigste Cabinet, durch die Strenge seiner Grundsätze und das Talent seines Leiters. Capodistrias stellte die Einerleiheit der Ansichten des Petersburger und des Wiener Cabinetes als eine bewiesene Sache auf und gab als Beleg dafür die auf die Nachricht von der Hinrichtung des Patriarchen von dem Fürsten Metternich an den Internuntius gerichtete Weisung, die Missbilligung des kaiserlichen Hofes in strengen Worten auszusprechen und der Pforte als Warnung hinzustellen, dass alle christlichen Mächte durch den Angriff auf die griechische Kirche zu Nothwendigkeiten geführt werden könnten, bei denen die Pforte sicherlich am meisten Gefahr liefe. Der Fürst hatte damals auch dem Grafen Nesselrode geschrieben, dass der Kaiser von Oesterreich so ergriffen worden sei, als wäre dieser Frevel an dem Pabste begangen; er mache in der dermaligen Krise keinen Unterschied zwischen der römischen und der griechischen Kirche. Diese Worte ergriff nun das Petersburger Cabinet, und der Pforte die Absicht unterschiebend, die ganze christliche Religion in der griechischen zu entehren und zu demüthigen, gab es sich selbst für den Sprecher in einer europäischen Sache, indem es zum Schutze der griechischen Kirche, den es seine durch die Verträge erworbene Verpflichtung und Berechtigung hiess, auch die übrigen christlichen Mächte aufforderte. Es bürdete der Pforte die weitere Absicht auf, nicht bloss die Rebellen, sondern das ganze griechische Volk auszurotten, und forderte von den verbündeten Mächten Mithülfe gegen diese gräuelhaften Entwürfe. Die Pforte war, nach seiner Schilderung ihrer Lage, entweder durch die Macht und Ausdehnung des Aufruhrs schon in die Unmöglichkeit versetzt, einen menschlicheren Pfad einzuschlagen, oder, wenn sie Vortheil erlangte, versetzte sie sich

*) Siehe Beilage I. 17. a. b. c.

selbst gerne in diese Unmöglichkeit, so wie sie freiwillig den Kampf gegen Aufrührer für die gemeinsame Sache aller Muselmänner, für den Krieg des Islams gegen das Kreuz erklärt habe. Wenn dieser Stand den Mächten kaum eine Wahl lasse, — so berechtige, so nöthige sie die Verletzung der Verträge (nicht bloss der mit Russland, sondern der mit jeder aus ihnen eingegangenen) zu irgend einem gemeinsamen grossen Entschlusse. Um darzuthun, dass die Verletzung wirklich statt gefunden habe, legte das Petersburger Cabinet den Mächten einen Ueberblick der Verträge vor, die sie mit der Pforte seit der Eroberung von Constantinopel durch Mahommed II. geschlossen hatten und wies die zum Schutze des christlichen Glaubens, der griechischen sowohl als der lateinischen Kirche und Geistlichkeit aufgenommenen Klauseln, so wie die Bestimmungen wegen Schifffahrt und Handel nach. Es stellte die Nothwendigkeit auf, von der Pforte die Umwandlung der ganzen seither befolgten Handlungsweise zu fordern, sprach ihr aber den Willen hiezu ab und zog hieraus den Schluss, dass die Pforte nicht länger mit den christlichen Reichen zusammen bestehen könne. Diese entscheidende Behauptung einmal ausgesprochen, unterliess das Petersburger Cabinet nicht, die Besorgniss an den Tag zu legen, dass die Zerstörungspartei in Europa, eben weil sie vielleicht Theil an dem griechischen Aufstande habe, denselben für sich ausbeute, wenn die Mächte nämlich versäumen sollten, seiner sich zu bemächtigen, oder wenn die Pforte die Austilgung des griechischen Volkes bewerkstelligen könnte, im Gelingen also wie im Nichtgelingen. Es stellte neben diese allen Mächten gleich wichtige Rücksicht seine besondere als Nachbarstaat, als Schützer der griechischen Kirche, und gab auch hierüber eine Uebersicht aus den Verträgen gezogen, so wie eine andere aus den Berichten des Freiherrn von Strogonoff, um die Verletzungen darzuthun, die Russland in beiden Beziehungen erlitten. Weisungen an Strogonoff, als letztes Opfer, Aufforderungen an die Mächte zum Ausspruch und zum Mitwirken, und Versicherung, keine Eroberung, sondern nur sein Recht, den Frieden, die Erhaltung des heiligen

Bündnisses, die Befestigung des europäischen Gleichgewichtes, eine abgetrennte Stellung für die griechischen Länder der europäischen Türkei zu suchen und ein Wink auf seine bereit stehenden Heere schlossen diese merkwürdige Eröffnung Russlands oder vielmehr des russischen Cabinetes, welche der Meinung und dem Inhalte nach die Vorarbeit eines Kriegsmanifestes war. Es schien zu besorgen, die neuen Weisungen dem Freiherrn von Strogonoff nicht auf unmittelbaren Wegen zukommen machen zu können, sandte daher eine Abschrift derselben an das Wiener Cabinet, bat die Beförderung zu übernehmen, hob die Freundschaft des Internuntius für Strogonoff lobend heraus, tadelte das Benehmen Strangford's, führte in England förmliche Klage gegen ihn und legte die dringendsten Besorgnisse für die Person Strogonoff's an Tag, die zu schützen es alle Mächte aufforderte.

Die Cabinete, dasjenige von Wien insbesondere, sahen mit Erstaunen die Erklärungen Russlands und die Weisungen an Strogonoff, in denen die seltsamsten Behauptungen mit den schwersten Anklagen und Drohungen wechselten. Sie erriethen, welche Wirkung dieselben in Constantinopel hervorbringen sollten, wo eben damals die Beweise der Mitschuld russischer Beamten an dem Aufstande in reicher Menge vorlagen, wo jeder Bote neue Schreckensnachrichten aus den Provinzen brachte, die Hauptstadt auf einer Mine sich glaubte und das ganze Reich bedroht war. Sie sahen in dem Bemühen die Wünsche und Mittel der Mächte für den Fall zu erfahren, dass die Pforte durch eine abschlägige Antwort oder durch die Unmöglichkeit, einen weiseren Weg einzuschlagen, den Krieg herausforderte, dass das Petersburger Cabinet keine andere Erwartung, keinen anderen Wunsch mehr hatte, als eben den Krieg.

Die Weisungen an Strogonoff gaben der Pforte schreienden Undank gegen Russland Schuld, das seit Jahren von ihr nichts als Erfüllung der Verträge verlangt, für sie die friedlichsten und freundlichsten Gesinnungen genährt habe. Die Wahrheit war, dass eben Russland durch Nichterfüllung der Verträge die Unterhandlungen hinausgezogen und schwebend erhalten hatte, und dass Strogonoff's Sprache selten den Ausdruck wirklich freundschaftlicher Gesinnungen trug. Sie beschuldigten die Pforte der Absicht, nicht den Rebellen, sondern den Griechen überhaupt den Krieg zu machen, nicht sich auf Vertheidigung zu beschränken, sondern die christliche Religion anzugreifen; aber in diesen Beschuldigungen war keine Wahrheit. Sie schrieen über Bruch der Verträge, aber sie erwogen nicht, was die Massregeln gegen die Fürstenthümer und gegen die Schifffahrt entschuldigen, rechtfertigen, aufheben konnte. Sie gaben sich das Ansehen, die Pforte auch gegen ihren Willen noch einmal den Weg ihrer Rettung zu führen und hängten die Drohung des Krieges an die Verweigerung der Forderungen, welche Strogonoff der Pforte in einer Note vorlegen sollte, die ihm ausgearbeitet aus Petersburg zugeschickt wurde. Russland masste sich das Recht an, über die Zulässigkeit des ferneren gleichzeitigen Bestehens der Pforte mit den übrigen europäischen Reichen einseitig abzusprechen und gab seinen Drohungen die Beistimmung dieser Mächte zum Nachdruck, so wie es dem Freiherrn von Strogonoff auftrug, die Pforte nicht zweifeln zu lassen, dass, im Falle des Krieges, alle diese Mächte im Gefolge Russlands sein würden. Um nichts an der Ausrüstung dieser Weisungen fehlen zu lassen, war darin empfohlen, dass Strogonoff die Antwort der Pforte nicht bloss an seinen Hof, sondern auch an den Grafen Wittgenstein und an den Vice-Admiral Greigh, d. i. an die Befehlshaber des Heeres und der Flotte bekannt geben sollte.

Die Note an die Pforte, von der wir eben sprachen, war im Tone eines Manifestes abgefasst. Das Benehmen Russlands seit Ausbruch der Revolution war darin als fleckenlos ausgemalt, dasjenige der Pforte dagegen geschwärzt und die Fortdauer, so wie die Ausdehnung der Widerstandes der Griechen, mit der Bezeichnung eines durch die Massregeln der Pforte herausgeforderten Kampfes um ihre Existenz gerechtfertigt. Es wurde ihr gesagt, Russland vertrete Europa und fordere von ihr Aenderung ihres ganzen Benehmens, bestimmte

Erklärung, dass das seither befolgte nicht aus ihrem freien Willen hervorgegangen sei; es fordere den thatsächlichen Beweis, dass die Pforte noch eine menschlichere, den Verträgen entsprechende Handlungsweise einschlagen könne, die Herstellung der Kirchen, den Schutz der christlichen Religion, die Unterscheidung zwischen Schuldigen und Unschuldigen, die Zulassung Russlands zur Beschwichtigung der Fürstenthümer, einen Vorgang in diesen Ländern, der alle Griechen einladen könne, die Waffen niederzulegen und sich zu unterwerfen. Wäre aber das Benehmen der Pforte Folge eines überlegten Planes und wollte sie denselben noch ferner aufrecht halten, so stellte sich die Pforte in Feindseligkeit gegen die gesammte Christenheit, rechtfertigte den Kampf der Griechen, nöthigte Russland und die gesammte Christenheit, ihnen Asyl, Schutz, Hülfe zu geben. Acht Tage wurden ihr zur Antwort gelassen und fiele diese bejahend aus, so sollte wieder eine Frist mit ihr verabredet werden, innerhalb welcher durch eine Reihe von Thatsachen der Uebertritt zu dem Systeme der Mässigung bewiesen werden müsste, im andern Falle würde die russische Gesandtschaft Constantinopel verlassen.

Kaum waren diese Entscheidungen aus Petersburg abgegangen, so trafen die Eilboten Strogonoff's vom 9. Juni dort ein. Alles war gesagt; es blieb nichts zu thun übrig als etwa das Gesagte zu wiederholen und durch neue Gewichte zu verstärken. Kaiser Alexander schrieb am 11. Juli an den Kaiser von Oesterreich unter dem Einflusse der Wirkung der neuesten Berichte Strogonoff's, die dennoch seine Meinung nicht ganz überwinden konnten*). »Zwei Fälle,« schrieb er, »beide beklagenswerth, scheinen allein noch möglich: entweder die Pforte siegt und ein Volk wird ausgetilgt, welches bis jetzt das einzige Verbindungsglied zwischen den Türken und den christlichen Regierungen war; oder die Pforte siegt nicht und die Revolution triumphirt. Den Bund der Mächte zu lösen, diess war die Absicht der Anstifter der Revolution; die Aufrechthaltung

*) Siehe Beilage I. 18.

dieses Bundes, selbst im Falle des Krieges, ist das Mittel, ihre weitern Plane scheitern zu machen.« Aus diesem Grunde begehrte er die Bürgschaft Oesterreichs bei allen übrigen Mächten für seine Gesinnungen in diesem Falle, den er folgender Massen rechtfertigte: »Betrachten Sie, Sire, ohne Parteilichkeit meine Lage. Kann Russland mit gleichgültigem Auge sehen, dass man, ohne Schuldige von Unschuldigen zu unterscheiden, zur gänzlichen Vernichtung ein Volk seines Glaubens verdammt, welches die Verträge unter seinen Schutz stellen? Kann es mit eigener Hand die ehrenvollsten Blätter seiner Verhandlungen zerreissen, den Handel seiner reichsten Provinzen zu Grunde richten, seine Schifffahrt hinopfern oder sich der Ansteckung der Anarchie aussetzen? Sie kennen meine Gesinnungen, ich die Ihrigen, wir können nur eine Meinung über das Verlangen des Augenblicks haben ..... Ich habe vom ersten Augenblicke an die Ereignisse des März verdammt, habe alles, was von mir abhing, gethan, um die Revolution in ihrem Entstehen zu ersticken. — Meine Langmuth hat sich nie verläugnet und wird sich noch nicht verläugnen, denn ich werde zur Vertheidigung meiner Rechte die Waffen nur dann ergreifen, wenn gar kein Weg zu friedlicher Ausgleichung übrig bleibt.«

Während das Cabinet von St. Petersburg auf diese Weise den Krieg wie eine reife Frucht vom Baume fallen zu machen hoffte, geschah mehreres, welches die Wirksamkeit des bereiteten Schlages lähmte und dem Cabinete von Wien die Mittel gab, die ganze Logik des Krieges in den Wind zu führen. Der Sultan schien mit dem Gedanken völlig vertraut, dass der Krieg mit Russland unvermeidlich sei; Truppenzüge, Waffenvorräthe gingen nach der Donau ab; er und sein ganzer Hof nahmen das Kriegskleid; man sprach an der Pforte mit Zuversicht von der Errichtung eines Lagers zu Adrianopel und von dem Auszuge des Sandgiak-Scherif nach dem Beiramsfeste. Die Gewalt der Waffen machte auch in dieser Zeit dem Aufstande in den Fürstenthümern ein Ende — unaufgehalten drangen die türkischen Paschen im Laufe des Juni in diesen Ländern vor, schlugen die Hetäristen unter dem Fürsten Kantakuzen völlig bei Busey, eine andere Abtheilung Ypsilanti's bei Dragoschan und rückten längs dem Schyl und Altflusse aufwärts. Die für die Wallachei und die Moldau ernannten Kalmakame Negris und Vogorides begaben sich nach den Hauptstädten dieser Provinzen und luden die flüchtigen Einwohner zur Rückkehr ein. Alexander Ypsilanti, nachdem er den Theodor Wlodimiresko, der nur für die Rechte der Wallachei die Waffen ergriffen haben und von einem Kampfe zur Austreibung der Türken nichts wissen wollte, hatte überfallen, aufheben und am 7. Juni hinrichten lassen, suchte sich bei Rimnik in eine verschanzte Stellung zu ziehen, wurde aber nach der Stadt geworfen, und dort von dem grössten Theile seiner Leute verlassen, von denen viele zu den Türken übergingen. Er erliess eine Kundmachung, voll des bittersten Tadels, am 22. Juni zu Rimnik, zog sich mit wenigem Gefolge nach Kloster Kosia und floh dann auf das österreichische Gebiet. Dieser Fall, von der österreichischen und russischen Regierung lange vorgesehen, hatte beide zu dem Beschlusse gebracht, Ypsilanti auf österreichischem Gebiete in Gewahrsam zu nehmen, um dadurch dem Kaiser Alexander die Nothwendigkeit zu ersparen, diesen Mann nach der Strenge des Gesetzes zu behandeln oder beiden Regierungen den Vorwurf zuzuziehen, ihn nach der Morea entwischen zu lassen. Die österreichische Regierung versicherte sich der Person Ypsilanti's und schützte dadurch die Pforte vor der Erneuerung des Angriffes auf einem anderen Punkte. Die öffentliche Meinung in Europa und die Pforte waren gleich wenig gestimmt, die Billigkeit dieser Handlung zu erkennen.

Gegen die griechischen Freibeuter im Archipel hatte die Pforte zu Anfang Juni zwei Linienschiffe, drei Fregatten, fünf Briggs und mehrere kleine Fahrzeuge, alle schlecht bemannt, da die griechischen Matrosen fehlten, auslaufen lassen. Dieses war eben das Geschwader, welches ein Linienschiff durch griechische Brander verlor und sich dann nach den Dardanellen zurückzog, wo es noch im Laufe des Monates durch zwei Linienschiffe und eine Fregatte verstärkt wurde,

Die Insurgenten, 70 Fahrzeuge stark, griffen am 13. Juni die von 35,000 Seelen, meist Griechen, bewohnte, an der Küste des Adramytischen Golfes gelegene Stadt Alvali an, die von einem Kiaja des Pascha von Brussa besetzt war. Die griechischen Bewohner halfen mit die türkischen zu überfallen und zu ermorden. Dabei ging die Stadt in Flammen auf. Nachts schifften die Insurgenten mit so vielen Leuten als ihre Schiffe fassen konnten, fort. Ein furchtbares Gericht kam über die Zurückgebliebenen, denn die wiederkehrenden Türken hieben alle Männer darin nieder, führten Weiber und Kinder in Sclaverei und machten den Rest der Stadt der Erde gleich.

Die Vortheile der Waffen beruhigten die Pforte einiger Massen und machten sie empfänglicher für die Vorstellungen ihrer Freunde. Der englische Botschafter insbesondere gab sich Mühe den Gefahren zu begegnen, die ihr Bruch mit Strogonoff herbeiführen konnte. Er bewog den Divan zu einem Schritte unmittelbar an das Cabinet von Petersburg, wodurch die von Strogonoff abgebrochene Verbindung wieder aufgefasst werden sollte, und dessen Zweck gleichzeitig war, das Benehmen gegen Strogonoff als durch diesen herausgefordert darzustellen. Der Grossvezir schrieb am 27. des Ramazan*) an Grafen Nesselrode in diesem Sinne, klagte über die Heftigkeit und den Starrsinn Strogonoff's, der die Pforte anschwärzte, um sein eigenes ungeziemendes Benehmen zu decken und erst zu Gewaltmitteln gerathen, dann dagegen sich aufgelehnt habe. Sie klagte insbesondere über den Umstand, dass Alexander Ypsilanti unbestraft geblieben sei, obwohl der österreichische Internuntius ihr zugesagt habe, dass alle Rebellen zurückgewiesen oder hingerichtet werden sollten. Sie sprach das Begehren der Auslieferung der Verräther mit Berufung auf die bestehenden Verträge aus und bediente sich bei dieser Gelegenheit in Bezug auf Strogonoff der Worte: er hätte diess Begehren ihr jederzeit verweigert, gerade so, als wenn er selbst unter den Verschwörern stände. Sie erzählte den Hergang

*) 1236.

des Aufstandes, rechtfertigte ihre Massregeln, und sagte unter andern: sie hätte die Macht und das Recht gehabt, in der Fülle ihres Zornes das gesammte griechische Volk auszutilgen, aber um Milde statt Recht walten zu lassen, habe sie den Patriarchen aufgefordert, den Aufstand beizulegen; unmittelbar darauf sei eben in Kalavryta, des Patriarchen Geburtsort, die Fahne des Aufruhrs erhoben worden. Die Pforte habe, fuhr sie fort, die Schuldigen gestraft, nicht weil sie Griechen, sondern weil sie Verräther waren. Baron Strogonoff, indem er so grossen Lärm geschlagen über die Hinrichtung des Patriarchen, habe wohl nicht gewusst oder nicht erwogen, dass es Griechen gewesen seien, welche diess Oberhaupt ihrer Kirche als Verräther angaben. Peter der Grosse habe auch den Patriarchen Russlands hinrichten lassen und seit dieser Zeit sei das Patriarchat in Russland unterdrückt. Strogonoff wisse nichts und wolle sich auch nicht belehren, quäle die Pforte, befördere die Entweichung der Schuldigen und habe den Aufstand mit vorbereiten helfen. Schliesslich versicherte sie, ihr Wunsch nach Frieden und guter Nachbarschaft wäre der grösste.

Diess Schreiben wünschte die Pforte dem russischen Staats-Kanzler durch den österreichischen zu übergeben; sie legte es desshalb nebst einigen begleitenden Zeilen an den Fürsten von Metternich am letzten Juni in die Hände des Internuntius.

Der Bairam, der diessmal auf den 1. Juli fiel, ging ruhiger vorüber, als man zu erwarten gewagt hatte. Die tollen Haufen begnügten sich, bei ihrem Zuge durch Pera die Fenster einzuwerfen und ihre Gewehre loszubrennen. Von einem Angriffe auf die Griechen in der Vorstadt St. Dimitri hielten sie die strengen Massregeln der Regierung ab. Diese erliess einige Verfügungen, die als ein theilweiser Widerruf des allgemeinen Aufgebotes angesehen werden konnten. Alle Kinder und Jünglinge mussten die Waffen ablegen; dasselbe war auch den Lastträgern, Taglöhnern und anderen zur Hefe des Volkes gehörigen Leuten anbefohlen und allen übrigen das Verbot des Missbrauches der Waffen eingeschärft. Der Sultan suchte sogar auf die Sitten zu wirken, um den Ernst im Volke zu erhöhen. So erliess er eine Anordnung zur Mässigkeit im Essen, wodurch die Zahl der Schüsseln für die kaiserliche Tafel selbst auf sieben, die der Grossen des Reiches aber auf fünf beschränkt wurde. Diese Massregeln einerseits, anderseits die Aufstellung mehrerer Truppen unter Tschiappan Oglu und Behram Pascha bei Skutari, so wie des Kara Aga bei St. Stephan auf dem europäischen Gestade sollten die Ordnung stählen, zu der überdiess durch die Hinrichtung des vor kurzem abgesetzten Grossvezirs Benderly-Ali-Pascha eine mächtige Mahnung gegeben wurde.

Diese Rückkehr der Pforte zu gemässigteren Gesinnungen war den Mächten, die den Frieden zu erhalten wünschten, ebenso angenehm, als sie den Leidenschaftlichen aller Länder widersprach. Das österreichische Cabinet insbesondere arbeitete in Petersburg und Constantinopel mit gleicher Thätigkeit den Gegnern des Friedens entgegen. Es war, wie natürlich, sehr unzufrieden mit dem frühern Benehmen der Pforte, und trug am 3. Juli seinem Minister auf, dem Divan vor die Augen zu führen, wie er auf diesem Wege sich selbst in die gefährlichsten Verwicklungen stürze; es behauptete, der vorgefassten Meinung in Constantinopel schnurgerade entgegen, dass die Aufrechthaltung des Friedens der allgemeine, also auch Russlands Wunsch sei und fasste hierauf den Satz: dass, was zu Constantinopel eine Macht beleidige, alle beleidige. Durch diese gemeinsame Auffassung hoffte es auf die Pforte zu wirken. Es drang überdiess auf die grösste Rücksicht für Strogonoff's öffentlichen Charakter und entwaffnete die Besorgnisse, die dieser für seine Person aussprach und seinem Cabinete mittheilte.

Die Weisungen vom 10. Juni gingen am 26. von Petersburg ab, langten am 15. Juli am Bospor an, und kamen, da das Paquetboot sich an die vom Schlosse Phanaraki gegebenen Zeichen nicht kehrte, und desshalb einigen Aufenthalt erlitt, am 17. zu den Händen des russischen Ministers. Wie streng sie auch lauteten, Strogonoff war im Grunde wenig zufrieden damit; er fand den Ton der Forderungen zu milde. Leidenschaftlich, aufgereizt, müde seines Platzes, persönlich angegriffen, wie er war, wünschte er nichts als den Bruch und stellte seine Weisungen gerne auf die Spitze. Eine neue Aufreizung war ihm die Verbannung des Fürsten der Wallachei, Karl Kallimachi gewesen, der seit längerem unter strenger Obhut gehalten, am 9. Juli nebst seiner ganzen Familie und seinen Angehörigen nach Boli unweit Brussa abgeführt wurde. Die Pforte versicherte zwar, es geschähe um ihn zu schützen und es mag auch diess ihre Absicht gewesen sein; wahr bleibt aber auch, dass Jedermann für das Leben dieser Familie fürchtete. Am 18. übergab Strogonoff die Vorschläge an die Pforte, begehrte innerhalb acht Tagen die bestimmte Antwort darauf, und drohte sogleich mit der Abreise. Auch liess er sein Geräthe einpacken und allen russischen Kaufleuten, Capitänen und Beamten von den Forderungen an die Pforte, der Frist und seinen Anstalten zur Abreise amtliche Kenntniss geben.

Seine Haltung gegen die Pforte war in diesem Zeitpunkte spröder als je. Die erhaltenen Weisungen hatte er auf folgende Fragen gebracht, die er der Pforte vorlegte:

1. Die bis jetzt befolgten Massregeln, waren sie freiwillige und planmässige, oder solche, wozu die Umstände und der Fanatism einiger Verirrten die Pforte geführt hatten?
2. Wenn gegen den Willen der Pforte die Massregeln geübt werden, unter denen Religion und Menschlichkeit leiden, ist sie willig, diess System der Gewalt und unablässigen Verletzung der Verträge zu verlassen und dafür ein anderes, das den Wünschen Russlands und Europas mehr entspricht, zu befolgen?
3. Stimmt sie allen Vorschlägen und Grundsätzen der Note vom 18. Juli bei?

Im Divan galt vor allen der Rath Halet-Efendi's, und dieser ging dahin, Russland nicht durch Nachgiebigkeit zu grösseren Forderungen zu steigern. Strangford aber, der die Absicht des russischen Ministers errieth und der Internuntius, durch Befehle seines Hofes hiezu dringend angewiesen, bemühten sich den Ton der Pforte zu mässigen. Am 26. Juli, als die Drogmane der russischen Gesandtschaft die Antwort zu empfangen, an der Pforte erschienen, erklärte der Reis Efendi:

1. Dass die Pforte feierlich den Vorwurf von sich ablehne, die Griechen wegen ihrer Religion zu verfolgen, oder ihnen, weil sie Christen, einen Vertilgungskrieg zu machen;
2. dass der Patriarch als Hochverräther hingerichtet worden sei, nicht aber als Haupt eines von der Staats-Religion verschiedenen Glaubens; dass die Beschimpfung seines Leichnams von der Pöbelwuth, nicht aber von Befehlen der Regierung ausgegangen sei;
3. dass gleich nach hergestellter Ruhe die Pforte Sorge tragen werde für Herstellung der durch den Pöbel niedergerissenen oder beschädigten Kirchen;
4. dass die Pforte jederzeit die Unschuldigen und Schuldigen unterschieden habe, und bedaure, wenn ohne Schuld und Wissen ihrerseits hierin Missgriffe statt gefunden haben; das Recht der Selbstvertheidigung stehe nach göttlichen und menschlichen Gesetzen Jedermann, also auch ihr zu; sie habe ihre Mittel aufgeboten, um einen Feind niederzuwerfen, der es auf ihren Untergang angelegt; aber sie habe kein System der Vertilgung angenommen oder befolgen wollen, und wo Missgriffe statt fanden, seien diese die Folge unglücklicher Zufälle und der bei einem inneren Kriege unvermeidlichen Verwirrung und der Entbindung der Leidenschaften gewesen;
5. alsogleich nach Reinigung der Fürstenthümer von den Rebellen und Entscheidung des Schicksals Ypsilanti's und seiner Anhänger, werde sie die Truppen, deren Einrücken dem Wunsche des Freiherrn von Strogonoff gemäss gewesen sei, zurückziehen, Hospodare hinschicken und alles auf den Fuss der Verträge setzen.

Dieser mündlichen Antwort folgte das Versprechen, bis zum Abende desselben Tages eine schriftliche zu geben.

Strogonoff, die mündliche für eine ungenügende erklärend, gab seinen Dollmetschern keine Erlaubniss, die schriftliche zu nehmen. Um drei Uhr Morgens lud die Pforte die Herren Franchini zum Empfang derselben ein. Der eine entschuldigte sich mit Uebelbefinden, der andere war nicht mehr in der Stadt. Am 27. Früh aber erschien der eine Franchini vor dem Reis-Efendi, verweigerte als zu spät die Annahme der schriftlichen Antwort, die dieser ihm entgegen hielt, und übergab dafür eine Note Strogonoff's, worin dieser seine Pässe verlangte. Der Reis-Efendi, erstaunt, meinte, der russische Minister wäre zu diesem Gewaltschritte nicht ermächtigt, bevor er nicht die Antwort der Pforte gelesen hätte. Franchini nahm sie nicht. Da nahm auch der Reis-Efendi das Begehren um die Pässe nicht. Jener ging, und dieser blieb, jeder mit der seinigen.

Die Pforte benachrichtigte von dem Vorgange sogleich den englischen und den österreichischen Minister. Beide und überhaupt alle Minister der fremden Mächte in Constantinopel hatten auch von Baron Strogonoff bereits den Entschluss der Abreise ämtlich erfahren; er gab ihnen denselben in einer Denkschrift kund, der die Begehren Russlands und das seinige um die Pässe in Abschrift beilagen und worin er alle Schuld auf die Pforte schob. Drei österreichische Kauffahrer wurden noch an diesem Tage von ihm gemiethet, drei russische Fahrzeuge lagen ohnediess zu seinem Befehle im Bospor.

Die Bemühungen des englischen und österreichischen Ministers bei Strogonoff, die Antwort der Pforte anzunehmen und seine Abreise zu verschieben, blieben fruchtlos. Er hatte in seiner Note vom 27. gesagt, dass es der Pforte überlassen bliebe, ihre Antwort unmittelbar an den Kaiser zu senden. Darauf bestand er und versprach zugleich, in Odessa die Befehle des Kaisers abzuwarten. Er empfahl die russischen Unterthanen dem Schutze des österreichischen Internuntius und ging am 10. August — bis dahin von widrigen

Winden zurückgehalten — unter Segel. Die Pforte, welche die Pässe verweigert hatte, weil sie nicht im Mindesten den Anschein haben wollte, als böte sie die Hand zu diesem Schritte, gab an die Schlösser im Bospor Befehl, der Abfahrt der Schiffe kein Hinderniss entgegen zu stellen. Diess that sie, obwohl sie wusste, dass sich am Bord dieser Schiffe auch 122 Griechen, türkische Unterthanen, befanden. Alle Nachrichten von der russischen Gränze deuteten auf Krieg: 160,000 Mann sollten dort gesammelt stehen und nur den Wink erwarten, über den Pruth zu gehen.

Zweiter Abschnitt.

Von dem Abbruche der unmittelbaren diplomatischen Verbindung zwischen Russland und der Pforte bis zu Ende des Jahres 1821.

Ein Schrei des Jubels stieg auf die Nachricht der plötzlichen und mit allen Zeichen des Trotzes geschehenen Abreise Strogonoff's aus allen Freunden des Krieges empor. Die einen sahen in dem Bruche zwischen der Pforte und Russland den Vorläufer der unausbleiblichen europäischen Verwirrung, der Lösung aller Bande zwischen den Regierungen, den europäischen Krieg, den sie mit ihren heissesten Wünschen verlangten; die anderen sahen die Türken bereits aus Europa getrieben, und bauten aus den verlassenen Provinzen beliebige Reiche auf. Aus dem mit so leichtsinniger Zuversicht und mit so verderblichen Hoffnungen beklatschten Ereignisse ging aber nicht die Frucht des Krieges auf. Was ihn herbeiführen sollte, trug bei, ihn zu hindern.

Die Pforte, nachdem sie allen fremden Ministern die für Strogonoff bereit gehaltene Antwort vorgelegt hatte, sandte dieselbe, von einem Schreiben des Grossvezirs an den Grafen Nesselrode vom 30. Juli begleitet, an das Cabinet von St. Petersburg *). Dieses Schreiben war eine Wiederholung des am 27. des Ramazan (27. Juni) an den Grafen Nesselrode gerichteten, auf welches es sich auch bezog, und von dem die Pforte behauptete, dass es alle Forderungen Russlands zum vorhinein beantwortet habe. Die Absicht des russischen Hofes, den Frieden zu erhalten, nicht in Zweifel stellend, klagte sie das Benehmen Strogonoff's, als dieser Absicht entgegen, an, berief sich auf ihre Treue in Erfüllung der Verträge, liess sich über den Undank der Griechen, über die Ausdehnung des Aufruhrs, über die Nothwendigkeit für sie, ihn zu bekämpfen aus, und wies dabei ebenso bestimmt den Vorwurf einer absichtlichen Schändung der Religion, als auch die Hindeutungen Strogonoff's auf die Schwäche des türkischen Reiches, den einen als unwahr, die anderen als ungeziemend zurück. Mit der Versicherung ihres Wunsches, den Frieden und die freundschaftlichen Verhältnisse mit Russland aufrecht zu halten, drang sie abermals auf Auslieferung oder Bestrafung der auf das russische und österreichische Gebiet geflüchteten Rebellen, in Gemässheit der Verträge und als das sicherste Mittel, die Ruhe herzustellen. Sie machte von dieser Forderung, so wie von der völligen Zerstreuung der Rebellen in den Fürstenthümern die Ernennung und Sendung der Hospodare abhängig. Sie war übrigens in Verlegenheit über die Wahl derselben, da sie keinem der Phanarioten, die sich in das Dragomanat und in die Hospodariate zu theilen pflegten, hinlängliche Treue zutraute und fast alle in Verbindungen mit den Rebellen wusste; sie neigte sich hin, die Verwaltung der Fürstenthümer wieder an Einheimische zu geben. Mit diesem diplomatischen Schritte gleichzeitig, erliess der Sultan einen Ferman (um die Mitte des Monats Zilkaade) an alle Beamten des Reiches, worin er Schonung und Schutz für die Griechen anbefahl, die an dem Aufstande nicht Theil genommen hatten **). Ein Befehl erging auch an den Patriarchen, die Verirrten

---

*) Siehe Beilage II. 1.

**) Siehe Beilage II. 2.

zur Pflicht zurückzurufen. Beide Erlasse wurden den fremden Ministern mitgetheilt und insbesondere dem englischen Botschafter wiederholt, wie seine Begehren um Schutz für die Franken und Raja von Smyrna, für die Bewohner von Milo, für die katholischen Raja von Chios u. s. w. alsogleich berücksichtigt worden seien. Der Hirtenbrief des Patriarchen wurde am 19. August in allen Kirchen abgelesen und galt in der öffentlichen Meinung für eine Amnestie. In Bezug der russischen Unterthanen wollte die Pforte sich das Vorrecht des Schutzes nicht nehmen lassen und ging den Internuntius an, es ihr abzutreten. Auch hob sie den Beschlag auf die Getreideschiffe auf, was grosse Freude unter den Kaufleuten hervorbrachte.

Diese Zugeständnisse waren für die Cabinete von Wien und London ein genügendes Feld. Es gelang ihnen bald, zu verhindern, dass Kaiser Alexander sich den Kriegslustigen zum Werkzeuge hingab. Der Kaiser von Oesterreich hatte in einer Antwort von Salzburg, vom 22. August*) das Begehren um Bürgschaft so bedingt bejaht, dass die Bejahung einer Verneinung gleich kam, sich mit der grössten Zuversicht für die Möglichkeit der Erhaltung des Friedens ausgesprochen und die Erhaltung des Bundes zwischen den Mächten, den Alexander für sein Werk ansah, für das oberste Bedürfniss, für die unerlässliche Bedingung der Erhaltung der gesellschaftlichen Ordnung in Europa erklärt; er tadelte die Abreise Strogonoff's, tadelte insbesondere, dass ein so wichtiger Entschluss von der Säumniss von ein paar Stunden abhängig gemacht wurde, was demselben in den Augen der Welt den Charakter eines Vorwandes gäbe, d. i. einen Charakter, den die Feinde der Throne gierig auffassen und hierin die Trennung zwischen Russland und den übrigen Mächten als erwiesen sehen würden. Friede war, seiner Ansicht nach, das einzige Mittel, die Folgen dieses Fehlers wieder gut zu machen. Fürst Metternich, in seinen Mittheilungen an den Grafen Nesselrode, dessen Einfluss er mit Erfolg demjenigen des Grafen Capodistrias

*) Siehe Beilage II. 3. a. b.

entgegen zu setzen hoffte, griff alle Lieblings-Ideen der Freunde des Krieges, die Austreibung der Türken, die Bildung eines griechischen Reiches u. s. w. an, zeigte sie ohne ungeheure und unbelohnte Opfer unausführbar und hielt an dem Satze fest, dass der Triumph des Aufstandes eine Niederlage für die Throne, und dass es schmählich wäre für ihren Bund, der Bonaparten gemeistert hatte, durch die Fehler der Pforte gelöset zu werden. Die Lage des Kaisers Alexander war übrigens keine bequeme. Er konnte nicht die unklugen Schritte Strogonoff's öffentlich verwerfen, denn dieser Minister, den eine mehrjährige Abwesenheit von Petersburg und die Sprache seiner dortigen Freunde über die wahren Gesinnungen des Kaisers in Irrthum gerathen liessen, hatte im Geiste seiner Weisungen gehandelt. Die Thatsache der Abreise aufheben konnte man nicht: ihr Folge geben durch feindseligere Schritte war den Wünschen des Kaisers entgegen. Dieser Stand der Dinge zwang Russland die Höfe von Wien und London aufzufordern, sich einer Sache anzunehmen, die es unmittelbar zu behandeln nicht mehr in der Lage war. Graf Capodistrias selbst, des Irrthums in seinen Berechnungen belehrt, und fühlend, dass ihm die Stütze des Vertrauens seines Kaisers mehr und mehr entweiche, erkannte zwar wohl, was sein Werk in den Händen, in die er es legen sollte, zu erwarten habe — aber er konnte nicht zurück und nicht vorwärts und war gezwungen, es den Verbündeten zu überlassen.

Aber nicht erst die Reife dieses Entschlusses abwartend, sondern von dem Augenblicke, wo Strogonoff vom Schauplatze abtrat, nahm das österreichische Cabinet mit Thätigkeit für den Frieden den von diesem Hindernisse befreiten Boden ein. Fürst Metternich hatte die Absicht des Grafen Capodistrias, ihn unmerklich hineinzuwickeln in den eigenen Gang, schnell durchschaut, und gab seinen früheren Grundsatz, dass die Cabinete gemeinschaftlich gehen sollten, für denjenigen des vereinzelten Wirkens auf, den er durch das Misstrauen der Pforte gegen die christlichen Mächte als Gesammtkörper rechtfertigte. Er trug schon am 31. Juli dem Internuntius abgesondertes Wirken auf. Dieser hatte in einer Unterredung mit dem Reis-Efendi am 5. August neuerlich die Erfahrung gemacht, dass die Unterstützung Strogonoff's bei der Pforte kein Gehör fand. Der türkische Minister blieb auf den beiden Sätzen, dass alles Uebel für das Reich in der letzten Zeit von Russland komme, und dass Strogonoff der persönliche Feind der Pforte sei. Er deutete zur Antwort auf die Zumuthung, die Waffen niederzulegen, auf die grossen Streitkräfte hin, die am Pruth sich sammelten, und nahm den Kampf in den Fürstenthümern nicht als geendigt an, obwohl Wlodimiresko durch Henkers Hand gefallen und Ypsilanti entflohen, zu Herrmannstadt festgehalten und im Geiste des 18. Artikels des Belgrader Friedens von Oesterreich in eine entlegene Festung gebracht, also dessen Wirksamkeit zu Ende war.

Oesterreich nahm seine Rolle nun aus einem höhern Gesichtspunkte. Es sagte der Pforte für die Gesinnungen des Kaisers Alexander gut, in denen es seit der Abreise desselben von Laybach keinen Wandel zugab. Es sprach die Wahrheit aus, dass der Kaiser den Krieg nicht wolle, die griechische Sache durchaus nicht für eine russische ansehe und in der beklagenswerthen Verwicklung des Augenblickes strenge dasjenige, was in den Bereich der Menschlichkeit und einer wohlverstandenen Philanthropie gehöre, von demjenigen sondere, was darin Folge des Spieles der Revolutions-Unternehmer sei, deren Ziel dahin gehe, die Grossmächte unter sich zu trennen. Es machte darauf aufmerksam, wie die grosse Mehrzahl der russischen Angestellten und des russischen Volkes diesen Unterschied nicht beachtet, eine von der ihres Kaisers verschiedene Denkweise befolgt habe, und dadurch den nicht Eingeweihten zu einem unrichtigen Urtheile über ihn verleiten konnte. Es sagte für die Höfe von London, Paris und Berlin gut, die den Frieden mit gleicher Wärme wünschten und wirklich in diesem Sinne ihre Gesandten beauftragten.

In Weisungen, die er am 17. August an den Internuntius erliess, fasste Fürst Metternich den Stand der Dinge folgendermassen auf: 1. Die Türken sind im Besitze der europäischen Provinzen des ottomanischen Reiches theils durch Eroberung, die in Verträgen ihre Anerkennung erhalten hat, theils durch Unterwerfung, die in gesetzlicher Form geschehen ist. Die Pforte ist daher im rechtlichen Besitze dieser Länder und dem Sultan steht die Ausübung der Herrscherrechte zu. Er regiert auch über christliche Unterthanen und diese haben der religiösen und gesetzlichen Berücksichtigung zu geniessen, welche der Koran will und verlangt, die Verträge bedingen und die gesunde Vernunft allen Regierungen in allen Lagen, Verhältnissen und Zeiten anräth.

2. Gegen die rechtliche Ausübung der Herrschaft des Sultans, oder was eins und dasselbe ist, zu Gunsten der Losreissung von derselben hat sich eine grosse Verschwörung gebildet und ist mit den Waffen in der Hand aufgetreten. Der oberste Führer der ersten bewaffneten Haufen hat auf Kaiser Alexander zu deuten gewagt; aber der Kaiser missbilligte öffentlich diesen Wink und sprach die Verdammung des Unternehmens aus, das man, als von ihm gefördert und beschützt angekündigt hatte.

3. Die Pforte, sehend, dass der Aufruhr auch das eigentliche Griechenland erfasse, setzte sich wie billig in Vertheidigungsstand. Sie wählte unter ihren Mitteln solche, die mehr Gefahren als Vortheile darboten, aber sie war Herrinn diejenigen zu wählen, die sie für gut hielt, konnte sich übrigens seither überzeugen, dass ihre Wahl nicht die beste war.

4. Der Stand der Dinge ist zur Reife gelangt und die Stellung gegenüber den Mächten ist so klar als möglich geworden. Der russische Minister hat Constantinopel verlassen, aber seine Abreise selbst nicht für einen Uebergang zum Kriege gegeben. Die Pforte hat ihrerseits bewiesen, dass auch sie jenen Schritt nicht mit diesem verwechsle. Das Verlangen nach Krieg oder die Nothwendigkeit desselben besteht nicht; der Krieg muss sonach im Interesse Europas und des ottomanischen Reiches vermieden werden.

Folglich haben alle europäischen Minister zusammengenommen, und jeder einzelne dieselbe Sprache des Friedens zu führen; sie haben dem Reis-Efendi zu bedeuten, der beste Rath läge darin, das Vergangene ganz von dem Gegenwärtigen zu scheiden; nicht das Untergeordnete mit dem Wichtigen, nicht die von Russland gemissbilligten Ereignisse mit den Klagen Russlands zu verwechseln; sich über diese Klagen auszusprechen, die Versöhnungsmittel nicht von sich zu stossen, die Schuldigen nicht mit den Unschuldigen in einen Sack zusammen zu werfen, nicht zuzugeben, dass die Hefe des Volkes der Ausrichter der Gerechtigkeit werde, die Gefahren zu erwägen, und die Vermittlung des österreichischen Hofes anzunehmen.

Was den Buchstaben der Forderungen betrifft, so brachte Fürst Metternich die Note Russlands vom 18. Juli auf vier Punkte und dadurch brach er ihre Spitze. Nach ihm waren die Forderungen Russlands folgende:

1. Die Wiederherstellung der Kirchen.
2. Schutz der christlichen Religion, wie sie ihn bis zum Aufstande der Fürstenthümer genossen und Unverletzbarkeit derselben für die Zukunft.
3. Unterscheidung der Schuldigen von den Unschuldigen und Begnadigung derer, die sich innerhalb eines gewissen Zeitpunktes unterwerfen;
4. Vorgang in den Fürstenthümern, der Russland erlaubt, an ihrer völligen Beschwichtigung mitzuarbeiten.

Diese Auffassung der wenig klaren und breiten Note des Petersburger Cabinetes, diese Verwandlung unsicherer, weit ausgreifender Forderungen in bestimmte, erhielt des Kaisers Alexander Beifall. Nichts war darin, was die Würde oder die Interessen der Pforte beeinträchtigte.

Mit der Eröffnung dieser Anträge beginnt die zweite Epoche dieses vielgliederigen Dramas. Der Internuntius trug in einer Unterredung am 25. August und in einer zweiten am 3. September auf die Räumung der Fürstenthümer als kräftigsten Beleg friedlicher Gesinnung und Einleitung zur Herstellung der Verwaltung dieser Provinzen im Geiste der Verträge an. Der englische Botschafter, die

Geschäftsträger von Frankreich und Preussen machten dasselbe Begehren; denn wie die Cabinete von London, Paris und Berlin die Sprache desjenigen von Wien in Petersburg führten, so auch in Constantinopel. Alle erhielten die eine Antwort, dass die Pforte erst Bürgschaft darüber haben müsse, dass Russland nicht mit der Absicht umgehe, den Tag darauf in die geräumten Fürstenthümer einzurücken und ein Schutzrecht geltend zu machen, das sich mit den Verträgen bemänteln liesse. Aber der Reis-Efendi nahm gerne den Antrag der Vermittlung Oesterreichs an. Alle Mächte wandten ihre Bemühungen nun kräftiger nach Petersburg, um die friedliche Stimmung der Pforte dort zur Erhaltung des allgemeinen Friedens zu benützen. Die Mittel aber konnten sie nur zu Constantinopel finden. England suchte dieselben hauptsächlich auf dem Standpunkt der Menschlichkeit; Oesterreich nahm sie treffender von demjenigen der Religion. Während Lord Londonderry dem Botschafter in Constantinopel auftrug, vor Allem dahin zu arbeiten, dass Türken und Griechen, und namentlich die Griechen des Archipels, sich von der Nothwendigkeit durchdrängen, künftig sich menschlicher gegenseitig zu benehmen, ein Auftrag, der, wie Strangford sagte, den Geschwadern der europäischen Mächte und insbesondere dem Admirale des englischen Geschwaders im Mittelmeere, Sir Graham Moore, zu geben war und der eigentlich beiden Theilen gar nicht verständlich gemacht werden konnte — schrieb Fürst Metternich am 4. September*) an den Internuntius: »Die Pforte, indem sie die Unterdrückung des »Aufruhrs eines vereinzelten Volkes auf das Feld eines Religions»krieges trug, ist weiter gegangen, als sie gehen sollte. Diess »äusserste Mittel wäre an der Zeit gewesen, wenn sie vernünftiger »Weise den Angriff von Seite christlicher Mächte hätte befürchten »müssen. Der Sultan kann nicht vom Koran abweichen, und der »Kaiser von Russland nicht seine Glaubensgenossen unter das türkische »Schwert liefern. Es handelt sich nicht mehr um Aufrührer, sondern

---

*) Siehe Beilage II. 4.

»um Glaubensgenossen, und nicht der Kaiser von Russland war es, »der diese Gegensätze aufstellte. Der Sultan soll einsehen, dass es heute »den Mächten weit leichter wäre, eine Million Soldaten nach der »Türkei zu führen, als sich auf der Linie der Verträge zu erhalten. »Wenn der Sultan ihnen diese schwere Aufgabe erleichtert, ist keine »Gefahr für ihn, und wenn er eine richtige Ansicht von der heutigen »Aufregung der Völker in Europa hat, so wird er begreifen, wie es »im Mittelalter geschehen konnte, dass ganze Völkerschaften mit allen »Kriegsmitteln versehen, sich über Asien ausgossen.« An diese Schilderung reihte der Fürst nun die Behauptung, dass die Pforte von Forderungen, die dem Frieden entgegen stehen, wie z. B. die Auslieferung der Flüchtigen, in ihrem eigenen Interesse abstehen müsse. »Freilich hat die Pforte das Recht, die Auslieferung zu begehren,« sagte er, »aber ihr Vortheil will, dass sie von diesem Rechte im »gegenwärtigen Falle keinen Gebrauch mache ..... Dem Rechte der »Pforte setzen wir unsere Ueberzeugung von der Unmöglichkeit für »Russland entgegen, heute diesem Rechte genug zu thun.«

Und weiter am 10. September: »Alle Verträge zwischen der »Pforte und Oesterreich enthalten die Klausel, dass die in das Gebiet »der einen dieser beiden Mächte geflüchteten Störer der öffentlichen »Ruhe nicht ausgeliefert, sondern nur von der Gränze entfernt ge- »halten werden sollen. Eben desshalb wurden die Tökely, Ragoczy, »Czaky, Berczeny u. s. w. von der Pforte nicht an Oesterreich — »eben so wenig die Czerny-Georg und Karadja in unseren »Tagen von Oesterreich an die Pforte ausgeliefert. Das beweiset, dass »die Auslieferung nicht im türkischen Gesetze begründet seyn kann. »Also nehme die Pforte diess Beispiel zum Muster ihrer Handlungs- »weise im dermaligen Falle.«

»Was will die Pforte antworten, wenn ich diese Forderung »als eine wechselseitige auf sie anwende? Tausende von Muhame- »danern sind unter russischem Scepter. Setzen wir den Fall, einige »derselben hätten sich der Rebellion schuldig gemacht, und wären »auf türkischen Boden geflüchtet. Wenn die russische Regierung die

„Auslieferung derselben verlangte, würde die Pforte sie zugestehen?"

„Flüchten sich nicht täglich Verbrecher aus christlichen Staaten „nach der Türkei? Es genügt, dass ein solcher vor dem Gerichte „im Beisein eines Dollmetschers erkläre, er wolle den muhamedanischen Glauben annehmen, und alsogleich hört die Rückforderung „auf. So wollen es die alten Verträge mit allen christlichen Staaten. „Nun aber steht der russische Kaiser zu den Bekennern der griechischen Religion, ohngefähr wie der Sultan zu den Muhamedanern."

Die Minister der Pforte gaben nach und nach zu, die Auslieferung nicht als eine *conditio sine qua non* zu betrachten. Nicht in der Ueberzeugung des Sultans oder der Minister lag das lange Festhalten an dieser Bedingung, sondern in der Abhängigkeit, in welcher Sultan und Divan von den Janitscharen standen, dieser eitlen und unwissenden Miliz, die das Vorgefühl des Schlages hatte, der seither von der Hand Mahmuds über sie gekommen ist. Eben desshalb wollte sie Krieg, und legte mit Zusammenrottungen und Aufstand die Klage über die unwürdige Nachgiebigkeit an den Tag, welche, ihrer Meinung zufolge, der Sultan gegen Russland und die mit ihm verbundenen Mächte zeige. Dieser behauptete seine Würde dieser Miliz entgegen — hielt an einigen Aenderungen in ihrer Einrichtung fest, und setzte Trotz dem Trotze entgegen, was er, wenn er damals einen Sohn gehabt hätte, nicht hätte wagen dürfen — suchte aber gerne nach Mitteln, die öffentliche Meinung zu schonen. Desshalb sandte er im Laufe des September den vormaligen Botschafter zu London, Ismael-Efendi zu Lord Strangford. In vertraulicher Unterredung, zu der sich Ismael durch Vorzeigung von Halet-Efendi's Siegelring als ermächtigt auswies, legte er dem englischen Botschafter die Frage vor: ob der Friede wirklich abhängig sei von der Räumung der Fürstenthümer? — und auf die bejahende Antwort gestand er weiter, dass im Divan die Ansicht vorherrsche, man müsse diese Räumung von der Auslieferung der Flüchtigen abhängig machen. „Ein Michael Sutzo, ein Alexander Ypsilanti der strafenden Gerechtigkeit gegeben, wie viele tausend Leben würde er nicht retten? Nimmt Russland Rebellen in Schutz, weil sie griechischer Religion sind, so werden alle Jahre Aufstände stattfinden. Will Russland wirklich den Frieden, so muss es auch an den Vertrag von Kainardschi sich halten wollen, nicht aber dem ersten besten Hospodar, der erst alles mögliche Uebel gethan hat, dann, wenn sein Souverain ihn zur Rechenschaft ziehen und bestrafen will, eine sichere Zufluchtstätte darbieten.« Ismael gestand in dieser Unterredung, dass die heilige Allianz der Pforte wie ein Bund des Kreuzes gegen den Halbmond erschienen sei. Erst seit Oesterreich und Preussen eine und dieselbe Sprache mit England, das ausserhalb der heiligen Allianz stehe, sprechen, beginne die Pforte von dieser Besorgniss zurück zu kommen. Er ging mit dem Versprechen, Halet-Efendi zur Räumung der Fürstenthümer zu vermögen.

Je mehr sich aber die Pforte zu dem Glauben neigte, Russland wolle wirklich den Krieg nicht, desto eifersüchtiger wurde sie auf die ungestörte Wirksamkeit im Kreise ihrer Berechtigungen. Die Minister der fremden Mächte hatten eine Erklärung an die Griechen ausgearbeitet, die denselben jede Hoffnung auf Unterstützung von aussen abschneiden sollte*). So vortheilhaft die Wirkung eines solchen Schrittes sein musste, so lehnte ihn der Divan jetzt ab, angeblich aus religiösen Gründen, eigentlich aber um den Anschein der Zugabe der Einmischung ferne von sich zu halten. Eben so ungerne liess sich der Reis-Efendi in eine Unterredung mit dem schwedischen Minister, Herrn von Palin, ein, der in Folge der Einladung des Petersburger Hofes in Stockholm angewiesen worden war, sich an die Minister der übrigen Mächte zu schliessen und sie zu unterstützen.

Das Petersburger Cabinet seinerseits erklärte sich mit den Zugeständnissen der Pforte nicht zufrieden. Nach seiner Ansicht enthielten die Schreiben des Grossvezirs, auf welche die späteren Erklärungen der Pforte als völlig genügende hinwiesen, neben Be-

---

*) Siehe Beilage II. 5.

schwerden und Klagen, nur die thatsächliche Weigerung, den vier russischen Forderungen zu entsprechen. Graf Nesselrode beantwortete diese Schreiben in diesem Sinne am 10. September und gab den Entwurf der Antwort an das Wiener Cabinet, das von dem Petersburger nunmehr als mit der Verantwortlichkeit der Unterhandlung belastet angesehen wurde*). Eifersüchtig, England zu gewinnen, machte das Petersburger Cabinet den Kaiser Alexander um dieselbe Zeit im Geiste seines Schreibens an den Kaiser von Oesterreich, an Lord Londonderry schreiben**), und in einer Depesche an Grafen Lieven vom 10. October***) gab es sich Mühe, das Unbillige der Bürgschaft hervorzuheben, welche der Reis-Efendi auch von Lord Strangford dafür begehrt hatte, dass im Falle der Räumung der Fürstenthümer nicht etwa russische Truppen in dieselben rückten. In der Mässigung des Kaisers läge diese Bürgschaft, meinte Graf Nesselrode, und diess um so mehr als das Einrücken türkischer Truppen ein Bruch der Verträge gewesen sei, und dennoch die Russen ihrerseits nicht eingerückt waren. Die in der Note Strogonoff's vom 18. Juli etwas unklare Forderung, Russland in die Lage zu setzen, an der Beschwichtigung der Provinzen Theil nehmen zu können, die vielleicht die Besorgnisse der Pforte veranlasst haben konnte, wurde nun in klarere Worte gesetzt: Räumung der Fürstenthümer, Ernennung der Hospodare, und alsogleiche Einrichtung einer heilenden Verwaltung. Dagegen wurden die beiden Bezeichnungen, die Fürstenthümer und die christlichen Provinzen des türkischen Reiches fortwährend verwechselt, so oft es sich um Theilnahme Russlands an der Beschwichtigung in der Petersburger Depesche handelte. — Strangford schien viel von Vorstellungen zu hoffen, welche die Minister sämmtlicher verbündeter Mächte den Griechen machen sollten: Russland sah die Beschwichtigung nur aus einer gänzlichen Umwand-

*) Siehe Beilage II. 6. 7. 8.

**) Siehe Beilage II. 9.

***) Siehe Beilage II. 10. a. b.

lung des Systemes der Pforte hervorgehen; und zwar einer Umwandlung von der Art, um die Wiederanknüpfung der diplomatischen Verbindungen mit der Pforte zuzulassen. Bis dahin erklärte Russland sich jeden Schrittes bei den Insurgenten enthalten zu wollen, und jeden Schritt der übrigen Mächte für fruchtlos. Es verwarf die Idee Strangford's und Londonderry's, durch den Admiral Sir Graham Moore die griechischen Inseln aufzufordern, weil die Amnestie ihnen verbürgt werden müsste, dazu nichts vorbereitet sei, und die Beschwichtigung der Inseln diejenige des griechischen Festlandes nicht nothwendig nach sich zöge. Es erklärte sich aber, sobald nur seine Verbindungen mit der Pforte wieder angeknüpft sein würden, zur Vermittlung zwischen den Griechen und dem Sultan auf die Grundlage bereit, welche England seit dem Jahre 1812 dem Cabinete von Madrid rücksichtlich der Colonien vorgeschlagen hatte.

Diese Haltung des russischen Cabinetes war dem einstweilen in Petersburg angekommenen Freiherrn von Strogonoff nicht fremd. Es beantwortete diess Cabinet auch die Behauptung der Pforte, als habe der Freiherr seine Beistimmung zum Einrücken der türkischen Truppen in die Fürstenthümer gegeben, dahin, dass diese Beistimmung nur eine durch gleichzeitige Herstellung der alten Ordnung in diesen Provinzen bedingte gewesen sei, die Pforte aber nunmehr eine neue Verwaltungsweise, diejenige durch Militärgouverneure, durch ihre Truppen aufrecht halten wolle. Graf Capodistrias nährte die Hoffnung, die Verhandlungen scheitern zu sehen und that gerne, was dazu führte. Dagegen war das Vertrauen des Fürsten Metternich in die Ueberzeugung des Kaisers Alexander von der Nothwendigkeit der Erhaltung des Friedens unerschütterlich, denn er wusste, welche Ansicht derselbe von den Gefahren der Revolution und welchen Ekel gegen die Wünsche der Russen sowohl als der Griechen nährte, wovon die einen nur Erweiterung der Gränzen, und die anderen Herstellung des griechischen Kaiserreiches träumten. Graf Capodistrias, zwischen der Gesinnung des Kaisers und dem bedingten Wunsche für den Krieg, insoferne nämlich daraus mit Gewissheit die

Befreiung der Griechen hervorginge, geklemmt, setzte seine Erwartung auf Zufälle, Ereignisse, Leidenschaft, woraus der Sturz des türkischen Reiches und die Befreiung der Griechen unter irgend einer Form und in einem beliebigen Umfange möglicher Weise hervorgehen konnten. Daher trugen auch die Antwort an den Grossvezir und die Mittheilungen an das Wiener und Londner Cabinet vom 10. September und 19. October den Stempel des Zwiespaltes im Petersburger Cabinete, und waren insoferne ohne Farbe, als kein genommener Entschluss durchschimmerte. Sie vertheidigten die Schritte Strogonoff's, aber es war bekannt, dass Kaiser Alexander persönlich sie gemissbilliget hatte, insbesondere die kurze Mittheilung Strogonoff's an Grafen Langeron über den Abbruch der diplomatischen Verbindungen, welche Odessa in Lärm gesetzt und in ganz Europa als eine Kriegserklärung gewirkt und gegolten hatte. Sie beriefen sich auf die Verträge, legten also an Tag, dieselben erhalten zu wollen. Sie drohten mit der Erklärung, dass die durch Strogonoff gemachten Drohungen ihrem ganzen Gewichte nach beständen, aber diese Drohungen waren eben seine Abreise, und dieselbe hatte stattgehabt, ohne den Bruch nach sich zu ziehen. Sie deuteten auf den Krieg, als den fast unvermeidlichen, als den kürzesten, ja selbst als den menschlichsten Weg — aber sie versprachen noch die Wege des Friedens zu versuchen. Sie wiederholten die Anfrage, welche Haltung diese und jene Macht im Falle des Krieges annehmen würde, oder vielmehr auf welche Weise sie daran Theil nehmen wollte, und forderten zu Rathschlägen über die künftige Gestaltung der griechischen Länder auf, stellten sich aber auch mit dem *status quo* vom März dieses Jahres zufrieden. Aus allem ging klar hervor, dass Russland den Krieg nicht wollte, aber verlegen darüber, wie den Frieden und das, was es seine Würde nannte, zu erhalten. Bequemer war die Stellung des Sultans, dessen Würde mit der Aufrechthaltung der Verträge Hand in Hand ging. Oesterreich, hierin von England, Preussen und Frankreich unterstützt, hatte daher die Bahn zur Ausgleichung der zwischen Russland und der Pforte bestehenden Zwistigkeiten klar vorgezeichnet. Es nahm die russischen Bemerkungen als Vertreter Russlands bei der Pforte einzeln vor, und gab der Pforte an die Hand, wie sie zu lösen. Russland fand in keiner der türkischen Erklärungen das Versprechen, die Kirchen herzustellen. Oesterreich rieth der Pforte, damit zu beginnen, wäre es auch nur, um den Willen thatsächlich an Tag zu legen. Russland missbilligte, dass die Pforte mit keiner Sylbe die den Verträgen von Kainardschi, Jassy und Bukarest entgegen geschehenen Angriffe auf die griechische Religion beklagte, noch Bürgschaft für die Zukunft in dieser Hinsicht gäbe. Oesterreich rieth hierauf zu antworten: »Nicht wir sind es, die gegen alle Billigkeit die Verträge verletzten, und aus Uebermuth anerkannte Rechte mit Füssen traten; die Griechen waren es, welche die unseren angriffen; aber sei es, wir wollen Milde für Recht ergehen lassen; wir beklagen, verzeihen, und sagen gut für die Zukunft.« Russland nannte die Fermane des Sultans hinsichtlich des den Unschuldigen zu gewährenden Schutzes Worte, denen noch die Thatbeweise mangelten. Oesterreich hielt an die Fermane und ersuchte die Pforte darüber zu wachen, dass ihre Gesinnung und Handlungsweise scharf geschieden werde von derjenigen der ungeregelten Haufen, welche sich in ihrem Eigenthume, in ihrer Religion und in ihrem Leben angegriffen glaubten. Russland fand endlich im Artikel wegen der Fürstenthümer nichts, was die durch die Verträge ihm gegebene Berechtigung seines Mitwirkens zur Beschwichtigung dieser Länder anerkannte, und sah selbst die Räumung von einer Bedingung abhängig gemacht, die der Kaiser niemals annehmen würde. Oesterreich, in Kenntniss, dass die Pforte auf dieser Bedingung nicht bestehe, hielt diesen Einwurf für gehoben, und indem es der Pforte das Schweigen über die angesprochene Berechtigung als Fehler vorwarf, rieth es zu einer einfachen Erklärung, welche die aus diesem Schweigen gezogene Folgerung als eine unrichtige darlegte. Russland endlich sprach sich aus, dass die Wiederherstellung der freundschaftlichen Verhältnisse mit der Pforte unmöglich sei, so lange die Pforte der Verträge, worauf diese Verhältnisse beruhten und die alle verletzt worden seien, mit keinem Worte erwähnte. Oesterreich rieth desshalb den *status quo* der Verträge herzustellen, den zu verlangen Russland, so wie es den Frieden wolle, unbezweifelbar das Recht habe. Wenn auch die Pforte den Frieden wolle, müsse sie die Mittel dazu wollen, und sie könne es ohne Schwierigkeit, wenn Russland eben nichts weiter verlange, als was durch die Verträge bereits ausbedungen ist. Es sei ihr grosser Vortheil, aus einer unbestimmten Friedensstellung in eine bestimmte überzugehen. Sie solle daher ganz einfach die Verträge anerkennen, und niemals davon abzuweichen erklären. Russland wies weiter auf die Gräuel hin, die täglich in den Fürstenthümern begangen wurden, ohne Schonung für Unschuld und Geschlecht, ohne Rücksicht für Unterwerfung und geleistete Dienste; es wies auf die Verletzung der früher zu Bukarest für Servien festgesetzten Amnestie, und erklärte, auf diess Beispiel sich stützend, schriftliche Versicherungen der Pforte nicht für genügend. Oesterreich erkannte wohl, wie recht Russland in dieser Klage, in diesem Zweifel hatte; es rieth, die Thatsachen zuzugestehen und gerade diesen Zustand der Gräuel als Bekräftigung des Wunsches anzuführen, denselben zu enden und die Fürstenthümer zu räumen. »Wir wollen es ja und sind hierzu bereit,« sollte die Pforte sagen, »und wenn wir es nicht können, so ist es euere Schuld, nicht die unsere*).«

Sehr beeifert, seiner Wirksamkeit in Constantinopel den Fortgang zu sichern, und den Bemühungen zuvorzukommen, die der Vorurtheile im Divan sich zu seinem Nachtheile bemächtigen konnten, beauftragte Fürst **Metternich** in einer geheimen Depesche vom 5. October den Internuntius, der Pforte offen die Beweggründe des Wiener Cabinetes auseinander zu setzen. Mit Aufrichtigkeit sprach sich der Fürst darin aus, wenn er sagte: »Wir wünschen den Frieden zu erhalten, nicht aus Furcht vor den gewöhnlichen Ergebnissen eines Krieges, oder aus Schwäche; wir haben selbst Kriege gemacht und Kriegen zugesehen; aber wir haben die Ueberzeugung, dass

*) Siehe Beilage II. 11. a. b. 12.

heutzutage jeder Krieg der gesellschaftlichen Ordnung überhaupt entschieden schädlich sei und in letzter Beziehung dem siegenden, wie dem besiegten Staate, gleichviel ob er ein christlicher oder türkischer sei, zum Nachtheil gereiche und eigentlich nur die Interessen der Revolution fördere. Diese Ueberzeugung ist die Grundquelle unseres Wirkens für den Frieden.« Er setzte bei: »Ein zweiter Punkt, worüber der Irrthum von Folgen sein könnte, ist der, dass die Pforte unsere Einmischung nicht als das Ergebniss einer unruhigen Politik ansehe. Wir betrachten die Frage im Grossen und Ganzen und nicht im Kleinen und Einzelnen. Die Pforte hätte ferner Unrecht, zu glauben, dass unser Interesse uns zwänge, ihren Bruch mit Russland zu jedem Preise zu hindern. Dieser Glaube könnte sie zur Steigerung ihrer Forderungen über die gerechte Linie hinaus verleiten. Eben so falsch wäre die Ansicht, dass sie für sich allein, ohne Dazwischenkunft einer dritten Macht, ihren Zwist mit Russland ausgleichen könnte. Russland will zwar den Frieden, aber die Pforte könnte die Forderungen und Hindernisse nicht überwinden, die man ihr in den Weg werfen würde. Ihre richtigste Stellung ist, uns zu vertrauen, im Rechte zu bleiben, — so viel aber nachzugeben, als sich mit dieser Stellung vereinigen lässt.«

Indem Fürst Metternich die Pforte auf das Feld der Verträge wies, das ihr von Seite Russlands so klar dargeboten war, gab er ihr entschieden den besten, den einzig brauchbaren Rath. Die Verträge gewährten ihr in der dermaligen Verwicklung eine so vortheilhafte und so sichere Grundlage, dass jede andere, im Vergleiche mit dieser, nur als eine täuschende angesehen werden musste. Diess Feld machte überdiess allen übrigen Mächten leicht, sich stützend neben die Pforte zu stellen. Das Interesse des Divans war, eine baldige und einfache Antwort zu geben, Thatsachen aufzustellen, Commissäre zu ernennen, die mit den russischen Commissären Hand in Hand den *status quo* in den Fürstenthümern herstellten, und diese Länder zu räumen, denn wenn man keine anderen Mittel zur Beschwichtigung als solche gesetzlose Horden, wie die türkischen hat, so muss man ohne Verzug sie wieder aus dem Spiele bringen. Die russische Antwort auf die Schreiben des Grossveziers und auf die Mittheilung der Pforte an den Internuntius schloss auch mit der Forderung der unbedingten Räumung der Fürstenthümer, da die türkischen Truppen als die alleinige Ursache der Fortdauer der Unruhen darin von dem Petersburger Cabinete betrachtet wurden; und eben auch mit derjenigen der Sendung eines Bevollmächtigten, um die Einsetzung der neuen Fürsten und die Massregeln zu besprechen, mittelst welcher eine heilende Regierung dort eingerichtet, und in den übrigen christlichen Provinzen des Reiches die Spur der Gräuel ausgetilgt werden konnte, die zur Unterbrechung der diplomatischen Verbindungen geführt hatten. Diese Forderungen unterstützten Oesterreich und England mit ihrem ganzen Gewichte, nicht als Vermittler, sondern in ihrem eigenen Namen, als Freunde des einen, wie des anderen Reiches, und namentlich Oesterreich, als im Herzen von Europa liegender Staat, der folglich die Verhältnisse der Nachbarstaaten am besten zu vergleichen geeignet war. Alle anderen europäischen Höfe waren mit denen von Wien und London einerlei Meinung. Das hätte ein Beweis für den Sultan sein können und sollen.

Die Pforte aber, vom Anfang bis zum Ende in dieser grossen Verwicklung durch ihr Recht über ihre Mittel und über den Stand der europäischen Verhältnisse verblendet, sah auf ihre Weise und hatte das Misstrauen gegen alle christlichen Mächte und das Rachegefühl gegen Russland im Herzen nicht überwunden. Der grössere Theil des Divans, der Sultan selbst, nährten über die heilige Allianz noch immer das irrige und oberflächliche Urtheil, das sie im Jahre 1815 gefasst hatten. Sie hatten aber auch andere Angelegenheiten, die ihre Zeit und Aufmerksamkeit von der russischen Frage abwandten. Der Schach von Persien hatte der Pforte den Krieg erklärt und bedrohte Erzerum und Bagdad. Im Inneren stiegen die Anmassungen der Janitscharen bis zu Thätlichkeiten und nöthigten zur Absetzung ihres Aga. An der Pforte selbst fehlten die Umtriebe nicht und erzeugten Verlegenheiten; so arbeitete z. B. der Pfortendollmetsch dahin, die Familie Kallimachi zu verderben und für sich das Hospodariat zu gewinnen. Er benützte dazu ein in Ziffern abgefasstes Schreiben, das von einem Anhänger des Fürsten Karadja in Wien an einen Beamten des Hospodars gerichtet und der Pforte in die Hände gefallen war, und dem er eine verderbliche Auslegung gab. Diess führte zur Hinrichtung des vormaligen Pfortendollmetschers Janko Kallimachi im Orte seiner Verbannung Cäsarea in Syrien, die durch die Niederreissung seines Hauses in Therapia und einen Firman, der an der Stelle je wieder zu bauen verbot, verstärkt wurde. Auf die Nachricht hievon starb zu Boli der Hospodar Karl Kallimachi am Schlagflusse, und die öffentliche Meinung klagte die Pforte an, ihn ermordet zu haben. In der Morea, im Archipel, in Kandia, gewann der Aufruhr mehr und mehr Festigkeit, und verlangte grössere Rüstungen und Vertheilung der Kräfte auf mehrere Punkte. Schon im Juli lief die dritte griechische See-Expedition aus, über 90 Segel stark, und verhinderte einen Angriff des Kapudan-Bey und kleinasiatischer Türken auf Samos. Mehrere Branderversuche der Griechen misslangen zwar und die türkische Flotte machte bei Rhodus ungehindert ihre Vereinigung mit dem ägyptischen Geschwader; aber mehrere türkische Lastschiffe wurden zerstört, Samos wurde aufgeregt, mit einigen Kriegsmitteln versehen und das Geschwader kehrte mit einem mächtigen Troste heim, indem es von dem englischen Admiral Sir Graham Moore statt unfreundlicher Begegnung freundliche Rathschläge und ermuthigende Worte erhalten hatte. Die Verschiedenheit, die für lange Zeit zwischen der Haltung der englischen Seemacht und der des englischen Botschafters in Constantinopel obwaltete, wurde damals schon sichtbar und trug vorzüglich dazu bei, den Muth und die Hoffnung der Griechen aufrecht zu halten.

Am 3. August hatte sich Monembasia, aller Lebensmittel entblösst, an Gregor Kantakuzenos ergeben. Die türkischen Bewohner, noch 756 Seelen stark, wurden auf speziotischen Schiffen nach Asien übergeführt. Bald darauf, am 19. August, ergab sich auch Navarin, dessen türkische Bewohner mit allen Qualen des Hungers gekämpft hatten. Zweimal waren Haufen von Weibern und Kindern aus der Festung getrieben, und von den Griechen theils aufgenommen, theils getödtet, theils auf der wüsten Klippe im Hafen dem Hungertode preisgegeben worden. Endlich brach der Muth der Besatzung; sie übergab all' ihre Habe und sollte gleichfalls nach Asien geführt werden. Aber die Griechen brachen den Vertrag und mordeten auf grässliche Weise alle Türken. Zu spät erschien, Anfangs September, die Flotte des Grossherrn. Der würtembergische Philhellene, General Normann, wies einen Versuch derselben auf Navarin ab, aber sie verjagte die griechischen Fahrzeuge von Modon und verpflegte reichlich diesen Platz und Koron, die nun beide durch Jahre hielten. Dann drang sie in den lepantischen Golf und zerstörte die Fahrzeuge der Galaxidioten. Um diese Zeit wurde auch die Sperre von Patras strenger gezogen. Fünf- bis sechstausend Griechen unter Zaimis, Lontos und Karantzas schlugen sich dort mit vier- bis fünftausend Türken, ohne dass ein bedeutender Vortheil auf der einen oder der anderen Seite dabei heraus kam. Vor Tripolitza, der Hauptstadt der Halbinsel, die 25,000 Seelen Bevölkerung, einige fünfzig Kanonen und einige tausend Mann Besatzung hatte, lagen von sieben- bis zehntausend Griechen mit einigen Feldstücken und aus Monembasia herbeigeschleppten Mörsern. Abentheurer aus allen Ländern strömten dahin. Durch Schanzen suchten die Griechen die Türken einzuengen und fügten ihnen, namentlich am 22. August, grossen Schaden bei, da sie ihnen viele mit Beute beladene Saumthiere nahmen. Die Pferde der Türken erlagen aus Mangel an Futter; Seuchen verbreiteten Entmuthigung; die Albanesen plünderten den Schatz des Pascha, um ihren rückständigen Sold zu gewinnen; Verstärkungen, die man durch die Flotte erwartet hatte, waren zwar bei Patras an's Land gesetzt, konnten aber nicht durch die arkadischen Pässe, die Kolokotronis verlegt hielt; eben so wenig vermochten die aus Thessalien hereindringenden Haufen in den böotischen. Im Juli führten Omer-Pascha Vryonis und Mechmed-Pascha etwa 4000 Mann an den Sperchius, überwanden den tapferen Widerstand des Diakos von Lidoriki und des Bischofs Isaias von Salona in den Thermopylen, verloren aber viele Leute gegen Odysseus und Gura am Khan von Gravia und zogen plündernd und verwüstend nach Livadia und Theben, Theile davon sogar bis Athen, ohne jedoch über den Isthmus zu gelangen. Anfangs September führte Bairam-Pascha an 6000 Mann, meist Reiter, auf demselben Wege vor, erlag aber dem Gura und Papa-Andreas in den Schluchten der Phocischen Gebirge. Anfangs October fiel Tripolitza, als eine Wuthhekatombe in Blut und Gräuel ersäuft. Die Albanesen in diesem Platze erwarben durch Unterhandlung freien Abzug; viele türkische und jüdische Familien erkauften den ihrigen. Inzwischen, am 5. October, wurde die Stadt mit Sturm genommen und vernichtet, das Schloss ergab sich am folgenden Tage an Kolokotronis. Männer, Weiber und Kinder wurden niedergemetzelt, an 8000 in der Stadt, halb so viel ausserhalb derselben. Flammen verzehrten den Pallast des Pascha mit dem grössten Theile der kostbaren Habe. Die Familien des Khurschit und Mechmed-Pascha wurden gefangen, eben so Kiamil-Bey von Korinth, der den Metropoliten dieser Stadt, Sotiris Notaras, und andere Geisseln von der Wuth der Türken gerettet hatte. Fast alle Beute wurde verschleudert; nur was man an Kanonen, Pulver und Blei vorfand, blieb dem Gemeinwesen. Nun waren die Türken auf die fünf Küstenplätze beschränkt, und viele Mittel hatten die Griechen gewonnen. Dieser Stand der Dinge passte schlecht dazu, die Pforte zu beschwichtigen. Am 1. November verbannte sie den Reis-Efendi Hamid-Bey nach Schiwas und setzte an seine Stelle Sadik-Efendi, der unter Salih-Gianib-Efendi Unterstaatssecretär des Auswärtigen gewesen war. Diese Veränderung bewies die Rückkehr zu starren Gesinnungen und wirklich zeigte sich die Pforte eher müde der Rathschläge der Mächte als nachgiebig gegen dieselben. Sie wehrte sich gegen Besprechungen mit fremden Ministern und als, am 22. November, dem Internuntius gelang, im Landhause des Reis-Efendi zu Begler-Bey auf der asiatischen Küste, denselben in Gegenwart des Gianib-Efendi und des Kadiaskers von Rumelien, Sidi-Efendi, endlich zu sprechen, so zeigte sich bald, dass die Pforte auf ihren alten Forderungen bestand und den Reis-Efendi gewechselt hatte, um ihr Wort zurücknehmen zu können*). Alle Gründe scheiterten an dem Eifer des Glanib-Efendi, dieses heftigen Christenfeindes, der den Religionskrieg gleich anfänglich geprediget hatte. Die Auslieferung der Flüchtigen, wenigstens ihre strenge Bestrafung wurde auf's Neue begehrt. »Warum fordern die Mächte nur von uns, sagten die Türken, warum nicht auch von Russland? Wir wollen nicht den Krieg, sondern nur unser Recht. Den Koran in der einen, das Schwert in der andern Hand, werden wir in Masse uns erheben, und demjenigen entgegen treten, der in unser Land fällt.« Man stand also wieder, wo man im April und Mai gestanden hatte. Auch vermehrten sich die Mordthaten und Gräuel auf allen Strassen. Lord Strangford klagte darüber, aber die Pforte antwortete mit Gemeinplätzen.

Einstweilen hielt Fürst Metternich eine Zusammenkunft mit Lord Londonderry zu Hannover. Beide Staatsmänner liessen die Ansicht nicht fallen, dass der Aufstand der Griechen weit weniger eine türkische als eine europäische Sache, weit mehr das Spiel der revolutionären Partei in den civilisirten Staaten Europa's als aus dem Willen der Griechen selbst entsprungen sei. Weil diese Partei die Austreibung der Türken aus Europa wolle, so müsse man den Gegensatz, die Erhaltung des türkischen Reiches in Europa wollen. Denn, was an dessen Stelle setzen? und durch welche Mittel? Beide erkannteh jede grosse Veränderung auf dem politischen Felde für nachtheilig den Interessen, die sie zu vertreten berufen waren. Ihre Minister in Constantinopel fürchteten den Krieg selbst im Interesse der Griechen. Lord Strangford schrieb am 10. Dezember an Lord Londonderry: »Meine Collegen und ich, wir fühlen die grösste

*) Siehe Beilage II. 13. 14. 15. 16.

Bangigkeit in dieser Beziehung, überzeugt wie wir sind (und wie Jedermann es sein muss, der mit einiger Beobachtungsgabe den Gang der Ereignisse und den Geist, den sie entwickelten, verfolgt), dass ein solcher Krieg, obwohl er Menschlichkeit zum Zweck und zur Berechtigung hätte, über das griechische Volk die grössten Unglücksfälle häufen müsste, und alle Repressalien nichts helfen würden; der letzte Grieche würde hingewürgt werden. Es sind kaum zehn Tage, dass ein Haufen Janitscharen erklärte, nicht eher gegen den offenen Feind marschieren zu wollen, bis nicht die Hauptstadt von dem darin verborgenen Feinde befreit sei, das heisst, bis nicht alle Griechen getödtet oder aus Constantinopel gejagt seien.«

Die Weisungen, welche der Marquis von Londonderry und Fürst Metternich aus Hannover am 9. November an den Ritter von Bagot und an den Grafen Lebzeltern in Petersburg erliessen, waren gleichlautend und diesen Betrachtungen entsprechend. Die Herstellung diplomatischer Verbindungen zwischen Russland und der Pforte schien den Höfen von London und Wien die einzige vor der Hand wichtige Aufgabe; jede Verhandlung über den Fall des Krieges aber vorzeitig. Russland gab diese Ansicht nicht zu und stellte den öffentlichen Ausspruch der Mächte über ihre Haltung im Falle des Krieges als ein grosses Mittel des Friedens auf. Es behauptete fortwährend die Wahrscheinlichkeit des Krieges und zählte die Thatsachen auf, welche seit der Abreise Strogonoff's den Beweis verstärkten, dass die Pforte ihre blutige Bahn entweder nicht verlassen könne oder nicht wolle, nämlich die Verwerfung aller Forderungen, die Gräuel in den Fürstenthümern, die Hinrichtungen, das Blutbad in Cypern u. s. w.*).

Das Pariser Cabinet, das bis zu dieser Zeit zwar seinem Geschäftsträger in Constantinopel freie Hand liess, aber im Grunde wenig thätig war, glaubte nun auch wirksamer eingreifen zu müssen, und ernannte Latour-Maubourg zum Botschafter an der Pforte.

---

*) Siehe Beilage II. 17.

Noch bevor er anlangte und das Jahr zu Ende ging, gab der Reis-Efendi, durch besonderen Befehl des Sultans hiezu angewiesen, am 7. Rebiulewwel 1237 (2. Dezember 1821) eine Antwortnote an den Internuntius, worin die Pforte neben den Versicherungen der Liebe zum Frieden und der Aufrechthaltung der Verträge, die alten Forderungen erneuerte*). Sie forderte noch immer, kraft der Verträge, die Auslieferung der Flüchtigen, gab jedoch zu, dass dieselbe auf unbestimmte Zeit vertagt werde, was für eine mittelbare Verzichtleistung angesehen werden konnte. Sie wies, als eine Verletzung ihrer Herrschaftsrechte und ihrer Würde zurück, jetzt die Fürstenthümer zu räumen, jetzt die Hospodare zu ernennen. Diess werde sie thun, alsbald die Ordnung hergestellt sei, aber sie wolle diese Provinzen allenfalls bis dahin durch griechische Kaimakane, mit Hülfe türkischer Truppen verwalten lassen. Was die Kirchen betrifft, so werde sie erlauben, die zerstörten wieder aufzubauen. Die christliche Religion habe keine Verfolgung von ihr erlitten, und zwischen Schuldigen und Unschuldigen Unterschied zu machen, das sei ihr immer am Herzen gelegen. Die Pforte ging bei dieser Antwort von dem Gesichtspunkte aus, dass die Mächte, wenn sie wirklich den Frieden wollten, ihr die Frist, die sie verlangte, zugestehen würden; wollten sie aber Krieg, so würde Nachgiebigkeit von Seite des Divans, dessen Sache nur schlechter stellen.

Die Erklärungen zweier Mächte, so schroff einander gegenüber stehend, liessen wenig Aussicht auf Vergleich. Das Londner Cabinet glaubte um diese Zeit fast an den Krieg, und gab seinem Botschafter Weisungen für beide Fälle, dass der Krieg ausbräche oder dass russische Truppen die Fürstenthümer unter einem friedlichen Vorwande besetzten. Diese Besorgniss, die bald von den übrigen Ministern getheilt wurde, brachte Lord Strangford zu zwei Mitteln von geringer Wirksamkeit, die ihm aber nicht so schienen, nämlich den Aeusserungen der Pforte günstigere unterzulegen und den Versuch

*) Siehe Beilage II. 18.

zu machen durch Bestechung die einflussreichen Glieder des Divans zu gewinnen. Während der Reis-Efendi am 10. Dezember dem österreichischen Dollmetsch, Karl von Testa, einem alten Freunde von ihm, fast jede Hoffnung auf Nachgiebigkeit von Seite der Pforte nahm, schrieb Strangford an demselben Tage an seinen Hof, zur Mittheilung nach Petersburg, die beruhigendsten Worte *). — »Ich will offen reden, sagte der Reis-Efendi an Herrn von Testa, will mich entkleiden meines öffentlichen Charakters, und mit Vertrauen mich äussern. Woher dieser Eifer in den uns befreundeten Cabineten für Russland, warum führen sie das Wort willig für jede von dessen Forderungen, während doch die Pforte der beleidigte Theil ist? warum diese strenge Rücksicht eben für Russland, dieser Macht ja keine ihrer vielen Verschuldungen vorzuwerfen? Welches ist bis jetzt das Ergebniss der vielgerühmten Sorgfalt unserer Freunde für uns gewesen, der wir mit dem redlichen Wunsche der Erhaltung des Friedens entgegen kamen? Die Pforte hat gut Gründe vorbringen, ihre Freunde verlangen Opfer und Unterwerfung unter das von Russland vorgeschriebene Gesetz. Wir reichten das Ohr unseren Freunden hin, weil wir der Meinung waren, sie würden auch für den anderen Theil dieselbe Sprache wie für uns haben. Vielleicht hatten sie dieselbe, aber es liegt zu Tage, dass sie nichts erreichten damit. Die Pforte bedenkt gewiss die ungeheuren Mittel, über die Russland gebietet; auch fällt ihr nicht ein, zu glauben, sie könne mit einer Handvoll Menschen, die keine andere Bestimmung hat, als die Fürstenthümer vor der Verheerung zu bewahren, der sie ausgesetzt bleiben, so lange der griechische Aufstand dauert, dem Strome dieser Kräfte einen Damm entgegensetzen; aber im Gefühle ihres Rechtes und im Vertrauen auf die unwandelbaren Gesetze der Vorsehung wird sie, wenn es sein muss, den Kampf aufzunehmen nicht aus'chen.«

Lord Strangford schrieb: »Im Laufe meiner Unterredung mit den Ministern der Pforte haben sie einen wichtigen Punkt zuge-

*) Siehe Beilage II. 19. a. b.

standen. Sie versicherten mich auf das bestimmteste und ersuchten mich meinen Hof davon zu benachrichtigen, dass sie von dem Begehren der Auslieferung der Flüchtigen abstehen, aber dadurch nicht eben eine Nachgiebigkeit gegen Russland zu erzeigen beabsichtigen oder einen Vortheil, nämlich Nachgiebigkeit seinerseits wegen Räumung der Fürstenthümer oder Ernennung der Hospodare erkaufen wollen. Das Abstehen von der Forderung der Auslieferung sei ein von diesen Fragen unabhängiges, bleibendes Zugeständniss, während die Räumung, und die Ernennung der Hospodare von zufälligen, zeitlichen Umständen abhängen, welche die Pforte je eher je lieber vom Halse zu haben wünsche; sie setzten bei, dass, sobald diese Umstände gehoben wären, der Wunsch Russlands alsogleich ausgeführt werden würde. Die Minister der Pforte baten mich in ausdrücklichen Worten, meinen Hof zu versichern, dass, sobald die in diesen Provinzen hergestellte Ruhe den Abzug der Truppen erlaube, dieser alsogleich vor sich gehen sollte; bereits sei der grössere Theil der Truppen wirklich abgezogen. Nach Ausbruch des Aufstandes seien 30,000 Mann in die Fürstenthümer gerückt, jetzt seien kaum drei- bis viertausend Mann mehr dort, die ihre Artillerie und Magazine schon zurückgeschickt haben; die strengsten Befehle seien gegeben, die Einwohner nicht unbillig zu belasten oder gar zu beunruhigen; auch beklagten sie, dass durch die übereilte, unbegründete Abberufung der russischen Consule und Agenten, deren Rückkehr zu verlangen die Würde der Pforte nicht erlaube, Russland sich selbst des Vortheiles beraubt habe, glaubwürdige Nachrichten aus diesen Provinzen zu erhalten, und die Lügen widersprochen zu sehen, welche gegen die türkischen Militärbehörden in Russland vorgebracht und so gerne geglaubt würden.«

Dem Inhalte dieses Berichtes kamen zur Unterstützung ein Bujurildi, das am 30. November zur Herstellung der öffentlichen Sicherheit in Constantinopel abgelesen worden war, so wie ein Ferman des Sultans um dieselbe Zeit an Salih-Pascha, den Befehlshaber in der Moldau, zur Auffrischung der Disciplin und Ordnung erlassen.

Die Bestechung, um den Divan in die russischen Forderungen willigen zu machen, fand keine Anwendung auf Sadik-Efendi, weil er nur der Widerhall Gianib-Efendi's, und dieser mächtige Mann für Geld unzugänglich war. Strangford versuchte es ohne Glück mit Halet-Efendi. Seine Regierung hatte ihm zu diesem Zwecke 50,000 Pfund Sterling zu Gebote gestellt.

So war das Jahr zu Ende gegangen. Der nur mühsam zurückgehaltene Blitz des Krieges schien seinem Ausbruche nahe, und die zwischen der Abneigung des Kaisers und dem Widerstande der Cabinete von Wien und London mit Glück sich durchwindende, in ihren Absichten riesige, in ihren Mitteln kleine Politik des Grafen Capodistrias war daran, einen entscheidenden Erfolg zu gewinnen. Nicht die Bewohner des eigentlichen Griechenlands versagten sich dieser Politik, denn sie hatten vor sich niedergeworfen, was sich ihnen entgegenstellte; der Aufstand war zum allgemeinen Brande geworden, und hatte einen Charakter von Grausamkeit angenommen, der ihm hartnäckiges Leben gab und mit den Vermittlungsversuchen der Diplomaten schlecht zusammen passte. Aber der Glauben in diess Leben war noch nicht in die Cabinete gedrungen und der Ausgang des Versuches auf die Fürstenthümer schien noch der Vorläufer des Ausganges, den im nächsten Jahre der Aufstand überhaupt nehmen würde. Dass es anders kam, war im Grunde der Pforte eigene Schuld. Ihr Verfahren gegen den Patriarchen, gegen die Priester und Kirchen hatte Oel in's Feuer gegossen. Jeder Priester glaubte sich persönlich bedroht und hatte mit allen Mitteln der Kirche das Volk zum heiligen Kampfe gerufen, Meinungen, Hoffnungen, Glauben, Besitz und das eigene Leben auf diese Wege vertheidigend. Diese Aneiferung begleitete die nach dem ersten Schwanken wieder festgewordene Meinung von dem nahen Ausbruche des russischen Krieges und der Blick auf den lauten Beifall der Völker Europa's, bei denen Religion und Menschlichkeit mit Revolution und Schwärmerei Bund machten und zahlreiche Gesellschaften sich bildeten, um die Griechen mit Geld und Kriegsmitteln zu unterstützen. Peter Mavromichalis und Theodor Kolokotronis geboten über sieg- und bluttrunkene Haufen. Nauplia, Patras waren hart bedrängt und Akrokorinth seinem Falle nahe. Omer Vryoni hatte Athen im November wieder räumen müssen und schon war der Burg das Wasser genommen und die Stürmenden drangen bis an das letzte Thor. In Böotien, in Phocis, in Lokris gab es keinen Feind mehr, in Aetolien und Akarnanien eben so wenig. In Thessalien hielten sich die Klephten des Olymps aufrecht, in Epirus die Sulioten. Nur auf der Halbinsel Kassandra hatte Mechmed Abulabud-Pascha von Salonich den Aufruhr in Blut erstickt. Euböa hatte sich noch nicht losgerissen; ein Angriff auf Karysto durch Elias Mavromichalis und seinen Oheim Kyriakulis im Werke, hatte keine Wahrscheinlichkeit des Erfolges für sich. Alle Inseln des Archipels waren frei, selbst Samos und die griechische Seemacht konnte die grossherrliche Flotte, als sie aus dem lepantischen Golfe nach den Dardanellen zurückkehrte, angreifen, und ihr mehr Schaden beibringen, als sie selbst litt.

Auch die Bestrebungen, den entbundenen Kräften einen Mittelpunct zu geben, reiften mehr und mehr. Demetrius Ypsilanti und Alexander Mavrokordato, der eine als Abgeordneter seines Bruders Alexander, der andere als gewandter und unterrichteter Grieche, suchten die Regierung auszubilden. Ypsilanti berief im October das gesammte peloponnesische Volk in einer Kundmachung, in der er sprach als wäre er dessen Fürst, und die er als »Lieutenant des Generalcommissärs« unterzeichnete *). Der Trug dieses Wortes hatte indessen schon seinen Zauber verloren; der schmähliche Ausgang des Kampfes in den Fürstenthümern war bekannt geworden, und Demetrius Ypsilanti viel zu schwach an Eigenschaften, um diesen Abgang zu ersetzen. Während seine unerschütterliche Liebe zum griechischen Volke, sein Muth, seine Unbestechlichkeit, seine Hingebung, der Zeit und Gelegenheit bedurften, um sich anerkennen zu machen, traten seine Schwächen bald hervor,

*) Siehe Beilage II. 80.

seine Unerfahrenheit, sein Mangel an Entschluss, sein geringes Feldherrntalent, seine Mittelmässigkeit überhaupt. Mit den Primaten zerfallen, von den Hetäristen gehalten, von den Capitainen gering geachtet, hatte er noch die Hoffnungen des Volkes zur Stütze, das ihn nicht kannte. Schon im August hatte er Berathungen über einen Verfassungsentwurf veranlasst, demzufolge Griechenland in 24 Eparchien getheilt, eben so viele Ephorien haben, und jede Ephorie eines ihrer Mitglieder zur Bildung eines hohen, mit der obersten Leitung beauftragten Rathes, in dem er sich den Vorsitz vorbehielt, absenden sollte; aber es kam zu keiner Vereinbarung und die Kundmachung im October führte erst im December zur Versammlung in Epidaurus, deren Wirksamkeit dem nächsten Jahre angehört. Seine Anwesenheit gab also bis nun wenig mehr als einen Schein nach aussen; aber auch dieser war dienlich.

In den meisten Beziehungen ihm überlegen war Alexander Mavrokordato, in kluger Lebensschule aufgewachsen und durch seine Stellung zum Hospodar der Wallachei, Johann Karadja in Geschäften und Menschen geübt. Er war herbeigeeilt aus Pisa, wo er in der letzten Zeit mit dem Bischof von Arta gelebt hatte, sich und sein ganzes Vermögen dem Kampfe widmend. — Demetrius Ypsilanti hatte er bald erkannt und gewogen, aber er verdrängte ihn nicht; er gesellte sich nicht seinen Gegnern bei; er verliess nur die Halbinsel und übernahm es, Westgriechenland einzurichten. Mit Abgeordneten der Bezirke von Vlachos und Vrachori, Zygos, Xeromeros, Suli, Valtos, Apokuron, Anatoliko und Mesolongi stellte er die Gerusia des westlichen Griechenlands auf, die einstweilen aus neun Gliedern bestand, aber geöffnet blieb für die Bezirke, die nicht Zeit gehabt, ihre Bevollmächtigten zu senden, oder sich in der Folge dem türkischen Joche entreissen würden. Den Vorsitz in diesem Senate führte Mavrokordato, obwohl ein Fremder, von allen Abgeordneten mit Vertrauen erwählt. Er suchte die Interessen der Capitaine und Primaten zu vermitteln; er sprach die Unterordnung des Senates unter die künftige Gesammtregierung aus; er betrieb mit Verstand die Rüstungen und den Krieg; er wusste selbst die türkischen Albanesen im Dienste Ali-Pascha's gegen den Feind zu wenden und einige Zeit festzuhalten. Der am meisten ausgesetzte Theil des eigentlichen Griechenlands bot am ersten innere Ordnung und Regelung dar. Für Ostgriechenland hatte sich unter dem Vorsitze des Bischofs von Talanti zu Salona ein Areopag gebildet, aus zwei Abtheilungen, eine für die Verwaltung, die andere für die Justiz bestehend. Theodor Negris arbeitete den Verfassungsentwurf aus, der am 27. November Gesetzkraft erhielt. Dieser Körper versuchte der erste eine Anleihe im Auslande zu bewirken; er stellte Vollmachten bis zum Betrage von 150,000 Gulden C. M. aus, von denen aber selbst im Laufe des nächsten Jahres kaum ein Drittheil verwirklicht wurde. Auch der Areopag betrachtete sich nur als eine einstweilige Behörde, von der künftigen Gesammtregierung abhängig, diese aber als Stellvertreter des Königs, den Griechenland von dem christlichen Europa sich erbitten würde. Der ursprüngliche weitaussehende Plan der Hetäristen war nun bereits fast allerorts von den Griechen aufgegeben und die Abtrennung des eigentlichen Griechenlands vom türkischen Reiche schob sich als erreichbares Ziel an dessen Stelle. Die Gesammtregierung für dieses Land zu bilden, schien nun mit Recht Allen das Wichtigste. Dazu sollte aber die Nationalversammlung dienen, die Ypsilanti erst nach Argos berufen hatte, und für die später, auf Mavrokordato's Vorschlag, Piada, ein paar Stunden von Epidaurus gelegen, gewählt wurde. Dahin eilten zu Ende des Jahres die Abgeordneten der Halbinsel und des Festlandes, und nachdem die drei Flotteninseln erst ihren Schadenersatz für die gemachten Rüstungen durch Zusicherung von Grundbesitz gedeckt erhielten, auch die übrigen. — Die Unerlässlichkeit eines Nationalrathes, einer Gesammtregierung lebte in allen Gemüthern, und wie mächtig auch die Spaltungen im Volke, sie wichen diesem Gefühle, das aus Noth und Gefahr hervorging.

Dritter Abschnitt.

Jahr 1822.

Der Anfang des neuen Jahres brachte Griechenland die gewünschte Einrichtung. Am 1. Jänner hielt der Verein von Abgeordneten seine erste Sitzung in dem ruhigen, nicht der unbequemen Nähe von Nauplia unterworfenen Piada. Ein aus ihrer Mitte gewählter Ausschuss, von Alexander Mavrokordato geleitet, arbeitete den Verfassungsentwurf aus, der schon am 12. von der Nationalversammlung anerkannt, und sogleich kund gemacht wurde. Zwischen zwei obersten Behörden wurde die Staatsgewalt so vertheilt, dass der berathende Körper nicht ohne Zustimmung des vollziehenden, Gesetze erlassen, dieser nicht ohne Zustimmung jenes, Verträge und Anleihen abschliessen, oder über Staatseigenthum verfügen sollte. Die Mitglieder des berathenden Körpers sollten von Jahr zu Jahr von den Gerusien der verschiedenen Theile Griechenlands, die Mitglieder des vollziehenden, ebenfalls von Jahr zu Jahr, durch eine eigens dazu zu berufende Versammlung von Abgeordneten bestellt werden. Die Zahl der ersteren blieb unbestimmt und betrug in diesem Jahre neun und fünfzig; die Zahl der Glieder des vollziehenden Körpers wurde auf fünf gesetzt. Ueber die von beiden unabhängige Gerechtigkeitspflege wurde die nähere Bestimmung einem besonderen Gesetze vorbehalten. Dem vollziehenden Körper sollte die Ernennung von acht Staatssecretären und der ihnen untergeordneten Beamten, so wie die Leitung der Land- und Seemacht zustehen; dem berathenden die Prüfung der Rechnungen und die Entscheidung der gegen die Glieder des einen oder anderen Körpers erhobenen Klagen. Der berathende Körper wählte nun Demetrius Ypsilanti zu seinem Vorstand und Peter Mavromichalis begnügte sich mit dem zweiten Platze in diesem Körper. Der vollziehende wurde aus Athanasius Kanakaris von Patras, Johann Orlando von Hydra, Anagnostis Delijannis Papajannopulos von Karytäna, Johann Logotheris von Livadia und Alexander Mavrokordato zusammengesetzt, und der letztere zum Vorstand erwählt. Auf Theodor Kolokotronis Antrag wurde auch eine Heeresordnung festgesetzt, der zufolge die Wahl der Offiziere bis zum Fahnenträger den Eparchien, ihre Bestättigung der Regierung, die Wahl der Unteroffiziere den Offizieren zustehen sollte. Am 27. Jänner lösete sich die Versammlung auf, nachdem sie einen Aufruf an das Volk erlassen hatte, worin sie die Nothwendigkeit des Aufstandes aus dem erlittenen Drucke folgerte und gegen die Verwechslung ihres Kampfes mit den Umtrieben der Demagogen sich verwahrte *).

Der ausübende Körper ernannte nunmehr zu Staatssecretären, für das Aeussere Theodor Negris, für das Innere Johann Kolettis, für den Krieg Notos Botzaris, für die Finanzen Panutzos Notaras; den Bischof von Andrussa für den Cultus, Andreas Metaxas für die Polizei und Theotoki für die Justiz, für die Marine aber eine Commission aus drei Gliedern, aus jeder der drei Inseln eines. Er gründete ein neues Staatssiegel (das Bild der Athenäa), und das Schwarz, die Farbe der Hetärie, verlassend, neue Landesfarben (himmelblau und weiss); bestimmte Athen zur Hauptstadt und nahm einstweilen seinen Sitz in Korinth, dessen Citadelle zu Ende Jänner sich durch Vermittlung des zu Tripolitza gefangenen einstigen Herrn von Korinth, Khamil-Bey an Ypsilanti ergeben hatte. Die Gemeindeverfassung wurde belassen, so wie sie war. Die Ortschaften wählten Vorsteher; diese die Vorsteher der Eparchien, die Eparchien aber die Gerusien oder Provinzialbehörden, die unmittelbar unter den beiden obersten Behörden standen.

Die wichtigste Aufgabe war nun der Krieg. Mavrokordato bestimmte die drei Inseln durch 800,000 Piaster, die er ihnen aus der Beute von Korinth auf Abschlag ihrer Forderungen bezahlen liess, zu neuen Opfern und Anstrengungen, denn gegen die Gewohnheit war diessmal, mitten im Winter ein türkisches Geschwader

*) Siehe Beilagen III. 1. 2.

unter dem Kapudan-Bey aus drei Fregatten und einigen dreissig kleineren Kriegsschiffen bestehend, im Archipel erschienen, hatte sich durch eine angebliche Verschwörung verlockt, vor Hydra gezeigt, am 11. Februar einen Versuch auf Navarin gemacht, der an dem Widerstande einer geringen Zahl von Philhellenen unter General Normann scheiterte, und dann Patras mit Kriegsmitteln und Truppen versehen. Diesem Geschwader die Spitze zu bieten, ging nun Andreas Miaulis, nach der Abdankung Tombasi's zum Navarchen von Hydra ernannt, mit sechzig Fahrzeugen zu Ende Februar unter Segel.

Die griechischen Landtruppen waren zum Theile verlaufen, zum Theil unter den Capitainen gesammelt in den arkadischen Gebirgen und in denen des Festlandes. Kolokotronis, nachdem er seinen Theil an der Beute von Akrokorinth, dessen Besatzung gegen den Vertrag grösstentheils niedergemacht worden war, genommen, führte den kleinen Krieg gegen Patras; Anagnostaras gegen Navarin, die Mainoten gegen Koron. Nauplia aber war zur See durch die männliche Bobolina, die ihre Tochter erst kürzlich an Panos, den ältesten Sohn Kolokotronis vermählt hatte, hart bedrängt. Alle diese Bestrebungen waren ohne Zusammenhang, aber die Fortsetzung des Krieges lebte in allen Herzen als eine unausweichliche Nothwendigkeit. Jeder Grieche fühlte, dass der thätigste Wille der Mächte, des Sultans selbst, gegenüber der Wuth des gereizten Muselmannes ohnmächtig, und keine Rettung möglich war als durch das Schwert. Die Mächte dagegen, wie sie auch über die Kraft dieses Brandes denken mochten, ob sie dieselbe kannten oder, nach dem Muster europäischer Kriege, unrichtig beurtheilten, arbeiteten zunächst dahin, dessen Weitergreifen zu verhindern; sie arbeiteten für den Frieden; Oesterreich aber stand an ihrer Spitze.

Heute liegt diese nahe Vergangenheit nur noch in todten Elementen vor uns. Wenige werden daher die Schwierigkeit der Rolle begreifen, die Fürst Metternich auf sich nahm, und die er durch mehrere Jahre, durch des Himmels Fügung sogar unbeschadet des Vortheiles der Griechen, durchführte. Ganz Europa focht den

Gang Oesterreichs an, weil ganz Europa Partei für die Griechen genommen hatte; selbst die Werkzeuge des österreichischen Cabinetes waren nicht frei geblieben von diesem Einflusse.

Der Internuntius, von dem Augenblicke und dem, was unter seinen Augen vorging, beherrscht, neigte sich mit seinen persönlichen Ansichten zu den Gegnern der Pforte. Fürst Metternich tadelte die Heftigkeit seiner Ausdrücke gegen dieselbe, die ihm nicht selten unmöglich machte, sich der Berichte dieses Gesandten bei dem Petersburger Hofe zu bedienen. Der Natur der Dinge nach war Oesterreich eine Russland wie der Pforte gleich befreundete Macht, deren oberste Aufgabe die Erhaltung des Friedens blieb. Wenn es russischen Vorschlägen das Wort führte, so geschah es, weil es diese für Bedingungen des Friedens erkannte. Ob Russland oder die Türkei seiner Beihülfe würdiger sei, lag ihm, wie billig, ausserhalb der Frage. Die Betrachtung der Elemente des Zwiespaltes musste ihm übrigens ein schmerzlicher Anblick sein, einerseits das Europa seiner ganzen Natur nach fremdartige Volk der Türken, anderseits Stückwerk eines Volkes, über dessen Kraft, Ausdauer und Ziel die Meinungen noch zweifelhaft sein konnten und dem sich die Feinde der Ordnung in Europa mit Vergnügen zudrängten, zwischen beiden Russland mit der Eroberungslust seiner Grossen, mit seinen unabweisbaren Beziehungen zu den Griechen, mit Capodistrias neben Alexander. Dass Russland nicht den Aufstand der Griechen und die leidenschaftliche Aufgeregtheit Europas, die ihm alles zu verzeihen, ja alles entgegen zu tragen geneigt war, für sich ausbeute, und die Griechen in Verhältnisse nöthige, welche für Europa neue Gefahren vorbereiteten, das war die grösste Gefahr; daher die Aufhebung des Zwiespaltes zwischen Russland und der Pforte die nächste und wichtigste Aufgabe. Auf der Denkweise des Kaisers Alexander fussten die Hoffnungen des Fürsten Metternich. Von der Idee des Kampfes gegen die Revolution beherrscht, wandte der Kaiser sich gerne von den Ländern, die seinen Vorfahren so wünschenswerther Erwerb schienen. Ein Russe an der Spitze des

Cabinetes hätte seinen Kaiser vielleicht zu einem politischen Kriege gegen die Pforte fortgerissen, nicht aber durch Ausstreuung des Aufruhrs ihn zu bestimmen gesucht; Capodistrias, ein Grieche, musste nothwendig alle Lagen verwickeln, und dabei mit derjenigen seines Kaisers anfangen.

In Beantwortung der Note vom 2. Dezember sagte das österreichische Cabinet dem Internuntius: es sehe darin die volle Zustimmung zu drei aus den vier von Russland gestellten Forderungen und nehme Act hievon; es sehe weiter die Zustimmung zur vierten, das ist, zur Räumung der Fürstenthümer, und nur eine Zeitbedingung daran gehängt; es sehe endlich die Verzichtleistung auf die in Folge des Artikels 2. des Vertrages von Kainardschi bedungene Auslieferung der Flüchtigen. Die Gesammtheit der Note sei ein Schritt zum Vergleiche, aber kein genügender; die Herstellung freundschaftlicher Verhältnisse mit Russland sei für die Pforte ein weit kräftigeres Mittel zur Beschwichtigung der Fürstenthümer, als die paar tausend Mann, die sie dort halte, daher die Räumung ihr Vortheil. Was die Verwaltung betreffe, schlug das Wiener Cabinet die Ernennung von Commissären vor, welche gemeinschaftlich mit von Russland zu ernennenden diesen Gegenstand verhandeln sollten, und hoffte von dieser Vereinigung, wenn sie geschehen würde, entschieden günstige Folgen*).

Fürst Metternich griff auch mehrere von dem Reis-Efendi in der Zusammenkunft mit dem Internuntius am 22. November gemachte Acusserungen in einer Note an den Letzteren vom 4. Jänner einzeln an. Den Vorwurf der Vorliebe für Russland wies er durch die Versicherung zurück, dass die Verbündeten nicht für Russland, sondern für den Frieden sich bemühten. Russland habe seit Ausbruch der Revolution die Sache der Griechen von der Nothwendigkeit eines Krieges mit der Pforte getrennt — die Pforte aber vermenge beide, und gehe einen Weg zwischen dem Bruche und der

*) Siehe Beilage III. 3.

Ausgleichung. Dieser aber könne nur zu grösserer Verwicklung, zu grösseren Gefahren und Nachtheilen führen. Eben dadurch habe die Pforte die Bemühungen der Mächte um jede Wirksamkeit gebracht. Er stellte der Pforte als Beweis für ein gleichthätiges Wirken der Verbündeten in Petersburg die Thatsache hin, dass Russland seine Forderungen nicht gesteigert habe, obwohl sie der Kriegspartei dort ganz ungenügend erschienen. Da die Pforte die Besetzthaltung der Fürstenthümer als Sicherheitsmassregel für nothwendig hielt, so rieth er ihr an, zu sagen: »ich werde sie räumen, aber es mache mir Russland diese Massregel dadurch möglich, dass es von seinen Gränzen die Unruhstifter wegschaffe.« Er machte sie aufmerksam auf die Unordnungen, welche ihre Truppen in den Fürstenthümern fortwährend durch Mangel an Disciplin veranlassten, und schloss daraus auf den Vortheil, sie je eher je lieber herauszuziehen. Endlich theilte er an die Pforte eine Aeusserung des Kaisers Alexander an den österreichischen Botschafter in Petersburg mit; diese war: »Die Pforte setze mich in die Lage, den aufrührerischen Griechen zu beweisen, dass sie keine Hülfe von mir zu erwarten haben; aber wie kann ich reden und handeln, wenn die Pforte mir nicht die Mittel gibt? Weiss ich doch nicht einmal, ob sie zuletzt nicht mit der Absicht umgeht, mir den Krieg zu machen, was freilich sie, nicht ich bereuen würde.« Diese Sprache schickte sich Frankreich an zu unterstützen. Um den Vorwurf politischer Unwirksamkeit von sich abzuwälzen, hatte es während der Reise des Fürsten Metternich nach Hannover, eine Note an Russland, im Sinne der österreichischen Ansichten, gerichtet, und, wie erwähnt, den Grafen Latour-Maubourg zum Botschafter in Constantinopel ernannt. Dieser trat daselbst im Februar, mit der ihm von seinem Könige besonders an's Herz gelegten Forderung des Wiederaufbaues der durch Abdallah-Pascha von Akka zerstörten Kirche auf dem Berge Karmel auf, und weigerte sich, seine Audienz zu nehmen, bevor derselben genügt sei. Dieser Missgriff machte sein Wirken in Constantinopel zu nichts.

Lord Strangford unterstützte mit Eifer die Bemühungen Oesterreichs. Es gelang ihm, nach dreiwöchentlichem Verlangen, am 16. Februar, eine Unterredung mit dem Reis-Efendi zu haben, der Gianib-Efendi und der Kadiasker von Rumelien, Sidi-Zade Achmet beiwohnten *). Er drang auf die Annahme der vier Punkte, und setzte auf die Weigerung den Krieg. »Zögert auch nur,« sagte er, »so wird in Zeit eines Monates ein russisches Heer euer Gebiet überschwemmen, und eine russische Flotte im Archipel mit eueren Feinden sich verbinden.« Diese Worte machten wenig Eindruck. »Der Kaiser ist gerecht,« antwortete der Reis-Efendi, und wir verlangen nur Zeit. Russland will die Räumung augenblicklich, um vor Europa nicht unbillig dazustehen, um die Spannung im Lande aufzuheben, um aus dem Zustande, der nicht Krieg und nicht Frieden ist, herauszukommen; aber nicht wir haben es darein geworfen, und auch wir haben eine öffentliche Meinung zu berücksichtigen.« »Das Volk in Constantinopel weiss nichts davon,« erwiderte der Lord, »ob ihr heute mir und dem Internuntius versprechet, in Zeit eines Monates die Fürstenthümer zu räumen, aber schnell wird es den Hunger verstehen, der mit dem Kriege kommen wird; es wird auch schnell wissen, wenn eines Morgens die englische Botschaft und Nation Constantinopel verlassen.« Diese Drohung wirkte eben so wenig. Strangford schlug als nützliches Mittel die Sendung eines Bevollmächtigten, um mit einem russischen zu unterhandeln, vor. Der Reis-Efendi erklärte es als ein unannehmbares, da es auf die Pforte den Schein der Schwäche und Furcht würfe. Nun wollte der Lord die Gründe der verzögerten Räumung kennen. »Sie hängt von der Unterdrückung der Rebellion ab,« antwortete der Reis-Efendi, »und wird, so Gott will, früher geschehen, als unser Freund, der englische Botschafter, glaubt. Die Truppen jetzt aus den Fürstenthümern ziehen, und sie dann ein zweites Mal hineinsenden müssen, das würde diese Länder zu Grunde richten.« — »Krieg oder

*) Siehe Beilage III. 4.

Frieden?« fragte Strangford nochmals — »was soll ich nach London, was nach Petersburg schreiben? Was den englischen Kaufleuten sagen, die am Thore schon mich erwarten und fragen, ob sie wagen dürfen, in einer mit allen Schrecken des Krieges bedrohten Hauptstadt zu verweilen? Auf Euch alles Unglück des gerechten Krieges Russlands!« »Wir rufen den Krieg nicht herbei,« antworteten die Minister der Pforte; »wir erfüllen gewiss die Verträge bis auf den letzten Buchstaben. Aber haben Sie Vertrauen in uns, und lassen Sie uns unsere Sache auf unsere Weise führen. Wir sind nie so weit gegangen in unseren Zusagen, als heute, wir haben noch nie gesagt: Alles was ihr verlangt, wird geschehen; bald, sobald als möglich, ehestens.« Dabei blieb es.

Die Entfernung der Flüchtigen von den Gränzen und ihre Sendung nach dem Innern der Monarchie war einstweilen vom Kaiser Alexander anbefohlen worden. Michael Sutzos, der seither in Kischenew sich aufgehalten hatte, wurde sogar aus Russland verwiesen. Aber die Pforte sah hierin nur die Absicht, ihn nicht ausliefern zu wollen. Es kam ihr auch die Nachricht, dass aus Livorno, unter dem Schutze des russischen Consuls, zwei Schiffe mit Waffen und Leuten nach der Morea abgegangen waren. Die Versicherung, dass der Consul hierin eigenmächtig, ohne höhere Weisung gehandelt hatte, beschwichtigte sie wenig. Sie wusste, dass zu Odessa Ladungen für Hydra gemacht wurden, und griff selbst eine des Hauses Sicard auf. Dieser Sicard galt für einen Vertrauten des Grafen Nesselrode und des Freiherrn von Strogonoff und war einer der fünf Schatzmeister der Hetärie. Der Vortheil für die Pforte, die Sache der Fürstenthümer mit derjenigen der Griechen nicht zu vermischen; die Einsicht, dass die Herstellung gut nachbarlichen Verhältnisses von der Räumung der Fürstenthümer und der Ernennung der Hospodare abhänge; die andere, dass die Macht der Umstände den Kaiser Alexander seines Widerwillens ungeachtet, zum Kriege hinreissen werde, und dass die schroffe Haltung der Pforte der Kriegspartei in diesem Lande in die Hände arbeite, blieben ohne

Wirkung auf den Sultan, den die Ueberwindung des Ali-Pascha von Janina über seine und des Reiches Macht in völlige Täuschung wiegte. Am 23. Februar brachte der Seliktar des Kurschit-Pascha den Kopf dieses mächtigen Statthalters, den Sultan Machmud so wenig als später Mechmed-Ali für sich zu nützen verstand, nach Constantinopel, und wurde mit Freuden und Ehren empfangen. Die Unterwerfung des eigentlichen Griechenlandes schien dem Divan nun verbürgt, und diess um so mehr, als um dieselbe Zeit der Pascha von Salonich den Aufstand im reichen Bezirke des Berges Athos völlig zu Boden schlug. Auch nährte die Pforte die Hoffnung eines Aufstandes in der Krimm. Sie blickte mit Zuversicht auf die durch die Ueberwindung des Pascha von Janina gegen Griechenland verwendbar gewordenen Truppen. Ein Theil der kaiserlichen Flotte unter Halil-Bey war bereits aus den Dardanellen abgesegelt, der Kapudan-Pascha bereitete sich, derselben zu folgen.

In einem grossen Rathe, wozu die durch die Ereignisse von 1807 und 1808 noch in Furcht gesetzte Regierung auch die Häuptlinge sämmtlicher Körperschaften und Zünfte zog, berieth die Pforte ihre gegen Russland zu haltende Stellung. Das Ergebniss dieses Rathes war für die Pforte die Ueberzeugung, dass die Janitscharen wenig Lust nährten zum Kriege gegen Russland, für die Mächte aber eine Erklärung, die der Reis-Efendi am 28. Februar an den Internuntius und an Lord Strangford übergab, und die den Vergleich weiter als er je stand, hinausrückte *).

Ein Schreiben des Fürsten Metternich vom 19. Februar **) kam zu spät, um auf diese Entscheidung Einfluss zu nehmen; — es hätte sie vielleicht zurückgehalten, wenigstens gemildert. Der Fürst sagte darin abermals für die Gesinnungen des Kaisers Alexander gut, dessen Wunsch dahin gehe, aus dem Labyrinthe heraus zu kommen, in das ihn sein Cabinet geführt habe. Der Gang

*) Siehe Beilage III. 5. a. b.

**) Siehe Beilage III. 6.

des Cabinetes sei eben auf den Widerstand der Pforte berechnet. »Euere Sache ist gerecht,« schrieb der Fürst, »ihr habet Recht vor Gott und den Menschen. Umtriebe, die ihre Wurzel im russischen Cabinete haben, bereiteten, begannen, unterstützten den Aufstand der Griechen. Dennoch hättet ihr euch anders benehmen sollen, als ihr es thatet; die Gesinnungen des Monarchen hättet ihr trennen sollen von der Handlungsweise einiger seiner Diener. Aber lassen wir die Vergangenheit und betrachten die Gegenwart. Wollet ihr den Krieg? So macht ihn. Wollet ihr ihn nicht, so arbeitet nicht eueren Feinden in die Hände. Je schneller ihr zugebet, was sie verlangen, desto weniger thut ihr nach ihren Wünschen. Was sie verlangen, ist zugebbar, ist gerecht. Sie würden andere Verlangen gestellt haben, glaubten sie nicht, dass ihr auch diese zurückweiset, und läge ihnen nicht daran, den Bruch mit dem Mantel der Mässigung zu behängen. Folget meinem Rathe, er ist in euerem Vortheile, nicht aber in demjenigen der Partei, die auf euere Fehler weit mehr, als auf die Gerechtigkeit ihrer Sache hofft.«

Die Pforte aber beharrte in ihren Fehlern. Allerdings, sagt die Note vom 28. Februar, hat Russland den Aufstand in den Fürstenthümern nicht gebilliget, aber es blieb bei Worten. Ypsilanti ist heute in Sicherheit und seine Anhänger stehen an der Spitze der Rebellen in der Morea. Michael Sutzos hat die beste Aufnahme in Russland gefunden. Der Aufruhr ist heutzutage überall lebendig; lebendig muss also auch überall die Strafe sein. Hospodare in die Fürstenthümer jetzt schicken, hiesse die Pforte entehren. Die Truppen herausziehen, würde diese Provinzen auf's Neue zum Versammlungsorte aller Verräther machen und neuen Brand entzünden. Die Pforte verweigert ja die Räumung der Fürstenthümer nicht; sie schiebt sie nur bis zum Zeitpunkte der allgemeinen Beschwichtigung hinaus. Man dringt auf die Erfüllung der Verträge; nun denn, so sollen auch beide Theile ihre wechselseitigen Verpflichtungen erfüllen. Russland beeilt sich wahrlich mit den seinigen nicht. Der Artikel VI. des Bukarester Vertrages will die Zurückgabe der von den Russen in Asien genommenen festen Plätze und anderen Orte. Russland hat diese Verpflichtung nicht erfüllt, so viel auch bereits darüber geschrieben worden ist. Die Geduld der Pforte in dieser Frage belegt ihre Friedensliebe. Der Artikel II. des Vertrages von Kainardschi bedingt die Auslieferung der Landflüchtigen. Weil Russland diesem Artikel nicht Genüge leistete, eilen heutzutage die Unruhstifter und Hochverräther nach den im Aufruhre begriffenen griechischen Ländern, rühmen sich dort mit Recht des russischen Schutzes, und machen die Beschwichtigung des Aufruhres schwer. Die Pforte hat auch diese Frage vertagt; ist diess nicht ein anderer Beweis ihrer Friedensliebe? Russland räume nur die asiatischen Plätze und gebe die Flüchtigen heraus, das ist der gerechteste und sicherste Weg, die Griechen nicht länger über die Gesinnungen des Kaisers Alexander in Zweifel zu lassen und sie zu bewegen, die Waffen nieder zu legen.« Am Schlusse dieser Note brachte die Pforte folgenden Ausspruch in klare Worte: »Die Unmöglichkeit, dermalen die Fürstenthümer zu räumen und Hospodare zu bestellen, beruht auf administrativen Rücksichten und auf den Nachtheilen, die unfehlbar aus diesen beiden Massregeln erwüchsen. Die ottomanischen Truppen sind dort in geringer Zahl und werden täglich vermindert. Griechen als Kaimakane werden die Ruhe in diesen Provinzen erhalten.«

»Was die Sendung von Commissarien beider Mächte nach den Fürstenthümern betrifft, so betrachtet sich die Pforte in Frieden mit Russland und erkennt daher die Nothwendigkeit einer solchen Sendung nicht. Der Minister und die Consule Russlands haben aus eigenem Willen das türkische Gebiet verlassen — wenn sie wiederkehren, werden sie die beste Aufnahme finden.«

Wenn die Pforte eine schlagfertige Armee von hunderttausend Mann an der Donau gehabt hätte, würden ihre Gründe von aller Welt gerecht gefunden worden sein. Das österreichische Cabinet erkannte, wie störend die Sprache der Pforte in seine Bestrebungen greife; es zögerte keinen Augenblick, dem Reis-Efendi erklären zu lassen: »es könne diese Note, die, statt sich mit den wirklichen

Gefahren der Pforte zu beschäftigen, eine unbrauchbare Auseinandersetzung ihrer Rechte enthalte, nicht als eine Antwort auf die ihr gemachten Eröffnungen betrachten; sie sei überdiess in Ausdrücken abgefasst, die, weit entfernt bei dem Kaiser von Russland eine der Pforte günstigere Stimmung zu bewirken, vielmehr ganz geeignet seien, die Unzufriedenheit dieses Monarchen auf das Höchste zu steigern; die Uebersendung einer solchen Note an den kaiserlichen Hof von Petersburg sei weder mit der Würde des österreichischen Hofes, noch mit der Achtung vereinbar, welche der Kaiser von Oesterreich seinem hohen Verbündeten schuldig sei, noch zu irgend einem heilsamen Zwecke förderlich, sondern würde zum beschleunigten Ausbruche der die Pforte bedrohenden Uebel führen; der kaiserliche Hof lege sie daher bei Seite, und stelle der Pforte anheim, welchen Gebrauch sie davon machen wolle.«

Es war die Erklärung der Pforte aber auch zu sehr ungelegener Zeit nach Wien gekommen, nämlich als dort eben der Bailly von Tatitscheff eintraf, von dem Kaiser Alexander in dem Gefühle der Nothwendigkeit gesandt, sich einigermassen von seinem Cabinete loszureissen, und in der Hoffnung, durch ein unmittelbares Einvernehmen mit Fürsten Metternich die Mittel zu finden, ohne Opfer seiner Würde und mit Schonung der öffentlichen Meinung, aus der seinen Gesinnungen widersprechenden Stellung zu gelangen. Der Unerschütterlichkeit des österreichischen Staatskanzlers in dem Willen des Friedens gewiss, gab Alexander ohne Sorge seinem Cabinete eine schroffere Sprache zu, als die er selbst gewählt haben würde, und rettete demselben auch dadurch den Schein, dass er den Grafen Golowkin, seinen Botschafter in Wien, beauftragen liess, an den vertraulichen Besprechungen Theil zu nehmen. Capodistrias durchsah die Absichten seines Kaisers. Es lag ihm daran, alle Wege des Vergleiches zu erschöpfen, aber er rechnete mit Zuversicht auf deren Vergeblichkeit.

Der Aufenthalt des Bailly von Tatitscheff ist eine merkwürdige Scene im schweren Drama, das wir behandeln. Er gab dem

Fürsten Metternich die lange gewünschte Gelegenheit, seine persönliche Ueberlegenheit geltend zu machen. Von dem Augenblicke als Alexander die Entscheidung der Frage nach Wien übertrug, mussten die Hoffnungen der Kriegspartei sinken. Die Erklärung der Pforte vom 28. Februar, die sie mit Jubel empfing, wurde ein unnützes Papier in ihrer Hand.

Wir wollen diesen Besprechungen von Schritt zu Schritt folgen, die richtig zu beurtheilen, wir erst einen Blick auf die Verträge, auf welche Russland und die Pforte ohne Unterlass sich beriefen, und dann auf den seit Beginn der Verwicklung von dem Petersburger Cabinete befolgten Gang werfen werden.

In dem Vertrage von Kainardschi enthält der Artikel VII. für die Pforte in allgemeinen Ausdrücken die Verpflichtung, die christliche Religion und ihre Kirchen zu schützen. Im Artikel XVII. wird diese Verpflichtung insbesondere auf die Inseln des Archipels angewendet, die von Russland zurück an die Pforte gegeben wurden; es versprach diese darin Amnestie und ewiges Vergessen aller wirklichen oder vorausgesetzten Verbrechen und Beeinträchtigungen; versprach auch, dass sie die christliche Religion nicht im Geringsten bedrücken, den Wiederaufbau, die Ausbesserung oder den Bau der Kirchen nicht hindern, und weder diese noch die Diener der Kirche belästigen wolle; dass sie von den Inseln keine der jährlichen Abgaben für die Zeit, als sie unter russischer Obmacht standen, fordern, und in Erwägung der erlittenen Kriegeslasten denselben überdiess durch zwei Jahre volle Abgabenfreiheit gewähre; endlich, dass sie den Inselbewohnern freie Auswanderung durch die Zeit eines Jahres gestatte.

Der Artikel XVI. bestimmt in Bezug der Fürstenthümer die Rückgabe derselben an die Pforte gegen folgende Bedingungen: volle Amnestie für Alle und Jeden ohne Ausnahme, Rückgabe der Güter und Wiedereinsetzung in die vor dem Kriege gehabten Aemter und Würden; freie Religionsübung, Freiheit zur Herstellung der Kirchen und zum Baue neuer; Rückgabe früher besessener Ländereien an

Klöster und Einzelne in den Bezirken von Brailow, Choczim, Bender, u. s. w.; Achtung für die Priester und Mönche, freie Auswanderung durch die Zeit eines Jahres; Nachlass aller Abgaben für die Zeit des Krieges und zwei Jahre nach demselben; Billigkeit rücksichtlich der Abgaben nach Verlauf dieser Zeit und Empfangnehmung derselben durch Abgeordnete, welche die Fürstenthümer alle zwei Jahre desshalb senden würden; strenge Weisung an die Paschen und Statthalter, welche diese Abgaben zu übernehmen haben, unter keinem Vorwande mehr zu fordern; Erlaubniss für jeden der beiden Hospodare, einen griechischen Beauftragten an der hohen Pforte zu halten, der dessen Geschäfte führe und des Schutzes der Unverletzbarkeit geniesse; Zugeständniss, dass die bei der Pforte beglaubigten Minister Russlands sich bei ihr für die Fürstenthümer verwenden und mit der Achtung gehört werden, die ihnen gebührt. Diese Verpflichtungen rücksichtlich der Fürstenthümer wurden von der Pforte durch eigene Fermane bestättiget, und zwar in den Jahren 1775, 1783, 1792 und 1802. Der letzte Ferman, am 24. September erlassen, enthielt ausser der Bestättigung der früheren einige Zusatzartikel hinsichtlich der Dauer der Herrschaft der Hospodare und der Fälle, in welchen sie vor Verlauf dieser Zeit abgesetzt werden können, weiter hinsichtlich der Abgaben, der Ernennung zu Aemtern und Würden, und der Einrichtung der bewaffneten Macht.

Der Artikel VIII. des Bukarester Vertrages vom Jahre 1812 versprach den Serviern gleichfalls volle Amnestie, verpflichtete sie die seit dem Kriege gebauten, nun nicht mehr nothwendigen festen Plätze nieder zu reissen und die übrigen an die Pforte zu übergeben, sicherte ihnen die Vortheile, welcher die Bewohner der Inseln des Archipels genossen, die Verwaltung ihrer inneren Angelegenheiten, mässige Abgaben und eine mit dem servischen Volke zu beredende zweckmässige Erhebung derselben.

So weit die Verträge. Die Beschwerden nun, welche seit Ausbruch der Unruhen Russland gegen die Pforte erhob, waren zweierlei Art, solche über Verletzung der Verträge, und andere, welche auf die Weise sich bezogen, in welcher die Pforte ihre griechischen Unterthanen behandelte. Beide Arten wurden häufig einzeln, häufig auch unter sich verbunden, Gegenstand der diplomatischen Schritte, niemals aber klar geschieden. In der Note Russlands vom 6. Juli 1821 finden sich die einen mit den anderen gemischt und die Annahme eines neuen Systemes in Behandlung der griechischen Unterthanen ist das darin sowohl als in allen folgenden Epochen ausgesprochene Begehren, umfasst aber in verschiedenen Noten Verschiedenes, oft nur die Erfüllung klar ausgesprochener, beschränkter Forderungen, oft die Umwandlung des ganzen politischen Verfahrens. Das österreichische Cabinet, um die Klagepunkte aus dem Unbestimmten in das Bestimmte hinüber zu tragen, und abzugränzen, hatte sie in seiner Note vom 17. Juli auf vier gebracht — und das Petersburger, durch die am 10. September an den Grafen G o l o w k i n, Botschafter in Wien, gegebene Erklärung, diese vier Punkte als seine Begehren wirklich umfassend anerkannt. Die Pforte aber nahm dieselben als Grundlage an. Diess war gegen die Erwartung des Petersburger Cabinetes. Es trat durch seine Note an Grafen G o l o w k i n vom 25. September aus dem begränzten Felde wieder auf das unbestimmtere der Verträge, insoferne sie das Benehmen der Pforte gegen die Griechen regeln, und machte von deren genauer Erfüllung die Wiederherstellung freundschaftlicher Verhältnisse zwischen beiden Mächten abhängig. Dennoch erklärte es die Note vom 6. Juli, so wie sie von den Mächten verstanden worden war, für sein Ultimatum, das weiter keine Abweichung zulasse, und während dieses weder von der Beschwichtigung des griechischen Aufstandes, noch von der Verbesserung der Unterthansverhältnisse der Griechen sprach, hing es an die Forderung der Annahme dieses Ultimatums, d. i. der Wiederherstellung des durch die Verträge bedungenen Zustandes unter dem Kleide einer Gunst eine Drohung; es sprach nämlich von der Räumung der Fürstenthümer, von der Ernennung der Hospodare, von der Einrichtung einer heilenden Verwaltung als den Wegen zur völligen Beschwichtigung des Aufstandes, deren Betreten Russland erlauben würde, sich eben über diese völlige Beschwichtigung selbst in Besprechungen mit der Pforte einzulassen. So schrieb am 19. October das Petersburger Cabinet an den Grafen Lieven, seinen Botschafter in London: Dass alle Wünsche des Kaisers erfüllt sein würden, wenn die Pforte durch Handlungen ihn zu überzeugen vermöchte, dass sie nicht allein gegen ihn, sondern auch gegen seine Glaubensgenossen die Verträge, welche dieselben unter den kaiserlichen Schutz stellten, beobachten wolle. Dann, nach dieser Einleitung nämlich, welche dem Kaiser möglich machen würde, seine Verbindung mit der Pforte wieder anzuknüpfen, hoffe er zur Beschwichtigung aller christlichen Provinzen des türkischen Reiches beiwirken zu können, Provinzen, wo ohne Zweifel treulose Vorspiegelungen den Brand des Aufruhrs angefacht hatten, die aber seither durch die blind grausamen Massregeln der Pforte in die Nothwendigkeit, sich zu vertheidigen gesetzt wären. In einigen anderen Actenstücken wurde diese Vertheidigung eine legitime genannt, ein Ausdruck, den wir wegen des besonderen Gewichtes, das er in dieser Zeit hatte, durch keine Uebersetzung schwächen wollen.

Diesem Gange zufolge waren also die Forderungen Russlands an die Pforte, welche von den Mächten unterstützt wurden, nur als Einleitungen, als Vorläufer weiterer Einmischung hingestellt, was ihre Annahme freilich der Pforte nicht empfehlen konnte. An diese Annahme blieb aber zunächst die Erneuerung der freundschaftlichen Verhältnisse zwischen beiden Mächten gehängt. In derselben Depesche hiess es aber auch: »Nach unserer Ansicht kann die Beschwichtigung der griechischen Länder nur dann statthaben, wenn die türkische Regierung vorerst ihr System in der Weise ändert, dass die Herstellung unserer diplomatischen Verbindungen mit der Pforte dadurch gerechtfertiget wird. Bis diese Aenderung vor sich gegangen, wird Russland gezwungen sein, den Verhandlungen fremd zu bleiben, welche zum Vergleiche zwischen der Pforte und den Griechen führen können.« Hier wurde also die Aenderung des Systemes als Vorbedingung nicht bloss der Beschwichtigung überhaupt, sondern auch der Anknüpfung der diplomatischen Verhältnisse gefordert, während in der früheren Stelle diese Anknüpfung von der Annahme und Ausführung der vier Punkte abhängig gemacht war. In beiden Fällen stand aber hinter der Herstellung der diplomatischen Verhältnisse, in unbestimmten und daher um desto drohenderen Zügen, die Einmischung in die eigentliche griechische Frage, was bei der Pforte einer Aufforderung gleich kam, sich auf ihren Vorwerken so lange als möglich zu halten und zu vertheidigen.

Am 9. Dezember antwortete das russische Cabinet auf eine aus Hannover von Lord Londonderry an dasselbe gerichtete Denkschrift, mit demselben Widerspruche, der sich in der eben angeführten Note findet. Der Hauptzweck dieser Antwort war, dem Cabinete von London darzulegen, dass der Krieg nichts weniger als unwahrscheinlich sei. Die Gründe dafür waren so gestellt, dass man ihn als unvermeidlich ansehen konnte.

Eine Stelle dieser Note aber heisst: »Der Kaiser zweifelt in diesem Augenblicke nicht an dem Erfolge der Schritte seiner Verbündeten. Es können dieselben allerdings die Türken zur Ausführung der Vorbedingungen bewegen, welchen dann sogleich unmittelbare Verhandlungen zur Herbeiführung eines völligen und bleibenden Verständnisses zwischen Russland und der Pforte folgen werden.«

Die Bemühungen der Mächte, die Pforte die vier unter der Bezeichnung von Vorbedingungen begriffenen Punkte, die ihr eben so viele Schritte der Annäherung an schwierige Verwicklungen, ihnen aber eben so viele Dämme gegen den Ausbruch des Krieges schienen, annehmen und ausführen zu machen, waren, allen Erwartungen des Petersburger Cabinetes entgegen, nicht ohne Erfolg geblieben, und die Mächte standen daran, Russland beim Wort zu nehmen. Dieses wich ihnen durch die Note vom 31. Jänner 1822 aus, worin es den beiden Höfen von London und Wien erklärte: »Es scheine ihm wichtig, zu bemerken, dass die Annäherung zur Pforte, die allenfalls durch Nachgiebigkeit von seiner Seite erzielt werden könnte, mehr eine scheinbare als eine wirkliche sein würde, weil auf dem Wege, den man ihm vorschlage zu gehen, und nach den Erklärungen der Pforte, die völlige und getreue Einhaltung der Verträge nicht als Grundlage gesetzt erscheine. Die Türken verständen sich zu zeitlichen Vorkehrungen in den Fürstenthümern, äusserten aber durchaus nicht den Entschluss, ihre Politik zu ändern, woraus man schliessen müsste, dass sie gerne unter dem Schirme schweigender Billigung von Seite Russlands ihre Rache sättigen möchten, was zu verhindern eben Russlands Absicht sei. Die unmittelbare Verhandlung zwischen Russland und der Pforte verspreche also keinen genügenden Ausgang; Russland bilde sich gar nicht ein, durchzusetzen, was die verbündeten Mächte nicht durchzusetzen vermochten, und wünsche, wie natürlich, nicht alle Elemente seiner früheren Verhältnisse zur Pforte aufzuheben. Diese aber würden ohne Zweifel in beiden Fällen verloren gehen, ob nun die Türken in Griechenland die Oberhand gewönnen, wie sie dieselbe in den Fürstenthümern gewonnen, oder ob die Griechen künftig widerständen, wie sie bis jetzt widerstanden hatten.«

Aus dieser Erklärung ging hervor, dass Russland mit den Präliminarpunkten, welche ihm die Mächte als von ihm selbst gestellte vorhielten, nicht zufrieden zu stellen war, und als Mehr die unbestimmte Verpflichtung, Politik zu ändern, von der Pforte verlangte; so wie auch deutlich darin die Absicht des Krieges lag; denn wenn Russland durch keinen Ausgang des Kampfes zwischen den Griechen und ihrem Souveräne die Elemente seiner früheren Verhältnisse zur Pforte rettbar sah, so erkannte es sich auch durch keinen Vertrag mehr gebunden, und musste sich neue Grundlagen seiner Stellung zur Pforte schaffen *).

Die Auffassung der Frage setzte die Cabinete von Wien und London und mit ihnen die von Paris und Berlin in nicht geringe

*) Siehe Beilage III. 7. a. b.

Verlegenheit. Ihre Aufgabe blieb der Frieden. Sie hatten vom Anfange an die Schritte Russlands missbilliget, den Vorwand derselben getadelt und die Art und Weise ihrer Ausführung beklagt, auch die Schwäche der von Russland vorgebrachten Gründe durchblickt. Sie wussten, dass, wenn eine aus beiden, Russland oder die Pforte, das Recht hatte, sich zu beklagen, es die Letztere war. Die Vorwürfe, die Russland ihr gemacht hatte, waren entweder ungerechte, oder solche, die ausserhalb der Befugniss fremder Regierungen lagen. Die Pforte hatte keine christliche Macht verletzt, indem sie, so gut oder schlecht sie eben konnte, sich gegen einen Feind vertheidigte, der ihr an's Leben griff; und die Absicht nicht verhehlte, sie stürzen zu wollen. Anderseits war es aber wichtig und nothwendig für die Mächte, mit Russland es nicht zu verderben. Sie betrachteten Kaiser Alexander als missbraucht durch den Minister, den er zu rechter Zeit nicht hatte entfernen wollen, und das war das einzige Unrecht, das sie ihm vorwarfen. Seine Absichten nahmen sie als den ihrigen gleich an; die Erhaltung des europäischen Friedens als das Ziel aller seiner Wünsche und Bestrebungen; daher betrachteten sie als das oberste Interesse seiner Verbündeten, dem Kaiser alle moralischen Hülfen zu geben, die ihm nützlich sein konnten, seine Zufriedenstellung als einen europäischen Vortheil zu betrachten, seine Sache zu führen, so schwach sie auch sein mochte an sich selbst, und durch die Werkzeuge, mit denen er sie betrieb. Indem sie in diesem Geiste zu Constantinopel sprachen und handelten, gewannen sie auch in einer anderen Beziehung. Sie kannten den Dünkel und die Starrheit des Sultans und eines Theiles des Divans; sie hatten seine Verblendung über die Gefahren, die er lief, zu besorgen. Führten sie nicht mit Nachdruck den russischen Begehren das Wort, so konnte die Pforte, in falscher Sicherheit sich wiegend, noch starrer werden, als sie es bereits war. Je einiger die Verbündeten unter sich dastanden, desto mehr Wahrscheinlichkeit hatten sie für sich, der Pforte gemässigte Gesinnungen abzunöthigen.

Aber die Aufgabe, welche die Mächte sich gesetzt hatten, war keine leichte. Bald klagte das Petersburger Cabinet über Lauheit, mit der man seine Sache betriebe, über die Milde, mit der man die Pforte behandelte, über die Zögerung der Verhandlung; bald klagte der Divan die Verbündeten offener Parteilichkeit für Russland und ungerechter Strenge gegen die Pforte an. Mehrere Male schien der Bruch vor der Thüre. Aber es schloss sich das Cabinet von St. James, das Lord Londonderry leitete, fest an dasjenige von Wien, an dessen Spitze ein Mann stand, den keine Schwierigkeit schreckte. Fürst Metternich hat in dieser Gelegenheit alle Fähigkeiten eines Steuermannes an Tag gelegt, der mit fester Hand das Fahrzeug, auf dem das Schicksal von mehr als einem Staate lag, durch Klippen und Gefahren der bewegten See leitete. Sein Muth, seine Ausdauer, seine Gewandtheit, und die Thätigkeit seiner Correspondenz hielten fortwährend das Gleichgewicht unter den sich widerstrebenden Interessen aufrecht. Die diplomatischen Leistungen sind meistens weit weniger dankbar für denjenigen, der sie leitet, als die militärischen. Diese haben ein offenes Feld und liegen allen Augen frei da, während die glänzendsten Vortheile, in der Stille des Cabinetes erfochten, nur von Wenigen gesehen und beurtheilt werden können, und nicht selten ganz und gar der Erkenntniss der Welt entzogen bleiben. Wenn die Zeit aber zu unbefangenem Urtheile gekommen seyn wird, und genügende Elemente für dasselbe zu Tage gebracht sind, wird die Geschichte dem österreichischen Minister zugestehen, dass dieser Theil seiner Laufbahn unter diejenigen gehört, die ihn am meisten auszeichnen. Bis jetzt ist über diese Epoche nur Einseitiges, Irriges und Ungenügendes bekannt. Constantinopel war auch nur ein Theil seines Feldes, aber seine unglaubliche Thätigkeit machte ihn auf allen Feldern zugleich gegenwärtig, und durch lange Zeit überall Herr.

Der Bailly von Tatitscheff eröffnete die Besprechungen mit dem österreichischen Staatskanzler am 8. März*), und zwar mit Ver-

*) Siehe Beilage III. 8. a. b. c. d. e.

sicherungen des Wunsches seines Kaisers für den Frieden. Doch trug er darauf an, beide Fälle, den Krieg wie den Frieden, in Erwägung zu ziehen.

Fürst Metternich verwarf sogleich den einen und nahm nur den des Friedens als Gegenstand der Berathungen an. Er schied scharf die Rechtsfrage von den Wünschen des Kaisers, wies jener alles zu, was in den Bereich der Verträge gehörte, und gesellte zu den anderen diejenigen der Verbündeten für die Verbesserung der Lage des glaubensverwandten Volkes, doch begehrte er den Umfang zu kennen, den der Kaiser diesen Wünschen zu geben geneigt sei. Tatitscheff antwortete nur in allgemeinen Ausdrücken; als aber der österreichische Staatskanzler wie zufällig von der Gestaltung von Servien sprach, erwiederte jener, der Kaiser sei ferne davon, die Morea Servien oder den Fürstenthümern gleich stellen zu wollen. Die Servier, Moldauer und Wallachen seyen abgeschlossene Völkerschaften, was man von den Peloponnesiern nicht sagen könne. Dann dehnte er diese Gränzen aus und sagte, der Kaiser wolle den eigentlichen Griechen nur die Freiheit der Religion und unparteiische Gerechtigkeitspflege sichern, sie vor den Gewaltthaten der türkischen Statthalter geschützt wissen, und ihre Lage als Unterthanen der Pforte besser regeln, als diess bis jezt geschehen sei. Einige im Bereiche der Gesetzgebung liegende Massregeln bezeichneten sonach den Umfang der Wünsche des Kaisers. Die Pforte sollte überzeugt werden, wie Tatitscheff sagte, dass ein russisches Wort mehr in Griechenland gelte, als ein türkischer Kanonenschuss.

Er stellte nun die Frage, welche Haltung Oesterreich im Falle des Krieges, im Falle nämlich die Pforte die gerechten und mässigen Forderungen Russlands von sich stiesse, nehmen würde? — Metternich erbat sich die Erklärung, was Russland unter diesen Forderungen verstehe? Die vier Punkte, antwortete der Bailly, welche seit sechs Monaten den Gegenstand der Unterhandlungen ausmachen. »Dann ist Ihre frühere Frage ja eine müssige,« sagte der Fürst. »Die Pforte wird diese vier Punkte erfüllen, wenn

Russland sie nicht mit Drohungen und anderen Forderungen erschreckt.« — »»Wenn sie dieselben aber nicht erfüllte, was werden Sie thun? Ich will zur Antwort nicht militärische Beihülfe herausfordern; es gibt andere Mittel, z. B. die Abberufung der Gesandtschaft oder deren Beschränkung auf rein consularische Geschäfte. Der Kaiser legt grossen Werth hierauf, vorzüglich von Seite Oesterreichs, für das er im vergangenen Jahre so viel gethan hat. Der Kaiser ist mit seinen Verbündeten, im Falle sie zum Krieg bewogen würden, Verpflichtungen eingegangen; verlassen ihn die Verbündeten, sobald er in einen solchen Fall kömmt, so sind diese Verpflichtungen eigentlich aufgehoben, aber der Kaiser zieht vor, gebunden zu bleiben.««

Metternich betrachtete den Fall, dass die Pforte die vier Punkte von sich stiesse, für einen unmöglichen. Er rieth, auf dem Verlangen der Sendung eines Bevollmächtigten nicht zu bestehen, weil nach Annahme der vier Punkte von Seite der Pforte jeder Grund hierzu wegfiele. Uebrigens habe er das Zugeständniss dieser Sendung von der Pforte verlangen lassen, nur müsse man ihr sagen können, wozu. Der Erklärung über die Haltung Oesterreichs im Falle des Krieges wich er nicht aus; er zeichnete sie vielmehr klar genug durch die Worte: »Der Internuntius wird im unwahrscheinlichen Falle des Bruches die Stellung der Minister der übrigen Grossmächte einhalten. Im Verhältniss als der Bund der Mächte in den Augen von ganz Europa durch den Bruch zwischen Russland und der Pforte geschwächt erschiene, in demselben Verhältnisse würde Oesterreich sich verpflichtet fühlen, auf dem Felde dieses Bundes unter darauf verweilenden Mächten das Band der Vereinigung fester zu ziehen. Glauben Sie, dass der englische Botschafter Constantinopel und alle grossen Interessen seines Landes verliesse? Ich glaube es nicht.«

»Was aber die Verpflichtungen betrifft, die Kaiser Alexander mit seinen Verbündeten eingegangen ist, so sehe ich nicht, inwieferne der Krieg, den er selbst erwählt hätte, ihn davon lösen sollte.

Jedoch, in dem Falle, dass der Kaiser von Oesterreich nur mehr zwischen zwei Uebeln zu wählen hätte, zwischen demjenigen, es darauf ankommen zu lassen, den Kaiser von Russland ein seinen Erklärungen widersprechendes System für die Zukunft annehmen, oder Europa zerfallen zu sehen durch den Schein der alsogleichen Auflösung des grossen Bundes, würde er das kleinere Uebel vorziehen. Zwischen der Gefahr für die Zukunft und derjenigen für die Gegenwart, wäre aber jene das kleinere Uebel.«

Tatitscheff ging nun zu der Frage über: was der österreichische Staatskanzler von einer zeitweisen Besetzung eines Theiles des türkischen Gebietes durch russische Truppen denke, bis nämlich die Pforte den Forderungen Genüge geleistet hätte? Metternich erklärte diese Besetzung als gegen das Interesse Russlands sowohl, als gegen dasjenige der Pforte und der Griechen. »Zur Zeit da Strogonoff noch in Constantinopel war, ging diess Mittel an; ich hätte es selbst vorgeschlagen. Heut zu Tage würde es eine Kriegserklärung seyn. Das Leben aller Christen im türkischen Reiche ist in Gefahr, wenn ein russischer Soldat über den Pruth geht. Und was Russland nicht für seine Forderungen, da sie noch unbeachtet waren, that, wie sollte es das jetzt thun, wo die Pforte dieselben der Wesenheit nach schon anerkennt?«

»Aber wohin werden wir zuletzt gelangen?« fragte der Bailly. »»Zum Frieden,«« antwortete Metternich, »»wenn Russland ihn will, und nicht selbst die Wege dazu versperrt.««

Nun legte Tatitscheff ein fliegendes Blatt vor, das Ergebniss einer Unterredung mit seinem Kaiser, sagte er, und auf dessen Tische niedergeschrieben.

Dessen wörtlicher Inhalt war folgender: »Die Pforte hat unmittelbar an das Petersburger Cabinet die Erklärung zu richten, dass sie alle in dem Schreiben dieses Cabinetes an den Grossvezir und alle in der Note des Freiherrn von Strogonoff vom 18. Juli ausgesprochenen Verlangen annimmt, dass sie Russland als durch die Verträge und durch das Schutzrecht, welches dieselben über die

Glaubensgenossen ihm zugestehen, dazu berechtigt erkennt, die Unverletzbarkeit der Religion, den Wiederaufbau der Kirchen und die gerechte Unterscheidung zwischen Schuldigen und Unschuldigen zu fordern, und dass sie Russland über diese drei Punkte völlig zufrieden stellen werde: dass aber für den Augenblick, ob der waltenden Umstände, sich die Pforte wider Willen darauf beschränken müsse: 1. die Fürstenthümer völlig und alsogleich zu räumen; 2. deren Verwaltung den betreffenden Divanen unter dem Vorsitze griechischer Kaimakane anzuvertrauen, die sie nach den für die Wahl der Hospodare bestehenden Regeln wählen würde; 3. einen oder mehrere Bevollmächtigte zu senden, und Russland zu ersuchen, deren gleichfalls abzuordnen; 4. die ihrigen mit Vollmacht auszurüsten, nicht bloss für die Ausführung der Verträge in den Fürstenthümern und ihre einstweilige Verwaltung, sondern auch um sich mit Russland über die Massregeln zu verständigen, den christlichen Provinzen des türkischen Reiches, welche die Verträge unter den Schutz Russlands gestellt haben, eine ruhige und glückliche Zukunft zu bereiten.«

Metternich las diess Blatt laut ab, und fragte dann, ob Tatitscheff beauftragt sei, es ihm vorzulegen, was dieser verneinte und nur als vertraute Mittheilung angesehen wissen wollte. Die weitere Frage des Fürsten, ob dieses Actenstück nach seinem Geiste oder nach seiner Abfassung beurtheilt werden sollte, beantwortete er mit den Worten: die Abfassung habe nur das Verdienst, unter den Augen des Kaisers geschehen zu seyn.

An demselben Tage hatte Tatitscheff eine Unterredung mit Herrn von Gentz, dem vertrauten Freunde und Werkzeuge des Fürsten, worin er zugab, dass die Schritte seines Cabinetes bis zur Stunde nicht die klarsten gewesen seien, aber darauf bestand, man müsse die Sache nehmen, eben wie sie sich heute darstelle. Lag im Wunsche des österreichischen Cabinets, die Frage der Erfüllung der Verträge von derjenigen der Verwendung für die Griechen zu sondern, so war der Wunsch Alexanders und aus anderen

Gründen derjenige seines Cabinetes, derjenige, beide Fragen gemeinschaftlich zu behandeln, und dadurch die natürliche Schwäche der zweiten zu stützen. Wie schwer es für die Verbündeten sei, mehr zu erlangen, als die vier Punkte, wie gefährlich und erfolglos, mit neuen Forderungen der Pforte zu kommen, erwog der russische Bevollmächtigte wohl, rechnete aber auf die Ohnmacht der Pforte und auf die in ihr zu erweckende Erkenntniss, dass sie ohne Beihülfe Russlands niemals mit den Griechen fertig zu werden verstände. Er betrachtete daher die Einmischung in diese Frage für nothwendig und behauptete, sie sei bereits im Ultimatum Stregonoffs ziemlich deutlich ausgesprochen, wenigstens habe man bei Abfassung desselben das Begehren einer Aenderung des Systemes zu Gunsten der Griechen im Sinne gehabt. Wegen der Fürstenthümer allein würde man nicht eine so strenge Sprache geführt haben. Alles läge nun daran, die Verbindung mit der Pforte nicht wieder anzuknüpfen, bis sie nicht sich verpflichtet hätte, alsogleich mit Russland und den Verbündeten in Unterhandlung über das künftige Schicksal der Griechen zu treten.

Ein paar Tage darauf übergab Tatitscheff an den österreichischen Staatskanzler eine Verbalnote, welche diese Gedanken weiter entwickelte *). Der Aufstand, der im türkischen Reiche stattgefunden hat, so heisst es darin, hat zwei Völker sich einander gegenüber gestellt. Beide sind bestimmt, unter einem und demselben Scepter zu leben, und ihre Wohlfahrt sowohl, als diejenige ihres Herrschers wollen es, dass sich Ereignisse, wie die dermaligen, nicht wiederholen. Aber auch Europa liegt daran, dass die Ruhe in der Levante nicht alle Augenblicke gestört werde, und es liegt ihm um so mehr daran, da die öffentliche Stimmung dort sich dazu hinneigt.

Und nun schlägt diese Note gemeinschaftliche Massregeln zu nehmen vor, um durch Verhandlungen mit der Pforte dahin zu wirken, dass der Kampf in den empörten Provinzen ende, der Pforte

*) Siehe Beilage III. 9.

der ruhige Besitz derselben bleibe und ein Verständniss herbeigeführt werde, in Folge welches die friedfertigen Bewohner jener Provinzen und diejenigen, so die Waffen niederlegen, in Bezug auf Religion und Eigenthum geschützt bleiben, wesshalb sie mit Besitz und Leben einzeln sowohl, als in Gesammtheit unter eine dauernde und wirksame Bürgschaft gestellt werden sollten.

»Die Pforte behalte also, so schliesst diese Note, die Oberherrlichkeit über das griechische Volk in der Morea und in den anderen Ländern, die dermalen ihre völlige Abtrennung verlangen; es sollen diese Länder dem Umfange des türkischen Reiches einverleibt bleiben, der Ertrag derselben dem Grossherrn zufallen und die Ruhe von Europa künftighin nicht mehr getrübt werden durch inneren Krieg in einem seiner Mitstaaten, was immer zu befürchten bleibe, so lange die streitenden Theile nicht in neue Beziehungen unter sich gestellt würden.«

Diese merkwürdige Note, welche im Keime die später festgehaltene Absicht des Petersburger Cabinetes enthielt, wurde in einer Unterredung am 18. März *) vom Fürsten Metternich unter der Aeusserung verworfen, dass sie, was der Pforte als Wunsch vorzubringen sei, auf den Grund einer berechtigten Forderung setze. Er tadelte den Ausdruck »gemeinschaftliche Massregeln,« als sehr verschieden von der Auffassung einer Sache als einer gemeinsamen, hob das Wort »Bürgschaft« heraus, und erklärte sich entschieden gegen die Einschwärzung der Oberherrlichkeit, eines Verhältnisses, dessen Vorschlag ein unübersteigliches Hinderniss und ein offener Widerspruch gegen den Geist der bis jetzt an die Pforte gestellten Begehren und sogar gegen die vor Kurzem als Umfang der Wünsche des Kaisers angesprochenen Verwaltungsmassregeln sei. Er griff jeden Ausdruck des Schlusssatzes an, so dass Tatitscheff sich gezwungen sah, die Note zurück zu nehmen.

---

*) Siehe Beilage III. 10. 11.

Unter diesem Stande der Dinge langte die Note der Pforte vom 28. Februar zu Wien an. Fürst Metternich gab ihr so wenigen Werth, als ihr aufzureden war. Sie ist erbärmlich, sagte er am 21. März zu dem Bailly, und vereiniget in sich alle Mängel, die ein solches Stück nur immer haben kann. Sie ist lang und breit in der Abfassung; die Pforte, um sich zu vertheidigen, stellt sich darin auf einen Fleck, wo Niemanden eingefallen ist, sie anzugreifen; sie häuft alberne Beschuldigungen, und wenn ich darin etwas erträglich finde, so ist es, dass sie nicht Russland allein, sondern auch Oesterreich angreift. Was aber die Hauptsache, die vier Punkte betrifft, so ist die Annahme derselben hier deutlicher als in irgend einer der früheren ausgesprochen.«

So lenkte Metternich den gefährlichen Strom vorbei, und sein Gegner merkte vielleicht kaum, wie sehr ihm daran lag, Russland nicht loszulassen. »Der Kaiser wird der Pforte zu wissen machen,« fuhr der Fürst fort, »dass er seinem Cabinete verboten habe, diese Note nach Petersburg zu befördern.« Wenn die Pforte in solchem Tone reden will, wird er sagen, so solle sie sich unmittelbar an Russland wenden.«

Aufmerksam hörte der Bailly die Note an, die der österreichische Staatskanzler vorlas; am Schlusse sagte er: »Ich kenne schon die Antwort meines Kaisers auf die vertrauliche Mittheilung dieser Note: »»eine türkische Unbesonnenheit kann meinen Gang und meine Entschlüsse nicht ändern,«« — »das wird er sagen. Der Sieg über Ali-Pascha stieg dem Sultan in den Kopf; gewinnt er irgend einen anderen Sieg, so wird er noch frecher werden.«

Tatitscheff verlor immer mehr an Boden gegen den Fürsten Metternich. Am 5. April*), als schon eine Zusammenkunft der Monarchen von Oesterreich und Russland beschlossen war, sagte er diesem: »Wollen Sie das ganze Geheimniss meiner Sendung wissen? Das Mittel muss gefunden werden, dass bei der für diesen

*) Siehe Beilage III. 12.

Herbst bestimmten Zusammenkunft mein Kaiser nicht erscheine, als zwinge man ihm die Hände. Er fasset den Entschluss zum Kriege nicht, bevor er mit seinen Verbündeten sich besprochen.« — »»Das ist vor Allem gut,«« antwortete der österreichische Staatskanzler; »»nicht gut aber wäre, wenn er diess System des Aufschubes und Abwartens auch auf die Mittel der Verständigung und Versöhnung mit der Pforte anwendete.«« — »Der Kaiser hat den Krieg, aber nicht den Frieden in seinen Händen, und Frieden ist es, was er will,« erwiederte der Bailly. — »»Sprecht nur einmal klar,«« bemerkte ihm Metternich, »»dann werden wir euch dienen können. Der Krieg wird nie aus Constantinopel hervorgehen.««

So weit waren die Unterredungen gediehen, und waren es nur zwischen Tatitscheff und Metternich, denn der russische Botschafter Golowkin, der Mann des Cabinetes, aber nicht zugleich der des Kaisers, nahm nur an der zweiten Theil, und wurde, auf Tatitscheffs Begehren, bei den weiteren weggelassen. Insoferne aber auch Tatitscheff gegen sein Cabinet verantwortlich war, übergab er im Verein mit Golowkin am 12. April den Entwurf eines Protokolles *) an Metternich, mit der Einladung, es zu unterzeichnen, in welchem er die Vorschläge seiner Verbalnote am 14. März wörtlich wiederholte, und mit dem Begehren schloss, dass Oesterreich, im Falle die Pforte sich weigerte, diesen Vorschlägen beizustimmen, oder, wenn sie sich zur Sendung von Bevollmächtigten verstünde, durch diese aber den übrigen Punkten die Zustimmung versagte, der Pforte zu wissen machen sollte, dass es ihr jede weitere Verwendung entziehen, und die diplomatischen Verbindungen gleichfalls mit ihr abbrechen würde. Die Einmischung in die griechische Frage wurde in diesem Protokolle als einziger Weg zur Herstellung und Sicherung der Ruhe aufgestellt. Da sie nicht aus Verträgen abgeleitet werden konnte, so sollte Oesterreich die Pforte von dem Vortheile dieses Einschreitens sowohl, als von dem-

*) Siehe Beilage III. 13.

jenigen, den die christlichen Provinzen des türkischen Reiches erwürben, wenn sie künftighin unter der Bürgschaft der europäischen Grossmächte stünden, zu überzeugen suchen. Am Schlusse wurde dem Fürsten Metternich die förmliche Anerkennung und Unterzeichnung folgender Punkte vorgeschlagen:

1. dass es von nun an ausschliesslich dem Kaiser von Russland zu beurtheilen zustehe, ob seine Stellung zur Pforte noch länger haltbar oder der Krieg vorzuziehen sei;
2. dass in diesem zweiten Falle Oesterreich der Pforte auf keinerlei Weise Beistand leisten, sondern, die Sache Russlands für gerecht erkennend, die diplomatischen Verbindungen mit der Pforte abbrechen würde;
3. dass Oesterreich bei den übrigen Mächten auf das Gleiche mit Nachdruck antragen wolle.

An demselben Tage erklärte der österreichische Staatskanzler dem Bailly von Tatitscheff, dass er diess Protokoll nicht unterzeichnen würde. Dieser gab ihm den Schlüssel dazu in den Worten: er habe es senden müssen, um Golowkin und dem Cabinete genug zu thun; übrigens könne der Fürst damit machen, was er wolle. Nun verstanden sich Beide darüber, dass Fürst Metternich mit einer Note darauf antworten würde, in der er sich hüten wollte, ihre geheimen Besprechungen zu verrathen. Diese Note *), das einzige, was an Golowkin mitgetheilt wurde, gab er auch wirklich am 10. und gestand darin die meisten der verlangten Punkte zu, nur verwahrte er sich mündlich gegen die falsche Grundlage aller russischen Einmischung und gegen das in den russischen Actenstücken so häufig vorangestellte Schutzrecht Russlands über die Griechen. Er nahm die Verträge einzeln vor, wies nach, dass es ausser den beiden Fürstenthümern keine Provinzen im türkischen Reiche gäbe, welche durch die Verträge unter russischen Schutz gestellt worden seien; verlangte das Aufgeben dieses falschen, von dem Divan nun und

*) Siehe Beilage III. 14.

nimmermehr anzunehmenden und von keiner der Mächte zu unterstützenden Ausdruckes, der nur ein Hinderniss der Annäherung sei. Er verwarf auch den Ausdruck »christliche Provinzen« als einen unrichtigen, und rieth zur Weglassung des Artikels hinsichtlich der Unterscheidung zwischen Schuldigen und Unschuldigen, da diese Verpflichtung in der menschlichen Natur läge, ihre Verwandlung in einen Artikel die Pforte um so eher beleidigen könnte, als sie auf die verschiedenen Fermane weisen konnte, die sie nicht abliess an Statthalter und Truppenbefehlshaber desshalb in den stärksten Ausdrücken zu geben.

Auch zu Berlin war zwischen dem Grafen Bernstorf und Herrn Alopeus, dem russischen Minister am preussischen Hofe, in Hinsicht der Haltung dieses Hofes in der orientalischen Frage ein Protokoll unterzeichnet worden, und zwar am 14. März. Es hinderte nichts, schied sich in nichts, war aber als abgesonderter Act gewissermassen ein Fehler, da auch der Schein der Gesondertheit vermieden werden sollte. Ein Protokoll führt auch schon zu einer Verpflichtung, und wer die Ausdrücke des anderen in sein Protokoll zu nehmen gezwungen ist, der setzt sich Auslegungen aus, die weit führen können. Der Ausdruck von dem Schutzrechte zu Gunsten der Griechen, welches die Verträge Russland sichern, die Quelle der Irrungen der öffentlichen Meinung in ganz Europa, erschien ein paar Mal in diesem Actenstücke. Es war zu fürchten, dass Russland früher oder später von diesem Protokolle Gebrauch mache. Es wurde der Pforte nicht mitgetheilt und starb gleichsam in seiner Geburt. *)

) Das preussische Cabinet war in der schwierigen Lage, eine mit den persönlichen Ansichten der Minister wenig übereinstimmende und zwischen zwei, nach sich widerstrebenden Richtungen wirkenden Kräften, dem Petersburger Cabinete und demjenigen von Wien, mitten inne zu liegen. Eine Denkschrift des Herrn von Ancillon), im Laufe des Juni 1821 verfasst, und beiden Cabineten durch Grafen

*) Siehe Beilage III. 15.

An demselben Tage, wo dieser Scheinschritt geschah, besprach Metternich mit Tatitscheff die Mittel, zu verhindern, dass die

---

Bernstorf mitgetheilt, sah die Aufrechthaltung des Friedens und der Einigkeit zwischen den Höfen nur auf dem Wege zu erzielen, dass die verbündeten Mächte die Griechen förmlich in ihren Schutz nähmen. Zu diesem Schlusse kam es durch folgende Vordersätze: „Die griechische Revolution ist die Folge der Bedrückungen der Pforte; das Einwirken der revolutionairen Partei in Europa ist nur die Veranlassung des Ausbruches. Ihre Mittel liegen in den Griechen selbst, die des Aufschwunges fähig sind; in dem Verfalle und Unvermögen der Türken; in der Grausamkeit derselben, die bereits aus der griechischen Sache diejenige der Menschlichkeit gemacht hat; in der öffentlichen Meinung von Europa, an die sich alle Freunde der Gerechtigkeit, der gesetzlichen Ordnung, des Christenthumes, der Menschenliebe anschliessen müssen; in der besonderen Lage des Kaisers Alexander, der sich im Herzen sagen muss: die griechische Revolution hat nichts gemein mit derjenigen von Piemont, Neapel, Spanien und Portugal, als etwa die Veranlassung zum Ausbruche; die Griechen sind nicht Rebellen gegen eine gesetzliche Herrschaft, sind nicht Leute, die für ein Stückchen Papier alle Vortheile gesellschaftlicher Ordnung wagen; was ihnen die Waffen in die Hand gibt, sind die edelsten Gefühle und Absichten; die Despotie des Sultans ist keine Regierung, sondern der Abgang jeder Regierung; es gibt keine Pflicht der Unterwerfung solcher Despotie gegenüber, gegen die man in jedem anderen Zeitpunkte aus Menschlichkeit und Religion die Waffen ergreifen würde, die im dermaligen eine höhere Absicht zurückhält. Der Kaiser Alexander wird dem Drange seiner Religiosität und Menschlichkeit, dem Verlangen des Adels, der Priesterschaft, der Armee und des Volkes zuletzt nicht widerstehen können, der Krieg aber die Hoffnungen der revolutionairen Partei heben, und — indem er die Eifersucht Englands und Frankreichs anregt, und die Handelsinteressen beider bedroht, den Bund der Mächte brechen, also führt der Wunsch, den Frieden zu erhalten, und die Einigkeit gegen die Revolution zu behaupten, nothwendig zu dem Auswege, die griechische Sache zu einer europäischen zu machen, der russischen Einmischung durch eine europäische zuvorzukommen, mit anderen Worten, die Griechen unter den Schutz der hohen Mächte zu nehmen. Im Falle des Krieges würde der Krieg ein gemeinschaftlicher und machte den Bund fester, statt ihn zu lösen."

In diesem Geiste war die Wirksamkeit des preussischen Cabinetes, hauptsächlich auf Paris und London gerichtet, als der Gang der Ereignisse die Wahrscheinlichkeit des Krieges erhöhte. Sie unterschied sich von der des Wiener Cabinetes eben darin, dass man zu

Pforte die Weigerung, ihre Note vom 28. Februar nach Petersburg zu befördern, nicht etwa als Vorwand benütze, sich auf's Schweigen zu verlegen. Russland selbst war durch diese Note in die Wahl gesetzt, den Krieg zu erklären, oder gleichfalls zu schweigen. Der Stand der Dinge aber verlangte thätige Fortsetzung der Unterhandlungen. Man glaubte das Mittel in der abgesonderten Forderung der Sendung eines Bevollmächtigten zu finden, — eine Forderung, die eine einzige und neue wäre, und doch alle alten enthielte. Um aber den etwas erschütterten Glauben in die Einerleiheit der Ansichten der fünf grossen Mächte wieder zu beleben, sah man das beste Mittel eben in der Zusammenkunft der Monarchen.

Diejenige der beiden Kaiser in Czernowiz besprach man für den September, bis dahin aber sollte eine Vereinigung von Ministern in Wien stattfinden, um vorzuarbeiten, der Pforte Besorgnisse einzujagen, und die Unterhandlung in Constantinopel zu erleichtern. Tatitscheff beschloss mit diesen Vorschlägen sogleich nach Petersburg zu reisen, und noch an diesem Tage schrieb Metternich an den Grafen Nesselrode: „Ich mache Ihren Unterhändler zu meinem Eilboten, lieber Graf. Tatitscheff fühlt, dass sprechen besser als schreiben sei; er geht also, um Sie zu sprechen und Ihnen zu sagen, dass wir wünschen, uns gegenseitig zu verständigen. Dazu aber ist nur eines vor allem nöthig, dass man klar rede und sage, was man will“ *).

Berlin auf diese Wahrscheinlichkeit fusste, während man sie zu Wien verwarf; aber beide Cabinete hielten dasselbe Ziel, den Bund der Mächte fest, und wenn man zu Berlin der Berechtigung zum Kriege, die das Petersburger Cabinet geltend machte, freier beistimmte, als in Wien, so erkannte man dort eben so wie da die Gefahren, die aus einem einseitig unternommenen Kriege springen würden. Insoferne sich Russland selbst den Vorschlägen Oesterreichs und Englands anschloss, that es auch Preussen, und dessen Geschäftsträger in Constantinopel erhielt den Befehl, diese Minister in allem und jeden zu unterstützen **).

*) Beilage III. 17. a. b. c.

**) Beilage III. 16. a. b. c.

Golowkin hatte die demüthigende Rolle, die er spielte, schon lange gefühlt. Während er klagte, dass nichts weiter gehe, war Metternich mit Tatitscheff schon im Reinen. Es kam zu einigen empfindlichen Worten, die Tatitscheff nöthigten, ihm zu sagen, dass er die Verantwortlichkeit ausschliessend auf sich nehme. Die Scheinnote Metternichs fand Golowkin sehr kurz gefasst, stellte sich aber zufrieden damit. Tatitscheff reiste noch am 19. ab. Ihm gab Metternich eine Denkschrift mit, welche den Stand der Verwicklung folgendermassen zeichnete:

Ueberblick.

Zweierlei Fragen liegen vor uns: Rechtsfragen und solche des allgemeinen Vortheiles. Die ersten sind entschieden; die anderen müssen ihre Lösung in dem Bedürfnisse finden, worin die Pforte und alle christlichen Mächte sich begegnen, nämlich dass die Bande zwischen dem türkischen Reiche und dessen christlichen Unterthanen fester gezogen werden, so zwar, dass die Ruhe der türkischen Länder, ohne fortwährend bedroht zu werden, fortan gesichert sei durch weise, gerechte, der Wohlfahrt dieser Unterthanen, der Ruhe der Nachbarstaaten und der Aufrechthaltung des europäischen Friedens entsprechende Massregeln.

Dermaliger Stand der Verhandlungen.

1. Die Pforte liess mehrere Puncte der Verträge unerfüllt. Russland verlangte die Erfüllung. (Die verbündeten Mächte unterstützten diess gerechte Begehren durch alle friedlichen Mittel, die ihnen zu Gebote standen. Der Divan erkannte nicht bloss und zwar vom ersten Anfange an sich verpflichtet, die Verträge zu halten, er entsprach auch ausdrücklich dem Begehren Russlands, aber er hängte Bedingungen daran, die bis jetzt die Wiederanknüpfung der diplomatischen Verbindungen unmöglich gemacht haben.

2. Anderseits haben S. M. der Kaiser von Russland vom Beginne der Verwicklung an, die Ansicht festgehalten, dass die völlige Lösung nicht bewirkt werden könne, ohne sich in die Fragen des allgemeinen Vortheiles einzulassen; diese, niemals ein Gegenstand der Berathung zwischen Russland und den übrigen Cabineten, waren von diesen zu Constantinopel auch nie in Anregung gebracht worden.

Gegenstand künftiger Verhandlungen.

S. M. der Kaiser von Russland haben den unabänderlichen Entschluss kund gegeben, die Rücksichten, welche ihm die orientalische Frage auferlegt, so gewichtig sie auch seien, nie von denen zu trennen, welche die unverletzte Aufrechthaltung des politischen Systemes betreffen, das heute die Grundlage und einzige Bedingung der Ruhe Europa's und der Erhaltung der gesellschaftlichen Ordnung ist. Dieser Entschluss macht den Cabineten zur Pflicht, alle ihre Kräfte zu vereinigen, um die in der Frage stehende Sache zu einer Lösung zu führen, die eben so den gerechten Wünschen S. M. entspricht, als Europa gegen die Gefahren sicher stellt, die ihm aus Unordnungen in der Levante heute oder künftig erwachsen könnten.

1. Die Erfüllung der Verträge kann keiner Schwierigkeit begegnen. Die Achtung für dieselben ist die Grundlage des öffentlichen Rechtes in Europa.

2. Die Fragen des allgemeinen Vortheiles müssen in gerechten, vor dem Tribunale guter Politik wie der Menschlichkeit gebilligten Wünschen ihre Quelle haben. Sie müssen daher den Vortheil derer, von denen man verlangt, mit dem Vortheile derjenigen verbinden, denen man geben will.

Da es sich nicht darum handelt, die Souverainitätsrechte des Grossherrn zu beschränken, so werden die Wünsche der Cabinete auf Gesetze und Verwaltungsmassregeln sich beschränken.

Oesterreich erkennt eben so wenig sich als anderen Mächten ein Recht der Einmischung in die inneren Angelegenheiten einer dritten

Macht zu, inseferne nicht Neuerungen unmittelbar die Sicherheit der Nachbarstaaten bedrohen. Aber es gibt in der heutigen Lage des türkischen Reiches Verhältnisse, welche die Mächte auf die Nothwendigkeit führen und die Pforte selbst damit durchdringen müssen, genügende Mittel zu suchen, um nicht etwa eine vorübergehende, durch Ströme Blutes erkaufte Beschwichtigung, sondern einen festen Frieden zu bewerkstelligen, ohne welchen es für das Bestehen dieses Reiches und für die Ruhe Europa's keine Sicherheit gibt. Diese Nothwendigkeit ist die einzige Rechtsgrundlage und das einzige Mittel gegenüber der Pforte.

Um auf dieser Grundlage zu arbeiten, ist vor allen Dingen unerlässlich, dass die Pforte eine wirkliche Amnestie ausspreche. Ebenso unerlässlich ist, dass die Insurgenten sich derselben unterwerfen.

Was die Fürstenthümer angeht, so genügt deren Räumung, die Wiederherstellung der alten Ordnung und die Aufrechthaltung der vertragsmässigen Rechte.

Die Morea und die Inseln haben eine sehr mannigfaltige Verwaltungslage; es scheint jedoch, dass die vernünftigen, mit der Souverainität der Pforte zu vereinbarenden Wünsche der Christen dieser Länder sich unter folgende drei Bedingungen bringen lassen: Freie Ausübung der Religion; gesetzliche Bestimmungen zur Sicherung der Person und des Eigenthums; geregelte Gerechtigkeitspflege.

Folgerungen.

1. Da der Divan zur Erfüllung der Verträge bereit ist, und nur über Zeit und Weise bis jetzt sich stritt, so wäre die unverzögerte Räumung der Fürstenthümer und die Wiederherstellung der alten Ordnung in denselben auf das Thätigste zu betreiben;
2. es wäre der Pforte die Nothwendigkeit einzuprägen, innerhalb einem gewissen Zeitraume die Amnestie zu gewähren, und ihr zugleich die Versicherung zu geben, dass die Ver-

bündeten bereit sind, nach besten Kräften die Insurgenten zur Annahme derselben zu bewegen;

3. es wäre die Ernennung von Bevollmächtigten zu verlangen, die mit denen Russlands und der Verbündeten über die Mittel sich beriethen, dem türkischen Reiche einen baldigen und dauernden Frieden zu verschaffen.«

Der österreichische Staatskanzler rechnete darauf, dass diese Denkschrift, so wie die mündlichen Mittheilungen Tatitscheff's den Kaiser Alexander festhalten würden, und seine Berechnung war keine irrige Bald konnte sich die Kriegspartei in Russland überzeugen, wie tief ihr Einfluss auf die Geschäfte gesunken war.

Aber bevor wir an die Erzählung dieser neu eröffneten Periode gehen, wollen wir nachholen, was auf dem Schauplatze des Kampfes vorging, um den ganz Europa als hingerissener Zuschauer sass. Die Kriegsereignisse warfen schwere Gewichte in die Wagschale gegen die Pforte, indem sie dem Aufstande stets frischeres Leben gaben, die öffentliche Meinung immer gewaltiger spannten, immer schwieriger das Wirken der Cabinete auf dem betretenen Wege machten. Wie ein schweres Unglück, und diess mit Recht, nahmen die Griechen die Nachricht von dem Falle Ali-Pascha's von Janina auf. Die Grausamkeiten dieses Statthalters waren vergessen, — seine nützliche Wirksamkeit als Feind der Pforte allein blieb beachtet. Nun waren die Tausende losgebunden, die unter Kurschit-Pascha gegen ihn zu Felde gelegen hatten. Westgriechenland zitterte. Vergeblich bediente sich der vollziehende Körper des ihm durch das Gesetz zukommenden Rechtes, über die Streitkräfte zu Lande und zu Wasser zu verfügen, um Kolokotronis und seine Schaaren nach der bedrohten Gränze zu senden. Der Häuptling weigerte sich, die Halbinsel zu verlassen, und so war, wenige Wochen nach Gründung der Regierung, von dem mächtigsten ihrer Werkzeuge das Beispiel des Ungehorsams gegen ihre Befehle bereits gegeben.

Ostgriechenland hielten Odysseus und Ypsilanti, der durch eigene Schwäche und durch Parteihass gelähmt, gerne die

Scheinstellung eines Präsidenten des Senates für die wirksame dem Feinde gegenüber aufgab, und daher auf die erste Nachricht von der Gefahr die Erlaubniss sich erbeten und erhalten hatte, nach den Thermopylen zu eilen. Was aber Griechenland rettete, waren weniger die Anstalten, die es zu seiner Vertheidigung nahm, als die Gewohnheiten der albanesischen Truppen und die Missgriffe der türkischen Führer. Viele der Albanesen betrachteten, so wie Ali-Pascha überwunden war, ihre Arbeit für abgethan, ihre Verpflichtungen für erfüllt, und gingen nach Hause. Andere und namentlich alle aus der Morea Entwichenen, trotzten, weil sie mit Recht die Rache des Pascha's fürchteten, der den Verlust von Tripolitza und seiner Familie ihrem schlechten Benehmen zuschrieb. Mit dem Reste glaubte sich Kurschit nicht stark genug, und die Jahreszeit selbst lud ihn ein, vorerst die Truppen zu beschwichtigen. Er verhiess den Schuldigen Verzeihung und ungestörten Besitz ihres Gebietes mit allen früher genossenen Freiheiten und Rechten. Sie aber trauten nicht und, jetzt mit den Sulioten unterhandelnd, wollten sie diese in den Frieden mit eingeschlossen wissen. Darüber zog Kurschit gegen die Sulioten und diess wandte die Gefahr zunächst von Griechenland ab.

Ein anderes schauderhaftes Ereigniss bereitete sich um dieselbe Zeit, das in seinen letzten Wirkungen den Griechen gleichfalls günstig wurde. Im März langten ein paar Chioten, die sich Abgeordnete dieser blühenden und begünstigten Insel nannten, in Korinth an, und begehrten Unterstützung, um die Türken auszutreiben. Die Regierung, ohne Mittel, munterte sie doch wenigstens auf. Ihre Landsleute hatten der ersten Aufforderung zum Aufstande, bei dem für sie so viel zu verlieren war, widerstanden; es regten aber die Gewaltthaten der zur Verstärkung des Pascha's auf Chios angelangten Soldatenhaufen das Fieber der Begeisterung, die Thätigkeit der Wortträger und endlich die gewaffnete Aufforderung von Seiten der Samioten die Gemüther an, und führten die Insel dem grässlichsten Schicksale zu. Am 23. März hatte Lykurg Logothetis, Samier von Geburt und Hetärist, der sich unter seinen Landsleuten Anhang zu verschaffen gewusst hatte, mit etwa 500 derselben und 150 Flüchtlingen oder aus der Fremde heimkehrenden Chioten, die Insel betreten. Die überragende Mehrzahl wollte von dem Kampfe nichts wissen, denn über 50 Primaten, darunter der Erzbischof Platon, waren als Geisseln in der Gewalt der Türken auf dem Schlosse, diese zahlreich und gut gerüstet, und man wusste, dass in den Dardanellen der Kapudan-Pascha zum Auslaufen bereit lag. Aber Lykurg Logotheti fand Zulauf; er drängte die Türken und begann das Schloss zu belagern. Ein thörichter und eitler Mensch, der Chiote Burnia, der in der französischen Armee gedient hatte, masste sich den Oberbefehl an; Zwistigkeiten mit Logotheti, Bedrückungen und Gewaltthaten gegen die Primaten und Wohlhabenden nützten Zeit und Kräfte ab; am 11. April (a. St.) erschien der Kapudan-Pascha Kara-Ali mit sieben Linienschiffen und 26 Fregatten und Corvetten im Canal von Chios. Die einigen ipsariotischen Fahrzeuge, die da kreuzten, ergriffen die Flucht. Die Besatzung des Schlosses bemeisterte sich der Stadt; asiatische Haufen, am Gestade von Tschesme harrend, setzten über; die Batterien und Erdwerke der Griechen wurden im Anlauf genommen, die Samier flohen, und die halbe Bevölkerung der Insel starb unter dem Schwerte oder wurde in Sclavenketten nach Asien geschleppt. Die Abgeordneten, von Korinth mit einigen Kriegsmitteln und vielen Versprechungen unter Weges, erfuhren in Ipsara den Untergang ihres Vaterlandes.

Die Katastrophe von Chios, der grässlichste Act in der bisherigen Geschichte des griechischen Aufstandes, hat ihren grausamen Charakter den Umständen zu danken, welche den Ausbruch derselben begleiteten. Niemand hatte diesen Aufstand erwartet. Die Pforte selbst, obgleich gewarnt und auf alles gefasst, was Erbitterung und Fanatismus ihren Feinden eingeben konnten, war über diese reiche, von ihr so begünstigte, mit 130,000 Seelen bevölkerte Insel beruhigt. Nachdem die Landung gelungen war, hatte sich der aufen, der sich zu den Samiern schlug, grässlichen Ausschweifungen überlassen. Mit blindem Uebermuthe waren von ihm die Vergleichsvorschläge des Kapudan-Pascha verworfen, die Abgeordneten ermordet, und durch Hohn und Gewalt die Türken bis zur Raserei erhitzt worden. Was frevelhafter Leichtsinn ohne irgend eine Aussicht auf dauernden Erfolg, ja fast mit augenscheinlicher Gewissheit den eitlen Triumph einiger Stunden mit dem Untergange einer ganzen Völkerschaft zu erkaufen, begonnen hatte, führte eben so blinder Uebermuth weiter und dem Ausgange zu, der in wenigen Tagen die Insel tiefer in's Elend stürzte, als sie der schwerste Druck türkischer Herrschaft in einem Jahrhunderte hätte stürzen können. Hinrichtungen zu Constantinopel, welche die vorauszusehende Folge des Aufstandes der Insel waren, vermehrten in Europa die mit allen Farben der Leidenschaft geschilderten Gräuel dieses Ereignisses, die allerdings gross genug waren, denn sie trafen eine reiche, eine gebildete, eine dem Einfalle der Samier grösstentheils ungeneigte, von Fremden und Pöbel fortgerissene Bevölkerung. Die Sclavenmärkte von Asien und Constantinopel wimmelten nun von schönen chiotischen Frauen. Gräuel, die keine Phantasie erreicht, hatte der eine Tag gehäuft. Es war wirklich die Bluttaufe des griechischen Freiheitskampfes, denn die öffentliche Meinung in Europa gewann von nun an eine Stärke, welcher die Cabinete zuletzt nicht mehr widerstreben konnten. Neue Gewichte kamen dazu aus den Nachrichten über den Ausgang eines Einfalles der Thessalier Karatassos und Diamantis in Macedonien, die am Olymp einige tausend Mann gesammelt hatten, und durch ein paar Schiffe unterstützt, Salonich bedrohten, aber im April dem Gouverneur dieser Stadt, Abdulabad-Pascha erlagen, die Verheerung des reichen Gebietes des Olymps veranlassten, und dadurch tausende von Familien in Elend und Untergang stürzten. Die Nachricht von einer Landung der Ipsarioten auf Mytilene und des Aufstandes dieser Insel, machte nun auch für diese fürchten. Smyrna, Samos, die Cycladen dachte Europa bereits unter dem Messer, und ein Schrei des Entsetzens tönte von einem Ende desselben zum anderen. Ein Kreuzzug in diesem Augenblicke geprediget, würde die Tage Peters des Einsiedlers erneuert haben. Die öffentliche Meinung nahm keine Kenntniss von den Herausforderungen und Grausamkeiten der Griechen, jeder Grieche war ihr ein Märtyrer und jeder Türke ein Tiger. Dieses Fieber, durch die Mehrzahl der öffentlichen Blätter, und den Hang des Jahrhunderts zu heftigen Erschütterungen genährt, durch die Zerstörungspartei sowohl, als durch die edelsten Herzen emsig gesteigert, machte die Haltung der Regierungen schwer. Die Tagesschriftsteller predigten den Krieg als nothwendig, heilig und unausweichlich; sie hatten ihn seit einem Jahre als dem Ausbruche ganz nahe, ja hundertmal als bereits ausgebrochen angekündiget; sie läugneten alle Thatsachen, die nicht zu ihren Voraussetzungen passten, und nahmen alle diejenigen auf, die mit ihren Verheissungen übereinstimmten, sie erfanden Nachrichten, erdichteten Actenstücke und rissen die öffentliche Meinung durch ihre Kühnheit fort, so dass die Regierungen als die Vertheidiger einer von ihnen für nothwendig erkannten, durch die Gräuel des Krieges nicht berührten Politik eines hohen Muthes bedurften, um von ihrer schweren Aufgabe nicht abzulassen. England und Oesterreich standen unerschüttert in ihrem Entschlusse, und wenn der Geist der Leitung aus dem Wiener-Cabinete kam, so war nunmehr die Ausführung auf dem Hauptpuncte Constantinopel in den Händen des englischen, das auch in den jonischen Inseln mit entscheidenden Mitteln seine Wirksamkeit festhielt.

Die jonische Regierung war schon frühzeitig bedacht gewesen, ihre Unterthanen, durch Sprache, Religion und Sitten den übrigen Griechen verwandt, in Schranken zu halten, und hatte während des Sommers 1821 in mehreren Verordnungen das Betragen vorgezeichnet, welches jeder Jonier, er möge sich in oder ausser dem Vaterlande befinden, unweigerlich beobachten sollte, um sich nicht in Widerspruch mit den Pflichten des Bürgers eines unbetheiligten Staates zu setzen. Sie war geneigt über kleine Abweichungen von diesen Vorschriften weg zu sehen, und Handlungen, die unter anderen Verhältnissen strafbar gewesen seyn würden, mit Stillschweigen zu übergehen; als aber die Auswanderung überhand nahm, und viele Bewohner dieser Inseln, besonders Zantioten und Kephalonioten mit Lärm und Aufsehen bewaffnet fortzogen, und sich in der Morea zu einem jonischen Haufen bildeten, also die völkerrechtlichen Verhältnisse zwischen der Republik und der Türkei verletzten, erliess die Regierung am 10. August 1821 einen Senatsbeschluss, dem zu Folge solche Ausgewanderte verbannt und ihre beweglichen und unbeweglichen Güter in Beschlag genommen wurden. Am 9. October erneuerte der Lordobercommissair Sir Thomas Maitland die Vorschriften, bezeichnete insbesondere die Leute, welche in der Morea unter dem Titel von Heerführern der Streitkräfte von Kephalonia und Zante auftraten, als Abentheurer und Verbrecher, befahl der Geistlichkeit Mässigung, und wies die Pargioten zurück, welche von den jonischen Inseln aus den Versuch der Wiedereroberung ihrer Vaterstadt gemacht hatten, und nachdem er misslungen war, nun wieder dahin zurück wollten. Ein Senatsbeschluss vom 20. October stellte die Insel Cerigo unter das Martialgesetz, weil Bewohner derselben, im Einverständnisse mit Mainoten, eine Schaar Türken dahin gelockt und dann grausam ermordet hatten. Dieselbe Massregel war vier Tage früher in Zante genommen worden, denn dort hatte das Volk Gewalt gegen englische Truppen sich erlaubt, welche um die Besatzung einer hart verfolgten türkischen Kriegsbrigg, da sie an's Land sich rettete, einen Sanitätscordon zog, und dadurch sie deckte. Der aufgeregte Geist nöthigte im November zur Kundmachung des Martialgesetzes auf St. Maura, Kephalonia und Ithaka und im Februar auf Korfu und Paxos, so wie zur Entwaffnung des ganzen Volkes.

Diese strengen Massregeln waren durch die Kenntniss der Grösse der Gefahr herbeigeführt, welche die englische Oberherrschaft in diesen Inseln bedrohte. Dieselbe Partei, welche dort am thätigsten zur Vorbereitung und zum Ausbruche des Aufstandes in Griechenland beigewirkt hatte, und an deren Spitze zu Korfu die Familie

Capodistria's stand, kämpfte auch gegen die Bemühungen der englischen Regierung zur Feststellung ihrer Macht in den jonischen Inseln und vertrat das demokratische Princip. Die Heftigkeit, mit welcher sie bei Gelegenheit der Rückgabe von Parga, einer traurigen, aber vor ganz Europa genommenen Verpflichtung, die Stimme erhoben hatte, ihr Zusammenhang mit der Opposition in England, die in den Verhandlungen über diesen Gegenstand zum ersten Male die griechische Sache auf die Weise zur Sprache brachte, die als Vorläufer des baldigen Ausbruches des Aufstandes gefühlt wurde, nöthigten Maitland zu Vorkehrungen, ohne welche der Aufstand in den jonischen Inseln ohne Zweifel ausgebrochen seyn würde, der unsägliches Elend über sie gebracht, aber auch England Verlegenheiten an den Hals geworfen und Albanien entzündet haben würde.

Im eigentlichen Griechenlande nahmen die Kriegsereignisse erst während des Sommers einen ernsten Charakter an. Zwiespalt und Parteiung lähmten in der Halbinsel die Thatkraft. Lässig ging man gegen Modon, Koron und Patras zu Werke, und Zank zwischen den Staatsgewalten hinderte den Erwerb von Nauplia, wo die Türken schon zu Anfang Mai zur Uebergabe die Hand boten. Vergeblich wurde von den Griechen die Burg von Athen beworfen; mehrere Angriffe auf dieselbe bewiesen nur, dass man sich gedulden musste, bis Mangel den Muth der Vertheidiger gebrochen haben würde. Ein richtiges Gefühl des Vortheiles, der selbst nach dem Missglücken noch übrig blieb, leitete die Insurgenten zu Unternehmungen nach aussen. Diejenige nach Chios hatte zwar keine Anwendung gefunden; die nach Macedonien und nach dem thessalischen Olymp war gleichfalls verunglückt. Die wichtigste wäre wohl eine solche zu Gunsten der Sulioten gewesen, die mit dringenden Schreiben an die Regierungsbehörden in Westgriechenland und in der Halbinsel um Hülfe baten. Auch beschloss Maurokordato, so wie er nur einiger Kräfte sich versichert hatte, einen Zug nach Epirus. Die Philhellenen, zu Korinth in zwei Compagnien unter General Normann gesammelt, und 3- bis 400 Taktiker, durch Ypsilanti gebildet, sollten eine Schule europäischer Abrichtung und der Kern des Heeres werden, mit dem man in Epirus den zum Einbruche bereit liegenden Türken zu widerstehen und die Berge von Suli zu befreien hoffte. Theodor Kolokotronis sandte seinen Sohn Genäos; Mainotten unter Kyriakulis Mavromichalis setzten nach Mesolongi über; es sammelte sich dort ein kleines Heer von etwa 3000 Mann, denn ausser 600 Joniern und Philhellenen, zählte es eben so viele Moreoten; Genäos führte für sich an 300 Mann; Marko Botzaris und andere suliotische Führer hatten mehrere hundert Streiter in Mesolongi um sich; der Rest bestand aus Haufen des Festlandes. Maurokordato, durch Senatsbeschluss für zwei Monate in Westgriechenland zum Dictator ernannt*), brach mit diesem Heere um die Mitte Juni von Mesolongi nach dem Inneren auf. Er gelangte durch die Pässe des Makrynoros und drang gegen Arta vor, während Kyriakulis mit einigen Schiffen schon früher nach Phanari, bei Parga entsendet worden war. Vor Arta angelangt, suchte sich Marko Botzaris mitten durch den Feind den Weg zu den Seinen zu bahnen, die er gerade damals in höchster Noth wusste. Angegriffen am 27. Mai durch 20,000 Mann, hatte die zehnfach schwächere Zahl der tapferen Silioten zwar Suli verloren, sich aber in Kiapha, Navarikos und Chonia siegreich behauptet. Der Muth dieser Streiter und ihrer Familien, die jede Gefahr und Entbehrung mit ihnen theilten, machte ihre Errettung möglich, aber Maurokordato's mit zu geringen Mitteln unternommener Zug scheiterte. Bei Peta, um die Mitte Juli, erlag die Blüthe der Philhellenen und fast sein ganzes Heer dem bei Arta lagernden Mehmed-Pascha, nachdem auch das kleine Geschwader unter dem Korsen Passano, das ihm zu Hülfe stand, von den Türken aus Prevesa zu Grunde gerichtet worden war. Noch vertheidigten sich die Sulioten in ihren starken Stellungen ein paar Monate. In dem engen Hohlwege von Navarikos, welchen Drakos und Notis Botzaris (der, in Epidaurus zum Staatssecretär für den Krieg ernannt,

*) Beilage III. 19.

seine Landsleute noch nicht verlassen hatte, und durch Peter Mavromichalis, später durch Johann Kolettis einstweilen vertreten wurde) vertheidigten; vor den Felsen von Kiapha, wo die Türken wieder Notis Botzaris fanden; vor Chonia liess Kurschit-Pascha Tausende liegen; aber endlich, nachdem auch die Ankunft der vier Schiffe unter Kyriakulis mit 200 Mainoten im Hafen von Splantza am Ausflusse des Thyamis vergeblich gewesen war, dieser Führer selbst mit vielen der Seinen erlag, die Schiffe sich wieder entfernten, und sonach auf nichts mehr von innen und aussen zu hoffen war, auch die Lebensmittel mangelten, Seuchen unter ihren Weibern und Kindern wütheten, da verlangten und erhielten diese tüchtigen und unglücklichen Krieger freien Abzug mit Waffen und Gepäcke nach den Jonischen Inseln. Am 14. September verliessen sie, noch 750 wehrhafte Männer, zum zweiten Male die mit Blut gedüngte, theuere Heimath.

Nicht glücklicher lief eine Unternehmung auf Kandia ab, zur Unterstützung des Aufstandes der Gebirgsbewohner begonnen. Nur zur See errangen die Griechen einen bedeutenden Vortheil, durch das Uebergewicht ihres Muthes und ihrer Fertigkeit auf diesem Elemente. Sechs und fünfzig Segel stark waren sie unter dem aus den jonischen Gewässern zurück gekehrten Andreas Miaulis von Hydra, unter Nikolaus Apostolis von Psara und unter Andrutzos aus Spezzia nach dem Canal von Chios geeilt und schlugen sich dort durch ein paar Wochen mit dem überlegenen Feinde herum.

In der Nacht zum 19. Juni ereilte, mitten im Taumel des Festes am Schlusse des Ramazans, das Gericht des Herrn den blutigen Sieger von Chios, Kara Ali. Constantin Kanaris aus Psara und Georg Pippinis aus Hydra mit zwei und dreissig Genossen, nachdem sie das heilige Abendmal genommen hatten, führten am Abend des 18. zwei Brander gegen die türkische Flotte. Der ipsariotische legte sich an das Admiralschiff, der von Hydra an das Schiff des Reala-Bey; beide zündeten augenblicklich, aber das letztere wurde des Brandes Meister. Eine Scene der grässlichsten Verwirrung folgte; die Schiffe kappten ihre Taue und flohen; das Admiralschiff, worauf sich die meisten der Capitaine, über 2000 Mann und auch eine Auswahl chiotischer Frauen befanden, flog gegen Morgen auf. Kara Ali, da man ihn auf einem Boote zu retten gesucht hatte, wurde von einem fallenden Maste verwundet und hauchte auf dem Gestade der Insel den Geist aus. Nun goss sich wuthentbrannt der Strom der an der Stadt lagernden Türken, über 20,000 Mann, abermals über die unglückliche Chios aus und vollendete die entsetzliche Verheerung. Bis dahin waren die zwei und zwanzig Mastixdörfer unter dem zu ihrem Schutze bestellten Eley-Aga noch fast unberührt geblieben. Nun aber, trotz dem entschlossensten Widerstande dieses edelmüthigen Muselmannes, gingen auch diese in Blut und Flammen unter. Nicht zweitausend Einwohner zählte nach diesem Schreckenstage die Insel; etwa 15,000 hatten sich seit April über die See geflüchtet; über hundert tausend waren niedergemetzelt oder in Sclaverei.

Im Triumphe kehrten Kanaris und seine tapferen Genossen nach Psara zurück. Die Türken aber flohen vor jedem griechischen Schiffe; panischer Schrecken ging diesen seit diesem Erfolge für geraume Zeit voraus.

Zwei Tage nach diesem folgenschweren Ereignisse gewannen die Griechen auch auf dem Festlande einen bedeutenden Erfolg. Es ergab sich die Akropolis von Athen aus Mangel an Wasser. Die 1160 türkischen Männer, Weiber und Kinder, welche auszogen, sollten nach Asien gebracht werden, wurden aber grossentheils erschlagen und nur ein Theil der beiden letzteren, hauptsächlich durch den Muth des österreichischen Consuls Gropius gerettet. Nauplia unterhandelte noch immer; die Türken gaben Geisseln und nahmen am 20. Juni griechische Beauftragte mit hundert Bewaffneten in die Stadt auf, aber über der Verzeichnung der Habe ging die Zeit zur Besitznahme der wichtigen Festung verloren. Kolokotronis, der dabei nicht fehlen wollte, und überdiess mit der einstweilen nach Argos übersiedelten Regierung unzufrieden war, hob die Berennung von Patras unter dem Vorwande, durch das Abziehen mehrerer Truppen nach dem Festlande zu sehr geschwächt zu seyn, auf, in Wahrheit aber, weil er den Primaten trotzte, und allenfalls mit den Waffen in der Hand das, was er für sein Recht hielt, ihnen abnöthigen wollte.

Einstweilen reiften die Anstalten der Türken, die, im Westen noch gebunden, über Ostgriechenland einzubrechen sich bereiteten. Auch dort war Zank und Hader unter den Griechen, dem weder die Regierung zu Korinth, noch der Areopag, der zu Livadia sass, abzuhelfen vermochten. Diese letztere Behörde, eigentlich ein wandernder Gerichtshof unter der Leitung des Bischofs von Talanti, für Ostgriechenland von der Versammlung in Salona gewählt und von der Regierung mit dem Auftrage bestätiget, Missbräuche abzuschaffen und das Netz der Verwaltung auszubreiten, wurde durch das Gewicht der Umstände gleichsam zur Landesregierung. Ihr Feldherr war Odysseus, der im Jänner und Februar an der missglückten Unternehmung auf Euböa Theil genommen hatte, dann aber im lokrischen und phocischen Gebirge Verstärkungen aus dem Peloponnese abwartete, die sich auf etwa 700 Mann unter Nikitas und Zacharopulos beschränkten. Sobald diese eingetroffen waren, versuchte man eine Bewegung gegen Hypate und Lamia, welche die Anhaltspuncte der Türken im Sperchiusthale waren, und schlug sich da im April und Mai ohne Vortheil herum. Als nun auch Ypsilanti nach Ostgriechenland kam, und dessen Begleiter mit unvorsichtigem Eifer ihn als den berechtigten Oberfeldherrn erkannt wissen wollten, so kam es bald zu offenem Bruche mit Odysseus, der keinen Nebenbuhler duldete, Regierung und Areopag als Vereine von Schreibern hasste, und sich eine Gewaltherrschaft im Lande gründen wollte. Die Capitaine zerfielen unter sich und bildeten Parteien, wovon sich keine der anderen unterordnen wollte. Vergeblich lud die Regierung Ypsilanti ein, nach der Morea zurück zu kehren; vergeblich lud sie Odysseus vor. Jener gehorchte erst, nachdem dieser im Juni die an ihn gesendeten Abgeordneten der Regierung hatte ermorden lassen, der Areopag nach Salona floh, und das ganze Heer in Unordnung sich auflöste. Ost- und Westgriechenland waren also gleichsam entwaffnet, als die Türken ihre Kräfte zum Angriffe gesammelt hatten. Fast gleichzeitig mit den ersten Flüchtigen von Peta erschien die türkische Flotte, 96 Segel stark, vor Mesolongi, und Mohamed Dramali, zum Pascha von Morea ernannt, war am 5. April mit nahe an 30,000 Mann, darunter ein Drittheil Reiter und mit 60 Feldstücken an den Thermopylen erschienen. Dramali, ein schöner Mann aus einem unglücklichen Hause, Macedonier von Geburt, als Mohamed-Bey einst ein mächtiger Mann in Drama und an den Ufern des Strymon, in Kämpfen mit den Bergvölkern des Hämus aufgewachsen, wider Willen mit drei Rossschweifen beehrt und als Werkzeug gegen Ali-Pascha von Janina gebraucht, führte die Blüthe kräftiger Leute mit sich. Odysseus und Nikitas wichen mit drei- bis viertausend Mann, welche die Gefahr wieder vereinigte, nach Dadi und den Parnass hinauf; die Türken verbrannten am 12. Juli Theben, drangen durch die Engpässe des Cythäron nach Megara, jagten was an Peloponnesiern am Gernnion stand, vor sich her, und lagerten schon am 14. vor Korinth. Alles Volk von Böotien war in die Berge oder mit dem Areopag nach Salamis geflohen; dahin auch die Bevölkerung von Athen und des grössten Theiles von Attika; nur die wehrhafte Mannschaft warf sich in die Akropolis. Diese aber hielt; nicht so die ungleich festere Burg von Korinth, deren Besatzung, einem elenden Menschen, Namens Achilles anvertraut, floh, nachdem sie früher den edlen Khamil-Bey gemordet hatte; Dramali fand die Thore zu diesem starken Bollwerke offen.

Vertrauend in den leichten Erfolg stieg nun der Pascha, am 21. Juli, mit etwa 10,000 Mann in die Ebene von Argos nieder. Auch die Pässe von Mycenä waren so wenig als irgend einer auf der langen Linie von Thessalien bis in's Herz der Morea besetzt und vertheidigt. Was in Eile zusammengerafft und den Türken entgegengestellt werden konnte, hielt deren Anblick nicht aus. Vierzig Reiter waren schon am 18. von Korinth nach Nauplia und ungehindert wieder zurück geritten. Der Disdar hatte die in der Stadt befindlichen Palikaren entwaffnet, die Schreiber zum Thore hinaus gejagt, und wollte nichts mehr von Uebergabe hören. Der Schrecken, die Flucht waren namentlich in Argos, wohin sich die Regierung geflüchtet hatte, allgemein. Von da wollte sie nach Tripolitza, aber der peloponnesische Senat stiess sie von sich, und da sie nicht wagte, sich Kolokotronis anzuvertrauen, so flohen die Glieder des Verwaltungsausschusses und des gesetzgebenden Körpers, so viele deren eben noch zur Hand waren, an die Mühlen von Lerna und dort auf Schiffe. Die ganze Bevölkerung von Argos versuchte denselben Weg zur Flucht. Mainoten beraubten die Fliehenden; Spezzioten plünderten das aus den Kirchen zusammengebrachte Geräthe, das aus den Klöstern zum öffentlichen Dienste genommene Geld. Der Tag der Auflösung, der Tag des Unterganges schien gekommen.

Demetrius Ypsilanti, bereits fortgerissen bis Lerna, gewann zuerst Besonnenheit wieder, sammelte um sich ein paar hundert Leute, zündete das in der Ebene von Argos stehende Getreide an, liess aus den Dörfern und aus der Stadt, was er an Lebensmitteln vorfand, auf die Bergfeste Larissa bringen, und warf sich in diese Ruine, die schon vor Jahrtausenden die Burg von Argos war, im Mittelalter von den Venetianern wieder hergerichtet wurde, seit der Einnahme durch die Türken aber verlassen blieb und in Trümmer zerfiel. Dort, fast ohne Waffen, ohne Wasser, ohne genügende Lebensmittel, beschloss er dem Feinde zu stehen. Diese Handlung gehört unter die heldenmüthigsten und entscheidendsten Leistungen dieses Kampfes. Wie er erwartet und gewünscht hatte, zog er auch wirklich die Aufmerksamkeit Dramali's von den Mühlen und Magazinen von Lerna ab und auf sich. Am 26. drang der Pascha in die brennende Stadt und forderte die Burg zur Uebergabe auf. Ypsilanti wies die Aufforderung zurück und barg den damit Beauftragten seinen Namen nicht, was den Werth seiner That erhöhte und seine Absicht an Tag legte. An ihn schlossen sich Panos Kolokotronis und zwei Söhne des Beys der Maina, so dass die ganze Stärke der

Besatzung etwa 800 Mann betrug. Sie hielten das Kloster unter der Burg und einen Posten an den Mühlen von Lerna, der bald durch 1200 Mann unter Kolliopulo verstärkt wurde.

Als sei des Uebels noch nicht genug, brachte am 28. ein spezziotisches Boot die Nachricht, dass die Flotte des Kapudan-Pascha am Eingange des argolischen Golfes sich zeige. Diese Nachricht machte den Muth auch der Muthigsten erstarren. Es wäre um Griechenland geschehen gewesen, hätten türkische Flotte und Heer in Uebereinstimmung gewirkt. Aber die Flotte zog nur vorüber nach dem Golfe von Patras.

Dramali, in der Meinung, leicht der Burg von Argos Meister zu werden, hielt in seiner Bewegung ein und verlor die entscheidende Zeit. Einstweilen war in Kolokotronis, dem Vater, der alte tüchtige Geist erwacht. »Gottvergessener,« hatte ihm Ypsilanti geschrieben, »du hast das Vaterland auf deinen Hals genommen; die Türken sind in Korinth und morgen sind sie hier (in Argos); du wirst es sehen am Tage des Gerichts!« Er aber hatte bereits nach allen Bergen gesandt. »Eilt heran, eilt! Gott hat den Feind in unsere Häude gegeben!« schrieb er, und in wenigen Tagen hatte er bei Agladokampos, am Wege von Tripolitza nach Argos, an 10,000 Mann gesammelt. In der verzweifelten Lage des Vaterlandes der, durch die Umstände gebotene Dictator, wurde er vom peloponnesischen Senate zum Archistrategen ernannt, berief die Regierung, aus der er Theodor Negris, Johann Kolettis und einige Andere wies, berieth mit Peter Mavromichalis die nächsten Massregeln, besetzte alle Wege aus der Ebene nach Tripolitza, sandte Nikitas mit 3000 Mann in das Gebirge zwischen Argos und Korinth, um die Landverbindung der Türken zu durchschneiden, und erschien mit dem Reste von etwa 6000 Mann zu Ende Juli am Erasinos zwischen Argos und Lerna. Da schlug er sein Lager auf, in das sich auch Ypsilanti, Panos und Georg Mavromichalis begaben, die Vertheidigung der Burg für die wenigen Tage, wo sie sich noch halten konnte, dem Bruder des Letzteren, Johann, überlassend. Am 2. August rückten sie gegen Argos vor und nöthigten die türkischen Haufen, die das Schloss bestürmten, sich mit ihnen zu schlagen. Sie zogen den Kürzeren, aber aus wohl gesicherter Stellung neckten sie unaufhörlich den Feind, und die Magazine an den Mühlen von Lerna blieben gesichert, während täglich die Lebensmittel karger wurden, denn die Mainoten unter Peter Mavromichalis und die Argiver unter Tzokris gossen sich unaufhörlich über die Ebene aus und brannten nieder, was früheren Zerstörungen noch entgangen war. Vor jedem Engwege in's Gebirge aber stand der alte Kolokotronis und schützte die höher gelegenen Orte, so dass Dramali zwischen der See und den Bergen eingeklemmt war. So schlug man sich einige Tage lang herum, bis das mitgebrachte Schlachtvieh von den Türken grösstentheils aufgezehrt war, der häufige Genuss unreifer Trauben Krankheiten brachte, der Wassermangel im dürren Sommer empfindlich wurde, und mit der Noth der Ungehorsam und die Unordnung wuchsen. Aus dem Festlande kam gleichfalls nichts, denn was dem Odysseus von dem Nachschube aus Thessalien entging, nahmen die Megarenser und die Bauern von Vilia und Kondura im Gebirge des Isthmus. Was bei Kenchräa gehäuft lag, nahm Emanuel Tombasis, der mit einem hydriotischen Geschwader die dortigen Magazine überfiel. Was aus Sicyon und Korinth in die Ebene von Argos gefördert werden sollte, entging dem Nikitas nicht, der alle Pfade vom Kyllene bis zum Arachne besetzt hielt.

Die Burg von Argos war zwar schon in der Nacht zum 4. August von der Besatzung verlassen worden, aber Dramali fand nicht einen Scheffel Getreide darin. Auch Nauplia, obwohl in den Händen Machmud-Pascha's, gab ihm keine Hülfe, denn die Bewohner der Stadt, auf das Verträgniss vom 30. Juni sich berufend, verschlossen ihm die Thore, und die Kanonen des Hafenschlosses bestrichen die Zugänge. Es war für Dramali nicht möglich, in dieser Lage zu verweilen. Ali-Pascha von Nauplia rieth ihm, mit dem einen Theile des Heeres in die Ebene von Sparta, mit dem andern in das nicht minder reiche Thal von Phlius durchzudringen, und so die Griechen zu trennen; Dramali-Pascha aber, auf die Flotte hoffend, zog vor, nach Korinth zurückzugehen. Schon am 6. August liess er sein Fussvolk den Weg nach St. Georg, das nahe an der Stelle der alten Phlius liegt, einschlagen, einen Theil der Reiterei aber von Mycenä aus durch die Dervenakia rücken. Jenes entkam, weil die Griechen nicht schnell genug zur Hand waren, diese aber stiess am Ausgange in die Ebene von Kleonä auf Nikitas und Ypsilantis, und der grösste Theil dieser Reiter erlag vertheidigungslos dem Feuer der hinter Felsen und Steinaufwürfen gelagerten Griechen. Am 7. ging der Gouverneur von Korinth mit einigen Kanonen dem Seraskier in die Ebene von Kleonä entgegen; dieser aber wählte am 8. den schlechten Steig über den heiligen Berg, in der Hoffnung, dass die Hauptkraft der Griechen vor den Dervenakien festgehalten sei. Am heiligen Berge standen der Archimandrit Dikäos und Ypsilantis. Nikitas und Pappa Flessa eilten mit etwa 2000 Mann dahin und fingen den Pascha an der rauhesten Stelle des Bergpfades ein. Da erlagen die rathlosen, dichtgedrängten Reiterhaufen, und Dramali schlug sich nur mit einem geringen Theile nach der Ebene durch. Seine Reiterei war aufgerieben bis auf wenige hundert Mann, die entweder mit ihm Korinth erreichten, oder nach Nauplia zurückflüchteten. Seine Kameele, seine Saumthiere, seine Rosse und Waffen, sein Gepäcke füllten die Märkte der Halbinsel.

Nach diesem entscheidenden Siege schallte Jubel durch das ganze Land, aber die Griechen liefen aus einander, jeder beeifert, seinen Theil an der Beute zu verkaufen oder den Seinen zu bringen. Nur Ypsilanti und Nikitas setzten von Piada nach dem Isthmus über, um den Feind an die Ebene von Korinth zu fesseln, und der Bruder des letztern berannte mit wenigen hundert Mann Nauplia aufs Neue. Petrobey hielt noch die Mühlen von Lerna und die leichenbedeckte Ebene von Argos. Kolokotronis sperrte die Ebene von Korinth an ihrem westlichen Ende. Es fehlte an Gefechten nicht, in denen die Griechen manchen tüchtigen Mann, wie den eben erwähnten Bruder des Nikitas, verloren; aber immer enger wurde der Kreis um Dramali-Pascha, und sein Untergang lag vor Augen.

Während so durch Unbesonnenheit von der einen und Muth von der anderen Seite, durch Sonnengluth, Kampf und Seuche dem Sultan ein stattliches Heer sammt seinem Führer zu Grunde ging, vertändelte die türkisch-ägyptische Flotte, durch die Unfähigkeit ihres Führers gelähmt, vor Patras die Zeit. Zu Constantinopel aber beschäftigte sich die Regierungsgewalt fast ausschliessend mit der Zähmung der Besatzungen der Schlösser des Bospors und der Janitscharen, wovon die einen, unter dem Namen der Jamaks bekannt, und fünf Orta's der letztern sich Widersetzlichkeit und Ausschweifungen solcher Art erlaubten, dass der Sultan aus den Listen der Janitscharen sich ausstreichen zu lassen und sammt seinen Söhnen aus der Hauptstadt sich fortzubegeben drohte. Dieses Hatti-Scherif brachte die erwünschte Wirkung — die tiefste Ruhe folgte auf die aufrührerischen Bewegungen, die allenthalben Furcht und Schrecken verbreitet hatten. Zwischen vier- und fünftausend der Schuldigen wurden eingekerkert, verbannt oder hingerichtet, zum Theil auf offener Strasse erschlagen. Die Entwaffnung aller Muselmänner unter achtzehn und über sechzig Jahre wurde vorgenommen, und galt für die Vorbereitung zur allgemeinen Entwaffnung.

Indessen waren durch Lord Strangford und den Internuntius auch die zu Wien beschlossenen Schritte geschehen. Das Wiener Cabinet trat scheinbar zurück, und liess dem Londner den Vortritt zu Constantinopel. Der Lord empfing übrigens seine Weisungen durch den Fürsten Metternich, dem Londonderry die Führung des schweren Geschäftes ohne Misstrauen überliess. Die Pforte erschrak wirklich vor der Drohung Oesterreichs, ihr seine Verwendung zu entziehen, und die Einerleiheit der Sprache Englands mit derjenigen Oesterreichs, die sie lange bezweifeln wollte, verfehlte den Eindruck nicht. Um den Schein des Nachgebens von sich ferne zu halten, that sie von selbst, was ihr genug schien, um die Verbündeten zu befriedigen; sie rief nämlich aus den Fürstenthümern die asiatischen

Truppen, und bald auch die meisten der übrigen ab, und bereitete die Ernennung der Hospodare mit den nach Constantinopel gekommenen Bojaren vor, die sie mit Auszeichnung behandelte.

Diese Zeichen der Nachgiebigkeit, von Lord Strangford in Petersburg geltend gemacht, trugen nicht wenig bei, den Kaiser für die Vorschläge des Fürsten Metternich zu entscheiden. Capodistria's Einfluss sank tief, und derjenige des Grafen Nesselrode stieg. Die Hartnäckigkeit des Divans allein konnte diess Verhältniss wieder umkehren. Die Schwierigkeiten der Unterhandlung mit der Pforte sprangen nur daraus, dass sie sich nun weit mehr vor ihren eigenen Unterthanen als vor Russland fürchtete. Briefe aus Odessa beruhigten sie über die Wahrscheinlichkeit des Krieges, aber dadurch war den Unterhändlern das stärkste Mittel entzogen. Ohne ihr irgend einen wirklichen Vortheil, oder wenigstens einen, den man dafür geltend machen konnte, darzubieten,. hatten diese keine Hoffnung vorwärts zu kommen. Ueberdiess war durch die Verbrennung des Kapudan-Pascha keine geringe Erbitterung in das Gemüth des Sultans und seiner Minister geworfen. Lord Strangford sandte diese Bemerkungen den Beauftragten der fünf Mächte entgegen, die im Laufe des Juni sich zu Wien vereinigten. Ganz den Vorschlägen, die Tatitscheff nach Petersburg gebracht hatte, gemäss, erliess Alexander noch im Mai an seine Gesandten in Berlin, London und Paris den Auftrag, die Höfe zur Ermächtigung ihrer Bestellten in Wien einzuladen, mit dem Bailly von Tatitscheff, den er abermals dahin senden werde, und dem österreichischen Staatskanzler in Besprechungen über die zweckmässigsten Mittel zur Unterstützung Lord Strangford's, oder wenn dessen Wirksamkeit ohne Erfolg bliebe, zur Erreichung der in der österreichischen Denkschrift ausgesprochenen Grundlagen zur Herstellung des Friedens auf anderem Wege einzugehen.

Tatitscheff traf am 11. Juni wieder in Wien ein und brachte die Bestätigung aller Erwartungen des österreichischen Staatskanzlers. Die Räumung der Fürstenthümer und die Sendung eines türkischen Bevollmächtigten auf irgend einen Punct des russischen Gebietes waren die einzigen Forderungen, von denen Russland die Anknüpfung diplomatischer Verbindungen mit der Pforte abhängig machte. Der Kaiser sah in der Sendung des Bevollmächtigten einen Ehrenpunct. Fürst Metternich suchte dagegen der Pforte den Antrag Russlands als den ersten Schritt zur Versöhnung darzustellen, hinter dem sie nicht zurückbleiben dürfte, wenn sie anders einen Werth darauf legte, die Aufrichtigkeit ihrer bis nun geäusserten Gesinnungen von jedem Verdachte rein zu erhalten. Der Internuntius erhielt den Auftrag Lord Strangford auf das lebendigste zu unterstützen, die Gesandten von Preussen und Frankreich erhielten ähnliche Weisungen. So wie die Minister in den Besprechungen zu Wien völlig unter sich einig waren, so die Beauftragten der Mächte zu Constantinopel in ihrer Sprache und Handlungsweise. Kluges Nachgeben würde die Pforte jetzt aus mancher Verlegenheit gezogen haben; um künftigen Verlegenheiten nicht entgegen zu treten, beharrte sie aber in denen der Gegenwart; das Festhalten an ihrer Rechtsansicht bereitete ihr neue und grössere Uebel.

Sie hatte einstweilen den wichtigen Schritt der Ernennung der Hospodare gethan, und zwar verliess sie die früher übliche Bestimmung, diese Fürsten aus Griechen zu wählen, und aus gerechtem Misstrauen gegen diess Volk und um den Provinzen gefällig zu seyn, wählte sie Eingeborene. Die Bojaren Gregor Ghika und Johann Sturdza wurden am 19. und 21. Juli, zu Bukarest der eine, der andere zu Jassy als Hospodare ausgerufen. Zugleich kam Befehl zum Abzuge aller türkischen Truppen aus den Fürstenthümern bis auf 2000 Mann, wovon jedem der beiden Hospodare tausend Mann beigegeben bleiben sollten.

Lord Strangford fasste diese Thatsachen von der günstigsten Seite, die sie darboten, auf *). Er hoffte viel von einer in freundschaftlichem Tone abgefassten Mittheilung derselben an Russ-

*) Siehe Beilage III. 19.

land, wenn sie von der Pforte selbst unmittelbar an den Kaiser Alexander gemacht würde — und Fürst Metternich unterstützte ihn lebhaft in dieser Ansicht. Am 27. Juli fand eine Unterredung zwischen dem Lord und dem Reis-Efendi Statt *). Strangford brachte den Vorschlag der Sendung eines Bevollmächtigten zur Sprache, als sicheres Mittel, sagte er, um die thatsächliche Rückkehr zur gewünschten Ordnung in den Fürstenthümern durch die Zuthat dieser Form für die Pforte so folgenreich und nützlich als möglich zu machen. Die lange Unterbrechung der diplomatischen Verhältnisse mit Russland erfordert mehr, fuhr er fort, als die einfache Rückkehr zur Erfüllung der Verträge, und es handelt sich nicht bloss darum, die Grundlagen zum freundschaftlichen Verbande mit dem mächtigen Nachbarstaate zu legen, sondern der Vortheil der Pforte will, dass sie neuen Missverständnissen vorbeuge. Die Hauptquelle der seitherigen ist eben die Aufhebung des diplomatischen Verbandes gewesen, also muss die Pforte sich beeilen, dieselbe zu verstopfen. Es kann sich nicht darum handeln, an Würde, Rechten oder Vortheilen zu opfern, auch Russland, auch die Mächte werden Bevollmächtigte senden, und dieselben kommen eigentlich nicht als Unterhändler, sondern als Herolde des Friedens zusammen. Der Reis-Efendi erwiederte einfach, dass die Pforte ja schon ihre Antwort auf diesen Vorschlag gegeben, und nichts beizusetzen habe. Dschanib-Efendi aber bemerkte dem englischen Botschafter, er spräche, was ihm befohlen, nicht was er dächte. »Wozu ein Bevollmächtigter? Wir haben keinen Zwist mit Russland gehabt. Russland rief nach Ausbruch einer Revolution, deren Ursachen und Veranlassungen zu suchen jetzt zu nichts mehr nützen kann, seinen Minister ab, und gab uns dadurch den stärksten Beweis seiner feindseligen Gesinnungen, den es, ohne den Krieg selbst zu machen, geben konnte. Wir hatten keine Ursache, Strogonoff zu lieben; aber auch so, wie dieser russische Minister war, hätten wir ihn

*) Siehe Beilage III. 20.

gerne behalten, denn es gehörte eben kein überscharfer Blick dazu, um einzusehen, dass die plötzliche Abreise desselben, zusammengehalten mit den lauten Kriegsverkündigungen, die in ganz Europa liefen, und mit den Versprechungen der russischen Agenten im Archipel, die Griechen im Aufstande bestärken und Ströme Blutes vergiessen machen würde. Um die traurigen Folgen dieser Abreise zu vermindern, verkündigten wir damals die Amnestie. Kann man vernünftiger Weise voraussetzen, dass damals, wo die Rebellen schwach und unter sich uneinig waren, sie nicht gerne die Amnestie angenommen haben würden, wenn nicht die Aussicht auf den Krieg Russlands gegen uns sie in Verstockung erhalten hätte — eine Aussicht, allerdings durch die Erklärung gefördert, dass nach der Ansicht der Verbündeten das Betragen der Pforte künftighin ihr Bestehen neben den christlichen Mächten in Europa unmöglich mache.«

»Indem Russland seinen Minister abrief, hat es uns alles Uebel angethan, das es uns anthun konnte. Sind wir dahin gebracht, es nun zu bitten, dieses Uebel von uns abzuwenden, nach Constantinopel einen Minister zu senden, und dadurch die Zulässigkeit unseres Bestehens in Europa wieder auszusprechen? — Ein Bevollmächtigter! Aber ein Bevollmächtigter muss Vollmachten haben, und welche Vollmachten sollen wir Jemanden geben, der keine braucht, weil er nichts zu verhandeln, nichts zu bitten und nichts zu gewähren hat? — Die Verträge bestehen und sind kein Gegenstand neuer Verhandlung; wir aber haben ausserhalb den Verträgen nichts für uns zu verlangen, und sind entschlossen, Anderen nichts zu gewähren.«

Strangford suchte die Nothwendigkeit zu erweisen, das Vergangene als vergangen zu betrachten, und sich mit der Zukunft zu beschäftigen. Er ging unmerklich auf die Einmischung über, indem er in der Unbestimmtheit der Gränzen des Schutzes einerseits und der Souverainität anderseits die Quelle des Missverständnisses bezeichnete, welches schon vor Ausbruch der griechischen Revolution zwischen die Pforte und Russland Kälte gebracht hätte. Er wünschte der Pforte Glück, jetzt eine Gelegenheit zu haben, dieses ein für allemal abzuthun und bis auf die Wurzel auszurotten. »Vergesset die Vergangenheit, benützt die Gegenwart und sichert euere Zukunft, das muss heute euere Politik seyn. Dazu ist aber die Sendung eines Bevollmächtigten unerlässlich. Ihr habet nichts zu verlangen von Russland, sagt ihr; aber ihr sprechet doch mancherlei Begehren aus. Durch die Sendung eines Bevollmächtigten werdet ihr die Vortheile eines Vertrages ohne die Kosten eines Krieges haben; durch diese Vorarbeit mit dem wieder nach Constantinopel kommenden russischen Gesandten euch sogleich, ohne unangenehme Dinge zu berühren, auf freundschaftlichen Fuss setzen können.« Er suchte auch die aus einer falschen Ansicht der Würde entsprungenen Einwürfe zu widerlegen, und rieth der Pforte an, diese Sendung eines Bevollmächtigten, als von ihr ausgehend, als eine von ihr Russland vorgeschriebene Bedingung vor ihrem Volke geltend zu machen.

Alle diese Gründe machten die Minister der Pforte nicht wanken. »Schade,« antwortete Dschanib-Efendi, »dass unser Freund eine so schlechte Sache zu vertheidigen hat. Schade noch mehr, dass er besser wissen will, als wir selbst, ob wir von Russland etwas zu verlangen haben. Wir wiederholen, dass wir nichts, gar nichts von Russland wollen. Sendet es wieder einen Gesandten hieher, so werden wir ihn freundlichst empfangen — aber wir wollen auf dem Felde der Verträge stehen bleiben. Es gibt aber keinen Vertrag, der uns verpflichte, Russland durch einen Bevollmächtigten zur Anknüpfung von Verhältnissen einladen zu lassen, die es eigenmächtig abgebrochen hat. Wir wollen und erwarten nichts von Russland; wir erwarten auch keine Verwendung von Seiten der Mächte für gerechte Forderungen, die wir an Russland allerdings zu machen hätten. Haben sie die Auslieferung der Landflüchtigen unterstützt? haben sie uns auch nur gedankt dafür, dass wir diess Begehren vertagten? Welches Ziel soll die Unterhandlung haben? Die Erfüllung der Verträge, in so ferne sie zu Gunsten Russlands lauten? aber sie sind ja erfüllt; oder die Erfüllung derselben zu unseren Gunsten? Aber wir vertrauen in die Gerechtigkeit des Kaisers Alexander, und brauchen hiezu die Verwendung der Mächte nicht. Wir duldeten ihre Einmischung, in so lange die Umstände uns genöthigt hatten, mit der Erfüllung einiger Klauseln der Verträge, die unter ihrer allgemeinen Bürgschaft stehen, auszusetzen — aber wenn der Grund wegfällt, fällt auch die Einmischung weg. Wir sind eine unabhängige Macht, und haben so gut als eine andere das Recht, unsere inneren Angelegenheiten selbst zu regeln. Hat Grossbritannien nicht Millionen Muselmänner unter seiner Herrschaft in Indien? wenn diese sich empörten, würdet Ihr unsere Einmischung dulden? oder auf unser Verlangen einen Bevollmächtigten nach Constantinopel senden, um über die Mittel zu unterhandeln, die uns beliebte euch zu erlauben, gegen die Rebellen in Anwendung zu bringen? Der Kaiser will den Frieden, aber manche seiner Räthe wollen den Krieg. Bis jetzt wurden die Umtriebe zu Schanden, darum versuchen sie einen neuen Weg. Sie wissen, dass unser Bevollmächtigter die Zumuthung, die Einmischung zuzugeben, verwerfen würde — diess würde zum Bruche der Verhandlungen führen — auf uns käme dann alle Schuld davon — in den Augen von Europa würden sie uns als die Widerspenstigen und den Krieg als eine Nothwendigkeit hinstellen. Wer so wie wir die Schlüssel zu allen geheimen Vorbereitungen der griechischen Revolution in Händen hat, kann darüber sich nicht täuschen.«

»Sind wir nicht in unserem vollen Rechte? Weit entfernt, fremde Einmischung anzusprechen, bitten wir vielmehr inständigst, uns mit dem Antrage derselben vom Halse zu bleiben. Wir wissen am besten, wie unsere Unterthanen zu behandeln sind. Es gab ja sonst auch schon Aufstände unter den Griechen; keine christliche Macht mischte sich darein. Wir wurden damals fertig damit und werden es wieder werden.«

Strangford läugnete auf das Bestimmteste die Absicht der Mächte, sich in die inneren Angelegenheiten der Pforte zu mischen, berief sich aber auf Pflichten der Menschlichkeit, die in allen Theilen der civilisirten Welt gälten, und denen zufolge die Mächte unmöglich gleichgültig bleiben könnten bei dem Anblicke der Gräuel dieses Kampfes, des einzigen dermalen auf der ganzen bekannten Erde. Uebrigens wäre der zu ernennende türkische Bevollmächtigte ja Herr, zu verwerfen, was ihm anstössig schiene, obwohl die Mächte gewiss nicht die Absicht hegten, etwas Anstössiges vorzubringen. Die Auslieferung der Landflüchtigen erklärte Strangford geradezu für eine Verpflichtung, deren Erfüllung der Pforte eben so unmöglich fallen würde, als Russland, und rieth, auf dieselbe lieber nicht zurück zu kommen. Er bestand auf der Sendung eines Bevollmächtigten, sollte sie auch nur den Zweck haben, das Petersburger Cabinet von der Ernennung der Hospodare in Kenntniss zu setzen. Aber die türkischen Minister beharrten auf der Verneinung, und erklärten insbesondere, dass eine solche Mittheilung wohl an die russische Mission in Constantinopel, nicht aber an das russische Cabinet zu geschehen pflegte, und eben desshalb diessmal an die Vertreter dieser Mission, an die englische und österreichische, geschehen sei.

Nachdem der englische Botschafter somit in allen seinen Forderungen zurückgewiesen war, entwickelte der Reis-Efendi, wie die Pforte völlig Genüge geleistet habe den vier Punkten des Ultimatums. Seine Vertheidigung gegen die Zumuthung, in einem eigenen Artikel die Unterscheidung der Schuldigen von den Unschuldigen zu unterzeichnen, war eben so beredt als überzeugend, und weil sie die Weise zeigt, in welcher einem türkischen Grossen und Minister der Pforte die Gräuel erschienen, über die ganz Europa laut aufschrie, wollen wir hier seine Aeusserungen wiederholen. „Wir werden nie über die hohe Pforte die Schmach bringen, feierlich zu versprechen, wozu wir als Menschen und Muselmänner verpflichtet sind; wir werden handeln darnach, so wie wir darnach gehandelt haben, und wenn unser schützender Arm nicht überall die Unschuld retten konnte — unser strafender nicht immer die Misshandler der Unschuld erreichte, so berufen wir uns auf Gott, der die Herzen der Menschen sieht und die Mächtigsten nicht allmächtig gemacht hat. Der erste und glühendste Wunsch des Sultans war, gegen seine verirrten Unterthanen den Eingebungen seines Herzens folgen zu können; oft und oft bot er ihnen Verzeihung an und Vergessen; überall, wo dieser Antrag Aufnahme fand, wie dieses auf mehreren Inseln geschah, wurde ein Schleier über die Vergangenheit geworfen, und überall, wo die Unterthanen ihrer Pflicht getreu geblieben waren, häufte der Sultan auf sie die Beweise seiner Gnade. Wenn aber trotz dem die grosse Mehrheit der Griechen, in Erwartung der Hülfe von aussen, diess Anerbieten übermüthig verwarf, so möge Europa, wenn es die Kraft dazu hat, gerecht genug seyn, nicht dem Sultan als Schuld zuzurechnen, dass er dort strafte, wo er lieber verziehen hätte. Ueberall, wohin unsere Waffen sich wandten, sendeten wir die Zusage der Verzeihung voraus. Aber welche Aufnahme fanden die Träger dieser Worte des Friedens? Ermordet wurden sie auf unmenschliche Weise, und Spott war die Antwort. Auf Chios selbst, dieser unglücklichen Insel, die der Schauplatz grässlicher Unordnungen geworden ist, wiederholte der Kapudan-Pascha zu verschiedenen Malen die Zusage der Milde des Sultans, aber die Rebellen antworteten mit Niedermetzelung der unglücklichen Muselmänner, die sich in den Händen dieser barbarischen Christen befanden. Darf man sich wundern, dass ein furchtbarer Gegenschlag folgte? Dennoch hat das Schicksal von Chios mit tiefster Betrübniss das Herz des Sultans erfüllt. Er konnte sich aber den Trost geben, dass es nicht länger von ihm abhing, den Strom von Gräueln aufzuhalten, nachdem die Rebellen die durch sein Siegel und sein geheiligtes Wort verbürgte Verzeihung hochmüthig verworfen hatten. Der Botschafter, unser Freund, hat uns oft Klagen über das Verhängniss von Chios vorgebracht, aber niemals schien ihn das nicht minder traurige Schicksal der unglücklichen Muselmänner zu rühren, die zu Tripolitza, zu Navarin, zu Korinth, und neuerlich zu Athen, den abgeschlossenen Verträgen zum Trotze, gemordet wurden. Wir fragen ihn, ob diese Gräuel nicht nothwendig unser Volk auf das Aeusserste treiben, den Geist der Rache wecken mussten? Die Muselmänner, unsere Brüder, müssten mehr oder weniger als Menschen seyn, um solchen Ausforderungen zu widerstehen. Von Seite der Regierung wurde auch nicht ein Einziger zu Tode gebracht, ohne dass die Beweise seiner Schuld ihn dazu verdammt hätten.«

Die Geisseln von Chios! rief Lord Strangford aus. »Geisseln waren sie eben,« antwortete der Reis-Efendi, »d. h. Bürgen der Treue ihrer Mitbürger, und diese Letzteren wussten, welcher Gefahr sie dieselben aussetzten. Zu allen Zeiten und an allen Orten hat man Geisseln gegeben, und diess nirgends als eine blosse Förmlichkeit betrachtet. Setzen wir, ein christlicher Heerführer nehme Geisseln für die Uebergabe eines Platzes, oder für die Erfüllung irgend einer Verpflichtung, und die Uebergabe geschehe nicht, oder die Verpflichtung werde nicht erfüllt, was wird er mit den Geisseln thun? — Aber die Geisseln von Chios waren überdiess persönlich verfallen; mehrere unter ihnen machten Spione, und sandten ihren Mitverbrechern Nachrichten, die wir auffingen.«

»Der Botschafter hat uns Vorstellungen über die Behandlung der Sclaven gemacht, aber weiss er nicht, dass unser Gesetz und unsere Religion uns hiezu berechtigen? Treiben nicht Christen selbst heutzutage noch Sclavenhandel, Handel mit Unglücklichen, die nicht Rebellen, nicht überwundene Feinde, nicht gesetzlich in Sclaverei gebrachte Menschen sind? Es ist nicht lange her, dass mehrere Mächte Anstand nahmen, selbst diese Art von Sclaverei, die nur ein missverstandenes Wort mit der bei uns gesetzlichen in eins zusammenwerfen kann, für einen gehässigen, empörenden Missbrauch anzusehen. Auch weiss der Bothschafter, dass Tausende von Muselmännern sich dermalen noch in den Fesseln der Griechen befinden, und er wird gestehen, dass ein grosser Unterschied obwaltet zwischen der Art, mit welcher wir diejenigen behandeln, welche die unsinnige Rebellion in unsere Hände gebracht hat, und zwischen den Grausamkeiten, welche die übermüthigen Griechen an Greisen, Weibern und Kindern üben, welche der Rathschluss der Vorsehung in Gefangenschaft warf.«

»Ich habe diese Frage breiter behandeln, ich habe sie erschöpfen wollen, weil sie in Europa das weite Feld von Lügen, Uebertreibungen und Empfindeleien ist. Will der Botschafter, unser Freund, noch einen eigenen Artikel zur Sicherung der Unterscheidung der Schuldigen von den Unschuldigen, so rufe ich ihm die Massregeln in's Gedächtniss, die in der Hauptstadt selbst in den letzten vier Wochen genommen wurden. Hunderte von Muselmännern sind mit dem Tode bestraft worden, weil sie unschuldige Raja's an Gut oder Leben angegriffen hatten. Sie sehen, der Sultan kennt Gerechtigkeit, und weiss den unschuldigen Raja zu schützen, so wie den schuldigen Muselmann zu strafen.«

Diese Unterredung endete mit der Erklärung der türkischen Minister, dass die Pforte nie und nimmermehr fremde Einmischung annehmen, und nie einen Schritt über die Verträge hinaus machen werde. Strangford stand ihnen gegenüber in entschiedenem Nachtheile, weil auf dem Felde des Rechtes seine Sache nicht zu führen war, und er überdiess weder Vortheile anzubieten, noch Drohungen auszusprechen hatte.

Während der Bericht dieser vergeblichen Unterredung nach Wien ging, waren von dort die Weisungen an Lord Strangford unter Weges, die ihm den Angriffsplan vorzeichneten *). Sie waren vom 31. Juli, und enthielten folgende Puncte:

1. Die Räumung der Fürstenthümer muss völlig seyn; die Ernennung der Hospodare ist nur eine untergeordnete Massregel.
2. Um uns in die Lage zu setzen, an einem völligen Verständnisse mitzuarbeiten, muss die Pforte den Ministern der verbündeten Mächte als eine Thatsache zugeben, dass die Amnestie nothwendig geworden sei, um die Verirrten zurück zu führen.
3. So wie die Pforte diess Zugeständniss gemacht hat, muss sie überzeugt werden, dass unter den dermaligen Umständen eine Amnestie ohne Beiwirken der Mächte, und namentlich Russlands, unwirksam sei.

---

*) Siehe Beilage III. 21.

4. Diess Beiwirken setzt eine vorläufige Unterhandlung voraus — diese die Sendung eines Unterhändlers.
5. Jede Massregel der Pforte, welche zur Annäherung an Russland führt, wird von den Verbündeten höchlichst gebilliget, aber es dürfen desshalb die eben ausgesprochenen Vorschläge nicht übergangen werden.

Nach Empfang des Berichtes über die Unterredung vom 27. wusste man zu Wien, dass die Hoffnung, eine beendigte Sache den Monarchen bei ihrer Zusammenkunft vorlegen zu können, eitel war. Metternich hielt noch an der Amnestie fest, denn wenn die Griechen sie auch nicht annehmen sollten, die Stellung Russlands zur Pforte würde dennoch eine nähere geworden seyn. Strangford hoffte im August noch, wenigstens das Versprechen der Amnestie zu erhalten, und schrieb an Sir Robert Gordon, Botschafter in Wien, am 22. er werde nicht nach Wien kommen (wohin er verlangt hatte), bevor er nicht diess Versprechen mit sich nehmen könnte. Er drang desshalb auf eine neue Unterredung. »Die türkischen Minister,« schrieb er, »sind vernünftig, wenn sie reden, und unvernünftig, wenn sie schreiben. Zwar sind ihre Noten gut gedacht, aber die Nachgedanken, diejenigen, welche die Maler pentimenti nennen, verderben alles.« Auch diese Unterredung hatte keinen Erfolg, obwohl Strangford die Besorgnisse zu nützen suchte, welche die baldige Vereinigung der Kaiser und Cabinete zu Verona ihnen einflössten *). Die Nachricht von dem Tode Londonderry's beschleunigte seine Abreise. Am Tage derselben, 5. September, gab die Pforte noch eine Note an ihn, im Geiste der mündlichen Aeusserungen der Minister abgefasst. Sie blieb unverrückt auf der Linie der Verträge. »Ihr wollet die Beilegung des Aufstandes?« hiess es darin, »nun gut, so mischet euch nicht darein, weder offen, noch unter der Hand.«

Strangford ging fast hoffnungslos von Constantinopel ab, und am 5. October schrieb er aus Wien diese Ansicht an Georg

---

*) Siehe Beilage III. 22.

Canning, den Nachfolger Londonderry's *). »Die Wahrscheinlichkeit der Anknüpfung der diplomatischen Verhältnisse als unmittelbare Folge des von der Pforte verlangten, an Russland zu machenden unmittelbaren Schrittes ist gerade das, was sie abhält, diesen Schritt zu machen. Sie ist zu glücklich darüber, von der Controlle und Einmischung eines russischen Gesandten befreit zu seyn, und zu sehr beschäftigt, die Abwesenheit eines solchen zur Ausmerzung der zahlreichen und grossen Missbräuche zu benützen, zu denen der russische Einfluss Veranlassung gab, um den dermaligen Zustand nicht verlängert zu wünschen. Da sie dem Stosse widerstand, den der Abruf der russischen Gesandtschaft ihren Angelegenheiten gab, so glaubt sie jetzt nur mehr an der Einbringung des Nutzens zu stehen, und will diese nicht aufgeben. Keine Berechnung ist daher falscher, als die auf die Meinung eines Verlangens der Pforte nach Wiederanknüpfung der diplomatischen Verbindung mit Russland gegründete. Hiezu kommt der Stolz des Sultans, der nie sich dazu verstehen wird, einen ersten Schritt zu machen, während er sich für den Beleidigten hält, alle Verpflichtungen der Verträge erfüllt zu haben glaubt, und gegenüber einer Macht steht, welche die ihrigen zu erfüllen hartnäckig verweigert, und täglich Einfälle in den asiatischen Gränzländern zugibt. Ich würde die Regierung S. M. täuschen, wenn ich irgend eine Hoffnung ausspräche, mit den bis jetzt angewendeten Mitteln einen Schritt vorwärts zu kommen.« Das war allerdings der wahre Stand der Dinge, und es gehörte der Gleichmuth und die Erfahrung des Fürsten Metternich dazu, um an demselben nicht zu verzweifeln.

Im September langte Kaiser Alexander zu Wien an. Dort fand er die Berichte Strangford's. Die Anklagen, welche die Pforte gegen mehrere russische Angestellte erhoben hatte, verletzte ihn sehr. Er empfing den Lord kalt. Eine Note des Grafen Nesselrode vom 26. September gab dieselbe Empfindlichkeit kund; laut warfen die

---

*) Siehe Beilage III. 23 a. b.

Russen dem Lord vor, er habe ihre Ehre verrathen. Canning war selbst einiger Massen beunruhigt dadurch. Strangford schrieb ihm aus Wien, 5. October: Je mehr er dem Frieden das Wort geführt habe, desto ungehaltener sei auf ihn das russische Ministerium, eben weil es, dem Willen des Kaisers entgegen, den Krieg wolle. Ihm zuzumuthen, dass er die Reinheit der russischen Agenten vertheidige, wäre albern: kaum einer dieser Agenten sei rein, und er habe Mühe gehabt, den Beweisen auszuweichen, welche Kurschit-Pascha in der Morea gesammelt, und die Pforte so grosse Lust hatte, ihm vorzulegen. — Dem Fürsten Metternich, der in Strangford sein brauchbarstes Werkzeug sah, gelang es bald, ihn mit Kaiser Alexander wieder auszusöhnen. Der Kaiser war entschiedener als je, den Kampf gegen die Revolution überhaupt, als seine grösste Aufgabe anzusehen. Er wendete sich mit Ekel von dem Gedanken, in einen Krieg für die Revolution gezogen zu werden, wo und wie sie immer erschiene. Auch hatte er sich völlig von Capodistrias abgewendet, so dass dieser sein Spiel verloren geben und das Feld verlassen musste. Er begehrte und erhielt einen Urlaub, den seine Freunde als einen unbestimmten zu betrachten liebten, den er selbst aber für das gab, was er war, für einen völligen Abschied. Er zog sich nach dem Bade Ems zurück, während der Kaiser nach Wien ging. Von den Ereignissen erwartete er die Rechtfertigung seines Benehmens als Minister, und er hatte Recht hierin, denn die Absichten genügen für das eigene Gewissen, der Ausgang allein aber entscheidet über Richtigkeit der Berechnung und Leitung. Die letzten Bande, die Alexander noch an ihn knüpften, löseten sich bald; die Revolution von Spanien war es, die dazumal den Kaiser am meisten beschäftigte; er sehnte sich, zu jedem Preise die türkische Sache vom Halse zu haben.

In dieser Stimmung ging er nach Verona, denn dahin hatte man die Vereinigung, die nach der in Laibach genommenen Verabredung in Florenz gehalten werden sollte, verlegt. Die orientalische Frage wurde in vertraulichen Besprechungen unter dem Kaiser Alexander, Fürsten Metternich, dem Grafen Nesselrode, dem Bailly von Tatitscheff und Lord Strangford behandelt; denn man legte Werth darauf, sie nicht mit den übrigen Verhandlungen zu vermengen. In der vierten Sitzung am 9. November *) gab Tatitscheff zu Protokoll: Die Wiederauffassung der diplomatischen Verbindung mit der Pforte sei abhängig:

1. von einer Erklärung der Pforte, dass sie mit Russland und den Verbündeten verhandeln wolle über die Bürgschaft, welche den Griechen für eine bessere Zukunft zu geben wäre, oder von der Darlegung einer Reihe von Thatsachen, welche ihre Achtung für die christliche Religion und den Wunsch, den Frieden in Griechenland herzustellen, bewiesen;
2. von einer unmittelbar an Russland zu stellenden Eröffnung rücksichtlich der Räumung der Fürstenthümer und der Ernennung der Hospodare;
3. von dem Widerrufe der hemmenden Massregeln gegen die fremde Schifffahrt.

Diese letzte Forderung war für Alexander ein Mittel zu ehrenvollem Rückzuge. Sein Verlangen ging dahin, dass die Schifffahrt nach dem schwarzen Meere frei erklärt werde, oder wenigstens, dass die Pforte über die spanische, portugiesische, sizilianische und andere Flaggen, welche noch nicht hiezu berechtiget waren, die Augen schliesse. Strangford, in dem mehrerwähnten Schreiben vom 5. October an Canning hatte auch über diesen Punct keine Hoffnung gegeben. Die Missbräuche dieser Flaggen hatten die Pforte zu Massregeln innerhalb ihrer Berechtigung als unabhängige Macht geführt, die den Handel der Südprovinzen Russlands zu beschränken schienen, aber nur schienen, denn die übrigen Flaggen gewannen, was denen von Spanien, Sardinien und Neapel entging. Die englische und jonische Schifffahrt im schwarzen Meere war um das Doppelte gewachsen. Die Pforte hatte sich übrigens stets

*) Siehe Beilage III. 24.

bereit erklärt, die freie Fahrt jeder Flagge zu gewähren, die mit ihr darüber unterhandeln wollte. Kürzlich war Schweden ein Beispiel. An Spanien liess sie durch Strangford die Eröffnung machen, die Fahrt gegen die Bedingung zu erlauben, dass jedes Fahrzeug nach Verhältniss seines Tonnengehaltes eine gewisse Menge Silbers brächte, die zu Constantinopel gegen Gold umgetauscht werden sollte. Mit Sardinien unterbrach die Unterhandlung der Tod des sardinischen Geschäftsträgers. Neapel hatte noch keine angesprochen. Uebrigens wusste die Pforte, dass Russland eigentlich darum zu thun war, den Griechen unter russischer Flagge diesen Handel frei zu machen; die Pforte aber, so eben von der Erfahrung belehrt, wie bald griechische Handelsschiffe sich in Kriegsschiffe umwandeln konnten, hatte keine Lust, den Griechen unter russischer Flagge diese Freiheit zuzugestehen.

Alle Mächte erklärten in der vierten und in der fünften Sitzung *), die am 26. November gehalten wurden, ihre Gesandten in Constantinopel mit der Unterstützung der russischen Begehren beauftragen zu wollen, und Tatitscheff sprach Tags darauf, in der sechsten **), seinen Dank dafür aus. Den Generalconsul Pini, gegen den die Pforte Anklagen vorgebracht hatte, ersetzte der Kaiser durch Herrn von Minciaky. Keine Stimme war an diesem Congresse zu Gunsten der Griechen, und selbst die Absicht der Einmischung fand keinen Ausspruch mehr. Schon als man über diesen Gegenstand sich völlig geeiniget hatte, langte ein Schreiben von Andreas Metaxas, der als griechischer Abgeordneter auf dem Wege nach Verona war, an den König beider Sizilien und, dem Sinne nach, an die zu Verona vereinigten Souveraine an. Es lag demselben ein Beschluss der einstweiligen griechischen Regierung bei, der den Abgeordneten ermächtigte, Zutritt bei den Monarchen zu verlangen, um die Rechte des griechischen Volkes geltend zu machen und dessen

*) Siehe Beilage III. 25.
**) Siehe Beilage III. 26.

Beschwerden aus einander zu setzen *). Der Congress fand diese Actenstücke anmassend und ungeschickt. Der Pabst wurde aufgefordert, Metaxa aus Ancona, wo er Quarantaine hielt, wegzuschicken. Die Erklärung der griechischen Regierung an die christlichen Monarchen, gleichzeitig mit der Absendung Metaxa's kund gegeben, gelangte nicht nach Verona **). Die Griechen waren von den Königen verworfen. Es konnte nicht anders kommen; es war auch gut so, denn nur aus sich heraus sollten sie wieder ein Volk werden. Die Hochmüthigen und Oberflächlichen in den Cabineten hielten es nicht der Mühe werth, auf sie herab zu blicken; die Menschlichen beklagten sie; die Verständigen erwarteten sie in der Feuerprobe der Gefahr. Lord Strangford ging am 28. November über Korfu nach Constantinopel zurück.

Dort war der österreichische Internuntius, Graf Lützow, einstweilen durch Freiherrn von Ottenfels ersetzt worden, einen sehr fügsamen Mann, der sich gerne zur Rolle verstand, die ihm neben dem fähigen aber ehrsüchtigen Lord zugewiesen wurde. Er hatte am 15. October seine Aufwartung beim Sultan gehabt. Die Pforte, beunruhigt durch den Congress von Verona, machte ihre Armee vollzählig und legte Magazine zu Nissa an. Sie fuhr fort, strenge zu seyn gegen Janitscharen, welche sich Gewaltthaten gegen unschuldige Raja's hatten zu Schulden kommen lassen; an einem einzigen Tage wurden deren dreissig erdrosselt. An die Flotte und an Kurschit-Pascha schickte sie dringende Mahnungen, mit der Unterwerfung der Griechen zu eilen.

Die Kriegsereignisse blieben aber entschieden den Letzteren günstig. Nach dem Rückzuge Dramali's bis unter die Kanonen von Akrokorinth war, zu Ende August, Kolokotronis nach Tripolitza zurückgekehrt und von der Gerusie als Retter des Vaterlandes be-

*) Siehe Beilage III. 27.
**) Siehe Beilage III. 28.

grüsst worden. Niemand achtete die in einem Kloster bei Astros nun vor dem Dictator wie erst vor den Türken zitternde Regierung, von der man weiter nichts kennt, als eben die an die zu Verona versammelten Monarchen gerichtete Zuschrift. Kolokotronis befahl, dass in jedem Bezirke der Halbinsel die Zahl der streitfähigen Männer in Hälften getheilt werde, wovon jedesmal für sechs Monate die eine in's Feld rücken, die andere den Boden bebauen sollte; auch liess er Ausreisser brandmarken. Seine durchgreifenden Massregeln hiessen aber bei vielen Primaten Anmassungen; die Glieder der ohnmächtigen Regierung arbeiteten gegen ihn; den Senat der Halbinsel selbst drückte die Abhängigkeit von ihm; der Streit um die Abgaben und um die Kriegsbeute brachte Capitaine gegen Capitaine auf; die Bestrebungen der verschiedenen Behörden kreuzten und rieben sich. Es kam zu Zwistigkeiten, und trotz den Bemühungen des Peter Mavromichalis, Ypsilanti's und Anderer, drohte der Bürgerkrieg. Darüber nahm der Hydriote Georg Konduriotis die Zügel der Regierung und hielt sie.

Die türkische Flotte, nachdem sie nichts gethan hatte vor Mesolongi, umsegelte die Halbinsel und erschien am 21. September, also viel zu spät, in den Gewässern von Spezzia, wo sich die hydriotischen und spezziotischen Schiffe, 60 an der Zahl, unter Miaulis, den 84 schweren Schiffen des Feindes entgegenstellten. Gross war der Schrecken namentlich in Spezzia, dessen Bewohner nach dem besser geschützten Hydra, oder auf die gegenüber liegende Küste flüchteten, wo alles Volk in Waffen stand. Aber nach wenigen Tagen, ohne auch nur Nauplia verpflegt zu haben, floh diese Flotte, gejagt durch die Angst vor Brandern, wie eine geschlagene, aus dem Golfe in die Gewässer von Kandia. Vergleicht man die Mittel, so war für die Griechen der Erfolg ein grosser; bringt man aber die Fähigkeit in Anschlag, so hatten auch die Griechen diessmal nichts Rühmliches vollbracht.

Während dieser Vorgänge in der Halbinsel rüstete Kurschit-Pascha bei Larissa, Janina und Arta neue Angriffsmassen, und die

Vortruppen am Sperchius erhielten Nachschub an Leuten und Mitteln. Odysseus aber mit Guras, Dyovuniotis, Makryjannis und Anderen sperrten die Thermopylen, und erleichterten dadurch dem Ypsilanti und Nikitas den Isthmus zu schliessen. Odysseus und Ypsilanti, durch die Gefahr versöhnt, trafen sich auch persönlich in Athen, wo der erste feierlich am 6. October von den Bischöfen und Primaten von Böotien und Attika zum Dictator von Ostgriechenland erwählt, der Areopag aber aufgelöst wurde. Guras erhielt den Befehl in der Akropolis, deren Werke ausgebessert und vermehrt wurden. Ypsilantis und Nikitas gingen, sobald von den Türken in Korinth nichts mehr zu besorgen war, nach dem Peloponnes, Odysseus aber zu Anfang November nach dem Parnass, wo Mechmet-Pascha eben mit 12,000 Mann drohend vorbrach. Ueber den Khan von Gravia senkte sich diese Masse Albanesen nach Salona hinab, vertrieb dort den Capitain Panurias, verbrannte die Stadt und überfiel bald den Odysseus selbst zu Dadi, so dass dieser nur der Schnelligkeit seiner Füsse seine Rettung auf Felsensteigen nach Arachova verdankte. Mit Unterhandlungen täuschte Odysseus den siegreichen Pascha, bis ein Theil der Albanesen unwillig abzog, und die Nachricht von dem Tode Kurschit-Pascha's Auflösung in das Heer brachte. Da ging Mechmed nach Lamia zurück und schätzte sich noch glücklich, mit Odysseus einen Waffenstillstand bis zum nächsten Frühjahre eingegangen zu seyn. Er lud sogar die türkischen Befehlshaber auf Euböa ein, dem Vertrage sich zu fügen; diese aber setzten im Norden mit den Griechen unter Diamantis und im Süden mit Grisiotis ihren unentscheidenden Kampf fort.

Gefährlicher standen die Sachen im westlichen Griechenland. Nach der Niederlage bei Peta war diess Land offen. Unter englischer Vermittlung hatten sich im August auch die Sulioten des Kampfes begeben, und wurden, geringe Reste einer heldenmüthigen Bevölkerung, im September, der Heimath auf immer Lebewohl sagend, auf jonischen Schiffen nach Kephalonia gebracht. Losgebunden nunmehr brach Omer-Pascha, im October, mit etwa 12,000 Mann durch die Engwege des Makrynoros, geführt von Georg Varnakiotis und anderen Akarnaniern, welche die Sache ihres Volkes verlassen und mit den Türken vertragen hatten. Mavrokordato, der seit seiner Rückkehr von Peta unablässig bestrebt gewesen war, Vertheidigungsmittel aufzubringen, zog sich vor ihm nach Mesolongi zurück, beschloss aber trotz der Entblössung dieses weitgedehnten und schlechtgeschützten Platzes und trotz mancher Gegenmeinung, darin zu halten. Dieser Entschluss schien damals tollkühn; aber Mavrokordato, reich an Zuversicht und erfinderisch an Mitteln, beurtheilte die Lage der Dinge mit richtigem Blicke. Obwohl dem Namen nach Haupt der Regierung, war er unter den Bedrängnissen Westgriechenlands nicht unter die Last der Verachtung gefallen, welche damals auf dem Verwaltungsausschusse und auf dem gesetzgebenden Körper lag, hatte sich auch ihrer Fehler nicht schuldig gemacht, und wirkte, persönlich geachtet, stets als ein Vermittler unter den streitenden Parteien. So wusste er jetzt seine Freunde in der Halbinsel zu spornen und auch mit Odysseus sich auf gutem Fusse zu halten. Vermochte er nur dem ersten Andrange zu widerstehen, so hoffte er auf günstige Wendung. Mit Mesolongi erschien ihm Westgriechenland für immer verloren, so lange aber Mesolongi hielt, konnte das Land zwar überronnen, aber nicht behauptet werden. Er wies daher den Antrag der Behörden von Zante zurück, die ihm eine Zufluchtsstätte anboten; er brachte die Zagenden zum Schweigen, und machte den Entschluss des Widerstandes alle Herzen beleben.

Am 6. November erschienen die Vortruppen Omer-Vrioni's im Angesichte von Mesolongi. Seine Reiter, unter Reschid-Pascha, machten die Hälfte der kleinen Schar Marko Botzaris nieder, und dieser wackere Capitain entging fast nur durch ein Wunder ihren Händen. Am 7. war das Herz des westlichen Griechenlands umschlossen. Nur mit einem elenden Graben von kaum 7 Fuss Tiefe, und mit einer Brustwehr nicht einmal so hoch umgeben; ohne genügende Mannschaft, denn der Platz brauchte 4000 Mann, und hatte kaum ein Zehntheil davon; ohne Vorräthe, ohne Geld und Waffen, hatte die Stadt allerdings wenige Wahrscheinlichkeit der Rettung vor sich und würde einem Sturme im ersten Augenblicke der Bestürzung kaum widerstanden haben; Omer-Pascha aber dachte sich denselben ersparen zu können, und machte Anstalt zu einer geregelten Belagerung. Marko Botzaris, der im Lager des Feindes manchen alten Waffenbruder hatte, wusste im Pascha auch die Hoffnung, durch Unterhandlung zum Ziele zu gelangen, anzuregen. Mavrokordato that dasselbe bei Jussuff-Pascha, der den Golf beherrschte, und theilte dann die Verhandlungen wieder an Omer-Pascha mit, so dass Eifersucht zwischen den beiden Paschen entstand, und, wie es zu geschehen pflegt, gegenseitiges Misstrauen jedes Zusammenwirken lähmte. Omer-Vrioni beschoss nun die elenden, zerstreuten Hütten, die den Namen einer Stadt trugen, mit schwerem Geschütze, aber einstweilen sammelten Pietro-Bey, Zaimis, Lontos und Kanellos Delijannis Truppen in Achaja und Elis und am 20. November verjagte ein hydriotisches Geschwader die Schiffe Jussuff-Pascha's und öffnete dem bedrängten Platze die See. Nun setzte der wackere Andreas Lontos von Vostitza mit mehreren hundert Mann über und drückte vom Zygos herab, wo seine Schar bald auf 2000 anwuchs. Pietro-Bey führte von Klarenza aus 600 Mann nach Mesolongi selbst und reichliche Zufuhr kam aus der Morea und von den jonischen Inseln. Die aus Akarnanien auf die kleine Insel Kalamos geflüchteten Familien, von der jonischen Regierung in das Vaterland zurückgeworfen, wurden zu Guerillabanden, und alles Bergvolk rührte sich im Rücken der Feinde, die überdiess mit Regen und Fieber in der sumpfigen Ebene vollauf zu thun hatten. Odysseus drohte von den Bergen herab und wusste seine Schar für dreifach stärker, als sie war, gelten zu machen. Die Anhänger Varnakiotis erlagen in Akarnanien dem Karaisku und Anderen; Rangos trat wieder zur Fahne des Kreuzes und hielt die Engwege im Makrynoros; Andreas Lontos, Tzongas, Makrys und Vlachopulos warfen sich in die Stadt, und brachten die Besatzung auf nahe an 3000 Mann. — Die gegenseitige Lage war zu Ende des Jahres völlig geändert, und Omer-Pascha mit seiner Truppe so gut als verloren.

Dieser Wechsel nahm den Resten der bei Korinth lagernden Türken und auch Nauplia jede Hoffnung auf Rettung. Von den ersteren hatten sich etwa 1000 Mann in das Schloss geworfen; einige Haufen waren zu Wasser nach den Schlössern am Eingange des lepantischen Golfes gelangt; die grössere Masse, etwa 4000 Mann, hatte zu Lande nach Patrass, und dann wieder über den Isthmus zu brechen versucht, dort aber die durch Asimakis Zaimis versöhnten Parteien des Johann Charalampis und der Pelmezäi, hier den Odysseus gefunden, und überall schwere Verluste erlitten. Hunger und Seuchen vollendeten den gänzlichen Untergang dieses Heeres, dessen gebleichte Gebeine noch Jahrelang die Strassen von Korinth füllten. Dramali selbst erlag im December.

Nauplia hatte gar bald die durch diesen Pascha ihm zugebrachten Vorräthe aufgezehrt, und lebte schon im October nur mehr von dem, was die Griechen selbst einschwärzten. Die Nachlässigkeit, mit welcher die Engpässe gehalten wurden, erlaubte den Türken zu Ende October und zu Anfang November zwei Transporte von Korinth nach Nauplia zu bringen. Das aber bewog Kolokotronis, selbst in die Ebene von Kleonä zu gehen und emsiger die Wege abzuschliessen. Die grässlichste Noth betraf nun diesen unglücklichen Platz. So lange noch ein Thier vorhanden war, ass man dieses, und endlich lebte man nur mehr von Gras, gekochtem Leder und von den wulstigen Blättern der indianischen Feige. Am 10. December verliessen die Türken, die sich noch regen konnten, den Palamid, und kamen nach der Stadt herab. Die oben Gebliebenen riefen selbst die Griechen herbei und Capitain Staikos und einige geregelte Soldaten unter Gubernatis erstiegen in der Nacht zum 12. December den Felsen und die Festung. Mitten in der Nacht verkündigte der Donner der Kanonen diess Ereigniss, und mit Tagesanbruch wehte die griechische Fahne auf den Wällen. Kolokotronis, noch an diesem

Tage herbei geeilt, forderte sogleich die Stadt und das untere Schloss, Ütschkale, zur Uebergabe auf. »Der Herr, unser Gott, hat den Palamid in unsere Hände gegeben« — schrieb er, »binnen drei Stunden werdet ihr Stadt und Ütschkale räumen, sonst wird das Feuer der Kanonen euch verzehren, was wir nicht wünschen.« Es zogen die Türken, noch 3500 Männer, Frauen und Kinder, mit je zwei Bekleidungen ab, und wurden unter Vermittlung des englischen Commodors Hamilton nach Asien übergeschifft.

Die Flotte des Sultans, nachdem sie in Suda abermals Wochen versessen hatte, ging im October durch den Archipel nach Tenedos, verlor dort durch Kanaris Brander einen Zweidecker und mehrere kleinere Schiffe und floh dann nach den Dardanellen. Die bedeutenden Anstrengungen der Türken während dieses Jahres waren auf allen Puncten gescheitert.

Der Sultan schrieb einen Theil der Unfälle in der Morea seinem Günstlinge und Grosssiegelbewahrer Halet-Efendi zu, der ein Feind des Kurschit-Pascha und eifersüchtig war auf den Ruhm, den dieser Feldherr durch die Ueberwindung Ali-Pascha's erworben hatte. Der Mangel an Zufuhr und die nicht übereinstimmenden Bewegungen der Flotte hatten, wie es zu Tage lag, den Untergang des in die Halbinsel eingefallenen Heeres, so wie später den der Truppen Omer-Vrioni's und den Fall von Nauplia bewirkt. Halet wurde auf eine Anklage der Janitscharen am 10. November nach Brussa verbannt; der Grossvezir Salyh-Pascha und der Mufti, seine Geschöpfe, wurden abgesetzt; an den Platz des Einen kam Abdullah-Pascha, der die Truppen zu Skutari befehligte; an den des Anderen Sidky-Zade, ein mässiger Mann. Von Brussa wurde Halet nach Konia verwiesen und dort hingerichtet. Sein Kopf kam am 3. December zu Constantinopel an. Die Anhänger Halet's wurden überall aus den Aemtern verwiesen. So verlor der Kapudan-Pascha, Mechmed, seine Stelle, und der Reala-Bey Kara Ali seinen Kopf. An die Stelle des ersteren kam Chosrew Mechmed, Pascha von Trapezunt. Der Seriasker Kurschit war gestorben;

dafür wurde Dschelal-Pascha von Bosnien zum Wali von Rumelien und Oberbefehlshaber des Heeres gegen die Aufrührer ernannt, starb aber auf der Reise dahin, und wurde durch den Kiaja Kurschit's, Mechmed-Pascha, ersetzt. Die Pforte liess einige Haufen Janitscharen zur Verstärkung dieses Heeres noch im December aufbrechen.

Der Fall Halet's brachte für eine Weile in die Regierung mehr Festigkeit und Einheit. Die Pforte gab viele griechische Gefangene los und wiederholte die Befehle von Schonung und Milde. Die Insurgenten ihrerseits kamen dazu, in demselben Geiste zu handeln; sie hatten, wie oben erzählt, ihrem Worte treu, die Besatzung von Nauplia nach der Küste von Asien gebracht und dort frei gegeben. Auf beiden Seiten war diese Handlungsweise nicht von Dauer. Diese lag vielleicht in der Absicht der türkischen Regierung und der Leiter des Volkes unter den Griechen, aber weder jene noch diese waren stark genug, um die Wuth der Völker zu zähmen. Während man in Europa glaubte, dass die Griechen sicher unter dem Schutze der Fermane des Sultans lägen, dauerten die Niedermetzelungen überall fort; und während man dort als Verdienst pries, dass die Griechen die Verpflichtung eines Vertrages nicht gebrochen hatten, der ihnen die erste Festung des Landes in die Hände gab, beklagte die Mehrzahl der Griechen diess ihnen von dem englischen Commodore Hamilton aufgedrungene Verdienst, der mit seinen Kanonen und Soldaten, und gleichsam mit seinen Händen die türkische Besatzung einschiffen machte und sie während der Ueberfahrt beschützte.

Nicht jede Wahrheit passt sich in ein angenommenes System. Darum hatten sich auch in den Cabineten die Ansichten über den Ursprung der griechischen Revolution nicht geändert. Oesterreich gab sie ausschliessend für das Werk der revolutionären Partei in Europa und erklärte selbst Ypsilanti für einen Agenten der Verschwörer gegen die Sicherheit der Throne und das Glück der Völker. Der Uebermuth so vieler Anhänger der Griechen, und so mancher Griechen selbst, förderten diesen Glauben. In Liedern wurde die Vereinigung der Hetäristen mit den Carbonari gepriesen, und die Losreissung Griechenlands als der Beginn zum Sturze aller Throne verkündiget. Freiheit und Gleichheit! riefen diese Stimmen, und besangen zum voraus die Thaten, mit welchen die Hellenen nicht bloss die Türken, sondern Oesterreich, Frankreich und England in den Staub treten würden. Der griechische Aufstand wurde von ihnen zum Anlass genommen, alle Völker zur Empörung aufzurufen, und an eine durch alle Länder verzweigte Verbrüderung glauben zu machen, welche, was in Griechenland und Spanien geschah, als ihr Werk in Anspruch nahm, und als den Beginn der allgemeinen Empörung, des Krieges gegen alle Throne, des Triumphes der Volksregierung hinstellte. Diese Lieder und Aufrufe lagen auf dem Tische zu Verona. Fürst Metternich, dem diese Ansicht eben der Ring war, woran er Russland fest hielt, schien keinen Zweifel darüber zu nähren.

Niemand glaubte an die Möglichkeit, dass ein in solchem Geiste begonnenes Werk durchgeführt werde. Sir Thomas Maitland malte in einem Schreiben an Lord Bathurst vom 29. September, und in einem an den Herzog von Wellington vom 4. December *) den Stand der Dinge so, als ob nur Schwanken in der Haltung der Mächte und völlige Unfähigkeit der Türken den Aufstand noch einige Zeit leben machen könnten.

Die militärischen Vortheile oder Nachtheile wurden geringe geachtet; man gewöhnte sich in Europa an die Meinung, dass die Pforte eigentlich zur Absicht habe, den Aufstand absterben zu lassen, und sah in den Zwistigkeiten unter den Griechen den deutlichen Beginn ihres Zerfallens in sich.

Noch sollten wir, am Schlusse dieses Abschnittes, der Vorfälle in Kreta erwähnen, aber es genüge zu wissen, dass durch fremde Abenteurer und durch das Bergvolk der Sfakioten, da während des ganzen Jahres ein verwüstender, zweckloser Kampf gegen

*) Siehe Beilage III. 29.

die Türken geführt wurde, den die Kassioten zu Wasser unterstützten. Ein in russischen Diensten gestandener Grieche, Michael Komnenos Affenduli, suchte eine Zeit hindurch den Aufstand zu leiten, und gab sich dem Wahne hin, aus Kreta sich ein Fürstenthum zu bilden, aber seine Bestrebungen scheiterten an den Kretensern selbst, und an den Gegenbemühungen der Abgeordneten aus der Morea. Das viele vergossene Blut, die Zerstörung so vieler Ortschaften dieser herrlichen Insel führte zu nichts; die Türken hielten die festen Plätze, die Griechen das freie Land. Im Sommer brachte eine ägyptische Flotte 5000 Mann unter Hassan-Pascha nach Suda. Diese nöthigten die Griechen nach den Bergen zurück, aber Krieg und Verwüstung dauerten fort. Auf der einen wie auf der andern Seite fehlten Befehl und Gehorsam.

Im eigentlichen Griechenland war trotz Leidenschaft und Parteihass das Gefühl der Nothwendigkeit der Einigung nicht erloschen. Viele Männer, vor Allen Mavrokordato, arbeiteten von jeher dahin, den Einfluss örtlicher Gewalten demjenigen einer obersten Gewalt unterzuordnen. War die Wirksamkeit der Regierung unter den Bedrängnissen der Gefahr wieder der Wirksamkeit der Capitaine und örtlichen Gewalten gewichen, so trat doch, nachdem die äussere Gefahr abgewendet, und die innere drohend heranwuchs, das Verlangen nach einer Regierung wieder hervor. Als der Verwaltungsausschuss, der von Astros nach Hermione übersiedelt war, den Anlass, dass die Zeit seines gesetzlichen Bestandes sich dem Ende näherte, ergriff, um durch Beschluss vom 3. December eine neue Volksversammlung nach Astros zu berufen, so fand diese Aufforderung allgemeine Zustimmung, und zu Ende des Jahres eilten aus allen Theilen Griechenlands Abgeordnete herbei, um der verderblichen Oligarchie und Palikarenwirthschaft, wo möglich ein Ende zu machen.

Vierter Abschnitt.

Jahr 1823.

Das Jahr 1822 hatte einen Keim zurückgelassen, damals noch unbemerkt im Gange der Geschäfte, welcher der orientalischen Frage bald eine neue, in ihrer Entwickelung den Griechen günstige Wendung gab. An die Spitze des englischen Ministeriums war Georg Canning getreten, der erste Redner seines Landes, der mit vielen Talenten und Kenntnissen einen mächtigen Ehrgeiz verband, und mit seinen Ansichten den Whigs angehörig, diesen auf dem Felde der Volkswünsche zu befriedigen suchte. Das Petersburger Cabinet, trotz der Entfernung des Grafen Capodistria's, mit allen seinen Wünschen, wenn nicht dessen Ansichten in ihrem letzten Ziele, so doch in ihrer nächsten Bedingung, dem Kriege, verfallen, errieth bald, dass es in dem neuen Leiter der englischen Politik nicht mehr den unbeugsamen Widerspruch gegen den Versuch offener Einmischung in die griechische Frage zu erwarten habe, dessen es in seinem Vorgänger gewiss war; es neigte sich bald wieder zu grösserer Starrheit gegen die Pforte. Oesterreich fühlte den mächtigsten Verbündeten sich entwischen. Die Pforte ahnte, dass eine Spaltung unter den bis dahin vereinigten Mächten sich ausbilde. Dieses änderte nach und nach die ganze Stellung der Verhältnisse und selbst die scheinbare Näherung, die in diesem Jahre stattfand, führte nur zu weiterer Trennung. Aber wir wollen den Ereignissen Schritt für Schritt folgen.

Strangford kam mit neuem Muthe im Jänner zu Constantinopel an. Er schien die Besorgnisse vergessen zu haben, mit denen er einige Monate früher diese Hauptstadt verlassen hatte. Die Auszeichnungen, die er zu Verona erfuhr, das Gefühl, der Mann zu seyn, in dessen Hände alle Herrscher Europa's ihr wichtigstes Geschäft legten, begeisterten ihn. Aber er fand das Feld verändert. Die verbündeten Mächte hatten sich geschmeichelt, dass ihre an Tag gelegten friedlichen Gesinnungen und die Gleichgültigkeit, mit welcher sie die Sendung eines Abgeordneten der Griechen zurückgewiesen hatten, den Ton des Divans herabstimmen würden. Der Tod Halet-Efendi's, der als Urheber und oberstes Werkzeug des politischen Fanatismus ausgegeben ward, unterstützte ihre Hoffnung; aber der Handel und die Schifffahrt des schwarzen Meeres erfuhren seit einiger Zeit im Bospor und Hafen von Constantinopel vielerlei Hindernisse und Neckereien, so dass Russland die häufigen Vorstellungen seiner Südprovinzen mit Wärme aufnahm und diese Angelegenheit zu einem Hauptpuncte der Verhandlungen, zu einer der Bedingungen der Wiederherstellung der freundschaftlichen Verbindungen mit der Pforte machte. Diess neue Begehren missfiel der Pforte, welche alles, was früher von ihr verlangt worden war, gethan zu haben glaubte. Zwar war ihre Sprache viel milder als zuvor, Mässigung wurde als Leitstern angekündiget, und der neue Grossadmiral Chosrew-Pascha schien selbst gegen die Griechen den Weg der Verhandlungen und Zusagen einschlagen zu wollen; er sandte mehrere Beauftragte insgeheim an dieselben, und suchte insbesondere Samos zum Gehorsam zurück zu führen. Diese Versuche misslangen.

Fürst Metternich hatte, in einer an den Freiherrn von Ottenfels erlassenen Note vom 21. December, die drei zu Verona zu Protokoll gegebenen Forderungen in der mildesten Einkleidung der Pforte vorgebracht, nämlich:

1. Die Pforte erzeige Russland dadurch eine Artigkeit, dass sie ihm kund gibt, wass sie in den Fürstenthümern bereits gethan hat;
2. sie zeige sich den Mächten willig, welche die Durchfahrt ins schwarze Meer begehren, oder sie rühre wenigstens jetzt an

die alten Missbräuche nicht, zu denen die russische Flagge seit längerem sich hingab und die sie zu dulden gewohnt ist;

3. sie stelle den Frieden in Griechenland her. *)

Das Schreckniss der Einmischung in die Frage, welche die Pforte als die längste und bedeutendste erkannte, war durch die Art, in welcher der dritte Punct abgefasst war, entfernt. Die Pforte fühlte diess, und hielt diesen Vortheil gerne fest. Im Divan selbst war seit Halet's Entfernung mehr Freimüthigkeit im Ausspruche möglich. Richtig hatte der Reis-Efendi gegen mehrere Missionen geäussert: »Das türkische Reich hat auch seine Capodistrias gehabt und ist glücklicher Weise davon befreit; die Stimmen im Rathe sind nicht mehr erstickt durch die Anmassung des Einen.« Es fanden sich lebhafte Vertheidiger der Ansicht, um des dritten Punctes willen sich zu den ersten zu verstehen, und als Lord Strangford am 30. Jänner mit Festigkeit auf diesem bestand, gab die Pforte darin nach. Doch hängte sie die Forderung der Räumung der asiatischen Plätze und diejenige der Auslieferung der Flüchtigen daran; die letzte nur zum Scheine, indem sie versprach, der That nach nicht darauf zu bestehen.

Strangford und Ottenfels, froh über diesen Sieg, arbeiteten daran, aus dem Wege zu räumen, was ihn weniger völlig machen konnte; auch gelang es dem Letzteren, den Reis Efendi zu bewegen, in dem Schreiben an den Grafen Nesselrode, in welchem die Ernennung der Hospodare Jovan Sturdza und Gregor Ghika dem russischen Cabinete kund gegeben wurde, der beiden Forderungen nicht zu erwähnen, diese aber in abgesonderter Note an sie selbst zu richten. Beide drangen in den Fürsten Metternich nun Russland zur Sendung eines Ministers oder Geschäftsträgers nach Constantinopel zu vermögen. Davon erwarteten sie den Uebergang zur völligen Ausgleichung mit Russland und zugleich die Entmuthigung der Griechen, unter welchen sie einstweilen die Beschlüsse

*) Siehe Beilage III. 30.

des Congresses von Verona in Uebersetzung verbreiten liessen. Nach so vielen Monaten Verhandlung war dieser Zeitpunct der erste heitere für die an dem Frieden arbeitenden Minister. Das Zugeständniss der Pforte war ein kleines, aber es erschien als der erste Schritt in der gewünschten Richtung. Dass die Pforte dieselbe nunmehr einhalten wolle, schien ausgemacht, denn die mässige Partei gewann im Divan sichtbar die Oberhand. Ismael-Efendi, der einst Botschafter in London war, und für einen der verständigsten und billigsten Männer im Reiche galt, führte den Sultan den Ulema's näher und brachte, zu Anfang März, den Grossvezir Abdullah-Pascha zum Falle. In der Kundmachung von dessen Absetzung wurde derselbe zu schlichten Sinnes, des Mangels an Fähigkeiten und der Versäumniss der Geschäfte beschuldiget. Auf dessen Stelle machte Ismael-Efendi einen seiner Zöglinge, Ali-Bey, erheben, der vordem Silihdar des Sultans gewesen und durch Halet-Efendi entfernt worden war. Der Mann, am nächsten Morgen der Mächtigste nach dem Sultan im ganzen Reiche, ging am Vorabende zu seinem Ziehvater und küsste ihm dankbar die Hand. — Schon wurde von den Dollmetschern der Minister die schwierige Frage wegen der Schifffahrt im schwarzen Meere mit Gliedern des Divans besprochen, und die Eröffnung dieses Meeres für alle Flaggen als das beste Mittel, die Missbräuche der russischen zu hindern, und als eine Quelle von Einkünften für die Pforte geltend gemacht. Lord Strangford endlich erhielt einen Zuschuss an Gewicht durch den Umstand, dass der Hof von Teheran durch einen Eilboten, der am 18. März zu Constantinopel eintraf, die Dienste des englischen Botschafters zur Beilegung des in der Hoffnung auf Feindseligkeiten zwischen Russland und der Pforte begonnenen Krieges ansprach.

Einstweilen begann die Politik Canning's sich auszusprechen, die während des Congresses von Verona bereits ihre abweichende Richtung gezeigt hatte. Dort hatte es sich hauptsächlich um die spanische Frage gehandelt. Einig über die Grundsätze, waren die Mächte es nicht über die Art ihrer Anwendung gewesen. Oesterreich,

Preussen und Russland hatten beschlossen, ohne Phrase das Verwerfungsurtheil gegen die Revolution in diesem Lande auszusprechen, sich aber der Feindseligkeiten zu enthalten. Frankreich wollte den Krieg, fürchtete ihn jedoch. England erklärte sich gegen jede Einmischung. Die Folgen dieser verschiedenen Haltung waren von Seite der drei erstgenannten Mächte die Abberufung ihrer Missionen aus Madrid, also eine moralische Kriegserklärung; von Seite Frankreichs das Zusammenziehen von 50,000 Mann an der Gränze und das Belassen seiner Gesandtschaft in Madrid, in der Erwartung, dass die Leidenschaftlichkeit der dort herrschenden Partei dieselbe bald nöthigen werde, sich zu entfernen, die Absicht des Krieges also, für welche die drei östlichen Mächte auch materielle Hülfe, im Falle diese nöthig würde, zusagten; von Seite Englands die Erklärung strenger Neutralität, was eine Gleichstellung der Rebellen mit anerkannten Mächten voraus setzte. Canning wehrte sich gegen diese Schlussfolge; liess sich aber bald darauf in Verhandlungen wegen einiger Geldforderungen Englands mit der revolutionären Regierung ein, die sich beeiferte, denselben genug zu thun, und während alle Mächte des Festlandes Frankreich im Entschlusse zum Kriege bestärkten, und dieser sich wirklich bereitete, wurde England die Stütze der Hoffnungen der Revolution in Spanien.

Die Politik Castlereagh's war, was die Verhältnisse in der Levante betraf, auf die Unterdrückung des griechischen Aufstandes und die Aufrechthaltung des Standes von 1821 gerichtet gewesen. Zu Verona, obwohl der Herzog von Wellington da in mancher anderen grossen Frage von den Ansichten der Minister des Festlandes wesentlich abwich, war in Beziehung auf die orientalische noch keine Aenderung sichtbar geworden. Canning's Schweigen durch mehrere Monate über diesen wichtigen Gegenstand, verrieth jedoch bald seine Absicht, die Sache der Griechen zur seinigen zu machen. Seine Haltung in der spanischen Frage, die Abtrennung, in die er sich von den übrigen Cabineten gestellt hatte, sein Ehrgeiz sprachen für diese Voraussetzung eines Planes, welcher die übrigen Mächte, die, um seine Protestationen unbekümmert, gegen die Revolution zu Felde lagen, beunruhigen sollte. Bald war Canning das Idol der Opposition in jedem Lande, und Griechen und Griechenfreunde blickten hoffend auf ihn. Maitland, in der Absicht, seinen Gegnern offen entgegen zu treten und sich umzusehen im Vaterlande, war nach Schluss des jonischen Parlamentes nach London gegangen. Aufgefordert von Lord Strangford hierzu hatte er sich, in der Absicht für Beilegung des Aufstandes zu wirken, früher zu einer Besprechung mit Mavrokordato herbeigelassen. Diese Unterredung wirkte anders als er erwartete, indem sie die Zuversicht der Griechen steigerte und das Vertrauen der Pforte in England erschütterte. Maitlands Abreise (März 1823) war für alle Anhänger der griechischen Sache in den Inseln und in England selbst das Signal zur lauten Thätigkeit. Nicht bloss unabhängige Engländer, sondern auch angestellte, wie Consule, Schiffcommandanten ergriffen offen die Partei der Griechen. Wären auch diese weniger unerfahren und leichtgläubig gewesen, oder läge es weniger in der Natur des Menschen, was man wünscht,zu glauben, die Griechen mussten in England ihren Hoffnungsanker zu sehen anfangen. Was Wunder, dass auch das Misstrauen der Pforte in England wuchs. Ein Beispiel für hundert: Im Juni erschien zu Zante ein Capitain Blanquière, der es zugab, dass man ihn für einen Lord der Admiralität nahm und für beauftragt ansah, den Griechen die Absichten des englischen Cabinetes bekannt zu geben. Dieser Offizier hatte früher in der englischen Marine gedient und stand in der engsten Verbindung mit den Revolutionsmännern in Spanien sowohl als in Italien. Er durchreiste den Peloponnes und versprach überall Hülfe, von der englischen Regierung sowohl als von dem englischen Volke, verbreitete die Reden der Opposition zu Gunsten des Aufstandes und schlug ein Anleihen im Namen englischer Häuser vor, dessen Verhandlung er auch förmlich einleitete. — Ein anderes Beispiel: Lord Byron, der erste Dichter dieses Jahrhunderts, den natürliche Richtung und ein Verein von Umständen mit seinem Vaterlande brechen machte, schiffte von Italien nach den jonischen Inseln über mit bedeutenden Geldmitteln und der lautverkündigten Absicht, diese und seine Person der griechischen Sache zu weihen. So sehr hatte diese Sache, durch dankbare Liebe zu dem Vaterlande der Kunst und der wissenschaftlichen Bildung jedem Herzen theuer, durch die Gräuel des Kampfes und durch den Muth und Erfolg des Widerstandes bereits in der öffentlichen Meinung gewonnen, dass die Völker sich offen von der Politik der Cabinete trennten, und unter diesen Cabineten das englische das erste dem griechischen Aufstande genug Nachhaltigkeit zuzuerkennen begann, um Berechnungen für neue politische Fügungen zur Unterlage zu dienen.

Schon zu Anfang dieses Jahres hatte sich die Sprache der jonischen Republik auffallend zu Gunsten der Griechen geändert, was bei der Festigkeit und den Ansichten Sir Thomas Maitland's, nur Folge ausdrücklicher Weisungen des Cabinetes von St. James seyn konnte. Am 14. Februar erliess Canning auch an Lord Strangford Weisungen, die dieser in den ersten Tagen des April empfing und die denselben in keine geringe Verlegenheit setzten. Er sah daraus, dass England sein System völlig geändert habe, offen als Schützer der griechischen Sache auftrat und sich so lebhaft zu ihren Gunsten aussprach, dass es Alles hinter sich liess, was je die liberale Partei oder Russland in der Zeit des grössten Eifers vorgebracht hatten. Diese Weisungen begannen mit dem Ausspruche der Erwartung, dass, Dank der Mässigung des russischen Cabinetes, die Misshelligkeiten Russlands mit der Pforte bald gänzlich ausgeglichen seyn würden. Dann stellten sie als Pflicht der Menschlichkeit auf, die griechische Sache und insbesondere die zukünftige Lage der Griechen nicht aus den Augen zu verlieren. »Die Lage dieses christlichen Volkes, so hiess es darin, welches seit Jahrhunderten unter das Joch von Barbaren gebeugt war, kann England nicht gleichgültig seyn. Der König will, dass der Botschafter Grossbritanniens bei der Pforte Schritte zu Gunsten der Griechen in ihrer Eigenschaft als Christen mache, dass er die Erfüllung der Zusagen begehre, welche von der Pforte den Ministern der verbündeten Mächte in dieser Beziehung gemacht worden sind, und dass er ihr bedeute, im Falle sie sich weigere, diesen Forderungen genug zu thun, nicht länger in einem freundschaftlichen und vertrauten Verhältnisse mit ihr bleiben zu können.«

Canning fasste sonach zur Förderung seines politischen Gedankens die griechische Frage aus religiösem Gesichtspuncte, — seit mehr als einem Jahrhunderte in der englischen Politik ein völlig untergeordneter — auf, und hob damit gerade denjenigen hervor, der die grössten Schwierigkeiten der friedlichen Lösung entgegenstellte. Dass Russland vor zwei Jahren denselben Gesichtspunct zu nehmen drohte, hatte eben die Mächte am meisten beunruhigt, und England war mit ihnen bemüht gewesen, dem Kaiser Alexander diesen Gesichtspunct zu entrücken, auch hatte der Erfolg ihre Bemühungen gekrönt. Nun sprang England plötzlich zur entgegengesetzten Meinung über. Lord Strangford, immer die Beilegung des Zwistes der Pforte mit Russland, und diejenige des griechischen Aufstandes selbst im Auge, erkannte die Unmöglichkeit, auf dem nun von England betretenen Wege dahin zu gelangen. Das englische Cabinet sprach von Zusagen der Pforte an die verbündeten Mächte: es gab aber deren keine. Auf diesem Felde also war nichts zu gewinnen. Konnte es erwarten, dass es mit Voranstellung der Religion als Vorwand zu einem Erfolge gelangen würde, da Russland, trotz gewaltiger Drohungen und Entwickelung von Streitkräften mit eben diesem Vorwande keinen erreichte? Diese Betrachtungen sprach Lord Strangford offen dem österreichischen Internuntius und dem preussischen Minister aus. Er sah sich als in seiner Ehre verpflichtet an, im Falle er genauere, von den zu Verona gefassten Beschlüssen abweichende Weisungen erhalten sollte, sie den Ministern der verbündeten Mächte nicht vorzuenthalten, und gab ihnen darüber das bestimmte Versprechen. Auch erklärte er, eher gehen als seine Sprache ändern zu wollen. Diese Rolle ist allerdings eine merkwürdige in der Geschichte der Diplomatie.

Jedoch der Schlag war geschehen, und die Wirkungen konnten nicht ausbleiben. Die Zuversicht auf Hülfe von Seite Englands belebte die Griechen. Schon im November 1821 hatten mehrere Häuptlinge aus der Morea und aus Westgriechenland an England den Antrag gestellt, Griechenland gleich den jonischen Inseln unter seinen Schutz zu nehmen. Jetzt wiederholten Petro-Bey und viele Häuptlinge diess Anerbieten, und übergaben die schriftliche Verpflichtung an den englischen Generalkonsul Green, der sie an Sir Thomas Maitland übersandte. Die Griechen schwiegen nicht über diesen Schritt, die einen aus Eifer dafür, die anderen aus Eifer dagegen, und die Pforte war bald davon benachrichtiget. Sie war auch nicht wenig verletzt durch die Anerkennung griechischer Blokus-Erklärungen von Seite der jonischen Inseln, so wie durch die Zufuhren an Schiessbedarf und Waffen, welche die Griechen aus Korfu, Malta, und selbst aus London erhielten. Bitter beklagte sich Omer-Pascha gegen die Gunst, welche die jonische Regierung seinen Gegnern dadurch erwies, dass sie ihnen die nahe am Festlande liegende Insel Kalamos zur Freistätte anwies, aus welcher sie Westgriechenland ohne Unterlass befehdeten und aufregten. Der Sultan forderte Erklärung hierüber von Lord Strangford, der die Massregel, die er verdammte, durch die in dem Verträgniss zwischen Kurschit-Pascha und den Sulioten bedungene freie Auswanderung der Letzteren nach den jonischen Inseln zu decken suchte. Diese und andere Streitfragen, aus Schifffahrtverhältnissen hervorgehend, brachten Kälte zwischen den Divan und den englischen Botschafter, der von diesem Augenblicke an nicht mehr der Mann war, um das Wort der Mächte, an deren Spitze Oesterreich stand, zu führen. Die Pforte bereitete grosse Kräfte für den Krieg, und war ferner als je von dem Entschlusse der Nachgiebigkeit gegenüber den Mächten. Sie fühlte die Einmischung nun von anderer Seite am Horizonte heraufziehen, und verwarf daher jede, tadelte selbst diejenige Frankreichs in die spanischen Angelegenheiten, und wies diejenige Strangford's in ihre Misshelligkeiten mit Persien zurück, indem sie dem Hofe von Teheran erklärte, den Frieden nicht zu Constantinopel, sondern zu

Erzerum, durch Rauf Mehmed-Pascha, den Befehlshaber ihrer Truppen daselbst, verhandeln zu wollen. Der Internuntius und Lord Strangford waren vor der Hand gelähmt; der preussische Minister, ohnediess nur eine Stütze des österreichischen, war es gleichfalls; der französische aber, Graf Latour-Maubourg, hatte schon im Februar Constantinopel verlassen. Der Umstand, dass er bei der Reise nach Constantinopel, durch die Winde genöthiget, in einen Hafen der Griechen eingelaufen war, hatte eine üble Vormeinung im Divan begründet, die der Missgriff, aus der Herstellung des Klosters auf dem Berge Karmel eine Bedingung für den üblichen Auftritt beim Sultan zu machen, in eine entschiedene Abneigung ausbildete. Durch Erfahrung zur Einsicht geführt, wie wenig die barsche Sprache, mit der er aufgetreten war, zum Ziele führe, glaubte er durch Geschenke zu wirken. Er sandte dem Befehlshaber der bei Bujukdere versammelten Truppen, Ibrahim-Pascha, der einigen Einfluss im Divan hatte, eine mit Steinen reich besetzte Dose, erfuhr aber die Demüthigung, dass ihm Ibrahim dieselbe mit den Worten zurück sandte: „wenn seine Begehren gerechte wären, so bedürfte es des Geschenkes nicht; wären sie es aber nicht, so würde eine Dose ihn nicht vom Wege der Pflicht ablenken.“ Bei diesem Stande der Dinge erhielt der Graf von seinem Hofe die Erlaubniss, nach Frankreich zurück zu kehren. Er liess der Pforte beibringen, dass er bleiben, ja auf der Stelle seine Aufwartung begehren würde, wenn sie seine Sache ausgliche; die Pforte bekümmerte sich aber nicht um den Antrag des Grafen, und liess ihn gehen, wie er gekommen war; ja der Grossvezir erlaubte nicht einmal, dass er ihm den Grafen Beaurepaire als Geschäftsträger vorstellte, weil der Botschafter sein Beglaubigungsschreiben nicht abgegeben hatte.

Je drohender das Wetter am westlichen Horizonte heraufstieg, desto dringender erschien dem Fürsten Metternich die Erneuerung der diplomatischen Verbindungen zwischen der Pforte und Russland. Er fühlte wohl, dass der Höflichkeitsschritt der Pforte das Petersburger Cabinet nicht dazu bestimmen würde, und diess um so weniger, je mehr derselbe mit Forderungen umkleidet war. In einer diesem Cabinete von ihm mitgetheilten, und mehr auf dieses als auf die Pforte berechneten Depesche an den Internuntius vom 12. April hob Fürst Metternich mit grossen Lobsprüchen die Bemühungen Strangford's heraus, und legte viel Gewicht auf den über den Divan erfochtenen Sieg. »Freilich wäre es albern,« fuhr er darin fort, »wenn die Pforte den Schritt der Höflichkeit für eine Zugabe geltend machen, oder eine Versicherung ihrer Rechte daran hängen wollte. Sie würde sich dadurch nur als eine schwache Regierung zeigen. Solche Regierungen, die nichts zu vertheidigen verstehen, mühen sich ab, das sicher zu stellen, was Niemand angreift. Es ist ein neues Verdienst Lord Strangford's, verhindert zu haben, dass in dem Schreiben des Reis-Efendi an den Grafen Nesselrode, nicht so wie in den Noten an den Internuntius und an Lord Strangford selbst, ein ausserhalb unserer Bemühungen, so wie ausserhalb des Geschäftes selbst liegender Gegenstand vorangestellt wurde. Die Pforte muss übrigens fühlen, wie unangenehm uns die Erwähnung von Rechten des Sultans an diesem Orte berührt hat. In die Rechtsfrage haben wir uns nie gemischt. Gegen diese Rechtsfrage steht die Fortdauer des türkischen Reiches auf dem Spiele.«

Fürst Metternich knüpfte seine Hoffnung zunächst an ein in der kurzen Zeit der Verständigung hingeworfenes Wort des Reis-Efendi, einen Geschäftsträger nach Wien zu senden. »Er sende einen Botschafter,« schrieb er an Freiherrn von Ottenfels, »dieser würde hier einen russischen Botschafter finden; es sei meine Sorge, beide in Verbindung zu bringen.« Lord Strangford setzte sich aber gegen eine solche Sendung, zu der man die Pforte nicht würde bestimmen können, meinte er, und die überhaupt zu nichts Entscheidendem führen könnte. »Alles liegt daran,« schrieb er am 10. Mai, »dass eine russische Gesandtschaft hieher komme, und zwar schleunigst, sonst fallen unsere Freunde im Divan, und wir kommen nicht mehr von der Stelle.« Diese Aeusserung war nur mehr ein Mantel für die Ueberzeugung, dass nichts mehr zu machen sei. Canning, noch nicht in der Verfassung, nachhaltig aufzutreten, schien selbst zu besorgen, zu weit gegangen zu seyn, oder nahm wenigstens die Miene davon an. Er schrieb am 9. Mai an Strangford, dass Grossbritannien durchaus nicht die Absicht habe, sich von der Linie zu entfernen, die es bis jetzt in Gemeinschaft mit seinen Verbündeten gehalten habe. Er lehnte auch von sich ab, die jonische Regierung zu Unterredungen mit den Griechen vermocht zu haben, Unterredungen, wozu die Idee nur in dem Kapudan-Pascha entsprungen seyn sollte, die Lord Strangford aufgefasst, und wie oben erwähnt, an Sir Thomas Maitland, obwohl gegen dessen Willen, übertragen habe. Sicher ist, dass sie von dem Commodore Hamilton mit Aufsehen und Unklugheit ausgeführt wurde, und dadurch völlig zu Gunsten der Griechen ausschlug. Diese wussten die öffentliche Meinung über diesen Versuch, Mavrokordato und einige andere Häuptlinge zur Unterwerfung zu bewegen, zu täuschen. Die überall zur Schau getragene Neigung Hamilton's für die griechische Sache diente ihnen hierin trefflich, und befestigte und steigerte in der Pforte den Verdacht, den der Tadel Canning's gegen Strangford nicht aufhob.

Aus der Verstimmung zu Constantinopel gingen Schritte von Seite der Pforte hervor, welche den Bestrebungen des Wiener Hofes stets neue Hindernisse entgegen warfen. Dieser Hof hatte die in den österreichischen Kaiserstaat geflüchteten Bojaren aufgefordert, in die Fürstenthümer zurück zu kehren, und gut gesagt für die Pforte. Viele dieser Bojaren brachten allerlei Vorwände vor, um dieser Aufforderung nicht nachzukommen, so z. B. den Umstand, dass man sie eine in der Zwischenzeit entworfene Verfassung unterzeichnen machen wolle, das Werk einer Partei, die sich durch Schwäche und den Titelverkauf des Hospodars Soutzo gebildet, den Kaimakan Vogorides überredet habe, und nun dem neuen Hospodare Trotz biete. Der Hauptgrund ihrer Weigerung war aber das Misstrauen in die Pforte. Dieses wurde im März dieses Jahres gerechtfertiget, indem der Pascha von Silistria einen der zurückgekehrten Bojaren,

Villara, aufgreifen liess. Fürst Metternich erklärte diese That für eine offenbare Verletzung der Amnestie, der Freiheiten der Fürstenthümer und der Verträge mit Russland, und trug dem Freiherrn von Ottenfels am 20. April auf, sogleich die Freigebung Villara's, die Missbilligung der gegen ihn geübten Gewalt und das Ergreifen von Massregeln zu verlangen, welche gegen die Erneuerung solcher Handlungen sichern konnten, zugleich auch zu erklären, dass bis zur Erfüllung dieser Puncte kein Flüchtiger die Erlaubniss zur Rückkehr in die Fürstenthümer erhalten werde. So streng der Ton dieser Forderung war, so erschütterte er die Pforte nicht. Sie nahm die Handlung des Pascha von Silistria von seinen Schultern auf ihre eigenen, erklärte die Gefangennehmung des Villara durch Anklagen anderer Bojaren vor dem Tribunale des Hospodars und in Folge eines Berichtes dieses Fürsten an die Pforte veranlasst, also für eine völlig gesetzmässige, gab kund, dass diese Anklagen sich auf Veruntreuungen bezögen, die sich Villara als Schatzmeister der Provinz habe zu Schulden kommen lassen, und gab ihn nicht frei. Der Internuntius rieth dem Fürsten Metternich, die Sache fallen zu lassen, und dieser, zufrieden mit den Auskünften der Pforte, stimmte diesem Rathe bei.

Grössere und dauerndere Hindernisse brachte die Frage der Schifffahrt im schwarzen Meere. Die Pforte hatte, wie in allen übrigen, in der Wesenheit Recht und in der Form Unrecht. Zu Hydra oder Spezzia gebaute Schiffe erschienen mit russischer Flagge im Canale von Constantinopel, und verlangten die Durchfahrt in's schwarze Meer. Die Pforte wie Jedermann wusste, dass die Papiere dieser Schiffe aus Trug auf russische Namen gestellt, und die Fahrzeuge Eigenthum der Rebellen waren. »Will man uns zu Narren der Welt machen?« sagte der Reis-Efendi den Dolmetschern, welche das Wort für derlei Schiffe führten. »Die Rebellen sollen das Recht haben, mit erlogenen Papieren unter unseren Augen Handel zu treiben, während unsere eigenen Handelsschiffer verdammt sind, mit gekreuzten Armen da zu sitzen?« Mehrere dieser Schiffe wurden in's Arsenal geführt, und ein Ferman erschien im Laufe des April *), um die türkische Kauffahrtei zu begünstigen und zu heben, gegen den sich alsogleich die europäischen Kaufleute, insbesondere die russischen, auflehnten. Die drei ersten Sätze dieses Fermanes waren nicht im Widerspruche weder mit dem Buchstaben noch mit dem Geiste der Verträge; sie gestanden den unter türkischer Flagge mit fremden Ländern handelnden Schiffen eine Verminderung der Zölle und andere Erleichterungen zu, eine Massregel, wozu die Pforte ohne Zweifel berechtiget war, ohne anderen Mächten hierüber Rechenschaft zu geben. Anders war der Inhalt des vierten Satzes: »Es sollen in allen Landungsplätzen des ottomanischen Reiches die Ortsbehörden darüber wachen, dass solche Schiffe (unter ottomanischer Flagge) früher ausladen, als alle übrigen, eben so, dass sie, wenn sie Ladungen einzunehmen haben, alle früher laden, als die übrigen, von denen überhaupt keines seine Ladung beginnen soll, bis jene nicht die ihrige an Bord und ihren Frachtlohn erhalten haben.« Russland lehnte sich sogleich gegen diesen Artikel auf, als seiner Natur nach der Freiheit des Handels und der Schifffahrt entgegen, welche die Artikel 1 und 2, und andere des Vertrages von 1783 mit klaren Worten festsetzen; es nannte die Massregel eine feindselige, weil sie ein Monopol zu Gunsten der türkischen Flagge festzustellen und die übrigen Flaggen aus den türkischen Häfen zu verdrängen beabsichtigte; es sah bei der Käuflichkeit der türkischen Zoll- und Handelsvorstände hierin eine Quelle endloser Prellereien und Gewaltschritte gegen die Fahrzeuge der übrigen Flaggen, und diese gleichsam preisgegeben der Habsucht und Willkühr dieser Beamten. Die Sätze 5, 6, 7 und 8 bezogen sich hauptsächlich auf die Durchfahrt zwischen dem schwarzen und weissen Meere, und enthielten billige und erklärende Bestimmungen, wogegen §. 9 den wichtigen Punct der Ueberladung von Schiff auf Schiff auf eine mit den Artikeln 30 bis 35 des oben erwähnten Vertrages im Wider-

*) Siehe Beilage IV. 1.

spruche stehende Weise bestimmte. Der Sinn dieses Satzes war, dass fränkisches Gut ohne Anstand von türkischen Schiffen auf fränkische Schiffe überladen werden könne, nicht aber fränkisches Gut von einem fränkischen Schiffe auf das andere. Eben so wenig sollte von nun an erlaubt seyn, von türkischen Schiffen auf türkische Schiffe zu überladen; es sollte demnach die Ueberladung nur von einem fränkischen auf ein türkisches Schiff, und umgekehrt, stattfinden. Diese Bestimmung traf hauptsächlich die Ausfuhr des Getreides aus den russischen Südprovinzen, denn nur diese Waare pflegte überladen zu werden. Es bestanden hierin vier Kategorien:

1. Von einem fränkischen Schiffe auf ein fränkisches, wenn nämlich ein Fahrzeug der im schwarzen Meere zu segeln berechtigten Flaggen eine Ladung Getreide in einem der russischen Häfen nahm, und bei seiner Ankunft in Constantinopel einem Schiffe derselben, oder einer anderen fränkischen Flagge diese Ladung abtrat. In diesem Falle hatte die Ueberladung und Ausfuhr durch die Dardanellen zufolge der oben erwähnten Vertragsartikel von Seite der türkischen Regierung durchaus kein Hinderniss, und überhaupt nicht die geringste Ansprache zu erfahren; es wurde die Ueberladung gar nicht als im türkischen Gebiete vor sich gehend, also auch gar keiner Satzung der türkischen Regierung unterworfen, betrachtet. Der neue Ferman hob, den klaren Bestimmungen entgegen, diese erste Kategorie auf.

2. Von einem fränkischen Schiffe auf ein türkisches. Hier begann die Gerechtsame der türkischen Regierung, denn die Pforte durfte ohne Zweifel ihren Schiffen erlauben oder verweigern, russisches Getreide aufzunehmen and auszuführen. Vor dem Kriege von 1806 gab sie diese Erlaubniss nicht durch eine allgemeine Verordnung, sondern durch besondere Ermächtigungen. Der neue Ferman, indem er die

allgemeine Ermächtigung für die türkischen Schiffe aussprach, verrieth die eigentliche Absicht der Pforte, denn bei dem Verbote, auf ein fränkisches Schiff zu überladen, war für jedes fränkische Schiff, das aus irgend einem Grunde zu Constantinopel sich seiner Ladung russischen Getreides entledigen wollte, die Concurrenz aufgehoben, und es musste sich zu den Bedingungen bequemen, die ihm ein türkisches Schiff machen wollte. Auch dieser Paragraph des Fermans ging daher auf ein Monopol zu Gunsten der türkischen Flagge hinaus.

3. Von einem türkischen Schiffe auf ein fränkisches. Diese Kategorie war im neuen Fermane zugelassen, und stimmte zu den übrigen, denn sie nöthigte die Schiffe der Flaggen, denen die Durchfahrt in's schwarze Meer nicht zugestanden war, die also nach Constantinopel kamen, um ihren Einkauf an Getreide dort zu machen, dieses von den türkischen Schiffen zu nehmen.

4. Von einem türkischen Schiffe auf ein türkisches. Diese Kategorie war nach dem neuen Fermane verboten, und dieses Verbot berührte die fränkischen Flaggen nicht.

Die §§. 10, 11 und 12 enthielten keine abweichenden Bestimmungen.

Die Bemerkungen, welche wir so eben über den kaiserlichen Ferman gemacht haben, sind dieselben, welche der Handelsstand zu Odessa gleichzeitig mit dem Fermane selbst, dem Petersburger Hofe einsandte. Diese Stimmen ausser Acht zu lassen, war der Neigung so wie der Klugheit des Kaisers entgegen, und wenn die Pforte, wie kaum zu bezweifeln, wirklich das Verträgniss mit Russland wollte, so war dieser Schritt, bei ihrer Schwäche überhaupt, ein vergeblicher, ein völlig unkluger.

Die Folgen liessen auch nicht auf sich warten. Graf Nesselrode, in Beantwortung des Schreibens des Reis-Efendi, worauf

Lord Strangford seine letzten Hoffnungen gegründet hatte, erkannte zwar in der ihm von der Pforte gemachten Mittheilung einen Anfang zur Rückkehr zu billigen Gesinnungen, machte aber die Wiedersendung einer russischen Mission nach Constantinopel von der vollbrachten gänzlichen Räumung der Fürstenthümer abhängig. Er beantwortete mittelbar die Forderung der Pforte, wegen der asiatischen Plätze, indem er sagte, die Aufgabe dieser Mission würde seyn, die durch die Ereignisse vom Jahre 1821 unterbrochenen Verhandlungen aufzufassen und fortzuführen. Hinsichtlich der Gedanken, wozu den Kaiser manche Aeusserung des Reis-Efendi und mancher neuere Schritt der Pforte nöthige, wies er ihn an Lord Strangford. Diese Antwort war vom 6. Mai *). Gleichzeitig schrieb Nesselrode an Strangford: »Der Kaiser habe mit Vergnügen die Zugänglichkeit der Pforte für eine gesündere Politik bemerkt, aber von den drei zu Verona aufgestellten Bedingungen der Wiederanknüpfung der diplomatischen Verhältnisse habe sie dennoch erst eine, und zwar die am wenigsten bedeutende, erfüllt; auch habe sie durch die Wahl von Eingebornen in die Verwaltungsweise der Fürstenthümer Aenderungen gebracht, welche sie nach dem Sinne der Verträge Russland erst hätte mittheilen, und worüber sie dessen Zustimmung hätte begehren sollen. Der Kaiser berücksichtige jedoch die schwierige Lage der Pforte, und nehme diese Neuerung in der Wahl der Hospodare an, ohne erst zu untersuchen, ob sie den Fürstenthümern vortheilhaft sei, und ermächtige ihn, die Pforte davon zu benachrichtigen, wenn sie anders durch Nachgiebigkeit ihrerseits sich dieses Beweises der Nachgiebigkeit Russlands würdig mache. Der Kaiser werde nie zugeben, dass man Gegenstände früherer Verhandlungen mit den dermaligen vermische oder verbinde. Vorbehalte dieser Art hätten den beinahe schon gefassten Entschluss, mit der Pforte anzuknüpfen, nicht zur Ausführung gelangen lassen. Graf Nesselrode klagte weiter gegen die Gefangennehmung des Bojaren Vil-

*) Siehe Beilage IV. 2.

larn, von der er behauptete, dass sie ohne Wissen des Hospodars geschehen sei; er eiferte gegen den neuen Handelsferman, und verwarf ihn unbedingt; er that dar, wie aller Versicherungen der Pforte ungeachtet, die Fürstenthümer nicht geräumt seien, und das Verweilen der türkischen Truppen diese Länder auf das Aeusserste bedrücke; endlich warf er dem englischen Botschafter das Schweigen hinsichtlich der griechischen Frage vor, die zu Verona unter die drei Bedingungen aufgenommen worden war, und in diesem Vorwurfe, mit Schonung gemacht, kam Graf Nesselrode auf die Behauptung eines aus den Verträgen für Russland hervorgehenden Schutzrechtes über die griechische Religion im ganzen Umfange des türkischen Reiches zurück. Besprechungen über die griechische Frage und ein günstiges Ergebniss derselben, erklärte er als unerlässliche Vorbedingung zur Verständigung mit der Pforte. Dass die Politik Canning's auch zu Petersburg bereits ihre Früchte zu tragen begann, ging besonders daraus hervor, dass Nesselrode in eben den Weisungen des englischen Cabinetes an Strangford, welche dieser als die Quelle unbesiegbarer Verwirrung ansah, die Bürgschaft erfolgreicher Besprechung mit der Pforte sehen wollte. Der Graf verweigerte die von Strangford angesprochene Sendung eines Geschäftsträgers, die bei dem dermaligen Abstande zum Bruche führen müsste, und schloss mit dem Wunsche des Friedens.

Diese Note bewies dem Fürsten Metternich, wie richtig er sah, wenn er behauptete, dass in Russland ausser dem Kaiser eigentlich Niemand für den Frieden war. Der Abfall Englands, die Nullität Frankreichs in den orientalischen Angelegenheiten, liessen die ganze Last des Kampfes gegen das Uebergreifen der russischen Politik im Süden in seinen Händen. Die Pforte, deren Interessen er mit verfocht, unterstützte ihn schlecht, und die grössten Schwierigkeiten kamen gewöhnlich von ihr. Kein Wunder, wenn dieser Staatsmann den Muth verloren hätte — aber er verlor ihn nicht. Die Verdächtigung Strangford's, die in den Augen der Pforte mit jedem Tage zunahm, schwächte sein brauchbarstes Werkzeug. Er gab es nicht auf, weil das Beharren Strangford's auf der von dem Fürsten Metternich vorgezeichneten Linie das bedeutendste Gewicht gegen die Wirkungen Canning's in Petersburg bildete. Die Ansichten Strangford's stimmten mit denen des Fürsten, und wenn beide die Politik Canning's als einen vorübergehenden Auswuchs betrachteten, so war insbesondere der Fürst nicht lässig, den Lord hierin zu bestärken. Das minderte aber das Misstrauen der Pforte nicht, welche, die Abweichung des Botschafters von seinem Cabinete nicht annehmend, sich an die Thatsachen hielt, und diese zeugten gegen England. Das Cabinet von St. James hatte am 29. April ein Schreiben an den Secretär der levantischen Compagnie erlassen *), worin scharf gerügt wurde, dass sich einige englische Unterthanen hatten beikommen lassen, den Türken zu Hülfe zu seyn, und englische Kauffahrer, die griechische Blokade zu verletzen, und Lebensmittel türkischen Plätzen zuzuführen. Dieser Tadel fiel in die Zeit, wo englische Offiziere und Private mit den Griechen gemeine Sache machten, Munition, Waffen und Geschütz aus England offen den Insurgenten zugeführt, Sammlungen zu Gunsten der Griechen in England veranstaltet wurden, und ein Anleihen gegen Verpfändung türkischen Besitzthumes bereits in London unterhandelt war! Der Consul Green, den die Pforte so oft gegenüber den russischen Consuln ob seines Benehmens gerühmt hatte, wurde in diesem Schreiben namentlich getadelt, Neutralität, die hier gleichbedeutend mit Ausschluss aller Begünstigung der Türken war, anbefohlen und mitgetheilt, dass Hamilton, der offene Freund der Griechen, mit der Aufrechthaltung dieser Vorschrift beauftragt sei. Dieses Schreiben ging, mit Uebergehung des englischen Botschafters, von der levantischen Compagnie an den englischen General-Consul in Constantinopel, Herrn Cartwright, der es sogleich der Handelsschaft und den Consulaten kund gab. Die Schwierigkeit der Lage Lord Strangford's wurde dadurch beträchtlich vermehrt. Freilich unterliess Fürst Met-

---

*) Siehe Beilage IV. 3.

ternich nicht, das englische Cabinet über das, was ihm der wahre Stand der Frage war, aufzuklären, Canning aber hatte seinen Entschluss gefasst, und der Gang des Krieges in Spanien und die Gegenrevolution in Portugal, die seinen Wünschen entgegen standen, machten ihn die Ansicht nicht aufgeben, den Aufstand in Griechenland zu halten, dadurch seinen Einfluss dem Hofe und den Torys gegenüber zu vermehren, und zugleich die Grundlage für eine dem politischen Gewichte Englands entsprechende Zukunft niederzulegen. Sein Gedanke über Russland war vielleicht mit dem des Fürsten Metternich ein und derselbe, aber der eine verwarf den Weg des anderen. Canning gab sich das Ansehen als wollte er Philanthropie und Politik durch seine diplomatischen Bestrebungen in Einklang bringen; Metternich sah hierin nur die zweite der ersteren geopfert und keine gefördert.

Aenderungen im Cabinete zu Petersburg machten um diese Zeit, Mitte Juni, die Philhellenen glauben, Capodistrias kehre dahin zurück. Fürst Wolkonsky, der Chef des Generalstabes, der zugleich die Dienste des Oberstkämmerers versah, gekränkt darüber, dass Arakszeieff, der bedeutendste Mann im Inneren und in Militärsachen, wieder in den geheimen Rath des Kaisers gezogen wurde, nahm Urlaub nach Carlsbad, wo sich damals auch Strogonoff aufhielt, und wurde einstweilen durch General Diebitsch ersetzt. Fürst Menzikoff, der auf diesen Posten gehofft hatte und sich getäuscht sah, nahm gleichfalls Urlaub, und reiste nach den Bädern im Kaukasus. Der Finanzminister Gurieff gab sein Portefeuille an Kankrin, weil der Kaiser, gegen seine Meinung, dem Kreise Bialystok 80,000 Rubel durch Cabinetsbefehl als Aushülfe zugewiesen hatte; er blieb jedoch Schatzmeister des kaiserlichen Hauses. Der Minister des Inneren, Kotschubey und derjenige der Justiz, Lapuchin dankten ab. Die Veränderungen änderten nichts in den Ansichten des Kaisers, der gleichzeitig seine Armee um ein Sechstheil verminderte, was achtzehn Millionen Rubel jährliche Ersparniss gab. Aber die Hetäristen und Freunde des Grafen

Capodistrias verbreiteten die entgegengesetzte Meinung, und die Pforte, das Beispiel der Wendung Englands vor Augen, war sehr beunruhigt. Fürst Metternich eilte sie zu beruhigen. Capodistrias, damals in Genf, hoffte so wenig auf die Wiederkehr der Gunst des Kaisers, dass er vielmehr eben damals den Entschluss fasste, nach Korfu zu gehen, hoffend, dort die Gelegenheit auszubilden, sich an die Spitze der Griechen zu stellen.

Jetzt war Petersburg das eigentliche Feld des Kampfes, und dort griff Fürst Metternich seinen Gegner Canning an. Er wusste, wie viel er persönlich über Kaiser Alexander vermochte, und setzte seine Hoffnung auf dessen Zusammenkunft mit dem Kaiser von Oesterreich in Czernowitz, die im Herbste stattfinden sollte. Waffen bis dahin zu sammeln, war sein eifriges Bestreben. Er fiel daher der Weigerung Russlands bei, jetzt schon einen Abgeordneten nach Constantinopel zu senden, denn er wusste, dass Alexander nur unter Personen die Wahl hatte, welche nicht völlig in seinen eigenen Ansichten waren und von der Gegenpartei missbraucht werden konnten. Dem Fürsten war das wichtigste, die Verhandlungen zu Constantinopel auf wenige Puncte zurück zu führen, und statt den häufig unsicheren und weiten Ausdrücken, deren sich das Petersburger Cabinet bediente, die seinigen von dem Kaiser Alexander annehmen zu machen. Die Schreiben Nesselrode's an Lord Strangford und an den Reis Efendi vom 6. Mai waren ihm zur Uebergabe zugesendet worden. Er begleitete sie auf die Weise wie er es zuträglich hielt *). Insbesondere das an Lord Strangford gab sich zu günstiger Wendung her. Der Punct der Wahl der Hospodare aus Eingeborenen war von dem Kaiser bedingt zugegeben. Der Fürst sprang über die Bedingung weg und hielt an die Zugabe als an eine Thatsache. Die Vermischung der früheren Streitfragen mit den dermaligen stellte der Fürst als ein Ergebniss der Furcht der Pforte, durch Schweigen ihr

*) Beilage IV. 4. a. b.

Recht zu verlieren, hin, entschuldigte es, obgleich er es verwarf, und sicherte der Pforte den Anlass, diese früheren Streitfragen zu gelegener Zeit vorzubringen. In Bezug auf die Gefangennehmung des Bojaren Villara nahm er die Aeusserung Russlands auf, dass diese Sache Oesterreich näher angehe, zeigte sich mit der Erklärung des Reis-Efendi zufrieden gestellt, und zwang dadurch das russische Cabinet, es auch zu seyn. Der nicht völligen Räumung der Fürstenthümer führte er das Wort, gab die Abwesenheit beglaubigter russischer Agenten als Grund an, warum Russland das Verweilen der kleinen Zahl türkischer Truppen in diesen Provinzen nicht so wie er, der besser Unterrichtete, für nothwendig erkenne, sprach von Räuberhaufen als Folge der Unruhen, welche das Land durchzögen, und die ohne Beistand der Truppen nicht zu bändigen wären, von der Unmöglichkeit für die Hospodare, mit ihren erschöpften Geldmitteln dermalen schon Landestruppen zu bilden, und von dem Wunsche dieser Fürsten selbst, diess einzige Mittel zur Ordnung und Ruhe bis dahin zu erhalten. Die Klagen gegen den Ferman zur Gründung einer türkischen Kauffahrtei billigte er, denn er wusste wohl, dass Alexander darin nicht nachgeben könne. Er nannte den Ferman thöricht und ungerecht, zeigte sich aber wenig beunruhigt dadurch, weil derselbe unausführbar und den Verträgen entgegen sei. Er zog die Bekämpfung der in diesem Fermane enthaltenen Neuerungen in den Bereich aller im schwarzen Meere Handel treibenden Flaggen, hob hervor, dass diese Massregel den Gesandtschaften nicht regelmässig mitgetheilt worden sei, und minderte dadurch ihre Wichtigkeit; er lobte die Mässigung Russlands, für die seit vierzig Jahren von seiner Flagge genossenen Vortheile durch den Einlass anderer europäischen Flaggen oder auf irgend eine Weise sich entschädigen zu lassen, und nahm es dadurch beim Worte, erklärte auch die Regelung dieser Angelegenheit als die unerlässliche Vorbedingung der Wiederanknüpfung diplomatischer Verbindungen. Die schwierige griechische Frage endlich führte er auf den seiner Sache günstigsten Gesichtspunct zurück, nämlich auf den Ausschluss der Einmischung, indem er Russland erinnerte, es habe eine Reihe von Thatsachen als Beweise der Achtung für die Religion und des Bestrebens der Wiederherstellung der Ruhe von der Pforte verlangt und die Pforte glaubte, diese Thatsachen geliefert zu haben; er rühmte die Einheit aller Mächte unter sich in dem Wunsche, den alle beunruhigenden Kampf beigelegt zu sehen, wies auf die durch ihre Bemühungen in Constantinopel errungene Erfahrung hin, dass die Pforte nun und nimmermehr die Einmischung in eine Angelegenheit, die ganz eine innere sei, zugeben werde, und schloss hieraus, dass die Einmischung am wenigsten zu dem im Wunsche der Mächte liegenden Ziele führen würde. Die grösste Schwierigkeit spränge aber nicht, sagte er, aus der Pforte, die ihre Aufforderungen zur Unterwerfung und die Versprechungen der Amnestie nicht aussetze, sondern aus der Forderung völliger Unabhängigkeit, mit welcher die Griechen durch Wort und That die Anträge der Pforte beantworteten. Es bliebe der Pforte, auch wenn ihre Absichten die versöhnlichsten wären, sonach kein Mittel als die Gewalt, und die griechische Frage sei aus dem Bereiche der Diplomatie dadurch auf ein Feld übertragen, wo allein die Vorsehung nach ihren höheren Rathschlüssen entscheide. Lord Strangford könne nicht verantwortlich gemacht werden, einen Gegenstand nicht angefasst zu haben, dessen Natur und Stand zu ändern das Vermögen der Mächte nicht mehr ausreiche. Von den durch den Grafen Nesselrode herausgehobenen Puncten liessen daher nur zwei die Verwendung der Mächte zu, nämlich der Einfall des Divans, frühere Streitfragen mit den dermaligen zu vermengen, und die Neuerungen in der Schifffahrt des schwarzen Meeres.

Lord Strangford und Freiherr von Ottenfels wurden angewiesen, die Pforte in diesen beiden Beziehungen zu bearbeiten. Diese dem Petersburger Cabinete mitgetheilten Weisungen wurden durch Schreiben Nesselrode's an Tatitscheff vom 21. Juli gebilliget, doch vertheidigte sich diess Cabinet wegen der Zögerung der Sendung von Agenten in die Fürstenthümer durch den Zustand dieser Länder, durch die Erpressungen, welche die Pforte darin übe, und durch die feindseligen Massregeln gegen die Schifffahrt im schwarzen Meere. Es liess auch die von der Ansicht des Wiener Cabinetes abweichende Auslegung der Verträge nicht fallen.

Der Sultan, aufgebracht über den Gang des Krieges, den der Pascha von Scutari nur schläfrig führte, während der Kapudan-Pascha seine Zeit zu Chios mit Aufforderungen zur Unterwerfung verlor; aufgebracht auch, dass die Gesandten die Loslassung vieler Griechen aus den Gefängnissen von Constantinopel und andere Schritte der Milde nicht geltend zu machen wussten und dass der Schritt der Höflichkeit ihn abermals um nichts weiter gebracht hatte, setzte den Kiaja-Bey Said-Efendi ab, der sein Rath hierin gewesen war, und machte den Divan dadurch weniger als je gestimmt für verträgliche Rathschläge. »Wir zweifeln nicht an den freundschaftlichen Gesinnungen Oesterreichs,« sagte der Reis-Efendi zu dem österreichischen Dollmetsch Herrn von Testa, »aber erfüllt eine Macht, die ihre Vermittlung zweien in Spannung befindlichen Mächten anträgt, ihre Pflicht, wenn sie immer nur die Interessen der einen verficht? Haben wir nicht Alles gethan, um die Ausgleichung herbei zu führen, nicht jeden Schritt entgegen gemacht, den man von uns verlangte? Welches war das Ergebniss davon? Was hat Russland darauf erwiedert? Man spricht ohne Unterlass von den beklagenswerthen Folgen, von unberechenbaren Verwickelungen! Wir wissen, was das heisst; unsere Schwäche will man uns fühlen machen. Wir gestehen sie sogar ein, wenn es seyn muss; aber, wie schwach auch ein Staat sei, der noch aufrecht steht, er muss sich achten bis an sein Ende.«

Die Führung von vier mit russischer Flagge bedeckten griechischen Schiffen ins Arsenal bekümmerte insbesondere auch Lord Strangford sehr, denn er wusste, welche Bedeutung im dermaligen Augenblicke diesem Vorfalle in Petersburg gegeben werden würde. Er drang in den Reis-Efendi, die Massregel zurück zu nehmen, die er einen Missgriff, sowohl der Zeit als ihrer Natur und Form nach, nannte. Es sei die Ausgleichung mit Russland vor der Thüre gewesen, behauptete er, und durch diese Gewaltthat aufs Neue hinausgeschoben worden. Zugegeben, dass diese Schiffe griechische seien, so stände in gewöhnlichen Fällen dem Minister der Macht ihrer Flagge, in aussergewöhnlichen einer gemischten Commission die Entscheidung über die Nationalität zu; endlich lägen diese Schiffe seit vier Monaten in Erwartung ihres Schicksales da; vierzig Schiffe der Insurgenten könnten der Pforte nicht so viel Uebles zufügen, als diese vier widerrechtlich im Arsenal gehaltenen. Die vereinten Vorstellungen der Minister machten Eindruck. Der Reis-Efendi vermochte die Capitäne zu einer Bittschrift, um ins schwarze Meer gelassen zu werden, und darauf wurde ihnen die Abfahrt bewilliget.

Die Bemerkungen, welche Fürst Metternich Sorge trug, der Pforte über ihr Benehmen zu machen, blieben gleichfalls nicht ohne Wirkung. Er entwickelte dem Divan den Schaden, den die Pforte sich selbst durch die Missgriffe anthat, die sie täglich beging, und von denen die neuesten den Nutzen lähmten, den sie nahe daran war, zu ärndten. Die Rathschläge, welche er der Pforte seit Ausbruch des Aufstandes zu geben nicht unterliess, erklärte er als rein aus dem Standpuncte Oesterreichs geschöpfte und ihre Uebereinstimmung mit den Wünschen des Kaisers Alexander für einen Beweis, dass diese Wünsche kein anderes Ziel als die Wiederherstellung freundschaftlicher Verhältnisse mit der Pforte hatten. Er hielt sie nun von dem Irrthume überzeugt, den sie anfänglich genährt hatte und nähren durfte, dass nämlich Russland auf ihren Sturz hinarbeite, denn der Beweis war vom Gegentheile geliefert, indem Russland die bequeme Gelegenheit des griechischen Aufstandes nicht zum Angriffe auf die Pforte benützte. Er gestand, dass er von ihren militärischen Anstrengungen gegen die Griechen auch in diesem Jahre wenig erwarte und stellte die von ihr verpönten Bemühungen Russlands und der Verbündeten in die griechische Sache sich einzumischen, als aus solchen, nun durch zwei Feldzüge gerechtfertigten Zweifeln und aus der Absicht, sich in eine der Pforte zur Beilegung der griechischen Unruhen nützliche Stellung zu setzen, entsprungen dar. Bei der Erkenntniss, dass die Pforte Russlands Anerbieten irrig auffasste, darin nicht das sah, was zu sehen war, sondern das, was es nicht war, habe diese Macht es fallen lassen und so der Zukunft die Lösung übergeben, welche vereintes Wirken auf wünschenswerthe Weise jetzt schon hätte herbeiführen können. Indem er die Mässigung des Sultans lobte, tadelte er die Hartnäckigkeit, mit welcher der Divan die Rathschläge der befreundeten Mächte in vielen Beziehungen zurück gewiesen. Von dem Augenblicke an, wo es zu Tage lag, dass Russland eine abwartende Politik befolgte, hätte die Pforte trachten sollen, die Unruhen in Griechenland schnell beizulegen; sie sei dagegen mit so schwachen Mitteln aufgetreten, als wolle sie zusehen bis die Griechen, müde des Krieges, sich unterwürfen. Einstweilen verwunde die Pforte Russland auf einer seiner empfindlichsten Seiten, in dessen Handel und Schifffahrt; sie spreche den Wunsch der Anknüpfung diplomatischer Verbindung aus, handle aber in einem ganz entgegengesetzten Geiste. Dann ging er auf die Unmöglichkeit über, dass Russland unter solchen Verhältnissen zu dieser Anknüpfung sich verstehe, die ganz unsicher und kurzdauernd seyn und einen zweiten unheilbaren Bruch herbeiführen könnte. Den aber wolle Russland vermeiden und beweise dadurch seine Wünsche für die Erhaltung des türkischen Reiches. Heute sei für Russland und die Verbündeten die Schifffahrtsfrage wichtiger als die griechische. Die Sendung eines türkischen Botschafters nach Wien wäre von Russland gerne gesehen worden, als ein trefflicher und kurzer Weg zur Verständigung; die Pforte habe ihn aus kindischem Misstrauen verworfen und setze auch hierin ihren Freunden Schwierigkeiten entgegen, wo sie ihnen dankbar seyn und helfen sollte.

Der Reis-Efendi, der schon am 16. Juni durch den Hospodar der Wallachei das Antwortschreiben des Grafen Nesselrode an ihn in Abschrift erhalten hatte, durch Lord Strangford aber das Original davon am 5. Juli empfing, nahm es mit beifälliger Freude auf und pries die Klugheit Metternich's, der, ohne sich vorzudrängen, alles zum guten Ziele zu führen verstände. Die Gefälligkeit der Pforte weiter an Tag zu legen, wies er dem englischen und österreichischen Gesandten durch Uebergabe einer dienstlichen Liste nach, dass seit Ende October 304 russische Kauffahrer die Erlaubniss zur Durchfahrt im Hafenamte der Hauptstadt erhalten hatten. Gianib-Efendi vertheidigte die Pforte gegen den Vorwurf der Lässigkeit in Führung des Krieges durch Vorwände der Menschlichkeit. »Wir dürfen nur die Albaneser loslassen,« sagte er, »so würden die Griechen bald überwunden seyn, aber diese Haufen würden die Morea in eine Wüste umwandeln. Das Jahr 1774 ist eine Warnung. Wir wollen erhalten, sind nicht taub für Menschlichkeit, nur wollen wir fremde Einmischung nicht. Wir wissen, dass man in Europa eine Menge Entwürfe für die ganze oder halbe Unabhängigkeit Griechenlands macht. Hierüber auch nur zu verhandeln, würde unserer Seits eine Aufforderung an alle unruhigen Statthalter seyn, den Weg des Aufstandes zu versuchen.« Aber er sagte in einem bewegteren Augenblicke auch: »Wir wollen Thatsachen, nicht Worte. Das Schreiben Nesselrode's ist kein russischer Gesandter; einen solchen aber versprach man uns. Wir wollen keine Einmischung, keinen Schutz aufrührerischer Unterthanen, die seit Jahrhunderten den Thron des Sultans untergraben. Man führt die Sache der Revolution, indem man diejenige mit falschen Papieren bedeckter Schiffe der Insurgenten führt, und so findet die Revolution Schutz bei denen, die sie bekämpfen sollen.«

So sprach sich der eigentliche Gedanke des Divans aus, den er in den Verhandlungen jedoch milderte, hauptsächlich weil Nachrichten aus der Moldau ihm bewiesen, dass sich Russland ernsthaft angelegen seyn lasse, die immer thätigen Umtriebe der Hetäristen in Bessarabien zu erdrücken. Diese bereiteten nämlich ohne alle Vorsicht und Schonung einen Einfall in die Moldau. Es liess aber der russische General Jasoff an 200 derselben aufheben oder vertreiben, und diess zwar auf Ersuchen des Hospodars. — Der Divan widersprach der Zumuthung, durch den Schifffahrtsferman die Verträge verletzen zu wollen und behauptete die beiden von Russland getadelten Paragraphe wären falsch übersetzt, besonders in dem

Texte, den Russland erhalten hatte. Darin hiesse es, dass die türkischen patentirten Schiffe den Vorzug vor allen anderen hätten, und man habe hieraus den Schluss gezogen, dass dieses Wort alle auch die fränkischen in sich schliesse. Nun aber finde sich diess Wort nicht im türkischen Texte, und folglich sei nur von türkischen nichtpatentirten Schiffen die Rede. Uebrigens sprächen die Thatsachen. Seit den drei Monaten, dass die neue Schifffahrtsordnung im Gange sei, könne auch nicht ein einziger Fall nachgewiesen werden, der jene Auslegung beurkunde. Lord Strangford und Freiherr von Ottenfels begehrten und erhielten schriftlich diese beruhigende Erklärung und bemerkten hinsichtlich des anderen Satzes, der die Ueberladung angeht, dass das Verbot derselben von einem fränkischen Schiffe auf ein anderes fränkisches seit jeher bestanden habe und während der Anwesenheit eines russischen Ministers erneuert worden sei. (1. December 1821.) Die Umgehung des Verbotes war zwar immer erlaubt worden, musste aber jedesmal angesucht werden. Zur Erneuerung sei die Pforte durch den Umstand geführt worden, dass die meisten türkischen Fahrzeuge Janitscharen zu Eigenthümern haben, und in dieser schweren Zeit die Pforte ihnen doch einige Erleichterung habe geben müssen. Es war aber auch Thatsache, dass die fränkischen Kaufleute zu Constantinopel, weit entfernt, sich über die Massregeln der Pforte zu beklagen, vielmehr gerade in dieser Zeit mit ihrem Gewinne sehr zufrieden waren.

Mit diesen Erklärungen glaubte die Pforte genug gethan zu haben. Ihre Augen wandten sich hauptsächlich auf die Griechen, deren innere Zwistigkeiten sie mit Hoffnung erfüllten. Das Geschwader der Ipsarioten bedrohte im Juli Adramyti und Smyrna, aber die Vorstellungen des französischen Commodores Rigny hielten es vom Angriffe ab. Die Drohung hatte Grausamkeiten in Pergamus zur Folge. Es mangelten auch in Negroponte und Trikeri die Gräuel nicht. Am empfindlichsten waren der Pforte die Hülfen, welche englische Fahrzeuge den Insurgenten gaben. Die Klagen der englischen Factorei, so augenscheinlich durch Hinneigung zu den Griechen veranlasst, gaben der Pforte und Lord Strangford manche üble Laune. Die Berichte des Kapudan-Pascha über die Hülfen an Geld, Waffen, Munition und Menschen, welche die Engländer den Griechen zuführten, über englische Aussendlinge, welche die Morea durchzogen, erzeugten eine Bitterkeit in dem Divan, gegen welche sich zu erhalten es für Lord Strangford immer schwieriger wurde. Der Sultan persönlich war sehr gegen England aufgeregt. Einen Beweis hievon gab der Umstand, dass er auf den Bericht, es würde zu London eine Sammlung für die Verunglückten in Haleb gemacht, befahl, die zu Constantinopel bereits eingetroffenen Gelder sollten nach London zurückgeschickt werden, und zwar »weil er nicht wolle, dass England mit einer Hand die Rebellen, mit der anderen seine treuen Unterthanen unterstütze.«

Sechs Wochen war die Antwort Nesselrode's der Pforte bekannt, und es geschah nichts weiter von ihrer Seite. Sie aufzurütteln aus ihrem Schlummer beklagte sich Freiherr von Ottenfels am 7. August bei Gianib-Efendi über diess Schweigen und die wenig gefällige Weise Sadik-Efendi's. Gianib antwortete: »Welche Früchte hat unser Schreiben an Nesselrode getragen? Wir haben die Forderungen Russlands erfüllt, aber euere Versprechungen sind ohne Erfüllung geblieben. Wir sprachen in unserem Schreiben nicht einmal unsere heiligsten Klagen aus; was war der Erfolg? Können wir, die wir dem Sultan die Wiederkehr einer russischen Gesandtschaft verbürgten, von ihm neue Zugeständnisse verlangen?« Der Internuntius erwiederte, dass alle Beschwerden dermalen sich nur auf die Frage der Schifffahrt und auf die tausend Plackereien beschränkten, welche die neu eingerichtete Marine-Kanzlei übe. »Diese wird aufhören,« antwortete Gianib-Efendi, »sobald nur erst die griechische Revolution aufhört. Der russische Minister komme, und die Frage der Schifffahrt wird sich leicht besprechen lassen.« Der Entschluss des Kaisers Alexander, mit Ende August eine Reise in die Südprovinzen seines Reiches zu machen, und das gleichzeitige Zusammenrücken bedeutender Streitkräfte waren um diese Zeit zu Constantinopel bekannt, und Freiherr von Ottenfels benützte diesen Umstand, um Gianib-Efendi auf die aufgeregte Stimmung in diesen Ländern und auf die wahrscheinliche Rückwirkung derselben auf den Kaiser aufmerksam zu machen. Gianib-Efendi verlangte eine Note Strangford's über diesen Punct. Dieses Begehren kam dem englischen Minister erwünscht, der eben von seinem Cabinete die Weisung erhielt, die Ausgleichung Russlands mit der Pforte zu beschleunigen. Fürst Metternich hatte zu London diese Weisung betrieben; Canning gab sie, aber sein letzter Grund dafür lag in dem Wunsche, freie Hand für die griechische Sache zu gewinnen, und in der Zuversicht, dass Russland dieselbe nicht mehr fallen lassen würde.

Strangford, zu einer strengeren Sprache ermächtiget, auch durch den Umstand begünstiget, dass der zu Erzerum am 15. Juli abgeschlossene Friede mit Persien einen Gegenstand der Eifersucht mehr aus dem Wege räumte, gab am 11. August eine Note an den Reis-Efendi im Geiste der Sprache Metternich's, und vertheidigte nun das Aussenbleiben eines russischen Ministers, so wie er früher die Nothwendigkeit von dessen Kommen vertheidiget hatte *). »Wenn die Rebellen im Divan sässen,« sagte er, »würden sie gerade die Massregeln vorschlagen, welche die Pforte neuerlich genommen hat. Beleidiget, verwundet Russland, so gut ihr vermögt — würden sie sagen, — bedrückt dessen Handel, vermehrt die Klagen, verhindert vor Allem die Rückkunft eines russischen Ministers, dessen einzige Bestimmung seyn würde, die Hand an's Werk des Friedens zu legen; — zerfallet mit allen Mächten, bedrängt ihren Handel, so werden wir endlich an das Ziel unserer Wünsche gelangen, zum Kriege der Pforte mit Russland, vielleicht mit England, vielleicht mit allen Mächten Europa's.« »Die Pforte ist im Irrthume,« so schloss er, »wenn sie durch Zögern ihre Lage zu verbessern meint;

---

*) Siehe Beilage IV. 5.

Zeit gewinnen ist jetzt so viel als Zeit verlieren; sie ist im Irrthume, wenn sie an der Einerleiheit der Absichten und Wünsche aller Mächte, Grossbritannien an der Spitze, zweifelt; sie ist im Irrthume, wenn sie die Geduld des Kaisers Alexander unerschöpflich glaubt; wenn sie meint, ihre Forderungen an Russland günstiger zu stellen durch Verzögerung der Herstellung der diplomatischen Verhältnisse mit dieser Macht; wenn sie Opfer nennt, was neue Bürgschaften ihres eigenen Wohles sind.«

Diese Note und die Hinweisung auf das russische Heer, das jeden Augenblick aus der Drohung in die Handlung übergehen konnte, machte grossen Eindruck auf den Sultan, der den Fall des Tschausch-Baschi Gianib-Efendi beschloss. Dieser Günstling, der seit so vielen Jahren in den Berathungen des Divans die erste Stimme führte, wartete nicht darauf, sondern bat selbst um seine Entlassung und erhielt sie. Said-Efendi, ein gemässigter Mann, ersetzte seinen Platz im Divan. In der Unterredung, welche Lord Strangford am 30. August zu Bebeck mit dem Reis-Efendi hatte, waren nachgiebige Ansichten vorwaltend. Der strenge, ernste Geist Gianib's, die unzerstörbare Gewandtheit desselben, seine würdevolle Haltung fehlten nunmehr den Vertretern des Sultans, denen der englische Botschafter überdiess mit Beweggründen anlag, wie folgende: »Der Krieg Russlands gegen die Pforte muss die Störung des europäischen Gleichgewichtes, den Verlust mehrerer Provinzen an Russland zur Folge haben; England muss also seinerseits Entschädigung für den Zuwachs Russlands an Land und Macht suchen; es kann sie nur von der Pforte nehmen, denn sie ist die Schuldige durch ihren frevelhaften Eigensinn.« Stets die Drohung des Bruches auf den Lippen, stets für die russischen Forderungen als wie für rein englische einstehend, setzte Lord Strangford dem Divan gleichsam das Messer an den Hals. Es wurde beschlossen, eine gemischte Commission aus Gliedern des Divans und solchen, die der englische Botschafter ernennen würde, zusammen zu setzen, welche die Beschwerden gegen die Bedrückungen in Folge der Schifffahrtsacte und anderer Neuerungen untersuchen und abstellen sollte; es wurde die Ueberladung von einem fränkischen Schiffe auf ein anderes fränkisches, obwohl durch keinen Vertrag bedungen, auf den Fall möglichen Schadens der Ladung, gegen die Bedingung einer jedesmaligen einfachen Erklärung des betreffenden Gesandten, zugegeben; eben so wurde das von dem russischen Cabinete gestellte Verlangen, entweder zuzugeben, dass Russland an Schiffe, welche bis jetzt in's schwarze Meer nicht zugelassen waren, wie bis nun, seine Flagge leihe, oder das schwarze Meer allen Flaggen gegen einen zu bestimmenden Durchfahrtszoll zu öffnen, als ein billiges anerkannt, und überdiess der alsogleiche Abschluss des in Unterhandlung stehenden Vertrages mit Sardinien zugesagt *).

Diese wichtigen Zugeständnisse bald durch Thatsachen verwirklicht zu haben, drohte Lord Strangford im Falle eines Krieges der Pforte mit Russland, dass England einige Inseln im Archipel besetzen würde, eine Drohung, zu der er ermächtigt durch Canning war. Der Internuntius erschreckte die Pforte durch die unbestimmte Hindeutung auf Weisungen, welche der englische Botschafter für den Fall, dass die freundschaftliche Verbindung zwischen der Pforte und England nicht länger aufrecht zu halten wäre, habe, und bat, es nicht auf das Aeusserste ankommen zu lassen. Die Pforte setzte sogleich die gemischte Commission ein und liess sie ihre Arbeiten beginnen. Bis zum 16. September hatte diese bereits folgende Puncte entschieden:

1. Die Untersuchung der Schiffe an den Dardanellen dauert als eine Sicherheitsmassregel fort, aber sie wird unter höflichen Formen stattfinden und es soll durchaus keine Abgabe, weder gross noch klein, dafür erhoben werden;
2. es soll keine zweite Untersuchung, sobald diese geregelte vorgenommen ist, stattfinden;

---

*) Siehe Beilage IV. 6.

3. Schiffe bei ihrer Abfahrt von Constantinopel erleiden da keine Untersuchung, sondern nur an der Mündung des Bospors in's schwarze Meer und zwar unter den Bedingungen, wie an den Dardanellen;
4. das Ankergeld von zwei spanischen Thalern wird unterdrückt;
5. eben so die an die Mauthbeamten und an den Hafen-Capitain nach vollbrachter Ladung bis jetzt gegebenen zwei oder drei spanischen Thaler;
6. alle Gelderhebungen im Bospor hören auf;
7. eben so die vor Erhalt des Fermans der Abfahrt an den Islam entrichteten eilf türkischen Piaster;
8. die Fermane werden ohne Verzögerung ausgefolgt;
9. die Tschausche oder Seewachen, welche bis jetzt an Bord der Fahrzeuge bis zur Abfahrt gesetzt wurden, werden abgerufen und künftig keine mehr gesetzt *).

Die Pforte beeiferte sich, die Schifffahrt auf den alten Fuss zu setzen. In den ersten Tagen des Septembers wurde auch der Vertrag mit Sardinien so gut als abgeschlossen und ein paar Wochen später unterzeichnet. Verhandlung mit allen übrigen Mächten über die Fahrt in's schwarze Meer wurde angetragen; nur Nordamerika, nicht ohne Strangford's Beiwirken, blieb von dieser Gunst ausgeschlossen **). Der Divan erwähnte der asiatischen Plätze und des

*) Beilage IV. 7.

**) Lord Strangford schrieb am 7. September an Canning: „Drei bis vier Tage nach meiner Unterredung bemerkte der Reis-Efendi Herrn Chabert: „„Unter allen Flaggen sei doch die amerikanische nicht mit zu begreifen, gegen die der Sultan eine besondere Abneigung habe. Diese solle zu Hause bleiben und sich nicht in's schwarze Meer drängen."" Ich liess antworten: „Meine Ansicht sei ganz mit der des Sultans übereinstimmend; ich hätte keine Weisung für die Amerikaner und würde wohl keine erhalten. Ich hätte nur die Flaggen verstanden, die bis jetzt unter simulirter Flagge das schwarze Meer zu befahren pflegten."

Kommens des russischen Ministers gar nicht, sondern gab gleichsam unbedingt Alles zu, was Strangford verlangte. Gegen Ende September rief der Sultan Gianib-Efendi wieder in den Divan, was für ein Zeichen galt, dass er nun mit dem Nachgeben einhalten wolle.

Lord Strangford berichtete an den Grafen Nesselrode und an den Fürsten Metternich am 22. September über die bedeutenden, in den letzten Tagen gewonnenen Erfolge. Er suchte jeden Vorwand zu weiteren Zögerungen dem Petersburger Cabinete aus den Händen zu ziehen, gab die unbedingte Annahme so vieler Puncte als den schlagenden Beweis, dass die Anreihung früherer Verhandlungspuncte an die dermaligen türkischer Seits durchaus nicht um einen Grundsatz aufzustellen, sondern aus Gewohnheit geschehen war, und liess sich im Geiste Metternich's angelegen seyn, die griechische Frage gänzlich von der russischen zu trennen. Verhandlungen über die griechische Frage im Namen Russlands allein zu eröffnen, zeigte er als den sichersten Weg, den russischen Fragen entscheidend zu schaden, und die griechische dabei nicht zu fördern, aber er wusste wohl, dass die russischen zu Petersburg eigentlich nur der Mantel für die griechische waren. Mit Klugheit stellte er das Unzureichende der Weisungen voran, die ihm über diese Frage gegeben worden waren, und die Reihe von Thatsachen, mit welchen die Pforte ihre Mässigung in Behandlung der Griechen, den Schutz der Religion und Kirchen, die Unterscheidung der Schuldigen von den Unschuldigen an Tag gelegt hatte. In Betreff der Zögerung, welche die Räumung der Fürstenthümer erfuhr, gab er die Gründe der Pforte als sehr zu berücksichtigende an. Ueberhaupt, indem er einerseits die Zugaben aller Art, welche die Pforte in reichlichem Masse gemacht hatte, zur Geltung brachte, wünschte er sich Glück, dass Russland auch nicht eine einzige zu machen genöthiget war *).

---

*) Siehe Beilage IV. 8.

So arbeitete er dem Fürsten Metternich in die Hände. Die russisch-türkische Frage stand nun folgender Massen:

Die erste Reihe der Forderungen Russlands, nämlich die vier Puncte des Ultimatums von 1821 waren angenommen und, im Bereiche der Macht des Sultans, auch erfüllt. Die zweite Reihe, nämlich die zu Verona festgesetzten, war gleichfalls erfüllt. Die dritte endlich, die im Schreiben des Grafen Nesselrode an Lord Strangford vom 7. Mai enthaltene, war mit Ausschluss der Beilegung der Unruhen in Griechenland gleichfalls erfüllt. Es waren es sonach alle rein russischen Forderungen und Lord Strangford hoffte mit Zuversicht, dass die Summe dieser Zugaben zum Vortheile Russlands, die der Würde des Kaisers geleistete Genugthuung und die für die Stimmung der Pforte dadurch gegebenen Bürgschaften das Petersburger Cabinet vermögen würden, eine Gesandtschaft nach Constantinopel zu schicken. Die längere Verweigerung dieser Sendung musste mit Recht besorgen machen, dass der Divan und die Bestrebungen der Verbündeten keine weitere Wirkung auf den Sultan mehr haben würden und insbesondere der erste der Partei nicht mehr Stand halten könnte, welche ihn blinder Gefälligkeit für Russland anklagte. Die Glieder derselben hatten sich gleichsam in die Hände Russlands gegeben; ihre Stellung und Wirksamkeit im Staate, ihr Hab und Gut, ihr Leben vielleicht hing am Kommen dieser Gesandtschaft, für welches sie dem Sultan und dem Volke gut gesagt hatten. Die Beilegung der griechischen Unruhen lag ausserhalb der Macht diplomatischer Wirksamkeit, und das Günstigste, was im Sinne der Pforte dafür geschehen konnte, war eben diese Sendung, indem sie gerechten Forderungen der Griechen Schutz versprach, den Beisatz von revolutionären Umtrieben und Forderungen aber auszuscheiden versprach. Strangford hatte sich gehütet, die griechische Frage zur Sprache zu bringen; er glaubte sich gegen die Höfe von Wien und Petersburg über diess Schweigen rechtfertigen zu müssen, das ihm seine Klugheit auferlegt hatte.

Zu Petersburg stand die griechische Frage jetzt wie vor. Der

Kaiser allein war frei von philhellenischen Eindrücken; Nesselrode wollte den Frieden, aber er arbeitete am Nachlasse Capodistria's und Alexander hatte wenig Vertrauen in sein Cabinet. Die Masse des russischen Volkes schwebte zwischen dem Verlangen nach Krieg und der Furcht vor Opfern. Der Kaiser wollte weder Krieg noch Eroberungen, noch ein unabhängiges Griechenland. Sein Verlangen beschränkte sich darauf, sich ehrenvoll aus der Sache zu ziehen, darum ging er gerne in die Idee einer Zusammenkunft mit Kaiser Franz ein. Fürst Metternich wusste, dass, ihn in dieser Gesinnung bestärken, der einzige Weg zur Erhaltung des Friedens war. In seinen Weisungen an den österreichischen Botschafter in Petersburg, Grafen Lebzeltern, gab er daher die Aussicht auf die Einmischung der Mächte in die griechische Sache nicht auf, aber er rückte sie so ferne, dass er von der Zeit ihre Entscheidung früher erwarten konnte. Er bestand scharf auf der Trennung der russischen Elemente von den revolutionären und stellte den Krieg als ein Mittel hin, welches zwar die einen, aber zugleich die anderen fördern würde. Dadurch rechtfertigte er sein Trachten, zuerst die russischen abzuthun, wozu er die Pforte als völlig bereitwillig annahm. Er behauptete frei, dass die Schwierigkeiten der Ausgleichung nur auf russischer Seite lägen, nur aus den Forderungen sprängen, welche die Billigkeit nicht anders als verwerfen könne und deren nothwendige Wirkung sei, die Pforte fortwährend in Verlegenheit zu erhalten. Dass die Auflösung der Allianz die Folge des Krieges seyn würde, darüber liess Oesterreich dem Kaiser Alexander keinen Zweifel, aber es beschränkte sich nicht auf die Weigerung jeder Theilnahme oder Hülfe, sondern es deutete hin, dass es in diesem beklagenswerthen Falle nach Umständen handeln würde.

Der Eindruck dieser Sprache war im Kaiser Alexander ein entscheidender. Das Petersburger Cabinet musste die Trennung der russischen Frage von der griechischen im Grundsatze annehmen; aber es wich aus, indem es seinen Forderungen eine neue Gestalt gab. Diese waren:

1. die Räumung der Fürstenthümer;
2. Ersatz für den Schaden, welchen die Südprovinzen durch den nunmehrigen Verlust der seit mehr als vierzig Jahren genossenen Ermächtigung gelitten hatten, mit der russischen Flagge Fahrzeuge anderer Nationen zu bedecken;
3. die Weglassung oder Aenderung gewisser Artikel in der neuen Schifffahrtsordnung;
4. die Abstellung der Hindernisse, welche der Abfahrt der russischen Schiffe neuerlich im Hafen von Constantinopel in den Weg gelegt waren.

Fürst Metternich, dem der Vortheil der Ausgleichung mit Russland für die Pforte ungleich grösser zu seyn schien als die Behauptung einiger Garnisonen in den Fürstenthümern, nahm diese Forderungen Russlands ohne Gegenbemerkung an und unterstützte sie in Constantinopel durch die dienstliche Kunde von der Zusammenkunft der beiden Kaiser, die für den October in Czernowitz festgesetzt war. Er drang fast ängstlich darauf, dass die Pforte ihre Antwort auf die russischen Begehren auch der Form nach geziemend geben möge; an der Wesenheit zweifelte er nicht. Das Petersburger Cabinet, fürchtend dass man es beim Wort nehme, eilte einen neuen Schachzug zu thun. Graf Nesselrode, in einem Schreiben an Lord Strangford vom 10. October, bereits aus Czernowitz erlassen, wiederholte unter Lobeserhebungen und Dank für die errungenen Vortheile dieselbe Forderung der Räumung der Fürstenthümer und der Rückführung aller Verhältnisse dort auf die Grundlage der Verträge. Er gab sich das Ansehen, als fühle er die Nothwendigkeit, mit irgend einem nähernden Schritte die Nachgiebigkeit der Pforte zu beantworten, und gab desshalb Kenntniss von dem Entschlusse des Kaisers, den Staatsrath von Minciaky nach Constantinopel zu schicken, um die Handels- und Schifffahrtsfragen völlig in's Reine zu bringen und über der Aufrechthaltung der Uebereinkunft zu wachen. An diese Sendung hing er aber in unbestimmten Worten die Hinweisung auf andere Forderungen, und sprach zuletzt in klaren Worten aus, dass jede Verbindung zwischen der Pforte und Russland unsicher und schwankend bliebe, so lange nicht durch die Dazwischenkunft der verbündeten Mächte die griechische Frage abgethan sei. Schon einverstanden über diesen Punct mit Canning, bemerkte er, dass der Augenblick gekommen seyn dürfte, um der Pforte die Zustimmung zu dieser Dazwischenkunft abzuverlangen.

Die Unterhändler in Constantinopel, welche sich am Ende ihrer Mühe glaubten, waren nicht wenig erschrocken, der Pforte statt der Erfüllung ihrer Verheissungen neue Forderungen ankündigen zu sollen. Lord Strangford zog sich auch geradezu von der Frage der Räumung zurück, unter dem Vorwande, dass die Weisungen seines Hofes ihm nur die Handels- und Schifffahrtsfragen empfohlen hatten. Freiherr von Ottenfels wehrte sich gleichfalls gegen dieselbe, konnte aber nicht ausweichen, der Pforte die Forderung vorzubringen. Im Diwan waltete in dieser Zeit eine der Nachgiebigkeit eben nicht günstige Stimme vor, die des Ghalib-Pascha von Cäsarea, der zur Befehlshaberstelle der Truppen am Bospor berufen worden war. Auch drohte Persien ein Gewicht in die Wage zu legen durch die Anforderung zum Abschlusse eines Schutz- und Trutzbündnisses gegen Russland. Lord Strangford vereitelte dasselbe durch die Drohung, dass England die Pforte ganz aufgeben würde. Die Sprache des Reis-Efendi gegen den Internuntius war dennoch milder, als dieser es erwartet hatte. Die Pforte, sagte er, sei gestimmt, in den Fürstenthümern alles auf den Fuss vom Jahre 1821 zu setzen. Sie erwarte nicht, dass nach Allem was sie gethan, die Mächte über einige Polizeimassregeln mit ihr streiten würden. Von jeher seien in diesen Ländern Beschli's gewesen, deren Aga unter dem Befehle der Hospodare gestanden habe. Deren Zahl habe man immer nach den Umständen bemessen, und befinde sich dermalen eine grössere Anzahl dort, so sei diess in Folge des Begehrens der Hospodare und Bojaren. Alle Welt lasse der Zucht und Ordnung dieser Truppe Gerechtigkeit widerfahren. Die Pforte sei dennoch mit dem Entschlusse umgegangen, sie zu vermindern, aber die Umtriebe der Hetäristen haben sie bis jetzt an der Ausführung desselben gehindert. Nach einigen Unterredungen und Noten erklärte die Pforte, sie wolle diesen Punct bis zur Ankunft des Herrn von Minciaky vertagen.

Indessen waren die Verhandlungen der Kaiser zu Lemberg und Czernowitz im Gange. Die Einmischung der Mächte in die griechische Frage wurde dort beschlossen, der Pforte die Ernennung eines russischen Ministers für Constantinopel als nahe, nämlich nach der Zurückkunft des Kaisers Alexander in seine Hauptstadt angeköndiget, auf der Räumung der Fürstenthümer aber mit der Versicherung bestanden, dass Russland die Umtriebe der Hetäristen bewache, also die unbillige Last türkischer Besatzung, die um vieles mehr als Nationalmilizen koste, nicht nöthig sei. Kürzlich seien erst 500,000 Piaster in der Wallachei und eine Million in der Moldau zum Unterhalte dieser Truppen erpresst worden. Solche Verletzung der Verträge lasse die Rückkehr russischer Consuln nicht zu. — Auch die Gefangennehmung des Bojaren Villara kam wieder zur Sprache, und wurde gleichfalls als eine vertragswidrige Handlung bezeichnet. War dieser Bojar ein politischer Verbrecher, schrieb Graf Nesselrode, so musste sich die Amnestie bis auf ihn ausdehnen; war er Veruntreuungen oder Fehler in der Verwaltung beschuldiget, so stand er wallachischen Tribunalen unter, denn es hat sich die Pforte in die Verwaltung dieser Provinzen gar nicht zu mischen. Ueber das Verhältniss der Beschli's leitete beide Cabinete ein Bericht des österreichischen Agenten in Bukarest, des Herrn v. Hackenau. Nach seiner Angabe bestanden zufolge der alten Satzungen in den siebzehn Bezirken der Wallachei 700 Beschli's und von diesen waren nur 400 wirklich im Dienste. Sie hatten die Polizei über die Türken, die der Handel über die Donau führte, zu üben, sich aber nicht in diejenige über die Wallachen zu mischen. Seit der Ernennung des Hospodaren Ghika waren an 2000 türkische Reiter in diese Provinz gekommen. Die Truppen des Kawan-Oglu, die dort 12½ Monate geblieben waren, hatten dem Lande allein 1,562,918 Piaster gekostet, während für den gewöhnlichen jährlichen Aufwand der Beschli's 252,156 Piaster zugereicht hätten.

Minciaky reiste gegen Ende October nach Constantinopel ab, und nahm eine Erklärung über die Gründe und Ergebnisse der Czernowitzer Zusammenkunft mit sich. Diese löste sich mit Anfang November.

Einstweilen wurde die Politik Canning's ungeduldiger. Er hatte Lord Strangford untersagt, nach Czernowitz zu gehen, so gerne dieser auch dahin gegangen wäre, und so nützlich seine genaue Kenntniss von dem Stande der Dinge in Constantinopel für die Sache des Friedens hätte seyn können. Am 11. October erliess Canning an diesen Botschafter eine Weisung, worin er sagte: »Es sei Zeit, die seit drei Jahren vernachlässigten Interessen Englands aufzufassen; für die Ausgleichung zwischen Türken und Russen sei genug geschehen; er könne die Pforte nicht tadeln, die Fürstenthümer nicht ganz räumen zu wollen, und wenn Russland von dieser Forderung die Wiederanknüpfung seiner diplomatischen Verbindungen mit der Pforte abhängig mache, so möge es seine Sache selbst führen.« Das war eben die Sprache, die Russland von England zu hören wünschte.

Lord Strangford stand nun mit seinen Ansichten in immer schrofferem Widerspruche mit seinem Cabinete. Der Ton der Weisung vom 11. October kränkte ihn tief; er sah den Triumph seiner diplomatischen Siege sich entwischen. In einem Schreiben an Lord Wellesley zu Wien vom 25. October *) hatte er zwar selbst das Bestehen Russlands auf der Forderung der Räumung unumwunden für ein böses Spiel erklärt und alle Gründe Metternich's und Nesselrode's für einen anderen Ausdruck des Satzes: pro ratione voluntas. — Auch die Wahl Minciaky's missfiel ihm; weil derselbe der Familie Hübsch verwandt war, die für ein Werkzeug der Partei Strogonoff's galt. Zu diesen Umständen, die seine Stellung unangenehm machten, ka-

*) Siehe Beilage IV. 9.

men die Klagen der Pforte über den leidenschaftlichen Anhang, den die Griechen in England fanden, und die Hinneigung seiner Regierung zu denselben. Man gab ihm sogar die Theilnahme an einem albernen Entwurfe Schuld, mit welchem einige Schwindler sich trugen, nämlich für den Malteserorden Syra und ein paar Klippen im Archipel, so wie späterhin Rhodus, Stampalia und Skarpanto gegen eine für Griechenland zu-machende Anleihe von zehn Millionen Franken zu erwerben. Der Umstand, dass Malta unter der Herrschaft Englands war, genügte unwissenden Türken, um eine Verbindung zwischen Lord Strangford und den Malteserrittern voraus zu setzen, obwohl jener Entwurf nur zwischen Franzosen und in Paris verhandelt worden war. Was ihn aber am meisten quälte, waren die täglichen Verdrüsslichkeiten wegen der jonischen Flagge, die als eine griechische den Türken eine verdächtige war, und Alles that, um auch die schlimmsten Voraussetzungen zu rechtfertigen. Die jonischen Inseln waren unter dem Schutze der Neutralität Arsenale des Angriffes. Mesolongi erhielt sich, nach der Meinung der Pforte, nur durch die Zufuhr aus diesen Inseln. Lord Byron hatte zu Argostoli auf Kephalonia sein Hauptquartier. Es musste über solche Thatsachen manchmal zu harten Worten kommen, zu härteren selbst, als je über die wichtigsten gewechselt wurden. Am 15. November z. B. fuhr ein englischer Kauffahrer, ohne anzuhalten, wie er doch hätte thun sollen, aus dem Meere von Marmora in das schwarze. Der Sultan, zufällig Augenzeuge der vergeblichen Jagd, welche die Schaluppen des Arsenales auf dieses Schiff machten, erliess ein Hatt an seine Minister, worin er unter anderen sagte: »Bin ich noch Herr in diesem Lande, oder herrschen die Franken hier? Aus den Massregeln zur Unterdrückung solcher Anmassungen, die ihr mir sogleich vorschlagen sollet, werde ich den Grad der Macht erkennen, die ich hier noch ausübe!« Der Divan bedrohte hierauf Lord Strangford, und dieser antwortete mit der Gegendrohung: »England sei gewohnt, für jeden Schlag zwei Schläge zu geben.« Der Divan weigerte die Erlaubniss zur Abfahrt den englischen und jonischen Schiffen, die sich nicht zuvor einer strengen Untersuchung unterwürfen, und Strangford verbot seinerseits seinen Schiffen, sich einer solchen zu unterwerfen. Diese Streitigkeiten wirkten nachtheilig auf die Ausführung der Beschlüsse der gemischten Commission, und wurden die Quelle neuer und lange dauernder Verdrüsslichkeiten.

So wenig Strangford noch länger der Mann schien, die Unterhandlung der Mächte mit der Pforte zu leiten, so wollte Fürst Metternich ihn dennoch nicht aufgeben. Er erneuerte noch um die Mitte December an den Internuntius die Weisung, ihn durchaus nicht auszulassen, sondern mit ihm und Minciaky gemeinschaftlich zu gehen. Die Wendung, welche die orientalische Frage durch den Wechsel des Systemes im englischen Cabinete erlitten hatte, schreckte ihn nicht. Er fühlte, dass bald das Petersburger Cabinet demjenigen von London den Vortritt überlassen und dadurch seine eigene Absicht am besten gefördert sehen werde; er fühlte, dass er in London keinen Kaiser dem Cabinete entgegen zu stellen habe und das Petersburger sich entfessle, indem es sich zu binden scheine; aber seinem Grundsatze treu, über dem Morgen das Heute nicht zu versäumen, und in der Hoffnung, in der Einigung Russlands mit der Pforte dem Plane Georg Canning's die Schranke zu bereiten, wich er von dem Bestreben nicht ab, diese Einigung herbei zu führen, und arbeitete unverdrossen an der Entwickelung der Elemente dazu weiter, die durch des Herrn von Minciaky's Sendung offenbar vermehrt worden waren.

Der Krieg war in diesem Jahre von Seite der Türken mit einer Schläfrigkeit geführt worden, die schlecht zu den Versicherungen und Erwartungen der Pforte passte. Im Februar zogen, wie wir schon wissen, die Reste der vor Mesolongi gestandenen Truppen unter Omer- und Reschid-Pascha bei Vrachori über den Aspropotamos und in die Stellung von Arta zurück. Aus Akrokorinth zog sich die Besatzung bis auf wenige Hundert Mann nach Patras, der geringere Theil zu Wasser, der grössere, etwa 3000 Mann unter dem

Dehli-Baschi Achmed zu Lande. Diese fanden auf ihrem Marsche längs der Küste am Vorgebirge Mavra Litharia die Primaten von Vostitza und vieles Volk vom arkadischen Gebirge, während sie im Rücken durch die vom Isthmus nachdrängenden Griechen gefasst wurden. Den Khan von Akrata und die Brücke über den Krathis behauptend, vertheidigten sich da die Türken durch einige Wochen, bis, was nicht dem Mangel erlegen war, von Jussuff-Pascha weggebracht wurde. Dieser Pascha hielt in Patras und seine wenigen Schiffe befuhren ungestraft den Golf. Koron, Modon und Akrokorinth hielten gleichfalls, und wurden nachlässig von den Griechen umschlossen. In Euböa waren Karysto und Chalcis in den Händen der Türken, die jenes mit etwa 1200 Mann, dieses mit 1500 Mann und 300 Reitern besetzt hielten und auch das Schloss Karababa auf dem Festlande inne hatten. Im Norden hielten sie Lamia, während die Griechen längs dem Sperchius standen. Westgriechenland war frei. In Prevesa und Larissa zogen sich langsam die Massen zusammen, die unter der Leitung Omer-Vrionis und des Pascha von Skodra den Feldzug führen sollten.

Die Griechen benützten die ihnen gegebene Frist schlecht. Durch die Einnahme von Nauplia hatte Kolokotronis ein Uebergewicht erhalten, das zu brechen sich die Primaten der Inseln mit denen des Festlandes verbanden. Die Regierung zu Hermione forderte die Vorsteher der Eparchien zur Sendung von Bevollmächtigten auf, um für das neue Jahr die neue Regierung zu bilden; die Gerusia der Halbinsel wollte überdiess die Revision der Statuten von Epidaurus und hiezu eine Nationalversammlung in Tripolitza. Vergeblich bat die Regierung um Einlass in Nauplia; Koliopulos, der Schwager Kolokotronis, hielt ihr die Thore verschlossen. Sie ging nach Astros und um sie sammelten sich nach und nach Peter Mavromichalis, Andreas Zaimis, Londos, Anagnostis Delijannis und andere. Auch Mavrokordato kam und ihm gelang es, die Partei, die sich zu Kolokotronis hielt, Ypsilantis, Odysseus und Andere, den Berathungen in Astros beitreten zu machen.

Zahlreich hatten sich die Abgeordneten der Halbinsel eingefunden: auch Thessalien, Kreta, die Cykladen und Sporaden hatten ihre Vertreter. Es wurden nun (10. April) die wesentlichen Bestimmungen von Epidaurus bestätigt; der Regierung auf's neue die Ernennung der Oberfeldherrn anberaumt und die Dauer des Befehls auf die einzelnen Feldzüge oder Unternehmungen beschränkt; die Leitung der Kriegsangelegenheiten zu Lande einem Ausschusse aus drei Gliedern übertragen, je aus dem Festlande, aus der Halbinsel und aus der Maina eines. Mavrokordato legte die Präsidentschaft in die Hände des Peter Mavromichalis nieder, der den Vorsitz in der Versammlung und Theodor Negris als General-Secretär zur Seite hatte. Die Organisation der Eparchien wurde ausgearbeitet und eine von Mavrokordato erlassene Verordnung, der zufolge der von der Regierung zu ernennende Vorstand der Eparchie kein Eingeborner seyn durfte, erhielt Gesetzkraft. Man suchte ein Strafgesetzbuch zu entwerfen und die Vorlage eines Budgets durchzuführen; die Nothwendigkeit von Anleihen wurde anerkannt; die Schuldforderungen der drei Inseln, trotz allen Abschlagzahlungen (worunter der grösste Theil des Lösegeldes von 80,000 Thalern der Familie Churschit-Pascha's) noch ungemein gross, wurden untersucht und Zahlungsfristen festgestellt; viele Klagen auch wurden aufgenommen, namentlich gegen die Truppen Kolokotronis. Das Trachten, alle Parteien zufrieden zu stellen, die Regierungsgewalt zu sammeln (wesshalb auch die besonderen Regierungsbehörden der Halbinsel und des Festlandes aufgehoben wurden) und die vollziehende Gewalt zu beschränken, sass allen Berathungen vor. Am 10. Mai wurden dieselben geschlossen. Die neue Regierung bestand wie die frühere aus einem berathenden und einem vollziehenden Ausschusse, der letztere aus vier Gliedern, Andreas Zaimis, Sotiris Karalampis, Andreas Metaxas und einem, den die drei Inseln ernennen sollten. Peter Mavromichalis war Vorstand. Alexander Mavrokordato behielt als erster Staatssecretär die Leitung der Geschäfte. Die Statuten dieser Versammlung wurden durch 315 Abgeordnete und

Capitaine unterzeichnet; unter den letzteren war auch Kolokotronis, aber unzufrieden zog er sich nach Nauplia, während die Regierung ihren Sitz in Tripolitza nahm. Sie musste ihm die Stelle eines zweiten Vorstandes der vollziehenden Gewalt einräumen. Mavrokordato trat an die Spitze des berathenden Ausschusses. Er war der einzige Mann, der eine geregelte Regierung im europäischen Sinne begriff und wollte. Gerade dadurch stiess er nicht bloss gegen die Habsucht der Primaten und gegen die Willkühr der Capitaine, sondern überhaupt gegen die Denkweise des Volkes. Er hatte das schon geschwungene Schwert des Bürgerkrieges wieder in die Scheide gebracht; aber zu ausschliessend, zu heftig, zu viele Persönlichkeiten und berechtigte Lagen verletzend, musste er zuletzt mit Gefahr seines Lebens aus Tripolitza nach Hydra entweichen. Diess geschah im Juli.

Die Türken hatten einstweilen den Feldzug begonnen. Schon im April kündigte Mehmed-Pascha den Waffenstillstand auf und es entspannen sich Gefechte an der Linie des Sperchius, aber erst im Mai hatte der Pascha von Skodra zu Larissa zwölf- bis 15,000 Mann gesammelt, von denen wieder ein bedeutender Theil durch die Bewohner des Pelion wochenlange beschäftigt wurde. Gegen Akarnanien hatte Jussuf-Pascha an 6000 Albanesen aufgeboten und im Mai nach Vonitza hinübergebracht; da aber empörten sich diese Haufen und liefen aus einander. Die Flotte sollte diessmal den Hauptstreich führen und ihr Erscheinen das Zeichen zum eigentlichen Angriffe seyn. Sie lief, 60 Segel stark, im Mai aus den Dardanellen, hielt sich erst zu Mytilene und Chios auf, nahm dann Truppen in Tschesme ein und ging nach Negropont, wo sie eben zur rechten Zeit anlangte, um das durch Grisiotis bedrängte Karysto zu entsetzen. Ein hydriotisches Geschwader von 14 Schiffen war durch die Besorgniss für Ipsara und Samos zum Auslaufen gebracht worden, kehrte aber sogleich wieder nach der Heimath zurück, sobald es sah, dass der Kapudan-Pascha gegen keinen dieser beiden Puncte einen Angriff vor hatte. Eben so wenige Hindernisse setzten sie ihm entgegen, als er von Negropont nach Koron und Modon fuhr, auch dort Truppen und Vorräthe an's Land schaffte, dann eine Abtheilung der Flotte nach Suda sandte und mit dem grösseren Theile nach Patras zog. Am 17. Juni ankerte er dort mit 43 zum Theile sehr schönen Kriegsschiffen, die in der unfähigen Hand Kosrew-Pascha's freilich zu wenig brauchbaren wurden.

Bald zeigte sich, dass es den Türken in diesem Feldzuge hauptsächlich um Mesolongi zu thun war. Um die Bewegung dahin vorzubereiten und zu decken, brachen in derselben Zeit, als die Flotte im Golfe von Patras erschien, 6000 Mann unter Jussuff-Pascha von Brailow, aus Thessalien nach Phokis, besetzten Salona, vertrieben die Griechen aus den Engwegen des Parnass und Helikon, mit grosser Verwüstung der dortigen Ortschaften und Klöster, und setzten sich in Livadia fest, während der Pascha von Negropont mit 600 Reitern, die ihm die Flotte gebracht hatte, nach Theben kam und dort die Ernte wegnahm. Odysseus, der ernannte Oberfeldherr für Ostgriechenland, liess seinen Protopalikaren Guras, der sich erst kürzlich mit einem schönen Mädchen aus Lidoriki festlich vermählt hatte, mit 200 Mann in der mit Vorräthen wohl versehenen Akropolis von Athen (die Bewohner der Stadt flüchteten wieder nach Salamis) und zog mit nicht mehr als 600 Mann nach dem Helikon. Die Regierung hatte ihm Hülfe zugesagt und in der Besorgniss, dass Jussuff-Pascha über den Isthmus breche, setzte Kolokotronis auch wirklich Nikitas mit einigen hundert Mann nach Megara in Bewegung und Haufen unter verschiedenen Führern gingen über Plada und Salamis eben dahin, so dass die Griechen durch kleinen Krieg und stete Ueberfälle die Türken wieder aus dem Gebirge in die Ebene des Kephissos trieben. Mit Ende Juli zog der Seriasker nach Negropont und liess nur eine Abtheilung in Theben. Odysseus folgte dem Seriasker, konnte aber nicht hindern, dass dieser den Olympier Diamantis, der bis jetzt den Norden der Insel gehalten hatte, vertrieb, über 150 Ortschaften zerstörte und Alles, was flüchten konnte, nach den festen Inseln Skyros, Skiathos und Skopelos verjagte.

Im Juli brachen nun auch Omer-Vrioni über Arta und der Pascha von Skodra durch das Achelous-Thal in Westgriechenland ein, während die Flotte hie und da Truppen an's Land setzte und ätolische Dörfer niederbrannte. Die Capitaine von Agrapha und Aspropotamos konnten nicht Stand halten und die Entmuthigung war selbst in Mesolongi die grösste, als Marko Botzaris, der ernannte Oberfeldherr für Westgriechenland, mit der Kühnheit und Schnelligkeit eines Parteigängers vom ersten Range, in der Nacht zum 25. August mit 1200 Mann die 4500 Mann starke Vorhut des Pascha von Skodra bei Karpenissi überfiel, ein Gefecht, das den Türken an 2000 Mann kostete und Schrecken und Unordnung in die ganze Truppe warf. Nachdem Marko gefallen war, suchten sein Bruder Kosta und Kitzos Tzavellas die Niederlage der Feinde zu vollenden, aber nur schwach unterstützt von den ätolischen Bergbewohnern, erlitten sie eine bedeutende Schlappe bei Kaliakuda und mit Ende September stand Mustapha-Pascha in der herrlichen Ebene von Vrachori, den Damm zwischen den Seen und den Felsenpass des Zygosgebirges in Händen haltend. Da stiess Omer Vrioni zu ihm mit etwa 4000 Mann, so dass die Gesammtkraft der Türken an dieser Stelle auf 15,000 Mann wuchs. Den October verloren sie in dem Bestreben, ihre linke Flanke gegen das Gebirge von Kravari sicher zu stellen, brachen dann aber gegen Mesolongi und Anatoliko heraus und in der Meinung, leichteres Spiel gegen diess letztere zu haben, griffen sie am 6. November diess Lagunenstädtchen mit dem Geschütze, das sie aus den Schlössern am Eingange des korinthischen Golfes mühsam herbei geschleppt hatten, an. Stark durch seine Lage, nur durch seichte Boote unter örtlich erfahrenen Führern zugänglich, hatte Anatoliko weder Mauern noch Wälle; ein paar eiserne Schiffkanonen waren unter der Leitung eines Engländers in Batterie gebracht; etwa 600 Soldaten lagen in den Häusern; die Verbindung zur See mit Mesolongi, in das sich etwa 4000 Griechen geworfen hatten, war innerhalb der Lagunen offen, aber die See durch eine Abtheilung der Flotte geschlossen.

Der Kapudan-Pascha hatte in Person schon im August mit dem grösseren Theile derselben die Gewässer von Mesolongi verlassen und war nach dem Archipel zurück gegangen, wo die griechischen Kreuzer in seiner Abwesenheit die Herren gespielt hatten. Ipsariotische Fahrzeuge hatten schon im Juni Sanderlik, an der asiatischen Küste, geplündert, und dadurch Blutscenen in Pergamus hervorgerufen. Am 10. September war der Kapudan-Pascha in Mytilene. Gegen Ende dieses Monates brachte er bei Lemnos den griechischen Schiffen eine Schlappe bei und ging dann nach Salonich, dessen Pascha Abolobut zum Statthalter von Rumelien an Mechmed-Pascha's Stelle ernannt worden war. Einstweilen war ein neuer Gegner der Griechen auf dem Meere erschienen, der Pascha von Aegypten, dessen Flotte, fünfzig Segel stark, unter Ismael Gibraltar am 26. August Alexandria verlassen hatte und nach Candia gegangen war, wo sie 6000 Mann ausschiffte, die sich mit blutigen Gefechten bald zu Herren der Insel machten. — Achtzehn griechische Schiffe versuchten einen Angriff auf Chios, welcher misslang. Im November kehrte der Kapudan-Pascha nach den Dardanellen zurück. Um diese Zeit machte England Miene, Tunis züchtigen zu wollen und rief desshalb seine Schiffe in Malta zusammen. Diess veranlasste den eiligen Rückzug aller Fahrzeuge der Barbareskenstaaten aus den griechischen Gewässern; diese Fahrzeuge waren aber die Hauptkraft derjenigen, welche Chosrew-Pascha vor Mesolongi zurückgelassen hatte. Mit ihrem Abzuge war die See vor diesem Platze wieder frei und die Paschen, deren Truppen durch Mangel an Lebensmitteln und Geld, durch Krankheiten und den Nichterfolg des Angriffes in gesetzlose Haufen sich aufgelöset hatten, sahen sich im December genöthigt, die Belagerung von Anatoliko, nachdem sie ein paar tausend Bomben vergeblich verworfen hatten, aufzuheben, von Mesolongi loszulassen und mit dem, was sie retten konnten, in die Gebirge sich zurück zu ziehen. Die Unfähigkeit der türkischen Feldherren, der Abgang eines geregelten Verpflegsystems, die Klugheit der Griechen, sich nie einem grösseren Schlage auszusetzen und immer bei der Hand zu seyn, um jeden gebotenen Vortheil zu benützen, der Heldenmuth Marko Botzaris endlich, machten auch in diesem Jahre die Uebermacht der Türken nutzlos für sie sich brechen und verzehren.

In Thessalien, wo sich während des Vorrückens der Albanesen neue türkische Kräfte sammelten, waren Perrhävos, Karatassos und andere bemüht, sie festzuhalten. Aber die Griechen lagen an Mitteln auf, gaben endlich Trikkeri, das sie inne hatten, verloren und flohen nach der Insel Skiathos. Eine Abtheilung der türkischen Flotte machte dort einige Landungsversuche, wurde aber von Andreas Miaulis, der 14 Schiffe und 2 Brander führte, verdrängt. Diese geringe Kraft hielt die türkische Flotte in Schach und nahm dem Pascha von Salonich mehrere Schiffe, mit griechischen Gefangenen beladen.

So wie die Gefahr in Westgriechenland vorüber war, hob die Parteiung im Inneren das Haupt, der Kampf um Besitz und Gewalt setzte sich fort, der zugleich der natürliche des Einheimischen gegen das Fremde und der fast eben so natürliche der Anarchie gegen das nicht immer lautere Bestreben der Gestaltung war.

Der berathende Ausschuss, der die erste Staatsbehörde vorstellen sollte, ob ihm gleich von Anfang an alle Mittel, sich als solche geltend zu machen, fehlten, war in völlige Nichtigkeit gesunken und hatte sogar seinen von täglichen Gefahren bedrohten Wohnsitz von einem Orte zum anderen tragen müssen, ohne sich irgendwo sicher zu fühlen. Peter Mavromichalis hatte ihm in Tripolitza und Argos Schutz zugesagt. Der Ausschuss lösete sich in zwei Theile, wovon der eine unter dem Bischof von Vrestheni in Argos blieb, der andere unter dem Bischof von Modon erst nach Salamis, dann aber nach Nauplia sich begab. Die Partei der Inseln, Mavrocordato's und der aus der Militär-Anarchie herausstrebenden Primaten der Halbinsel suchten sich aber den Vollziehungsrath vom Halse zu schaffen, denn dieser war der That nach in der Person Kolokotronis vereinigt. Peter Mavromichalis und Andreas

Zaimis hatten sich davon getrennt, und wenn gleich der erste sich bald darauf wieder mit Kolokotronis versöhnte, so blieb doch nur der Wille dieses letzteren herrschend. Die genannten Parteien bedienten sich nun des Theiles des berathenden Körpers, der in Argos sass, um durch ihn von dem Vollziehungsrathe Verrechnung über die empfangenen Gelder zu fordern. Peter Mavromichalis beantwortete diese Zumuthung dadurch, dass er einen Haufen der Seinigen nach Argos sandte und das Stück der obersten Staatsbehörde, das sich anmasste das Ganze zu seyn, auseinander stiess. Der Ausschuss floh nach Kranidi, auf der Küste gegenüber von Hydra, und begab sich in den Schutz dieser wichtigsten unter den griechischen Inseln. Kolokotronis seinerseits dachte nur an die Aufstellung einer Militär-Regierung und befestigte sich im Besitze von Nauplia und Korinth, dessen Burg am 1. November sich wieder an die Griechen ergeben hatte. Mavrocordato hielt Westgriechenland in unangefochtenem Besitze für die Regierung, die sich unter seinem Einflusse zu Kranidi gestalten sollte. Odysseus, von ipsariotischen Schiffen bei einem Versuche auf Negropont verlassen, war in Ostgriechenland, insoferne Griechen da Macht hatten, unumschränkter Gebieter. Das Festland war also der That nach in drei Massen zerfallen; über die Inseln aber herrschten Hydra und Ipsara.

In dieser Zeit völliger Zerfallenheit, in welcher die Elemente des Widerstandes gegen den äusseren Feind sich gegen einander zu wenden und im Bürgerkriege zu verzehren drohten, hatte die Hülfe von aussen bereits einen Umfang erlangt, der auf das Schicksal von Griechenland einen bedeutenden Einfluss nehmen konnte und auch wirklich nahm, obwohl nicht in der Art wie er damals erwartet, gewünscht oder gefürchtet wurde. Die Wünsche für die Griechen und der Hass gegen die Türken waren in allen christlichen Völkern mächtig emporgewachsen. Vereine waren bereits in verschiedenen Ländern, namentlich in der Schweiz, in England und in Deutschland gebildet, welche eben so viele Mittelpuncte für die Gaben wurden, die der fromme Eifer den Griechen als Beihülfe brachte.

Diese Vereine nahmen die Verwendung der Gaben in die Hand und munterten zu neuen durch alle Mittel der Presse und Beredsamkeit auf. Theater, Concerte, Spiele und Feste wurden in den volkreichen Städten gegeben und der Ertrag an diesen oder jenen Verein abgeführt, der damit die aus Russland oder anderen Ländern heimkehrenden Griechen unterstützte, Offiziere und Soldaten warb, Waffen und Kriegsvorräthe ankaufte und meist über Marseille und Livorno nach Griechenland schickte. Die Schweizer-Vereine waren die ersten gewesen, diejenigen in Deutschland folgten. Durch beide waren bedeutende Summen einzelnen Griechen vertraut worden, welche dieselben meistens verschwendeten; durch sie war General Normann mit einem Haufen Deutscher und Schweizer nach Griechenland gekommen, wo das Feld von Peta, Krankheit und Elend sie aufrieben; durch sie! wurden in Hydra Waffen und Vorräthe niedergelegt, die auf eine geregelte Truppe berechnet, vor der Hand grössentheils ohne Verwendung blieben.

Im Herbste 1823 machten diese Hülfsleistungen einen Schritt weiter. So wie die Einzelnen sich zu Vereinen gebunden hatten, so suchten nun die Vereine sich unter sich selbst einen gemeinschaftlichen Mittelpunct in demjenigen von London zu geben. England, durch seine Macht zur See und seinen Geldreichthum war berufen, die Leitung zu übernehmen, aber religiös-sophistischer Eifer und moderner Liberalismus in den meisten der Leiter des Londoner Vereines brachten denselben, trotz der entscheidenden Hülfen, die er Griechenland gab, schon im Jahre 1824 wieder um sein Uebergewicht. — Die Vorsteher dieses Vereines waren im Jahre 1823 Lord Erskin, Joseph Hume und Robert Long; die Geschäfte leitete hauptsächlich John Bowring, ein Schüler des durch seine pietistisch-republikanischen Schwärmereien bekannten Jeremias Bentham. Er hatte im Laufe des Jahres 1823 den Capitain Blacquier nach Griechenland geschickt, der mit dem Vorschlage eines Anleihens nach London zurückkehrte, unter den Griechen aber die Hoffnung auf grosse Geldhülfen als einen Zaubermantel zurückliess. Der Sohn des

Grafen Harrington, Oberst Leicester Stanhope, trug sich im Herbste 1823 dem Vereine zur Reise nach Griechenland an, wurde angenommen und bereisete zunächst die Vereine in Deutschland und in der Schweiz, um gemeinschaftliches Wirken zu erzielen. Der Eifer der Philhellenen durch ganz Europa wurde auf's Neue belebt und in den Ländern, wo er bis dahin lässiger war, die Nacheiferung entzündet. Dazu diente vor Allem der Name des gefeierten Dichters, Lord Byron, den sein Gemüth und sein mit dem Jahrhundert zerfallener, nach grossen Aufregungen strebender Geist eben damals mit bedeutenden, durch die öffentliche Stimme verzehnfachten Mitteln aus Italien nach Griechenland trieb, und den der Londoner Verein, gedrungen und beeifert, mit solch' einem Namen sich zu schmücken, zu seinem ersten Beauftragten in Griechenland ernannte.

Kein Zweifel, dass die von dem Rufe laut verkündigten Bestrebungen und Versprechen der Griechenfreunde in Europa und die bestimmten Erwartungen wegen des Anleihens den Brand in Griechenland lebendig erhielten. Einigkeit! ertönte aus allen Theilen Europa's, und keiner der Griechen wollte sich von dem goldenen Regen ausschliessen machen; Jeder nahm aber auch seine Stellung so, um bei der Theilung nicht zu kurz zu kommen und dem Anderen den zufallenden Theil streitig zu machen. Zu Unternehmungen nach Aussen war bei dieser Stimmung kein Drang. Für den künftigen Feldzug wusste man, dass Zeit bliebe zu denken, wenn einmal die Noth vor der Thüre und das Geld eingebracht seyn würde.

Noch vor Ende des Jahres nahm der Sultan dem Grossvezier Said-Ali-Pascha das Reichssiegel wieder ab und liess es dem wenige Wochen früher nach der Hauptstadt berufenen Effeid-Mechmed-Said-Galib-Pascha übergeben. Dieser war als Reis-Efendi und als Botschafter in Frankreich den Fremden, als Statthalter verschiedener Provinzen den Einheimischen günstig bekannt und die Verfolgungen Halet's, die ihn in die Verbannung getrieben hatten, thaten das ihrige dazu, um ihn zu empfehlen. Zu gleicher Zeit wurde Sadik-Efendi von seinem Posten entfernt und der vormalige

Kiaja-Bey Saida-Efendi zum Reis-Efendi ernannt, eine Wahl, die gleichfalls auf eine versöhnliche Stimmung des Sultans zu deuten schien, aber dem englischen Botschafter aus persönlichen Gründen wenig gefiel. Während die übrigen Diplomaten sich beeilten, die beiden am Horizonte erschienenen Sterne zu begrüssen, gab Lord Strangford vor, ein Schreiben Canning's erhalten zu haben, worin dieser dem Sadik-Efendi zu dem Posten des Kiaja Glück wünschte, aber zugleich sein Bedauern ausdrückte, das Aeussere nicht länger in dessen Händen zu sehen. Wirklich hatte Sadik-Efendi mit eben so viel Würde als Milde in den Formen dem englischen Botschafter die schwierige Stellung erleichtert, in die ihn der Philhellenismus seiner Landsleute und das getheilte Herz Canning's geworfen hatten.

Fünfter Abschnitt.

Jahr 1824.

Es war also auch das dritte Jahr vorübergegangen. Die Lage der Griechen hatte nicht bloss im Verhältnisse der immer tiefer sinkenden Achtung für die türkischen Waffen und desjenigen der Gewohnheit und der Nothwendigkeit der Vertheidigung gewonnen, sondern sie lehnte sich bereits mit ihren kühnsten Erwartungen an eine europäische Macht, die als die erste zur See und Beherrscherin der jonischen Inseln ihr schnellere Hülfe zu geben vermochte, als selbst Russland, und daher die getäuschte Hoffnung auf diese Stütze durch eine neue reichlich ersetzte. Die Bemühungen Oesterreichs und der mit ihm gleichdenkenden Mächte, um den Russen die Möglichkeit von dem griechischen Aufstande auf eine die Interessen der Nachbarstaaten gefährdende Weise Nutzen zu ziehen aus den Händen zu rücken, waren gelungen, aber für die Wirksamkeit dieses Sieges schien die Zeit vorüber. Nach Massgabe als die Verwickelungen zwischen Russland und der Pforte durch das Aufgebot von Beharrlichkeit, Geduld, Verstand und Macht gelöset wurden, traten das Bestehen der Revolution in Griechenland, die Unwahrscheinlichkeit ihrer Beilegung durch türkische Waffen und die Nothwendigkeit, die Zukunft dieses Landes auf irgend eine Weise zu regeln, drängend hervor. Dieses wichtige und schwere Geschäft war ausgesprochen, aber noch nicht begonnen. Capodistrias, um den Griechen dienlich zu seyn, hatte die tausend untergeordneten Streitfragen, an denen Russland und die Pforte sich abmüdeten, der grossen Frage, an welcher der Ausgang des Kampfes hing, in den Weg geworfen, weil er den Krieg, den er durch das Interesse für die Griechen nicht zu erwecken vermochte, durch rein russische Fragen herbeiführen wollte. Die Mächte, nach dreijährigen Anstrengungen, hatten diesen Wust aufgeräumt und standen nun erst an der eigentlichen Aufgabe. Diese hatte der That nach ihren anfänglichen Charakter bedeutend verändert und war als Gegenstand der Verhandlung noch so wenig geprüft, erwogen, erkannt, dass auch nicht eines der europäischen Cabinete um diese Zeit sich klar bewusst war, wie man ihn anfassen und zu welchem Ziele führen sollte. Das russische hatte zu Lemberg in Vorschlag gebracht, die in Constantinopel beglaubigten Minister der fünf Mächte zu Besprechungen unter sich aufzufordern, aus denen ein treues Bild von dem eigentlichen Stande des Kampfes und ein gemeinschaftliches Gutachten über die Wahrscheinlichkeit des Ausganges und über die Zugeständnisse, mit welchen die Pforte denselben beilegen könnte, hervorgehen sollte *). Dieser Schritt würde der erste der gemeinschaftlichen Dazwischenkunft der Mächte geworden seyn und er bedingte gleichzeitig den anderen, durch Lord Strangford im Namen der Mächte den Sultan zu vermögen, dieses Einschreiten zuzugeben. Die Gränzen desselben sollten zwischen den Cabineten von Petersburg und Wien dadurch gezogen werden, dass man über die

*) Siehe Beilage V. 1.

Weise in's Reine käme, nach welcher die Morea, Thessalien und die Inseln des Archipels künftighin zu verwalten seyn würden. In diesem Vorschlage lag die Theilung der aufgestandenen Provinzen in drei Ländermassen ausgesprochen und es ergab sich von selbst die weitere Idee, denselben Fürsten zu geben nach dem Vorbilde der Hospodare in der Moldau und Wallachei. Doch war daran auch die andere gehängt, einen Verein kleiner Municipalitäten zu bilden, nämlich jeder bedeutenden Stadt ihren Bezirk zu geben; diese aber als eben so viele abgeschlossene Einheiten mit eigener Verwaltung durch das gemeinschaftliche Band der Oberherrlichkeit der Pforte zusammen zu halten. In beiden Fällen sollten über das Besatzungsrecht der Pforte und über den Tribut, so wie über die Art der Eintreibung desselben und über das neue Verhältniss dieser Körper zur Pforte die beiden Cabinete ihren Entschluss fassen, bevor sie mit den drei anderen sich benähmen. Dass der Rückfall in das alte Verhältniss zur Pforte nicht zugelassen werde und die Einmischung der Mächte nicht dahin zielen dürfe, wurde in diesem Vorschlage eben so bestimmt angenommen, als der Fall der völligen Unabhängigkeit verworfen. Um die Oberherrlichkeit der Pforte zu begründen, meinte Russland die Interessen der Inseln von denen des griechischen Festlandes zu trennen. Die Pforte sollte, nach seiner Ansicht, Hydra, Spezzia und Ipsara besondere Flaggen, wie vormals Ragusa und den jonischen Inseln erlauben und sie gegen die Barbaresken schützen. Diese Vortheile hoffte es wirksam genug für Handelsleute, wie diese Inselbewohner, um sie von dem griechischen Festlande abzutrennen, welches dadurch des Schutzes zur See beraubt, sich in die Bedingungen ergeben würde, welche die Mächte ihm anböten. Diess war die Grundlage für Besprechungen, welche nach russischem Vorschlage zwischen den Mächten in Wien oder Petersburg gehalten werden sollten und welche, da Oesterreich dieselbe verwarf, später ohne dasselbe zu Petersburg gehalten wurden und in ihrer letzten Entwickelung den Vertrag vom 6. Juli 1827 zur Frucht hatten. Aber wir wollen dem Gange der Ereignisse nicht vorgreifen.

Am 22. Jänner langte Herr von Minciaky in Constantinopel an und wurde mit Auszeichnung empfangen. Er schickte sogleich die Versicherung voran, keine Ermächtigung zu haben, politische Fragen zu behandeln; seine Weisungen beträfen ausschliessend die Handelsverhältnisse. Er sollte die Untersuchung der europäischen Kauffahrer an den Dardanellen, welche durch das Uebereinkommen vom 16. September 1823 zwischen dem englischen Dollmetsch Wood und dem türkischen Commissär Esaad-Efendi bereits auf eine blosse Form beschränkt war, gänzlich aufheben machen und die Bedrückungen, denen der russische Handel im Hafen von Constantinopel seit zwei Jahren ausgesetzt war, abstellen. Weiter sollte er allen Flaggen freien Eintritt in's schwarze Meer erwirken, also die Minister der noch nicht hiezu ermächtigten Flaggen betreiben, der Pforte mit den Schritten entgegen zu kommen, welchen sie die Erlaubniss dazu folgen zu lassen versprochen hatte. Auch sollte er den Punct in's Reine bringen, dass alle von russischen Häfen nach anderen Staaten und von anderen Staaten nach russischen Häfen gebrachten Waaren als ganz ausserhalb jeder Berechtigung der Pforte zu betrachten seien, also sowohl im Hafen von Constantinopel als in den Dardanellen unter keinem Vorwande von der Pforte angesprochen oder durch diese die Eigenthümer gezwungen werden könnten, sie ihr zu überlassen; dass die Pforte eben so wenig die Verladung dieser Waaren im Hafen von Constantinopel von einem Schiffe auf das andere hindern dürfe, vorausgesetzt, dass dieselbe nach gemeinschaftlich gemachten Bestimmungen geschehe, welche Bestimmungen aber die Verladung nicht im geringsten verzögern oder erschweren sollten; dass endlich die für Constantinopel und andere türkische Häfen bestimmten Waaren keinen anderen Zöllen und Handhabungen unterworfen seien, als den in den Verträgen festgesetzten, eine Forderung, die auf jede kaufmännische Berührung auszudehnen käme. Fürst Metternich betrachtete alle diese Puncte als annehmbar und zweifelte nicht, dass sie angenommen werden würden. Nach seiner Ansicht war durch Minciaky's Sendung nach Constantinopel die russisch-türkische Frage auf den richtigen Standpunct gebracht. Er wusste, dass Alexander nur die Nachricht der guten Aufnahme seines Abgeordneten und diejenige der Räumung der Fürstenthümer abwartete, um einen Minister zu schicken. Lord Strangford persönlich, sah dem Herrn von Minciaky mit grosser Unruhe entgegen. Er pflegte dessen Sendung sein Werk zu nennen, aber er fürchtete den Mann. Die erste Rolle zu spielen, galt Lord Strangford mehr als irgend eine Sache, um die es sich handelte, und jedes Mittel, wobei er nichts wagte, war ihm gleich. Ohne Zweifel von grossen diplomatischen Fähigkeiten, überdiess ein höchst angenehmer, durch seine Formen hinreissender Mann, beseelte ihn eine rücksichtlose Eitelkeit. Er war eben so gefährlich als Freund wie als Feind. Sobald Minciaky's Kommen ihn drängte, bot er alles auf, um die Räumung der Fürstenthümer und die Freigebung Villara's zu gewinnen. Er suchte durch alle Mittel, die ihm zu Gebote waren, den Fürsten der Wallachei zu bewegen, diesen beiden Puncten das Wort mit Eifer zu führen, und es lag ihm eben nicht viel daran, dass der Fürst seinen Kopf darüber wagte. Er brauchte nur einen neuen Anlass. Aber so wie es in Petersburg eine zahlreiche und mächtige Partei gab, die ihn beschuldigte, die Interessen Russlands verrathen zu haben, so war auch in Constantinopel sein Einfluss gesunken, wie sehr auch Fürst Metternich denselben zu halten bestrebt war *). Zwar hatte man da noch nicht den Muth, ihn diess ohne Schonung fühlen zu lassen. Seine zuversichtliche, oft drohende Haltung, das Uebergewicht seines Geistes, die Gewohnheit, die er erworben hatte, eine Sprache zu führen, die Niemand ausser ihm der Pforte gegenüber gewagt hätte, die Besorgniss auch, die englische Regierung zu verletzen, hielten ihn noch und hinderten den Ausbruch des Unmuthes, den nicht er, sondern das Benehmen seiner Landsleute und seines Cabinetes hervorgerufen hatten.

---

*) Siehe Beilage V. 8.

Er erhielt noch in dieser Zeit viele Beweise von Rücksicht, welche die Pforte für ihn und England nährte. Ein Priester aus Zante, Namens Dionysios, den Lord Strangford selbst bereits vor anderthalb Jahren wegen verdächtigem Lebenswandel von Constantinopel abgeschafft hatte, war insgeheim dahin zurückgekehrt, und während er zum Scheine Handel mit heiligen Bildern trieb, warb er mit einer zahlreichen Gesellschaft für die Aufrührer. Die Sache war bereits so weit gediehen, dass sie mehr als 40 Fahrzeuge gedungen hatte, um die Angeworbenen wegzuführen. Verschiedene verwegene Köpfe, Gefährten des Dionysios, gingen sogar mit dem Gedanken um, das Arsenal in Brand zu stecken. Das Geheimniss wurde endlich verrathen und es wurden an einem Tage über 100 Personen, darunter 11 Jonier, verhaftet. Der brittische Botschafter, obgleich von der Strafbarkeit dieser englischen Schützlinge überzeugt, musste, seiner Pflicht gemäss, darauf halten, dass regelmässig gegen sie verfahren würde und die Pforte liess sich in der That die Gegenwart eines von der brittischen Gesandtschaft Bestellten bei den Verhören gefallen. Nachdem der Beweis für die Schuld geliefert war, liess die Pforte dennoch keinen dieser Jonier, nicht einmal den Priester Dionysios, hinrichten, und gab mehrere der minder Schuldigen frei, eine Milde, die in jener Zeit der Leidenschaft wirklich ein Verdienst war, und mit dem Benehmen der Griechen und Europäer gegen die Türken einen scharfen Gegensatz bildete.

Ein zweiter merkwürdiger Fall war folgender: Jussuf-Pascha hatte in den Gewässern von Mesolongi die ganze Habe und 10,000 Thaler Lord Byrons gekapert, sandte aber, sobald er erfuhr, wem diese Gegenstände gehörten, sie dem Eigenthümer zurück. Lord Strangford war so überrascht durch diesen Edelmuth, dass er sich darüber bei der Pforte als einen unzeitigen beklagte. Der Reis-Efendi antwortete ihm aber: »Jussuf-Pascha habe die Meinung des Sultans errathen; es sei besser leiden, als Ungerechtigkeiten die Thore öffnen, was der Fall seyn würde, wenn man Paschen erlaubte, auf europäische Schiffe zu laufen.« Diess geschah in einer Zeit, als eben der Pforte die Meldung gekommen war, wie der Commandant einer englischen Fregatte aus falsch verstandener Philanthropie, um einen Betrüger aus den Händen der Türken zu reissen, das Recht und das Asyl seines eigenen Consulates verletzt hatte.

Lord Strangford war, als er Herrn von Minciaky kennen lernte, zufrieden mit ihm, denn der grössere Theil seiner Besorgnisse schwand. Auch unterstützte er ihn auf das thätigste und es that diese Unterstützung Noth, denn schon in den ersten Wochen drohte Herr von Minciaky mit der Abreise. Es handelte sich diessmal um den Zoll. Die Pforte verlangte, dass die russischen Schiffe den neuen, von allen übrigen Flaggen anerkannten Tarif gleichfalls anerkennen sollten, und stützte diese Forderung auf den Grund, dass die Frist für den alten Tarif abgelaufen sei und so die Annahme des neuen sich eben ergebe. — Lord Strangford warf sich in's Mittel und beredete, obwohl mit Mühe, den Reis-Efendi, die Frage bis zum Anlangen eines russischen Ministers zu vertagen. Es wurde bestimmt, dass die russischen Kauffahrer fortfahren, nach dem alten Tarife zu bezahlen, und über den Unterschied, im Vergleiche desselben mit dem neuen, Rechnung gehalten werde. — Minciaky versprach dafür, diesen Unterschied nachbezahlen zu machen im Falle sein Cabinet für gut fände, den neuen Tarif anzunehmen. Nachdem diese Schwierigkeit auf diese Weise aus dem Wege geräumt war, eröffnete Herr von Minciaky seine Kanzlei in Pera (24. März) und gab dem diplomatischen Corps hievon dienstliche Kenntniss.

Während solchermassen in Constantinopel sich Russland und die Pforte zu nähern schienen, wuchs in Petersburg nothwendig das heran was nach der ganzen Stellung der Meinungen sie wieder trennen musste. Selbst das Wiener Cabinet hatte ausgesprochen, dass die Einmischung in die griechische Frage nicht mehr zu umgehen sei, obschon es genau die Schwierigkeiten kannte, welche der Lösung derselben in dem Mangel an Vorbereitung, in der Unbestimmtheit des Wollens der Mächte, in dem Misstrauen der Türken vielleicht auch in dem Verlangen der Griechen entgegenstanden. Der Vorschlag zu Besprechungen der Cabinete über diese wichtige Frage war von dem österreichischen ausgegangen, denn es wollte den Gegenstand, den es nicht länger hindern konnte, wenigstens nicht aus der Hand lassen. Es nahm über sich, die Cabinete von Berlin, Paris und London dazu einzuladen, und schlug Petersburg als Vereinigungsort vor, eben, weil es auf die Person des Kaisers Alexander zählte. Canning, in seinen Weisungen an Bagot, drang auf Wien und wollte an keinem anderen Orte die Berathung. Darüber verging Zeit. Das Gerücht von den beabsichtigten Besprechungen kam bald in die Welt und erschreckte die Pforte, die aber dadurch nicht bewogen wurde, die Gelegenheit, die ihr insbesondere Strangford, von Metternich geleitet, so drängend darbot, zu ergreifen und durch Wegräumung der Hindernisse, die dem Kommen des russischen Ministers entgegenstanden, die unmittelbare Verhandlung mit Russland herbei zu führen. Sie hoffte wohl leichteres Spiel mit Vielen als mit Einem.

Während das österreichische Cabinet die Sendung des Herrn von Minciaky der Pforte als einen Beweis der Nachgiebigkeit Russlands darzustellen bemüht war, nahm dasjenige von Petersburg diese Sendung als Anfang und Uebergang zum Einschreiten in die griechische Frage. In einer Denkschrift vom 9. Jänner *) drang es auf die alsogleiche und gemeinschaftliche Auffassung dieser Frage und erklärte nunmehr die völlige Herstellung der diplomatischen Verhältnisse mit der Pforte nicht mehr von der Räumung der Fürstenthümer oder von einer anderen der früher gesetzten Bedingungen, sondern von der Zulassung des Einschreitens der Mächte zu Gunsten der Griechen abhängig. Was es zu Lemberg gesagt, legte es in dieser Denkschrift ausgearbeitet vor die Augen der Höfe. „Der Kaiser will den Frieden," hiess es darin, „also kann er vor Zulassung dieses

*) Siehe Beilage V. 3.

Einschreitens keinen Gesandten nach Constantinopel schicken. Denn, entweder die Griechen erwehren sich auch in dem eben begonnenen Jahre der Türken, oder sie erliegen. Im ersten Falle würde der Divan das Misslingen seiner Bemühungen gegen die Rebellen geheimen Umtrieben des russischen Gesandten zuschreiben, das alte Misstrauen würde lebendiger als zuvor und die Stellung dieses Gesandten zu Constantinopel unhaltbar werden. Im anderen Falle wäre derselbe verdammt, die blutigen Triumphe der türkischen Waffen mit anzusehen. Er würde Vorstellungen machen müssen; diese würden nicht gehört werden, und seine Stellung bliebe auch in diesem Falle unhaltbar. Der Kaiser will die Vermeidung eines solchen Wechselfalles und alle Mächte wollen ohne Zweifel dasselbe. Aber Russland verlangt auch von den Mächten, dass sie seine besondere Stellung gegenüber der griechischen Frage beachten. Es kann nicht gleichgültig einen Zustand der Dinge fortdauern sehen, wobei seine Beziehungen zur Levante, sein Handel, seine theuersten Interessen so gewaltig leiden. Sowohl der Edelmuth der Mächte gegen die ihnen befreundete und verbündete Macht, als das ihnen allen gemeine Interesse des Friedens verlangen ihr gemeinschaftliches Einschreiten. Vor ihrer Einigkeit ist die Usurpation in Staub gesunken und der Genius des Krieges, die Geissel der Militär-Revolutionen, hat ihrem Bunde weichen müssen. Widerspruch mit sich selbst wäre es, heute die Hände in den Schooss zu legen und Griechenland den Revolutionären aller Staaten als ein Asyl zu überlassen, von welchem aus diese ihre verderblichen Umtriebe fortsetzen und die Völker durch die Beschuldigung gegen die Mächte verführen könnten, als hätten sie die Absicht, Griechenland in Anarchie und Barbarei zurück zu werfen und Muhamedanismus und Christenthum auf eine Linie zu stellen.«

Nach dieser Wendung ging Russland zu seinem eigentlichen Vorschlage über. »Es ist gewiss,« sagte es, »dass die Türken niemals die Unabhängigkeit Griechenlands zugeben werden; es ist eben so gewiss, dass die Griechen sich niemals dazu verstehen werden, in die Lage zurück zu kehren, in welcher sie vor dem Aufstande sich befanden. Die Lösung des Problems liegt also in der Mitte und diese Mitte wird am richtigsten auf dem Wege gefunden, welcher der Pforte durch Beispiele aus ihrer eigenen Geschichte bereits bekannt ist. Fürstenthümer, wie die der Moldau und Wallachei, mit klugen Vorkehrungen gegen die Missbräuche, welche dieser Länder Unglück ausmachen, sind den Türken begreifliche Bildungen. Die Mächte sollen daher von der Pforte verlangen: dass drei Fürstenthümer in Griechenland gebildet werden, wovon das erste Ostgriechenland, nämlich Thessalien, Böotien und Attika umfasse; das zweite Westgriechenland, d. i. das alte venetianische Küstenland, in so ferne es nicht an Oesterreich gefallen ist, Epirus und Akarnanien; das dritte endlich Südgriechenland, d. i. Morea und etwa Candia. Für die Inseln des Archipel würde man Municipal-Verfassungen begehren, was nichts als die Erneuerung ihrer seit Jahrhunderten innehabenden Vorrechte wäre. Es verstände sich von selbst, dass die Pforte die Oberherrlichkeit über diese Länder behielte. Sie würde keine Statthalter in dieselben schicken, wohl aber jährlichen, ein für allemal zu bestimmenden Tribut erhalten. Die Stellen und Aemter in diesen Fürstenthümern wären durch Eingeborene zu besetzen; Handelsfreiheit und eine eigene Flagge würden denselben zugestanden; ihr Vertreter in Constantinopel wäre der Patriarch und dieser unter das Völkerrecht gestellt, so wie es die Agenten der Hospodare der Moldau und Wallachei sind. Wohl aber hielte die Pforte in einigen festen Plätzen Besatzung und es würde der Umkreis bestimmt, innerhalb welchem diese ihre Verpflegung holen und den sie nicht überschreiten dürften. Alles Einzelne über Ernennung der Fürsten, Dauer ihrer Regierung, Gränzen und Art der Verwaltung, Abgaben, Bezeichnung der von den Türken zu besetzenden festen Plätze, Berechtigungen der Befehlshaber derselben, Municipal-Verfassung der Inseln u. s. w. würde in einer weiteren Verhandlung zwischen der Pforte, den verbündeten Mächten und griechischen Abgeordneten nach dem Beispiele dessen, was im Jahre 1812 hinsichtlich Serviens statt fand, geregelt. Das gesammte Ergebniss dieser Verhandlungen würde unter die Bürgschaft aller verbündeten Mächte oder derjenigen aus ihnen, die sich damit belasten wollten, gestellt.«

Dieser war der Vorschlag Russlands, und auf diesem Wege wollte es zur Beilegung des Krieges gelangen.

Es hoffte mit demselben bei den Mächten, bei der Pforte und bei den Griechen durchzudringen. Bei den Mächten durch die am Eingange angeführten Gründe, bei der Pforte und bei den Griechen aber durch das Gewicht der Gesammtheit der Mächte und durch den Vortheil, der, nach seiner Ansicht, daraus beiden Theilen erwüchse.

Drei Jahre waren die Türken vergeblich bemüht, die Morea und den Archipel zu unterwerfen. Zu Wasser und zu Lande hatten sie den Kürzeren gezogen. Ein vierter Feldzug versprach nicht glücklicher für sie zu werden; sie liefen Gefahr, Alles zu verlieren, der Vorschlag Russlands aber sicherte ihnen Alles, was für sie Interesse hatte, sich zu erhalten. Der Nutzen des augenblicklich erlangten Friedens schien für sich allein schon für die Pforte eine lockende Rücksicht gegenüber den Gefahren der Fortsetzung des Versuches der Gewalt; noch mehr aber versprach in die Wage zu fallen der Vorzug einer freiwilligen Unterwerfung im Vergleiche mit einer erzwungenen. Es schien den Türken die Wahl gegeben zwischen einem bis dahin nur unglücklich geführten Kriege und einem festen Frieden, zwischen unablässiger Beunruhigung und völliger Sicherheit, zwischen ruhigem Besitze und einem fortwährend bestrittenen, der ohne Unterlass Gewalt und Strenge erforderlich machte.

Neben diesen Vortheilen hatte die Pforte, nach Russlands Aeusserung, noch andere zu erwarten, nämlich reichlicheren und ganz sicheren Ertrag der griechischen Länder, ein doppelter Vortheil, den die Verwaltung der Pascha's nie zu gewähren verstand; ferner beugte sie jedem Versuche der Rebellion des Statthalters in diesen Provinzen vor; kein anderer Ali-Pascha konnte mit den aus Griechenland geraubten Mitteln seinem Herrn den Gehorsam aufkündigen und das Reich in Gefahr bringen; die Anwesenheit des Patriarchen in Constantinopel, die vertragsmässig zu beschränkenden Streitkräfte in den neuen Fürstenthümern, die Besatzung in den festen Plätzen, die Bürgschaft der Mächte wären der Pforte Pfänder der Ruhe. Sultan **Mahmud** würde übrigens nur thun, was schon seine Vorfahren und zwar seine grössten Vorfahren in der Zeit der vollen Kraft und Blüthe des Reiches gethan hatten. **Mohammed** II. bewilligte den Inseln des Archipels das Vorrecht, sich selbst zu verwalten und der Pforte nur zinspflichtig zu seyn. Er war es auch, welcher im Jahre 1465, als die Wallachei von den Türken erobert wurde, den Eingeborenen dieses christlichen Landes gegen jährlichen Zins zugestand, nur vor ihre eigenen Richterstühle gezogen zu werden, die Grösse ihrer Auflagen selbst zu bestimmen, nur Eingeborene in Aemter und Stellen zu setzen, keine türkischen Truppen im Lande aufzunehmen; ja er erlaubte ihnen sogar die freie Wahl ihrer Fürsten und behielt sich nur die Investitur vor. Im Jahre 1536, als die Moldau sich der Pforte unterwarf, dehnte **Soleiman** I. die Vorrechte der Wallachei auf diess andere Fürstenthum aus. Zu verschiedenen Zeiten bis auf unsere Tage herauf wurden diese Vorrechte erneuert und bestätigt. Es ist gewiss, dass im Jahre 1474 **Mustapha** IV. die Idee hatte, die Morea in ein ähnliches Fürstenthum zu umwandeln und dass nur der Tod ihn an der Ausführung hinderte.

Diese Gründe und das von der Pforte oft gegebene Beispiel der Zulassung fremder Einmischung, ein Beispiel, welches Graf **Nesselrode** in einem Schreiben an Lord **Strangford** von Czernowitz aus entwickelt hatte, schienen dem Petersburger Cabinete Bürgschaft dafür, dass auch diessmal die Pforte sich dem Verlangen der Mächte fügen, lieber diese Einmischung zugeben, als sich von ganz Europa trennen würde. Eben so gewiss schien Russland der Zustimmung der Griechen zu seinem Plane zu seyn. Es muthete ihnen die Einsicht zu, die sicheren und grossen Vortheile desselben der Unabhängigkeit, die es ein Traumbild und ein mit den Grundsätzen der Cabinete im Widerspruche stehendes Ziel nannte, vorzuziehen. Für die Mächte endlich bezeichnete es seinen Vorschlag als das Mittel, die Ansprüche der Menschlichkeit ohne Blutvergiessen sicher zu stellen, auf lange

Jahre den Frieden in Griechenland zu befestigen, die Umtriebe der Partei des Umsturzes zu Schanden zu machen und im Geiste des Bündnisses eines der nützlichsten und schönsten Werke zu vollbringen, welches der Himmel Herrschern und Regierungen übertragen könne.

In dieser Denkschrift war der eigentliche Grundgedanke Russlands ausgesprochen: kein unabhängiges Griechenland, aber Fürstenthümer, alle griechischen Länder von der Gränze Albaniens und Macedoniens bis Kreta umfassend, durch die Person des Patriarchen und durch die Klauseln der Bürgschaft dem überwiegenden Einflusse Russlands hingegeben. Welche die Ansichten der Cabinete darüber auch waren, es traten diese in den Grundlagen dem Vorschlage des Petersburger bei und behielten sich vor, über die Ausführung ihre abweichenden Meinungen vorzubringen. Das Wiener Cabinet suchte die Verhandlungen über diesen Vorschlag zunächst hinauszuschieben, indem es am Ende des Feldzuges von 1824 grössere Wahrscheinlichkeit für die Annahme dieser Vorschläge von Seite der Türken sowohl als der Griechen zu sehen vorgab, während Russland darauf drang, mit den Verhandlungen wo möglich diesem Feldzuge zuvor zu kommen *).

Der russische Staatssecretär sah ungerne die Zögerungen des österreichischen Staatskanzlers, der sie lange durch die Angabe bemäntelte, erst über die Politik Canning's klar sehen zu müssen. Aber Graf Nesselrode konnte der Behauptung des Fürsten Metternich, es sei für die Mächte unerlässlich, der Pforte nicht anders als über jede Hauptfrage mit entschiedener Einerleiheit der Gesinnung entgegen zu treten, nichts entgegen setzen. Der Fürst bestand darauf, es müsse die Frage, was, im Weigerungsfalle der Pforte oder der Griechen, die Mächte zu thun gesonnen seien, früher erörtert werden, damit ihnen die einen oder die anderen nicht den Mangel an Beschluss in dieser Beziehung abmerkten und alles

*) Siehe Beilage V. 4.

für Spiel haltend, die weisesten Vorstellungen zurückwiesen. Ihm schien es wahrscheinlich, dass man von beiden Seiten Widerspruch finden, die Pforte nur nach langem Widerstreben die Einmischung zugeben und Griechenland sich keiner anderen Idee als derjenigen der politischen Unabhängigkeit bequemen würde. Er folgerte hieraus die Unerlässlichkeit aller Aussenzeichen der Einigkeit der Mächte unter sich über Ansichten, Wünsche, Mittel, Gang, also das Vorausgehen des Abschlusses aller russisch-türkischen Fragen, die volle Herstellung der freundschaftlichen Verhältnisse Russlands mit der Pforte.

Als der Monat April gekommen war, meinte Graf Nesselrode, dass nun das österreichische Cabinet genug Zeit gehabt habe, sich zu überzeugen, dass es dem Londoner ernstlich um redliches Mitwirken zur Beilegung des unseligen Kampfes auf dem in der Denkschrift vom 9. Jänner vorgeschlagenen Wege zu thun und vielmehr zu besorgen sei, dass es in seinem guten Willen dafür weiter gehe, als das Wiener Cabinet selbst wünsche. Er drang daher erneuert auf die Eröffnung der Besprechungen in Petersburg und erwiederte auf die Verwunderung über diese Eile in einem Zeitpuncte, wo man mit jedem Tage die Räumung der Fürstenthümer erwarten dürfe, dass die Ehre Russlands durch die lange Zögerung schon zu sehr beeinträchtigt sei, um nach sechs Monaten Schweigen über den von ihm ausgegangenen Vorschlag, an den sich seine wichtigsten Interessen knüpften, nicht endlich das Wort zu nehmen *).

Der österreichische Botschafter wusste mit Gewandtheit Abweichungen in der Sprache des Kaisers Alexander, Folgen von dessen besonderer Stellung, zu nützen, um das Zögern des Wiener Cabinetes dem Grafen Nesselrode als ein Verdienst vorzubringen. Ganz erstaunt fragte diesen Graf Lebzeltern im Juni, ob es ihm denn wirklich Ernst sei mit diesen Verhandlungen? und berief sich auf Aeusserungen Tatitscheffs, auf Aeusserungen Alexanders

*) Siehe Beilage V. 5.

selbst, die ihn berechtigten oder vielmehr nöthigten zu glauben, dem Kaiser gälten die Vorschläge vom 9. Jänner nur als öffentliches Denkmal und die Verhandlungen darüber nur, weil sie sein Gewissen beruhigten. Nesselrode erhob sich gegen diese Voraussetzung mit Eifer; aber es hatte Alexander allerdings den Ministern der verbündeten Höfe, man möchte sagen, eine europäische, seinem eigenen aber eine russische Sprache gehalten, erst durch die Wahrscheinlichkeit des Nichterfolges die Mächte gelockt und, sobald sie seinem Vorschlage beizustimmen schienen, seinem Cabinete voranzugehen befohlen.

Uebrigens war Oesterreich doch die erste Macht, die ihren Minister in Petersburg mit Weisungen für die Verhandlungen versehen hatte. Das Petersburger Cabinet sah in diesen Verhandlungen das Mittel, Frankreich und England ganz auf seine Seite zu ziehen, denn es sah die täglich wachsende Leidenschaftlichkeit der öffentlichen Meinung für die griechische Sache in beiden Ländern und die Abhängigkeit der Regierungen von derselben. Der Umstand, dass Frankreich in dem Grafen Guilleminot einen Botschafter für Constantinopel ernannte und dass Canning dem Lord Strangford einen Urlaub bewilligte, von dem Gebrauch zu machen diesem der Zeitpunct überlassen war, mussten ihm von guter Vorbedeutung seyn. Schon erschienen ihm die Bestrebungen Oesterreichs und des rein mit den russischen Fragen beschäftigten Lord Strangford's weniger hinderlich. Es hatte sogar dem Vorwurfe sich auszusetzen gewagt, dieselben zu durchkreuzen, indem es die Denkschrift vom 9. Jänner an seine Minister an den verbündeten Höfen sandte, also nicht viel Werth darauf legte, dass der Pforte seine Absichten in Hinsicht Griechenlands verborgen blieben. Freilich that ihm das französische Cabinet den Gefallen, die Lautmachung dieser Denkschrift auf sich zu laden, indem es dieselbe an alle seine auswärtigen Diplomaten sandte, so zwar, dass Graf Nesselrode mit dem Finger darauf deuten konnte, wie die französischen Agenten in Hamburg und Frankfurt dieses Actenstück in der Hand hielten, während es den russischen Gesandten an allen anderen Höfen, ausser an den vier grossen, völlig unbekannt geblieben war.

Um die Mitte Juni begannen endlich die Verhandlungen in Petersburg. Graf Nesselrode eröffnete die erste Sitzung *), die am 17. Juni gehalten wurde, mit der Aufforderung an die Gesandten der vier Mächte, sich

1. über die Grundlagen der Beschwichtigung zu erklären, welche die russische Denkschrift vom 9. Jänner enthalte;
2. über die Wege der Ausführung, über die er einige in dieser Denkschrift noch nicht enthaltene Ideen vorzulegen versprach, sobald entscheidende Berichte von Lord Strangford eingetroffen seyn würden.

Bis dahin, meinte er, würde man sich am zweckmässigsten mit der Prüfung und Annahme des russischen Vorschlages beschäftigen.

Der englische Botschafter erwiederte hierauf, dass er ohne bestimmte Weisungen noch, nur im Allgemeinen der russischen Denkschrift vom 9. Jänner seine Zustimmung geben könne; dass die darin entwickelten Ideen ihm weise und gemässigt schienen, aber doch der eine oder andere Punct nicht völlig mit den Ansichten seines Cabinetes stimme; dass übrigens diese Abweichungen später besprochen werden und nach wieder angeknüpfter diplomatischer Verbindung zwischen Russland und der Pforte die vorgeschlagenen Massregeln ihre Anwendung finden könnten. Der französische Botschafter begann mit demselben Wunsche der Herstellung der diplomatischen Verbindung und erklärte weiter: seit langer Zeit schon habe sein Hof die Vorschläge gebilligt, welche die russische Denkschrift enthalte, stimme denselben völlig bei und sei bereit, deren Ausführung mit allen seinen Kräften zu unterstützen. Freilich habe man Hindernisse zu erwarten, aber das Ziel sei zu nützlich, zu sehr im Einklange mit den wahren Bedürfnissen der gesellschaftlichen Ordnung

*) Siehe Beilage V. 6.

in Europa und mit den Interessen der Religion und Menschlichkeit, als dass man sich durch irgend ein Hinderniss dürfe abschrecken lassen.

Der österreichische Botschafter, Graf Lebzeltern, that Einspruch gegen die bereits zu Protokoll genommenen Worte: das Wiener Cabinet gebe seine volle Beistimmung zur Denkschrift vom 9. Jänner, und machte sie in diejenigen ändern: dass das Wiener Cabinet volle Gerechtigkeit der edelmüthigen Absicht, die diese Denkschrift an Tag lege, angedeihen lasse. Er stimmte den Grundlagen bei und drückte den Wunsch seines Cabinetes aus, zur Ausführung, wozu an Russland der Vorschlag stände, beihelfen zu können. Der preussische Minister, General Schoeler, endlich, meinte die Zeit zur Verhandlung der griechischen Frage vorzüglich geeignet, und sprach im Geiste des Wiener Cabinetes von seiner vollen Bereitwilligkeit zur Beihülfe, wenn man anders über die Wege der Ausführung einmal einen klaren Beschluss gefasst habe.

Die weitere Frage Nesselrode's, ob im Falle man sich in den Sitzungen über die eine oder andere Massregel vereiniget habe, die Minister ermächtiget seien, Weisungen desshalb an ihre Collegen in Constantinopel zu erlassen, beantworteten alle verneinend, nur der französische Botschafter beschränkte diese Erklärung dahin, dass die Anwesenheit eines russischen Ministers in Constantinopel ihn dazu ermächtigen würde.

Am 2. Juni vereinigte Graf Nesselrode die Minister zu einer zweiten Sitzung, um ihnen, die über die Grundlagen mit ihm einig seien, die Wege der Ausführung vorzulegen. Diess geschah durch eine schriftliche Erklärung. Darin hiess es, dass Russland in Erwägung des Nachtheiles längerer Zögerung und des von allen vier Mächten geäusserten Wunsches, die Verhandlungen in Constantinopel nur in Gegenwart eines Beauftragten von seiner Seite zu eröffnen, vorschlage:

1. die Denkschrift vom 9. Jänner alsogleich an die Gesandten der Höfe in Constantinopel mit dem Auftrage zu senden,

dieselbe als ihre Weisung rücksichtlich ihres Vorganges in der griechischen Frage zu betrachten;

2. dass Herr von Minciaky alsogleich die Ermächtigung erhalte, als Bevollmächtigter Russlands für diese Frage aufzutreten, und sich über die Führung der Verhandlung mit den übrigen vier Ministern zu berathen;

3. dass die Bevollmächtigten in Constantinopel den in der Denkschrift vom 9. Jänner auseinander gesetzten Plan in eigenen Sitzungen in Erwägung zu ziehen und sodann sowohl an den Divan als an die Griechen eine gemeinschaftliche Erklärung zu richten haben sollten, des Inhalts: dass sie beiden streitenden Theilen ihre Dazwischenkunft antragen, sie zur Einstellung der Feindseligkeiten einladen und die Griechen auffordern, während dieses Waffenstillstandes Abgeordnete nach Constantinopel zu senden, die unter dem Schutze des Völkerrechtes, mit der Pforte und mit ihnen das Werk des Friedens betreiben.

In der Kenntniss, dass keiner der Gesandten ermächtiget sei, dieser Erklärung beizustimmen, trug Graf Nesselrode darauf an, sie alsogleich an die betreffenden Höfe gelangen zu machen. Aber diese Erklärung wurde bald darauf von Russland selbst wesentlich abgeändert und die Sitzungen wurden ausgesetzt, wie wir an seinem Orte darüber Auskunft geben werden. Diess ersparte den Cabineten von Wien und Berlin die Antwort.

Mühsam rang sich einstweilen Lord Strangford auf dem undankbaren Pfade weiter, Russland durch Wegräumung aller auf dem Felde des Rechtes gegen die Pforte erhobenen Klagen zur Anknüpfung freundschaftlicher Verbindung mit der Pforte zu nöthigen und dadurch den neuen Bruch zu erschweren. Er konnte sich kaum heraushelfen aus der Last von Hindernissen, die aus der Neigung seines Cabinetes für die Sache der Griechen und aus seiner Persönlichkeit ihm täglich auf allen Wegen emporwuchsen. Monate gingen hin, in denen er an das Hauptgeschäft nicht zu gehen wagen konnte, weil er sich mit Nebengeschäften, wie die Schifffahrtsfragen, die Vermittelung für Sardinien, für Dänemark, endlich sogar für Schweden, und andere Aufgaben, zu denen sein Trieb nach Thätigkeit und sein Ehrgeiz ihn verlockten, abgenützt fühlte, oder im Kampfe für sein Cabinet und das englische Volk mit der Pforte bis zur Erschöpfung sich herumschlagen musste. Lange blieb er ohne jede Hülfe von Seite seines Cabinetes, und als er eine oder die andere erhielt, konnte er sich nicht mit dem Wahne täuschen, als hätte sie Mark und Bein. Canning, der im Jänner dieses Jahres die Einladung des Madrider Hofes an die Mächte, sich über das Mittel zur Beschwichtigung der Colonien zu berathen, abgelehnt und dafür die Anerkennung der Unabhängigkeit dieser Colonien begehrt, ja gegen die Einmischung von Seite irgend einer Macht mit dem alsogleichen Ausspruche dieser Anerkennung gedroht hatte, schien über die Einmischung in die Angelegenheiten der Pforte anderen Grundsätzen zu folgen. Sein innerster Gedanke wurde lange nicht klar; die Ueberlieferungen seiner Vorfahren im Amte übten ihren Einfluss. Man kann jedoch in jeder Frage von ihm sagen, dass er gerne den Mittelweg einzuschlagen versuchte, selbst da wo keiner bestehen konnte. Schon über den Punct mit sich einig, aus Griechenland den Stützpunct seiner Politik in der Levante zu machen, war er es noch nicht über das Maass des Einflusses, den er bei der Gestaltung desselben Russland zugestehen durfte. Strangford, der in dem Gange Cannings nichts als eine Förderung des auflösenden Principes sah, das er verabscheute, auch durch Lord Wellesley, den englischen Botschafter in Wien, und durch den Fürsten Metternich im entgegenstehenden Systeme festgehalten, hatte dennoch vor der Pforte die täglich wachsende Schuld zu verantworten. »Unser Freund, der Botschafter von England, schrieb der Grossvezier am 9. April *) an Lord Strangford, pflegt uns zu sagen, dass die Gesetze seines

*) Siehe Beilage V. 7.

Landes seiner Regierung nicht erlauben, den Engländern zu wehren, den Rebellen beizuspringen und den Muselmännern den Krieg zu machen; dass sie auch nicht die Kraft habe, solch' schreiende Ungerechtigkeit zu hindern oder zu bestrafen. Käme uns diese Behauptung von einem weniger klugen Manne, so würden wir glauben, man wolle prüfen, wie weit unsere Leichtgläubigkeit gehe. Es ist zu albern, zu sagen, dass irgend eine Regierung nicht zu hindern im Stande sei, dass ihre Unterthanen nach Laune, Leidenschaft und Gutdünken Krieg führen und die Verträge mit Füssen treten, welche sie mit einer anderen Macht geschlossen hat. Englands Gesetze erstrecken sich auf die Unterthanen Englands; das Benehmen der Engländer gegen eine fremde Macht aber hängt nicht von Englands Gesetzen, sondern von dem allgemeinen Völkerrechte ab, das allen Berührungen und Verhältnissen einer Regierung zur anderen, so wie eines Volkes zum anderen zu Grunde liegt. Nehmen wir an (was Gott verhüten wolle) dass ein Theil Grossbritanniens die Waffen gegen den König ergriffe, und dass die Unterthanen eines anderen Staates, z. B. die der Pforte, mitten im Frieden den Rebellen Kriegsmittel aller Art offen zuführten, Geld gäben, sie zur Beharrung im Aufstande aufforderten, — dass Offiziere im Dienste der Pforte für sie würben, mit ihnen gegen die königlichen Truppen föchten: ob sich wohl England mit den Entschuldigungen zufrieden stellte, die es uns heute vorbringt? Es stände schlimm um die Verträge, wenn das öffentliche Recht in der Willkür jedes Einzelnen läge; die Regierungen aber wären auf eitle Worte beschränkt und könnten höchstens sagen: Ich bin dein treuer Freund — sei zufrieden mit dieser Versicherung und nimm es nicht übel auf, wenn meine Unterthanen den deinigen die Hälse abschneiden. — Nicht die Kraft hat seine Regierung, sagt unser Freund, der Botschafter, die Anmassungen ihrer Unterthanen zu hemmen? Glaubt er uns denn jedes Urtheiles unfähig? Sie hatte die Kraft, zu hindern, dass englische Kauffahrer einige Scheffel Getreide den bedrängten türkischen Besatzungen zuführten, die vor Hunger sterbend noch auf die Menschlichkeit eines alten Freundes rechneten! Der Tod vieler hundert Muselmänner bezeugt ihre Kraft.«

»Sind wir im Frieden mit England, so haben wir ohne Zweifel das Recht, zu verlangen, dass Englands Regierung ihre Unterthanen hindere, uns den Krieg zu machen. Wenn diese Regierung wirklich das Benehmen ihrer Unterthanen verdammt, warum sagt sie nicht ein für allemal offen und laut: die Pforte ist seit Jahrhunderten eine uns befreundete Macht; wir haben uns nicht zu beklagen über sie, also soll auch sie sich nicht über uns zu beklagen haben; sie hat jederzeit ihre Verpflichtungen gegen uns erfüllt, also müssen wir auch die unseren gegen sie erfüllen. So will es die Gerechtigkeit.«

»Der Botschafter gibt uns freundliche Worte, aber die Handlungen seiner Landsleute sind feindlich. Wir verlangen, was England nicht das Recht hat, uns zu verweigern, nämlich dass den englischen Unterthanen verboten werde, feindselig gegen die Muselmänner zu verfahren. England kann, wenn es will, und wir denken, es ist Zeit, dass es wolle.«

Was war auf diese Sprache zu antworten? Strangford wusste der Pforte auch nichts anders zu sagen, als dass alles Uebel ihr selbst zuzuschreiben sei, weil sie keine diplomatischen Agenten an den europäischen Höfen habe, also sich nicht angelegen seyn lasse, diese zur rechten Zeit auf die Umtriebe, die unter ihren Völkern gesponnen würden, aufmerksam zu machen. Die wahre Quelle der üblen Stimmung des englischen Volkes sei in den unsichern Verhältnissen der Pforte zu Russland zu suchen, welche den Handel beeinträchtigen, so wie in den Zögerungen, welche gerechte Begehren mehrerer englischen Kaufleute zu Constantinopel erführen. So sprach er; aber dringend verlangte er von seinem Cabinete Waffen gegen die Vorwürfe, die ihm gemacht wurden, und die er gerechte zu nennen nicht anstand. Er schilderte mit so lebendigen Farben seine Lage, dass Canning etwas zur Beruhigung der Pforte thun zu müssen glaubte. — Ein Cabinetsschreiben verbot den königlichen Offizieren, Dienste bei den

Insurgenten zu nehmen; Sir Frederik Adams, der Obercommissär der jonischen Inseln, wurde zur Aufrechthaltung strenger Neutralität angewiesen; der Oberst Stanhope und andere Philhellenen wurden zurückgerufen u. s. w., aber — in derselben Zeit langte ein Theil des Anleihens von 40,000 Pfund Sterling aus London in Griechenland an, das Verbot der Dienstnahme blieb unbeachtet und Sir Fr. Adams, an eine Griechin vermählt, war der Mann nicht, um die erhaltene Weisung im Wortsinne zu nehmen. Auch erschreckte die Pforte das Gerücht, als würde die englische Flotte sich der Vereinigung algerinischer Schiffe mit denen des Sultans widersetzen, und auf die Frage desshalb an Lord Strangford konnte dieser nur die ungenügende Antwort geben, dass er den Zwist seines Hofes mit Algier nur aus den Zeitungen kenne und keine Weisung hierüber habe.

So wie die Absichten des Petersburger Cabinetes klarer und eifriger vortraten, und er dessen beschleunigte Bewegung gewahrte, warf Lord Strangford jedes Nebengeschäft aus der Hand und dachte nur daran, die türkisch-russische Frage abzuthun und seinen eigenen Triumph dadurch zu vollenden, dass er Russland zur Sendung eines Ministers zwänge, die jetzt bereits so sehr in den Wünschen des Petersburger-Cabinetes lag. Mitten aus dem Felde seiner ungünstigen Kämpfe für Vertheidigung des englischen Namens erhob er sich am 10. April *) mit einer starken Note gegen die Pforte, worin er im Namen Englands, im Namen Europa's und im Interesse des türkischen Reiches die lang versprochene Versöhnung mit Russland forderte. Er wälzte alle Schuld der Säumniss auf die Pforte und hielt ihr im strengen Tone den Fehler vor, die Sendung Minciaky's nicht mit einem versöhnenden Schritte beantwortet, bis zur Stunde gezögert zu haben, die einzige, letzte, durch die Verträge bedungene, von ihr bereits im Februar 1823 als geschehen angekündigte Massregel auch wirklich auszuführen, nämlich die Verminderung der Truppen in den Fürstenthümern bis auf den Stand vor dem Ausbruche

---

*) Siehe Beilage V. N.

der Unruhen im Jahre 1821. Er sprach unumwunden Russland die volle, von drei Sultanen anerkannte Berechtigung und Verpflichtung zu, diese Forderung zu machen und trat jedem Vorwande der Nichterfüllung scharf entgegen. Er vertheidigte mit Beredsamkeit und Verstand das Recht, so wie die Verpflichtung der Mächte, die Forderung Russlands zu unterstützen, also die völlige und alsogleiche Räumung zu verlangen. Er hob die Vortheile, die daraus der Pforte erwachsen würden, heraus, so wie die Nachtheile und Gefahren, welche die Folge längeren Zögerns seyn müssten; er drohte mit der Erkaltung Englands in diesem Falle, so wie er im anderen das alsogleiche Erscheinen eines russischen Ministers feierlich versprach und überhaupt dafür gut sagte, dass diess Begehren das einzige und letzte sei, von dem die Wiederherstellung der freundschaftlichen Verhältnisse zwischen beiden Mächten abhänge. Zu dieser Verbürgung hielt er sich durch ein Schreiben des Ritters v. Bagot aus Petersburg vom 26. November ermächtiget, das er der Pforte vorlegte.

Um dieser Note Erfolg zu sichern, setzte der Lord die Gesandten von Oesterreich und Preussen in Bewegung, die in drängenden Unterredungen dem Reis-Efendi jeden Ausweg zu schliessen bemüht waren. Wenig gelockt durch die Aussicht, die ihr Lord Strangford eröffnete, blieb die Pforte nicht unempfindlich gegen die Drohung, welche die Note enthielt und die sich mit der Haltung des Londoner-Cabinetes nur zu gut vertrug. Je mehr im Divan das Misstrauen in die Mächte zunahm, desto mehr lag ihm daran, auf dem Felde des Rechtes keine Blösse zu bieten. Die Pforte war daher im Ganzen gestimmt, dem englischen Botschafter zu willfahren, aber sie that es auf ihre Weise, und war bemüht, der Würde des Sultans und ihren Interessen nichts zu vergeben. Sie vermochte die Hospodare und Bojaren der Fürstenthümer, die Verminderung der Beschli's um die Hälfte bei ihr nachzusuchen, und als am 27. April Lord Strangford mit dem Reis-Efendi zusammen trat, erzählte ihm dieser das Begehren der Hospodare und Bojaren und theilte ihm mit, dass die Pforte gar keinen Anstand nehme, es zu bewilligen. Wenn diese Massregel auch Russland genüge, setzte er bei, so sei das der Pforte angenehm, obwohl sie nicht recht begreife, warum diese Macht auf die Verminderung der Beschli's bis auf den vor Alters gebräuchlichen Stand so grosses Gewicht lege und die Minister europäischer Grossmächte mit dieser Kleinigkeit belaste — diese Verminderung verstehe sich von selbst und werde zur rechten Zeit Platz finden.

Lord Strangford war nicht wenig unzufrieden mit der Form, in welcher die Pforte nachgab. Er richtete sogleich eine neue Note an sie, worin er sich über dieselbe beklagte und die Angabe der Zeit erwirken wollte, innerhalb welcher die im Grundsatze angenommene Räumung ausgeführt seyn werde. Er trotzte bis in die Mitte Juni, ohne etwas damit zu erreichen, als an Tag zu legen, dass er selbst das Zugeständniss der Annahme im Grundsatze nicht für genügend hielt, welches die Minister von Oesterreich und Preussen ihm für genügend anzunehmen riethen. Am 19. Juni beantwortete der Reis-Efendi die Note Strangford's vom 10. April auf dienstliche Weise, indem er die Dollmetscher von England, Oesterreich, Preussen und Russland mit der Nachricht beauftragte, dass in Folge des Wunsches der Hospodare und der Bojaren nach der Wallachei bereits der Befehl ergangen sei und nach der Moldau in wenigen Tagen gehen werde, die Zahl der Beschli's um die Hälfte zu vermindern. Strangford versuchte noch einmal in einer Zusammenkunft mit dem Reis-Efendi vier Tage später eine geeignetere Erklärung zu erhalten, aber der Reis-Efendi beschränkte sich darauf, ihn zu bitten, dem russischen Hofe wissen zu lassen, die Beschli's ständen in den Fürstenthümern auf ausdrückliches Verlangen der Hospodare und Bojaren, die Pforte hätte sich daher an diese wenden müssen, um zu erfahren, ob ohne Beeinträchtigung des Dienstes und der öffentlichen Sicherheit die Verminderung der Zahl der Beschli's thunlich sei und in welchem Maasse. Dem Berichte der Hospodare gemäss habe die Pforte nunmehr die Verminderung bis zur Hälfte angeordnet und freue sich, wenn sie dadurch zugleich einen Wunsch ihres guten Nachbars, des Kaisers von Russland, erfüllt habe. Sie wisse übrigens, was sie dabei wage unter Umständen, die sicherlich nicht dem Frieden glichen und bei der Menge Gesindel, welches sich in den Fürstenthümern und in den Nachbarländern aufhalte und öffentlich und heimlich Verrath und Aufruhr koche, diesen Ländern einen so bedeutenden Theil ihrer Sicherheitswachen zu nehmen; sie sei dennoch bereit, die Verminderung noch weiter gehen zu lassen, sobald die Hospodare und Bojaren sie nachsuchen werden.

An diese Erklärung hing der Reis-Efendi die weitere: „Nun da von Seite der Pforte alles zur Herstellung der freundschaftlichen Verhältnisse mit Russland Verlangte gethan sei, also ein Minister dieser Macht nächstens in Constantinopel anlangen werde, so hoffe die Pforte in den Ministern der übrigen Mächte auch dann die thätige Achtung für die Verträge zu finden, mit welcher sie aus Liebe zum Frieden die Pforte an ihre Verpflichtungen erinnerten; sie zweifle nicht, dass sich dieselben eben so eifrig angelegen lassen seyn werden, auch Russland zur Erfüllung der seinigen zu bewegen.“

Der Grossvezier in einer vertraulichen Unterredung mit dem ehemaligen ersten englischen Dollmetscher Berto Pisani deutete die Bezeichnung der Hälfte der Beschli's auf eine der Forderungen Strangford's günstige Weise, als weniger nach ihrem Wortsinne als nach ihrer Wirkung zu verstehen, indem diese Hälfte eben der Ueberschuss des alten Friedenstandes sei.

Verzweifelnd daran, eine günstigere Form zu erwirken und jeden Augenblick fürchtend, dass die drohenden Gerüchte über die bereits beschlossene Einmischung in die griechische Frage, die anmassenden Verkündigungen der Philhellenen, die Verlautbarung russischer Actenstücke in den öffentlichen Blättern, die wie glühende Kohlen auf sein Haupt fielen, die Pforte plötzlich umstimmen, griff Lord Strangford zu dem Entschlusse, der in seiner Lage der klügste war, nämlich sich für völlig zufrieden gestellt, die Verbandlung für geschlossen zu erklären, sich, Europa und Russland darüber Glück zu wünschen, und nun den Preis für alle Zugeständnisse der Pforte, die Sendung eines russischen Ministers nach Constantinopel zu verlangen. Er bedauerte, seine Unzufriedenheit nicht genug verborgen zu haben, schrieb zwar darüber an Canning, er habe sie nur vorgeschützt, um sich durch Herrn v. Minciaky zur Gegenmeinung einladen zu lassen und in Petersburg den Eindruck der nicht völligen Räumung aufzuheben. Aber dieser Eindruck war gemacht und selbst die Meinungsverschiedenheit der Minister erhöhte denselben. Der Bericht über den glücklichen Schluss der Verhandlungen, vom 29. Juni *) war an den Grafen Nesselrode gerichtet, von einem Schreiben an den Kaiser begleitet. Die Freigebung des Bojaren Villara, die schon am 10. April geschehen war, wurde darin als eine Aufmerksamkeit für Russland mit den günstigsten Farben gemalt; die Schifffahrtsfragen wurden als abgethan dargestellt, die Räumung der Fürstenthümer und die Herstellung der alten Verhältnisse in diesen Provinzen als bewirkt, obwohl die Militär-Verwaltung darin fortdauerte, und die zurückgebliebenen türkischen Truppen unter dem Befehle der Pascha's jenseits der Donau standen und die Beschli's nicht der Civilgewalt unterworfen waren.

An den Bericht seines Triumphes hing Lord Strangford, was nunmehr für ihn eine unausweichliche Nothwendigkeit geworden war, die Erklärung seiner Absicht, nicht länger in Constantinopel zu bleiben. Er begegnete dadurch dem Wunsche aller seiner Collegen, von denen keiner ihn liebte, jeder ihn als ein zweischneidiges Messer betrachtete, dessen man nur mit Vorsicht sich bedienen dürfe, dem Wunsche aller Cabinete und sogar dem des Fürsten Metternich, der fühlte, dass Strangford's Rolle geschlossen war. Nur an diesen und an den Ritter von Bagot, Botschafter in Petersburg, deckte Strangford einen Theil der geheimen Gründe auf, die ihn von Constantinopel wegtrieben, nämlich seine Ansicht von der Zukunft,

---

*) Siehe Beilage V. 9. — a. b. c.

die sich ihm unter den schwärzesten Farben darbot. Er sah den Kampf voraus, der nun um die griechische Sache der Eröffnung nahe war, und wo die Verbündeten, nach seiner Ansicht, im vollen Nachtheile der Stellung sich befanden. Er wusste, dass die Pforte dem russischen Minister die Forderung der Räumung der asiatischen Plätze entgegen halten werde, und traute weder Russland die Absicht zu, dieselbe zu erfüllen, noch den Mächten die Kraft, es hiezu zu vermögen. Er fühlte die Abweichung seiner Denkweise von derjenigen Canning's, dessen Gedanken er errieth und nicht achtete. Er glaubte nicht an die Möglichkeit der Wiedergeburt Griechenlands. Nach ihm war alles Moder in diesem Lande, eben so wenig Patriotismus da als Republikanismus in Lima und Mexico, als politischer Muth in Neapel und Madrid. Sein Ehrgeiz flüsterte ihm überdiess in's Ohr, dass er den Posten von Petersburg und somit ein neues erweitertes Feld für seine Thätigkeit erlangen könne.

Der Schlussbericht Strangford's fand volle Billigung in allen Cabineten. Während man ihn eigentlich als ein diplomatisches Seiltänzerstück betrachtete, stellte man sich überall mit dem darin gehäuften Scheine zufrieden. — Fürst Metternich war froh, die russischen Fragen vom Halse zu haben, und hoffte, der neuen Schachzüge Russlands seiner Zeit gleichfalls Meister zu werden. Frankreich hoffte durch die Entfernung Strangford's das Feld seinem Botschafter Grafen Guilleminot freigegeben und den alten Glanz seines Einflusses herzustellen. Canning sehnte sich nach dem Augenblicke, die Leitung der griechischen Sache offen zu übernehmen. Kaiser Alexander sah sich gerne in die Lage gesetzt, den Mann, den er trotz dem Geschrei aller Russen zu Verona mit seinem Vertrauen bekleidet hatte, nicht verwerfen zu müssen. Das Petersburger Cabinet hielt sich an den Nutzen, den der Sieg, den es im Herzen verlachte, ihm abwarf und stimmte, um England zu schmeicheln, gerne in den Lobgesang ein, mit dem sich Lord Strangford, in seinem Inneren gewiss wenig getäuscht dadurch, von allen Seiten gepriesen sah. Feierlich erklärte Russland sich für zufrieden gestellt mit den Zugeständnissen der Pforte und hing nur aus Gewohnheit und Vorsicht die Klausel daran: »bis auf einige Puncte, Einzelnes und Untergeordnetes betreffend.« — Kaiser Alexander sandte im September seinen Adjutanten Oszarowsky nach London mit einem Schreiben an den König, worin er ihn bat, die von Lord Strangford Europa geleisteten Dienste zu belohnen. Der Lord wurde zum Pair ernannt und Canning eröffnete ihm unter Lobsprüchen die Aussicht auf den Posten in Petersburg, zu dem er einstweilen seinen Neffen Stratford Canning ernannte. Fürst Metternich hatte sich voran gestellt, um dem Lord diese Aussicht zu erwirken und beredete mit demselben eine Zusammenkunft in Wien, welche Hauptstadt der Lord berühren wollte, sobald sein Nachfolger gekommen war und er Constantinopel verlassen konnte.

Indessen hatten sich auf dem Felde des Krieges Ereignisse begeben, welche die Bewegungen des Petersburger Cabinetes immer mehr beschleunigten. Der Feldzug war in der ersten Hälfte auch dieses Jahres mit Schläfrigkeit von beiden Seiten geführt worden. Die Rüstungen der Pforte waren zwar nicht geringe, aber die Politik des Sultans, der über den russischen und griechischen Bedrängnissen andere, die seiner Einsicht näher lagen, nicht vergass, machte diese Rüstungen zugleich zu anderen Zwecken dienstbar, wovon die Politik der Cabinete wenig Kenntniss nahm, oder wahrscheinlicher, nichts wusste. In des Sultans Seele lebten die Entwürfe, die wenige Jahre später klar und blutig hervortraten, die Vernichtung der Janitscharen und der Sturz Mechmed-Ali's, des Vicekönigs von Aegypten, eines Vasallen, dessen Macht und kecken, weit ausgreifenden Geist er fürchtete und der zu stark war, um offen angegriffen zu werden. Der persönliche Vertraute des Sultans in beiden Entwürfen war Chosrew-Pascha, dem eben desshalb die Flotte anvertraut wurde. Schon im Jänner war die glänzende Einladung an Mechmed-Ali ergangen, aber als Geheimniss streng bewahrt worden, den Oberbefehl zu Wasser und zu Lande gegen die Griechen zu übernehmen, der die Absicht zu Grunde lag, ihn an Geld-

und Kriegsmitteln zu erschöpfen und sein geregeltes Heer, das mühsame Werk vieler Jahre und Opfer, aufzureiben, oder, wenn es Sieger bliebe, dadurch der ähnlichen Einrichtung im Reiche, die Selim Thron und Leben gekostet hatte, den Weg zu bahnen. — Nedschib-Efendi, des Pascha's Abgeordneter an der Pforte, war mit dieser Einladung und reichen Ehrengeschenken für ihn und dessen Sohn Ibrahim abgesendet worden. Feierlich empfing Mechmed-Ali den Wortführer des Sultans mit allen Aussenzeichen der Unterwürfigkeit unter den Willen des Herrschers. Er ging in den Antrag ein, der ihm zur unverdächtigen Ausbildung seiner Land- und Seemacht ein willkommener war, und indem er für seine Person den Oberbefehl ablehnte, nahm er denselben für seinen Sohn Ibrahim an und übertrug an diesen feierlich die erhaltenen Vollmachten. Er versprach, 20,000 Mann Fussvolk, darunter 12,000 Mann geregelte Truppen und 2000 Reiter auf seinen eigenen Schiffen zu führen, und diese Macht auf eigene Kosten zu unterhalten. Reichliche Geschenke an Getreide für die türkischen Festungen in Griechenland folgten dieser dem Sultan willkommenen Antwort.

Gleichzeitig übertrug die Pforte dem zum Seriasker von Rumelien ernannten Derwisch Mustapha-Pascha von Widdin den Landkrieg und liess durch die Paschen von Scutari und Negroponte Lager zusammen ziehen, um das griechische Festland zu bedrohen. In der Hauptstadt wurden die Janitscharen zum Felddienste aufgefordert und einige Tausend auf der Flotte Chosrew's eingeschifft, die, nur aus einem Linienschiffe, 6 Fregatten und 34 kleineren Schiffen bestehend, in mehreren Abtheilungen im April nach den Dardanellen und am 1. Mai nach dem Archipel unter Segel ging. Die in den Gewässern von Patras zurückgebliebene Flottenabtheilung des Kapudan-Bey ging um die Mitte Mai nach Alexandria, um sich unter die Befehle Ibrahim-Pascha's zu stellen, der in der diessjährigen Beförderungs- und Bestätigungsliste der höheren Staatsbeamten unter dem Titel des Statthalters von Abyssinien und Morea aufgeführt erschien. Ein Theil der ägyptischen Flotte war um diese Zeit schon in

Rhodus, ein anderer vor Kandia, das, von dem übrigen Griechenlande ohne Unterstützung gelassen, trotz der Anstrengungen des wackeren Hydrioten Manoli Tombasis, in eben der Zeit, während welcher in der Morea die Parteien sich befehdeten, in die Hände der Aegypter fiel. Der Widerstand der Kandioten, gespalten durch inneren Zwist, wurde in Blut ersäuft; Dorf für Dorf erobert, zuletzt sogar Sphakia, der wichtigste Vertheidigungspunct der Insel von den Griechen aufgegeben, die ausser den Forts von Kissamo und Selimo bald keinen Zufluchtsort mehr hatten, als das hohe, unwirthbare Gebirge, das, gleich der Maina in der Halbinsel, der türkischen Macht zu allen Zeiten getrotzt hat. Der Verlust von Kandia hätte die Griechen, wie derjenige von Mytilene die alten Athenienser, anregen sollen, aber er machte wenig Eindruck. Einige hydriotische Schiffe eilten zwar zu Anfang April dahin. Sie kamen zurecht, um eine geringe Zahl von Flüchtigen und den Harmosten Tombasi nach der Morea zu retten. Hussein-Bey setzte sich als Statthalter Mechmed-Ali's in dem eroberten Kreta nieder, nahm dem Volke die Waffen, gewährte Verzeihung und verminderte die Abgaben.

Wir haben gesehen, dass es zu Ende des Jahres 1823 gar keine Regierung in Griechenland gab, wohl aber zu Kranidi und zu Nauplia und Tripolitza die beiden Hauptparteien, zwischen welche alle Griechen mit ihren Neigungen und oft mit ihren Armen sich theilten, im Bestreben, eine Regierung zu bilden, und die Philhellenen Europa's im Begriffe, diese Regierung, welche immer sie sei, mit grossen Geldmitteln und mit dem Gewichte manches Namens und mancher Talente zu unterstützen. Nur ein unerfahrenes Auge konnte sich über den Anblick der Parteiung wundern, denn sie ging nothwendig aus der Verschiedenheit der moralischen Elemente in den zum Aufstande vereinigten Völkerschaften hervor. Seit Ausbruch desselben entstand ein Kampf des Neuen und Eingedrungenen mit dem Einheimischen und Gewohnten in Sitten und Verfassung, der an den älteren, aus Stammverschiedenheit hervorgegangenen, durch die gemeinschaftliche Religion und gemeinschaftliche Unterwürfigkeit nie völlig ausgetriebenen Elementen der Zwietracht einen höchst zündbaren Stoff fand. Zwei Richtungen im Streben, sich empor zu ringen aus dem politischen Nichts, machten sich durch die ganze Dauer des griechischen Aufstandes geltend. Als Führer ging auf der einen Mavrokordato voran; auf dem anderen Wege brauchte es eigentlich keinen Führer; wer ihn ging, ging ihn auf seine Faust und wie er ihn eben verstand. Die erste Partei war die fremde, die mit aus Europa entlehnten Gesetzen und Verfassungsformen den Bündel umgürten und zusammen halten wollte. Sie machte die Richtung der zerfallenden Gesellschaft in Europa zur ihrigen; sie führte Doctrinen aus London, Paris, Cadix, Turin und Neapel, aus Nord- und Süd-Amerika ein; sie nannte das Jahrhundert ihre Fahne und arbeitete nach dem, was man damals repräsentative Verfassung nannte. Die andere Partei war die einheimische, die im Gefühle handelte, dass jedes Volk, welches gesund sich entwickeln soll, aus sich selbst herauswachsen müsse; es war die Partei der Capitaine und vieler Primaten, die Partei der Waffen und des Volkes. Sie wusste vor der Hand keinen Gebrauch vom Siege zu machen, als sich auf die Polster der Türken zu setzen und eben zu thun, wie diese. Aber das Volk verstand diese Weise und es verstand die fremde nicht.

Beide Parteien waren unter sich einig im Hasse gegen die Türken und im Wunsche der Unabhängigkeit. Sie waren es auch in der Abneigung gegen fremde Einmischung, die sich in der einen nach Bedarf verhüllte, in der anderen in roher Offenheit dastand. Was aber die eine gegen die andere waffnete, war nicht bloss die Form der künftigen Regierung, es war der Besitz der Gewalt und Herrschaft; die Ausübung derselben auf die Weise, die jeder aus beiden am besten anstand.

Die Partei Mavrokordato's und der in Europa erzogenen Griechen, der sich die Inseln, durch den täglichen Verkehr mit allen Küsten und Flaggen an Europa gewöhnt, anschlossen, gewann seit dem Jahre 1822 nach und nach den Vortritt. Sie hatte vor der anderen die Einheit, die geistige Ueberlegenheit, den europäischen Schein, die aus Europa zuströmenden Mittel voraus. Sie allein sprach zu Europa. Sie hatte überall ihre Vertrauten und Freunde, die sich angelegen seyn liessen, die Thatsachen im Sinne der Partei zusammen zu stellen und alles zu verdächtigen, was zum Nachtheile der Griechen, zum Vortheile der Türken seyn konnte. Sie war gewandt in den Mitteln, um die öffentliche Meinung von der Themse bis an die Seine und von der Donau bis an die Newa für Griechenland thätig zu machen; sie entzündete durch die Tagblätter und Schriften überall die edelsten Herzen und öffnete die verschlossensten Börsen; sie warf sich offen dem Geiste der Zeit in die Arme und durfte in ihrem Interesse nichts anderes thun, da sie nicht wie der unwissende Fechter in den Schluchten des Parnasses oder in den Waldwegen des Geranion auf das Christenthum und die christlichen Könige hoffen durfte. Sie trat daher auch mit allem hervor, was der Geist der Neuerung in Europa als Fortschritt bezeichnete. Gleichheit der Rechte, Souverainetät des Volkes, geschriebene Verfassung, Volkswahlen, fortwährender Wechsel in den Stellen und Aemtern, Oeffentlichkeit der Verwaltung, Freiheit der Presse, Lancasterische Schulen, überhaupt was seit der französischen Revolution die Neuerung an die Stelle der alten Ordnung der Dinge bei Völkern, ihres Wohlstandes müde, zu setzen bestrebt war, suchte sie entweder wirklich oder that dessgleichen als suche sie, ohne Uebergang in dem Lande einzupflanzen, welches durch Jahrhunderte in einer von ihr als die grässlichste geschilderten Barbarei gelegen hatte. Diess Bestreben, in so ferne dessen Wirkung auf Europa berechnet war, erreichte völlig sein Ziel und setzte diese Partei in den Besitz der Mittel, deren sie zur Behauptung der Gewalt gegenüber der anderen bedurfte. Sie vergab sich nichts dadurch, dass sie das Verlangen nach einem Könige, nach einem Fremden zum Könige, offen und oft kund gab, denn sie sprach dadurch ihr wirkliches Bedürfniss aus, schmeichelte dem Verlangen des Volkes, und blieb durch die Schranke der Volksvertretung innerhalb des Befugnisses des Geistes der Zeit.

Die einheimische und eigentlich volksthümliche Partei schloss den grössten Theil derjenigen in sich, welche unter der Herrschaft der Türken, in der Kirche, in den Waffen oder im Staate eine Rolle gespielt hatten, die alten Notabeln des Landes, die Primaten und Kodscha-Baschi's, die Bischöfe, die Capitaine, deren Zahl in den letzten Zeiten so sehr herangewachsen war, dass die Morea allein deren über 70 und mehr als 200 Chiliarchen zählte, von denen die meisten freilich nur 50, 20 oder 10 Mann hinter sich hatten. Unbekannt mit den Doctrinen der Fremden, ohne Achtung für Formen der neuen Schule, schwoll diesen Häuptlingen die Seele voll Unmuth, wenn sie Gesetzen und Menschen gehorchen sollten, beide von Aussen gekommen, und die sie weder verstanden, noch achteten, noch fürchteten. Die Türken einmal zum Lande hinausgejagt, sahen sie sich als die berechtigten Erben derselben an und wollten leben wie sie, in Waffen und Kleidern prunken, die Herren machen, Niemanden zahlen und von Allen nehmen, dabei froh und gesprächig unter dem Volke sitzen, seine Freuden, seine Gewohnheiten, seine Vorurtheile, seinen Glauben theilen, es verstehen und von ihm verstanden seyn. Diese Leute waren aus dem Boden herausgewachsen und eines Stoffes mit ihm; alle ihre Ideen waren griechische und keine kosmopolitische; sie scheerten sich wenig um den Beifall der Neuerer in Europa, um geschriebene Verfassungen, Lancasterische Schulen, Volksversammlungen und all' den Tand einer anderen Art von Sclaverei. Sie hatten den Tact der Freiheit, wenn auch nicht den der europäischen Civilisation. Sie verstanden die Nothwendigkeit eines Mittelpunctes nur für die Führung im Kriege, und selbst da nicht in der Machtvollkommenheit, die im Geiste eines europäischen Reglements jeder Corporal über den Soldaten hat. Sie kannten nur die oligarchische Vereinigung; in ihr aber konnte jeder mit Wahrheit sagen, was der Marquis von Posa als Träumer sagt, unter tausend Königen ein König zu seyn.

Diese Partei, aus Leuten zusammengesetzt, die, einzeln genommen, um viel stärker und geachteter im Lande waren, als ihre

Gegner, war als Körper schwach. Sie lebte vom Tage in den Tag, suchte nach keinem Mittelpuncte und hätte denselben auch nicht finden können. Heute vereinigt zu einem gemeinschaftlichen Unternehmen, waren die Häuptlinge morgen wieder getrennt; die persönlichen Interessen, die Eifersucht und das Misstrauen des Einen gegen den Anderen, der Familienhass machte jedes längere Zusammenstehen unmöglich. Die Ungebundenheit ging bis zu dem letzten Manne des Haufens hinab, der heute dem einen Capitain diente und morgen dem anderen. Da die wahre persönliche Freiheit als alles durchdringendes Prinzip, als Seele der Gedanken und Sitten; da die heroischen Züge von Anhänglichkeit, Freundschaft, Treue, die wir in unseren Liedern besingen und neben denen wir nicht einen Tag zu leben verständen; da die glückliche Zuversicht und Sorglosigkeit über das Morgen; da die Tugenden und Laster der neuen Hellas: da auch die Verschwendung der Kräfte und Mittel, das planlose Wirken und die Schwäche nach Aussen. Dieser Haufe oligarchischer Einheiten, nur unrichtig eine Partei zu nennen, da diese Bezeichnung schon einen Organismus voraussetzt, konnte unter den bestehenden Verhältnissen gegen die andere, die wirklich eine Partei war, so wie es sich um die Gestaltung des Ganzen zur Einheit, um Bildung und Durchführung einer Regierung und Verwaltung handelte, nur das Kürzere ziehen. Es gab nur einen Mann in Griechenland, der Altes und Neues verschmelzen, den nothwendigen Kampf in sich vermitteln konnte. Dieser Mann war Johann Kolettis. Er sass im obersten Rathe und war dessen Seele; er gab einerseits Mavrokordato und anderseits den Waffenhäuptlingen die Hand. Aber die Spaltung war noch zu vielzweigig, der Streit der Interessen zu lebhaft, die Beimischung von europäischen Eifersüchteleien zu wirksam, um diese Vermittlung durchzuführen oder auch nur die Stücke, aus denen das Volk bestand, zusammen zu halten. Da in Primaten und Capitainen insbesondere persönliche Unabhängigkeit und Besitz weit mehr als Vaterlandsgefühl die Triebfeder waren, so begannen sie sich bald gegen die Ketten der Satzungen zu wehren, mit welchen

Mavrokordato mit herrischer und Kolettis mit schmeichelnder Hand sie binden wollten, und als nun das europäische und vorzüglich das englische Gold nach Griechenland zu strömen begann, so kamen sie mit den Waffen in der Hand zur Theilung dieser Beute herbei.

Aus diesen Elementen nun ging der Zustand hervor, in welchen sich Griechenland zu Anfang des Jahres 1824 befand. Der nach Kranidi geflüchtete Theil des Senates, grossentheils der Partei der Inseln und Mavrokordato's angehörig, verwarf die unlauteren Versöhnungsvorschläge des Vollziehungsrathes, der, in den Zeiten der Noth und des Kampfes aus der Gegenpartei hervor gegangen war. Er entsetzte Metaxas, zog Peter Mavromichalis und Sotiris Karalampis in Untersuchung und zwang Kolokotronis durch Anklage zur Abdankung. Dafür schob er in den Verwaltungsausschuss den Hydrioten Georg Kunturiotis als Vorstand ein und gab diesem den Spezioten Panajotis Bottasis bei, beide vermögliche Männer und Mavrokordato nahe stehend, ohne eigentlich mit dem Mackel der Neigung zu Ausländischem belastet zu seyn. Aber auch der Epirote Johann Kolettis fand darin seinen Platz und für die Halbinsel der Lakonier Spiliotakis und der Achaier A. Lontos. Die so bestellte Regierung hatte die Inseln und Westgriechenland durch Mavrokordato, Achaia und einen Theil von Arkadien durch die Lontos und Zaimis, Korinth durch die Notaras für sich. Elis und Ostgriechenland schwankten, aber die Regierung hatte durch Kolettis das Übergewicht der Waffen, durch Mavrokordato die Aussicht auf das englische Gold und den Ruf der Befähigung. Die Gegner, im Besitze von Nauplia und Akrokorinth, von dem Herzen der Halbinsel und von den Bergen der Maina, waren im nachtheiligen Lichte von Leuten, die sich der Gestaltung eines Ganzen widersetzten. Es wurde ihnen noch ein anderer Tadel aufgebunden, damals bereits von lärmender Wirksamkeit. Man gab sie für Werkzeuge einer fremden Politik, welche die Unabhängigkeit Griechenlands nicht wollte. Das wirkte bei den Einheimischen wenig, bei den Fremden viel. Gerade Diejenigen, welche den beiden Nationen angehörten, oder ihnen sich zuneigten, die drei Jahre später die Abhängigkeit Griechenlands mit Russland vertragsmässig festzustellen meinten, waren Feuer und Flammen gegen den alten Bey der Maina und Kolokotronis, die sie die Schildträger Russlands hiessen.

Die Regierung fühlte sich stark genug, um den Hinausgeworfenen an den Leib zu gehen. Sie verlangte Einlass in Nauplia und setzte die Untersuchung gegen ihre Vorgänger fort. Zwölf Puncte wurden gegen sie vorgebracht, darunter die Verschwendung und Veruntreuung der öffentlichen Gelder, der Verkauf des zu Nauplia eroberten Geschützes, derjenige von Nationalgütern und der gewaffnete Angriff auf den gesetzgebenden Körper. Kolokotronis vertheidigte sich in einem heftigen Rechtfertigungsschreiben, vereinigte in Tripolitza fünf und dreissig Glieder des gesetzgebenden Körpers, die seines Anhanges waren, liess durch sie Ypsilanti, der erst zu einem vergeblichen Versuche, eine Versöhnung zu erzielen, nach Kranidi gegangen war, zum Vorstand ernennen, und stellte Regierung der Regierung gegenüber. Zugleich sammelte er in Arkadien und Elis seine Haufen, verstärkte Korinth und hielt durch seinen Sohn die erste Festung des Landes, Nauplia. Die Mainoten aber stiegen nach Messenien hinab und suchten Koron für sich zu gewinnen, was jedoch misslang. Die Regierung zu Kranidi liess ihrerseits durch die Primaten der drei Inseln Hydra, Spezzia und Ipsara, eine Erklärung kund machen, worin es unter anderen hiess: »Wir sind endlich genöthiget, das Stillschweigen zu brechen. Während wir drei Jahre lang unser Vermögen, unsere Schiffe, unser Blut geopfert haben, um der furchtbaren Seemacht der Türken und anderer Barbaren Widerstand zu leisten, hat eine Rotte von Räubern auf allen Puncten des Landes Unordnung, Zwist und Zerrüttung gestiftet und zur Befriedigung ihrer eigenen Begierden das unglückliche Griechenland in das tiefste Elend gestürzt. Unter ihrer Tyrannei sind die Staatseinkünfte auf's gewissenloseste verschwendet, alle guten Bürger muthlos gemacht und das Volk dergestalt bis auf's Mark ausgesogen worden, dass es ihm schwer seyn wird, die Mittel zur Bekämpfung seiner auswärtigen und seiner nicht minder gefährlichen einheimischen Feinde aufzubringen.« In der ferneren Darstellung des strafbaren Benehmens dieser nunmehr geächteten Regenten wurde ihnen vorgeworfen, das östliche Griechenland verheert, das westliche aufgegeben und für Mesolongi nichts gethan zu haben, so dass nur die Ungeschicklichkeit des Feindes und die Strenge des Winters diese Bollwerk der Halbinsel gerettet haben.

Die Regierung bot ihre Geldkräfte auf, um rumeliotische und bulgarische Krieger zu werben. Im März waren die Anhänger der Geächteten, die unter sich verschiedenen Eingebungen folgten und zu gemeinschaftlichem Wirken nicht zusammen standen, hart gedrängt auf allen Puncten. Kolokotroni's Sohn, Panos, und Andreas Metaxas sahen sich bald in Nauplia von den Hydrioten und Spezzioten eingeschlossen. Die Regierung, auf Schiffen Miauli's, war nach den Mühlen von Lerna gegangen, hatte sich in den Besitz von Argos gesetzt, und vor dem Thore von Nauplia Stellung gefasst. Akrokorinth fiel am 2. April in ihre Hände durch Bestechung. Die Bulgaren des Hadschi Christo und die Moreoten unter Zaimis, Notaras und Lontos, drangen bis vor Tripolitza und schlugen sich dort mit Kolokotronis, der, von dem Bey der Maina und von Karalampis aus Arkadien schlecht unterstützt, die Stadt um die Mitte April aufgeben musste. Der Senat zog hierauf nach Argos, während der Regierungsausschuss noch auf den Schiffen blieb. Kolokotronis, verdrängt, aber nicht am Ende seiner Mittel, sammelte um Karytena wieder einige Kräfte, rückte im Mai selbst nach Tripolitza herab, und schickte seinen Sohn Jannis, seinen Neffen Nikitas und seinen Schwager Koliopulos über das Gebirge herunter nach Argos und Nauplia. Hadschi Christo und Makryjannis traten ihnen da entgegen. Es kam zu verschiedenen Gefechten, deren Ende war, dass die Kräfte der Regierung im Felde überall obsiegten. Kolokotronis liess sich nun mit Zaimis und Lontos in Unterhandlungen ein, erhielt Geldentschädigungen und übergab Nauplia. Das Hafenschloss Burdschi war bereits am 5. Juni durch Verrath an die Regierung übergegangen. Am 19. nahm diese von der Stadt selbst Besitz. Es sollte dieselbe nur Moreoten zur Besatzung erhalten. Die Soldforderungen Panos Kolokotronis wurden anerkannt. Die Regierung setzte den Sulioten Photamaras als Befehlshaber in den Platz, und begünstigte vorzugsweise die Capitaine des Festlandes. Darüber wurden viele der ihr ergebenen aus der Halbinsel missmuthig und kaum war der eine Zwist beigelegt, so entspann sich bereits ein anderer. Zaimis und Lontos, durch die Beschuldigung, zu leicht gegen Kolokotronis verfahren zu seyn, gekränkt, zogen sich aus Nauplia zurück. Die Regierung aber, von dem Eintreffen einer Geldsendung aus London in Zante unterrichtet, gab sich wenig Mühe, ihre fordernden Freunde zusammen zu halten.

Der Londoner Philhellenen-Verein war gerade seit Anfange dieses Jahres in grosser Thätigkeit, um im Einklange mit den deutschen Vereinen auf irgend einem Puncte Griechenlands einen Kern des Widerstandes mit europäischen Mitteln zu schaffen und durch die Erwirkung eines Anleihens den Griechen die Fortführung des Krieges sicher zu stellen. Mavrokordato war der in Europa leuchtende Name, daher Mesolongi der Punct, wohin sich die Beauftragten des Vereines wandten und wohin die Sendungen von Mitteln zu gehen bestimmt waren. Lord Byron, der schon während seines Aufenthaltes in Kephalonia für 30,000 Thaler zur Ausrüstung der Flotte gut gesagt hatte, langte am 5. Jänner in Mesolongi an und, voll Eifer für die Sache, nahm er sogleich 600 Sulioten in seinen Sold, vereinigte die deutschen und anderen Philhellenen, bildete ein Artilleriecorps und mit Hülfe eines tüchtigen Arbeiters, des Engländers Parry, Arsenal und Werkstätten. Durch seine Geldmittel wurde es möglich, dass schon zu Ende Jänner die rumeliotischen Capitaine bis Arta streiften, durch Besetzung der Engpässe den in Epirus und Albanien sich sammelnden türkischen Truppen einen Riegel vorschoben und auch den Parteien im Inneren Achtung einflössten.

was für das Ansehen der Regierung, die Mavrokordato stützte, günstig wirkte. Der Lord bereitete einen Angriff auf Lepanto und wollte sich selbst an die Spitze der dazu bestimmten Truppen stellen. Mit seinem Gelde wurde Vasiladi, diess Vorwerk Mesolongi's und die Stadt selbst gerüstet, die durch ihre Vertheidigung zwei Jahre später ihm das würdigste Denkmal aufgerichtet hat. Bald aber wuchsen die Hindernisse gross, die seinen besten Wünschen und Bestrebungen mit täglich zunehmender Stärke sich entgegenstellten. Seine bedeutenden Geldopfer erzeugten nur neue Forderungen. Umrungen von einem Haufen heimathloser Krieger, die er zu befriedigen nicht im Stande war, von der Regierung mit immer neuen Versprechungen getäuscht, von den Philhellenen missverstanden und gefoltert, lebte er zwischen Drohung und Forderung sein Leben hin und hatte keinen Dank dafür. Er hatte wenige Zeit nöthig, um aus den edlen Träumen zu erwachen, die ihn nach Griechenland geführt hatten und die seine letzte Täuschung waren. Hatte er auf Zusagen gerechnet oder auf das Gewicht des Einsatzes seines Namens und seiner Person, genug, er war vertrauend mit seinen Mitteln gekommen. Diese, so bedeutend sie auch waren, fielen doch leicht in die Wagschale gegen die Bedürfnisse eines ganzen, in gewaltigem Kriege befangenen Landes. An Ort und Stelle fand er deren keine; es kamen ihm auch lange keine nach. Die Erfahrung, dass viele Menschen für Vortheil oder Eitelkeit alles, für eine Idee aber nur Wenige etwas thun, musste er tausendmal im Leben gemacht haben; aber ein edles Herz glaubt schwer daran. Schon im Februar war er müde bis in die tiefste Seele. Er hatte Niemand mit sich, der ihn verstand. Den Griechen war er wenig mehr als ein Geldsack; den Philhellenen, besonders seinen Landsleuten, eben das und bald ein unbequemes Hinderniss. Es hatten die meisten von ihnen nur Rangstreit und Soldatenspielereien im Kopfe und verletzten die Griechen täglich durch ihre eingebildeten Vorzüge. Er fühlte, vielleicht zum erstenmal, was in der Führung eines Geschäftes praktische Menschen gelten, Menschen, die nicht Schwätzen für Handeln halten.

Aber es gab noch eine andere Quelle von Missmuth für ihn und diese war die reichste. Der Londoner Verein, durch Eitelkeit, Unverstand und Radicalismus geleitet, hatte einen ganz anderen Gang im Sinne, als wozu Lord Byron der Mann war. Bald zeigte sich, dass von den zwei Beauftragten er nur der durch das Gewicht seines Namens aufgedrungene, Oberst Stanhope aber der geliebte war. Ohne gereiftes Urtheil, von republikanischem Despotismus voll, sah sich dieser als dazu berufen an, der Begründer einer neuen griechischen Republik zu werden. Mit Gesetzbüchern aus der Schweiz und Amerika, mit Druckerpressen und Schulmeisterei kam er an und dachte Griechenland, wo Niemand zu lesen verstand, durch Tagblätter, in denen er gegen das monarchische Prinzip als ein rüstiger, allzeit fertiger Kämpfer auftrat, durch Lancasterische Schulen und Bibeln dem von Bentham und ihm gewünschten Ziele entgegen zu führen. Statt zu kämpfen oder die Mittel zum Kampfe zu geben, glaubte er, Griechenland erziehen, erleuchten, einrichten, regieren zu müssen. Er trat mit der Einbildung auf, dass Niemand besser als er Land und Leute kenne. Geld wurde in seiner Hand eine Saat der Zwietracht. Posten einrichten zu einer Zeit, wo der Bürgerkrieg in Flammen war, — Schulen, in die Niemand ging, — Zeitungen, welche der Parteigeist alsogleich missbrauchte, — und dazu eine mündliche Doctrine, welche alle Könige mit Hohn und Fluch belegte, das war sein Wirken und so war der Mann, den der Londoner Verein dem Lord zum Mitarbeiter gegeben hatte. Bald stand Oberst Stanhope sowohl zu Lord Byron als zu Mavrokordato, die ihm beide nicht Freunde der Freiheit waren, bald selbst zur Regierung als Gegner da. Von den Griechen missbraucht und verlacht, hat er viel Uebles und nur das Gute in Griechenland gestiftet, durch seine Unbesonnenheit und Verblendung die Neigung zum anarchischen Prinzipe, wenigstens in den Führern der Regierungspartei, gemindert zu haben.

Ende Februar ging Oberst Stanhope nach Athen. Nun gab es zwei Mittelpuncte für das Wirken des Vereines und es entstand ein

Kampf zwischen beiden um die aus England anlangenden Gelder und Mittel. In Athen herrschte Odysseus, einst der Zögling und Liebling des Pascha von Janina. Dieser kühne, verschlagene Führer hatte bald die Schwächen des Obersten Stanhope weg, und da er sich seiner bedienen wollte, so liess er ihn gewähren mit seinen Zeitungen und Schulen und sprach ihm gerne im Geiste seiner Doctrinen. Bald war Odysseus der gepriesene Mann, der Held der wahren Freiheit, der Führer, dem allein vor der Hand alle Gaben des Vereines und künftig das Schicksal von Griechenland anvertraut werden sollten. Odysseus aber, ohne eigentlich mit Kolokotronis verbunden zu seyn (er sah viemehr gerne, dass dieser sich erschöpfte), war ein Gegner der Regierung und vorzüglich Mavrokordato's, den er auf alle Weise zu stürzen sich bemühte. Er suchte durch Stanhope Lord Byron an sich zu ziehen, so wie diess auch Kolokotronis versucht hatte und, als der Einfluss des Obersten dazu nicht ausreichte, so begehrte er bald diese, bald jene Hülfe an Geschütz, Leuten und Geld, um den philhellenischen Kern in Mesolongi zu brechen. Endlich im März, kam er auf den Gedanken, eine Versammlung der Capitaine, Primaten und Abgeordneten der Bezirke vom griechischen Festlande in Salona vorzuschlagen, zu der er Mavrokordato sowohl als Lord Byron einlud. Da sollte der nächste Feldzug berathen werden. Stanhope führte diesem Vorschlage mit Leidenschaft das Wort und Mavrokordato und Byron thaten, als wollten sie kommen. Der erste nährte nie diese Absicht und gab dem anderen nur nach, um dessen Meinung zu schonen, als werde eben diese Versammlung Gelegenheit zur endlichen Aussöhnung geben.

Die Stellung Lord Byrons wurde aber mit jedem Tage für ihn drückender. Die häufigen Versuche, zwischen ihn und Mavrokordato Misstrauen zu säen, blieben nicht ganz ohne Wirkung. Die Forderungen der Sulioten waren eine bleibende Geissel; Unordnungen, Gewaltthaten fanden statt; Karaiskakis, einer der thätigsten Führer der westgriechischen Haufen, setzte sich sogar in

Besitz von Vasiladi und bedrohte Mesolongi. Die Organisation der geregelten Brigade ging nicht nach Wunsch und der Angriff auf Lepanto, Byrons Lieblingsidee, musste immer weiter hinausgeschoben werden und wurde immer unwahrscheinlicher. Hiezu kam der betrübende Anblick des Standes der Dinge in der Morea, die zunehmende Seeräuberei, welche die griechische Flagge mit Schimpf und Fluch bedecken musste, der ekelhafte und unwürdige Missbrauch der Presse, die täglich die Männer als Feinde des Vaterlandes hinstellte, die ihm noch die würdigsten und fähigsten schienen, der Wahnsinn endlich des Obersten Stanhope, der die Lügen und Gewaltthaten, womit die Rohheit und die Willkühr in den Bau der Gesellschaft einzubrechen pflegen, wie Heiligenbilder auf Stangen herumtrug. Diese Trümmer seines Schiffbruches lasteten auf seiner Seele und brachen sie. Er sah die griechische Sache fast hoffnungslos. Er wollte Mesolongi nicht verlassen, um ihr nicht dadurch einen Stoss zu geben. Er blieb und starb.

Der Tag, an welchem Nachrichten von seiner einzigen geliebten Tochter und die Freudenbotschaft von dem gelungenen Abschlusse des griechischen Anleihens sein Herz nach langer Zeit zum ersten Mal wieder jugendlich erfrischten, der 9. April, war auch derjenige wo sein geschwächter Körper den Todesstoss empfing. Er ritt wieder aus, was er aus Lebensmüdigkeit seit längerem nicht mehr gethan hatte; Regen überraschte ihn, das Fieber brach aus als Folge der Erkältung und am 19. starb er.

Er hat seinen Irrthum mit dem Leben gebüsst, nicht den Irrthum seiner Wünsche für Griechenland, denn darin lag keiner; sondern denjenigen seines Urtheils über die Mittel, denjenigen seines Vertrauens in die Begeisterung der Zeit. Sein Herz und die Lockungen derer, die seinen grossen als Dichter erworbenen Ruf ihrer Sache anwerben wollten, hatten ihn in die Selbsttäuschung geworfen. er vermöge wirklich, er, der einzelne Mann, der Fremdling auf griechischem Boden, was nur die vereinte Kraft aller Griechen, die Zeit und die Gunst der Umstände vermögen konnten. Er begnügte sich nicht mit den Leistungen der Empfindelei und bequemen Eitelkeit, die in den Salons Geldhülfen sammelte und in Zeitungen und Flugschriften Pläne zu Griechenlands Rettung der müssigen Welt unserer Hauptstädte vor die Augen legte; er gab seinen Namen, seinen Ruf, sein Vermögen, sein Leben. Wenn ihm der Trost nicht gewährt war, die Wirkungen dieser Opfer zu sehen und die Meinung der Vergeblichkeit derselben vielmehr sein Herz brach, so muss das neue Griechenland ihm lohnend nachrufen: Du hindertest, dass der Schwindel der Zeit nicht die philhellenischen Wünsche in den Abgrund demagogischen Treibens zog; du rettetest sie in dem Herzen der edleren Freunde Griechenlands; du gabst ihnen Körper, so dass sie in der Wage der Lenker der Völker zu wiegen begannen, und beschleunigtest ihren Sieg über die widerstrebende Politik der Cabinete.

Um dieselbe Zeit sammelten sich die Anhänger des Odysseus zu Salona. Guras, der an der Seite seines schönen muthigen Weibes als Herr auf der Akropolis von Athen sass, Panurias und viele Abgeordnete der Bezirke des Festlandes waren darunter. Es kam auch Stanhope dahin, der in der Meinung, keiner Partei zu dienen, das dienstfertige Werkzeug des Häuptlings war. Odysseus selbst mit Negris erschien um die Mitte April. Der Tod Byrons und das Anlangen türkischer Schiffe in den Gewässern von Mesolongi gaben Mavrokordato den Vorwand, nicht zu kommen. Das eine Ziel, ihn in seine Gewalt zu bringen, sah Odysseus also verfehlt. Ein aufgefangener Brief seines Begleiters Sophianopulos an Demetrius Ypsilanti, von der Regierung bekannt gemacht, hätte ihn auch bald um Stanhope gebracht, denn es enthüllte diess Schreiben das Einverständniss des Odysseus mit der Partei Kolokotronis und zeigte Stanhope als Werkzeug zur Ausführung des Planes, Mavrokordato und die Regierung für Feinde des Vaterlandes zu erklären und mit Ypsilanti, Koliopulos und Anderen eine neue Regierung zu bilden. Die Ankunft der 40,000 Pfund Sterling in Zante und der Umstand, dass die griechischen Beauftragten in London, vergeblich nur dem Gerüchte entgegen zu arbeiten, als wollte England durch das Anleihen die ganze Morea an sich kaufen, mit Stanhope und Lord Byron auch Lazar Kunturiotis aus Hydra wegen Uebernahme und Uebergabe der Gelder hatten beauftragen machen, diese Gründe, so wie die Schwäche der befreundeten Partei in der Morea, bestimmten Odysseus diesen Plan, der auch über die Wünsche des Obersten hinausging, fahren zu lassen. Er machte die Versammlung zu Salona die Frage untersuchen: welche dermalen die Regierung sei, die zu Tripolitza oder die zu Argos? und für die letztere entscheiden. Er verwarf auch den Vorschlag Sophianopulo's, nach Argos zu marschiren und dort zu bleiben, bis die Peloponnesier ihr Volk zur Vertheidigung des Festlandes über den Isthmus geschickt haben würden und liess seinen Feldzugsplan breit verhandeln, der dahin ging, dass 12,000 Mann unter seiner Leitung an den Gränzen aufgestellt werden und sich im Sommer auf der Vertheidigung halten, im Winter aber in den Angriff übergehen sollten. Die Flotte wollte er in die Gewässer von Ipsara gesendet. — Durch Stanhope verschaffte er sich nun wirklich die geringen Mittel, die noch zu Mesolongi lagen und die Byron, so lange er lebte, ihm verweigert hatte. Die Artilleriebrigade wurde aufgelöst und das durch Parry bereit gemachte Geschütz ging nach der Grotte am Parnass, die sich Odysseus für jeden Fall zur Wohnstätte einrichtete und rüstete. Er unterhandelte mit der Regierung und sobald es nicht mehr zu hindern noch zu bezweifeln war, dass das Anleihen ihr ausgeliefert werde, folgte er dem Beispiele Kolokotronis und der Uebrigen: er unterwarf sich und ging nach Nauplia, um bei der Theilung der Schätze nicht zu fehlen.

Die Anleihe war ein gelungener Versuch, die Börse von London mit dem Gange der Dinge in Griechenland in Verbindung zu bringen. Der Philhellenismus that viel dafür, aber das Geld gab die Gewinnsucht. Die beiden griechischen Beauftragten, Johann Orlandos und Andreas Luriotis, unter dem Schutze und der Führung des Londoner Vereines, sahen ihre kühnsten Erwartungen übertroffen. Im Hause des Lord-Maire, nach einem Mahle, dem der Herzog von Sussex und alle Glieder der Opposition beiwohnten, wurde das Anleihen von 800,000 Pfund Sterling mit grossem Beifalle zu 59 für 100 abgeschlossen und am 26. März Capitain Blacquière mit der ersten Abschlagszahlung von 40,000 Pfund nach Griechenland abgeschickt. Da man nicht wusste, wer eigentlich dort Herr sei, so ernannte man den Obersten Gordon, Lord Byron und Lazaro Kunturiotis, als Handelsmann in London gekannt, zu Uebernahmscommissairen und da Oberst Gordon sich damals nicht in Griechenland, sondern in Schottland befand, so wurde Oberst Stanhope bestimmt, ihn einstweilen zu ersetzen. Die drei Commissaire sollten die Auswechslung der Bestätigung besorgen, das Geld übernehmen und übergeben. Bis dahin aber sollte es in Zante bei irgend einem Kaufmanne niedergelegt werden. — Blacquière langte am 24. April in Zante an. Er vernahm den Tod Byron's, legte die 40,000 Pfund in die Hände der Kaufleute Barff und Logotheti und gab den beiden noch übrigen Commissairen hiervon Nachricht.

Durch einen Beschluss vom 27. April a. St. gab die zu Argos sitzende Regierung den geschehenen Abschluss der Anleihe bekannt und setzte sich zugleich in die Verfassung dieselbe frei verwenden zu können, indem sie den Geldern der Anleihe die ausschliessliche Bestimmung für die Forderungen der Gegenwart und Zukunft gab, denen der Vergangenheit aber, diesem nie zu füllenden Abgrunde, offen und auf einmal den Stab brach. Sie zog durch diese Massregel alle Geldgierigen, und deren Zahl war gross, vor der Hand auf ihre Seite herüber.

Oberst Stanhope, der Regierung wenig zugeneigt, verweigerte die Herausgabe des Geldes, bis nicht völlige Einigkeit im Lande und Sicherheit für die Interessenzahlung gegeben sei. Die Herren Barff und Logothetis schreckte er durch die Verantwortlichkeit, das Geld herauszugeben, bevor für den verstorbenen Lord Byron ein anderer Commissair ernannt sei. Mavrokordato, die Regierung, Blacquière ihrerseits drängten ihn, indem sie ihm vorstellten, wie trotz der vorgerückten Jahreszeit gegen den äusseren Feind bis zur Stunde keine Massregel genommen sei, was aber den inneren angehe, nichts mehr Noth thue, als die Regierung zu stärken. Dem Obersten waren Mavrokordato, die Hydrioten und das gesetzgebende Corps, als der Neigung zur Monarchie verdächtige Leute verhasst. Er wollte das, was er eine Verschmelzung der Parteien nannte und darum Odysseus im Vollziehungsrathe, Ypsilanti an der Spitze des berathenden, Koliopulos als Kriegsminister, Negris mit irgend einem anderen Ministerium bekleidet, denn er hielt diese Männer für Republikaner. Er bekämpfte selbst jetzt noch leidenschaftlich die Idee eines fremden Königes, die gerade in dieser Zeit fast der allgemein ausgesprochene Wunsch des Volkes war. Der Prinz von Coburg, der Herzog von Sussex, Jerome, der gefallene König von Westphalen, der Prinz von Wasa und andere Fürsten wurden genannt und hatten im Volke ihre Vertreter. Nicht den untergeordneten, schlechtverpflegten Feind fürchtete man, so wenige Mittel zum Kriege es, nach europäischem Massstabe, auch gab. Die Leiden der Anarchie waren es, welche dem Volke, besonders in der Halbinsel, drückender erschienen als der Krieg, und aus diesen Leiden ging die Ueberzeugung hervor, dass weder eine republikanische noch eine föderative Verfassung dem auf dem Volke lastenden Unheile abzuhelfen vermöge und dass nichts als eine monarchische Regierungsform unter einem, allen Parteien völlig fremden Fürsten, eine bessere Zukunft bereiten könne. — Peter Mavromichalis war der erste Häuptling, der diesen Wunsch laut und dringend aussprach und dadurch im eigentlichen Sinne des Wortes die Meinung des Volkes sich gewann; aber Kolokotronis und die übrigen Capitaine standen derselben noch schroff entgegen und es gab überdiess damals noch kein Ohr in Europa, an welches der Ausspruch dieses Verlangens gerichtet werden konnte. Das Festland theilte dasselbe, obwohl es weniger darin gefühlt war. Die Inseln kannten es nicht.

Während nun Oberst Stanhope und die Griechen wegen der Uebergabe der 40,000 Pfund Sterling verhandelten, erliess unterm 10. Juni die jonische Regierung einen Beschluss, wozu die von ihr verkündigte Neutralität sie vermochte. Sie verbot nämlich die Ausfuhr dieses Geldes. Oberst Stanhope, eben damals in Zante, erhielt fast gleichzeitig die Weisung seines Königes, vom 19. März, ohne Verzug nach England zurück zu kehren. Er gehorchte und sein Treiben in Griechenland endete damit.

Die unerwartete Zögerung mit dem Gelde brachte die Regierung in nicht geringe Verlegenheit. Kein Schiff regte sich in Hydra und Spezzia; alle lagen bereit, warteten aber auf Vorschüsse. Mavrokordato errang einen geringen Vorschuss, noch durch Stanhope's Vermittlung, um der Knlioten los zu werden. Er sandte sie unter Kosta Bozzaris nach Chiarenza, um die Besatzung von Patras im Zaume zu halten, die so eben Gastuni verheert hatte. Es gelang ihm auch, einige 'akarnanische Capitaine Tzongas, Makrys, Rangos und Sturnaris gegen Arta in Marsch zu setzen, Karaiskos und Karaikakis in das Gebirge ober dem Sperchiusthale, Tzavellas aber in die dorischen und phocischen Engpässe aufzubieten. Niemand schien sich mit den Vorbereitungen zum Feldzuge ernstlich zu befassen, mit Ausnahme der wenigen Philhellenen, deren unruhige Thätigkeit den Griechen lächerlich und unbequem war. Die Mächtigsten hatten mit der Sorge, ihren nahen Feinden gewachsen zu bleiben, hinlänglich zu thun; alle rechneten auf das Glück und auf die Unfähigkeit der Türken.

Diese, ihrerseits, thaten zu Lande nichts, um die Lähmung ihrer Gegner zu benützen. In Patras lagen etwa 2500 Mann Fussvolk und 500 Pferde; im Schlosse von Morea 2000 Mann, bei welchen Jussuf-Pascha sich befand; auf dem rumeliotischen Ufer, in Lepanto und im Schlosse von Rumelien mochten 2500 Mann, darunter 1800 Albanesen unter Islam-Bey, vertheilt liegen. In Prevesa, Arta und Janina sammelten Omer-Pascha, durch seine persönlichen Fehden mit anderen albanesischen und epirotischen Häuptlingen so wie durch seine zweideutige Stellung gegen die Pforte zu allen ernsthaften Anstrengungen unfähig, und Ismael-Pascha zehn- bis zwölftausend Mann albanesischer Truppen. Der neue Seriasker von Rumelien regte sich nicht, und die griechischen Capitaine Rangos, Tzongas, Noto-Bozzaris und andere im westlichen, und Guras im östlichen Griechenland blieben Herren der Gebirge.

Nicht so unthätig war die Flotte. Von den Dardanellen hatte sich diese nach Negroponte gewendet und dort Lebens- und Kriegsmittel ausgeschifft, dann nahm sie in Salonich 6000 Albanesen ein und erschien im Juni vor Mytilene, wo sie abermals Truppen einnahm und eine bedeutende Zahl Transportschiffe an sich zog. Da gleichzeitig mehrere tausend klein-asiatischer Türken nach Tscheschme und Scala nuova strömten, so befürchteten Ipsara sowohl als Samos den Angriff. Ipsara insbesondere, das vorderste Bollwerk der Griechen, von 26,000 Seelen bewohnt, an Zahl der Schiffe, so wie an Gewandtheit und Kühnheit der Seeleute, Hydra wenig nachstehend, durch seine Lage vor dem Thore Asiens den Türken unbequemer noch als dieses, hatte sich seit lange auf den Angriff gefasst gemacht, mit Strandbatterien sich umgürtet, seine Höhen und Klöster verschanzt, seinen Hafen zu decken gesucht; es hielt 1200 Albanesen in seinem Solde; seine Schiffe waren die schönsten und leichtesten und über hundert derselben bewaffnet. Es beherrschte die Zufahrt von Smyrna und von den Dardanellen und hatte vor wenigen Monaten jene grosse Handelsstadt mit Zerstörung bedroht und auf die Vorstellungen der europäischen Consule desshalb mit hochmüthigem Tone geantwortet: »Wenn Smyrna gesichert seyn wolle, so solle es sich frei kaufen und Tribut an Ipsara und Griechenland bezahlen.« Jetzt liess es der Kapudan-Pascha, von Mytilene aus, dreimal zur Unterwerfung auffordern, und nachdem die Antwort jedesmal eine abschlägige und auch der Antrag freien Abzuges für Weiber, Kinder und Greise verworfen war, ging die türkische Flotte, 1 Linienschiff, 7 Fregatten, 10 Corvetten und viele kleinere Kriegsschiffe, wie Briggs, Goeletten, Kanonierschaluppen und flache Transporte, stark, mit 14,000 Mann Landtruppen an Bord, am 3. Juli bei leichtem Nord unter Segel, umgab die Insel, und während einige Kriegsschiffe ihr Feuer gegen die Stadt und den Hafen richteten, schifften die Transporte auf einer sandigen Landzunge an der Nordseite der Insel die Landtruppen aus. Eine schwache Batterie leistete dort wenigen Widerstand. Die sie vertheidigten, flohen nach den Höhen. Der Strom der Türken stieg und in weniger als zwei Stunden waren diese Höhen, so wie mehrere befestigte Klöster in ihren Händen; dann gossen sie nach der Stadt sich herab und nahmen die Strandbatterien im Rücken. Schrecken, Verwirrung, Verzweiflung am Widerstande rissen alsogleich den grösseren Theil der Stadtbewohner nach dem Hafen; neunzehn ipsariotische Briggs spannten eiligst die Segel und ergriffen die Flucht, von mehreren türkischen Fregatten verfolgt. Während die Primaten und Ephoren der Insel, welche sich auf diesen Fahrzeugen befanden, ihre Mitbürger im Stiche liessen, stürzten Weiber, Kinder, Männer, alt und jung, nach allen noch im Hafen liegenden Booten, Kähnen, Handels- und Kriegsschiffen, aber theils gingen diese wegen Ueberfüllung unter, theils wurden sie von den Türken eingeholt und in Kurzem war das Meer mit den Leichnamen der Unglücklichen bedeckt. Vergeblich befahl der Grossadmiral, dem Blutbade Einhalt zu thun und der Wehrlosen zu schonen; vergeblich bot er selbst 500 Piaster für jeden Gefangenen. Es war zu spät. Die Erbitterung des durch den Uebermuth der Ipsarioten gereizten Muselmannes duldete keine Schranke.

Alle Gräuel von Chios wiederholten sich auf dieser unglücklichen Nachbarinsel. Die französische Corvette Isis, die auf ihrem Wege von Nauplia nach Smyrna zufällig an diesem Tage in den Gewässern von Ipsara sich befand, nahm 152 der Unglücklichen auf, bevor sie in die Hände der Türken fielen. Andere entkamen auf anderen Fahrzeugen.

Mit Einbruch der Nacht deckten tausende von Leichen Hafen, Stadt und Insel; die Schiffe der Türken waren mit gefangenen Weibern und Kindern überfüllt; 200 Stück Geschütz und 110 ipsariotische Fahrzeuge waren in ihren Händen. Die Stadt, die Schiffswerften mit drei starken Corvetten, deren Bau noch nicht beendigt war, die in der Insel zerstreuten Gebäude brannten hoch auf, oder rauchten aus ihrem Schutte empor. Nur Paläokastro und das Kloster zum heil. Nicolaus, auf einer Anhöhe gelegen, vertheidigten sich noch. Mit Menschen überfüllt, steckten beide am folgenden Morgen die weisse Fahne, obwohl vergeblich aus; das erste fiel während des Tages, das andere vertheidigte sich bis zum Abend, wo Dimitri Prazano, dessen Namen das neue Griechenland unter seine Helden einzeichnen muss, im Augenblicke, als es von allen Seiten erstürmt wurde, Feuer in den Pulvervorrath warf, und Sieger und Besiegte über seiner eigenen Leiche gemeinschaftlich unter den Trümmern begrub.

Die aus dem Untergange entflohenen Schiffe führte ein günstiger Wind nach Tenos, Syra und mehrere derselben, darunter die Brigg Leonidas, Capitain Apostolis, schon am 5. nach Hydra. — Der Verlust der Schwesterinsel, ihr schrecklicher Untergang regte die Männer von Hydra zu einem, dem grossen Unglücke entsprechenden Entschlusse an. Sie vergassen in diesem Augenblicke das Anleihen und ihre Forderungen. Schon am folgenden Tage stachen 30 Fahrzeuge, darunter 10 ipsariotische, unter Miaulis in die See, eilten nach Samos, wo sie albanesische und andere Landtruppen wussten; nahmen davon an 2000 Mann an Bord und erschienen am 16. Abends vor Ipsara, wo sie etwa 30 türkische Transporte und Kanonierschaluppen und auf der Insel an 800 Mann fanden. Der Kapudan-Pascha war gleich nach der Einnahme nach Mytilene zurückgekehrt und hatte nur ein paar tausend Mann auf Ipsara gelassen, die in den folgenden Tagen, so wie die Zerstörung der Schanzen und die Einschiffung der Beute vorrückten, auf die angegebene Zahl sich verminderten. Die Truppen Miaulis stiegen alsogleich an's Land, griffen die in den Resten der Verschanzungen sich vertheidigenden Türken an, hieben alles, was sich nicht auf die Fahrzeuge retten konnte, nieder und zerstörten auch den grössten Theil dieser letzteren auf offener See und an der Küste von Volissos auf Chios.

wohin sie in ihrer Flucht gerathen waren. Am 19. zogen die Griechen sich vor der Flotte des Kapudan-Pascha zurück, die obwohl zu spät, zur Rettung der Besatzung der Insel herbeigeeilt war. Nun rissen die Türken die letzten Mauern der Gebäude nieder, die das Feuer bis dahin verschont hatte, verschütteten den Hafen und gingen dann abermals nach Mytilene zurück.

So war das fürchterliche Gericht über Ipsara ergangen. Man erwartete mit jedem Tage ein ähnliches über Samos. Laut kündigte der Kapudan-Pascha es an. Seine Aufforderungen zur Unterwerfung ergingen bereits an diese Insel und 30,000 Mann zu Scalanuova gesammelt, warteten mit Ungeduld auf die Gelegenheit, die Vollstrecker seines Willens zu seyn. Früher schon als Ipsara, hatte die Insel Kassos ein gleiches Loos durch die zu Rhodus gestandene Abtheilung der ägyptischen Flotte getroffen. Die Einwohner von Kassos, seit lange als die verwegensten und gefährlichsten Seeräuber bekannt, wurden grösstentheils getödtet, nur einige Hunderte zu Gefangenen gemacht. Zwanzig Ladungen Schiffbauholz, grosse Vorräthe von Waaren aller Art, 15 ausgerüstete und 40 andere Schiffe waren die Beute. Skarpanthos, Symia, Piskopi und andere Inseln der Nachbarschaft wagten keinen Widerstand. Am 16. Juli lief nun auch die Flotte Ibrahim's aus Alexandrien aus, und vereinigte sich zu Ende des Monates in der Bucht von Marmaritza mit dem Geschwader von Rhodus. Neun Fregatten, 14 Corvetten, 40 Briggs und Goeletten mit mehr als 200 Transporten machten diese Flotte aus, die an 16,000 Mann geregelten Fussvolkes und 2500 Reiter an Bord hatte. Hydra zitterte, denn dahin, hiess es, sollte ihr erster Angriff gerichtet seyn.

So gewitterschwer hing der Himmel über den griechischen Meeren. Günstiger, aber doch drohend, stand es auf dem Lande. Derwisch-Pascha von Widdin hatte von den in Thessalien gesammelten Truppen endlich an 12,000 Mann in das Thal des Sperchius vorgeschoben und brach im Juli über das Oetagebirge auf dem Wege nach Salona vor. Seine Absicht war, am korinthischen Golfe festen Fuss zu fassen, dem Pascha von Negropont, der Athen bedrohte, die Hand zu reichen und Ost- und Westgriechenland zu trennen. Schon hatte er den Khan von Gravia erreicht und senkte sich in das Gebirge ein, durch welches die Strasse nach Salona führt, als er diese mit Bäumen verlegt fand und sich angegriffen sah von Panuriàs, Panajotis Notaràs und Tzavellas, die etwa 1000 Mann hinter Steinschanzen aufgestellt hatten. Die Reiterei wurde den Türken in den Hohlwegen hinderlich; sie fochten im grössten Nachtheil der Stellung und von einer Schaar Griechen, die vom Parnass herunter stieg, unerwartet umgangen, mussten sie bis Gravia sich zurückziehen, über 2000 Leichen, viele Fahnen, Geschütze und vieles Geräthe zurücklassend. In Gravia hielten sie bis gegen Ende September, durch nachgerückte Albanesen verstärkt; dann aber zogen sie ab. Die Griechen verfolgten sie bis in die thessalische Ebene, dann gingen sie wieder nach dem Oetagebirge und nach dem Parnass zurück, und ein bedeutender Theil von ihnen nach der Morea, wie wir weiter sehen werden.

Der Pascha von Negropont, bei Oropo gelagert, hatte Guras zum Gegner und schlug sich mit ihm, nicht zu seinem Vortheile, auf den Höhen von Kapandriti und Marathon im Juli herum, erreichte im August Athen, dessen Bewohner nach Salamis geflohen waren, musste aber im Herbste, da der Seriasker ihn im Stiche gelassen hatte, den Rückzug antreten.

So hatte sich also das Festland auch in diesem Jahre der Feinde erwehrt, denn in Westgriechenland war, einige Streifereien abgerechnet, gar nichts geschehen. Omer-Vrioni hatte sich zwar im August Akarnanien genähert mit etwa 5000 Arnauten. Er lag in den schönen Fluren der einstigen Amphilochischen Argos, während Mavrokordato mit Tzongas, Rangos, Sturnaris, Andreas Iskos, Liaketos und anderen Capitainen die Abhänge des Makrynoros und die Ruinen vom Limera besetzt hielt. In den Türken war kein Ernst zum Angriffe, in den Griechen waren nur eben die

Mittel zur Abwehr. Im Herbste zogen sich daher beide Theile, ohne sich unbequem zu werden, zurück.

Für die europäischen Minister in Constantinopel war die Nachricht von dem Falle Ipsara's keine erwünschte, denn sie fürchteten, dass die Pforte durch diesen Vortheil zuversichtlich gemacht, sich übernähme; es blieb dieselbe aber so wie sie war. Sie bestimmte für die Wallachei die Zahl von 1000 Beschli's und befahl den Rückzug der übrigen. In der Moldau fand die ähnliche Massregel Zögerung, weil der Hospodar Sturdza, um sich bei ihr einzuschmeicheln und den Hass des Landes fürchtend, jede Minderung der türkischen Truppe für gefährlich erklärte. Die Pforte schlug auf diesen Bericht das Mittel vor, dass der Hospodar mit den europäischen Consuln über die Massregeln zur Aufrechthaltung der Ordnung sich beriethe, und versprach, die Minderung anzuempfehlen, sobald diese Massregeln genommen seyn würden. Die Minister gingen in diesen Vorschlag ein und wiesen ihre Consuln darnach an. Unerwartet und unangenehm erschien der Pforte die Ankündigung von Strangford's naher Abreise. Sie forderte den ersten englischen Dolmetsch zur Erklärung auf, »dass er, für seine Person, weit entfernt sei zu glauben, die Abreise Lord Strangford's könne auch nur im geringsten derjenigen Strogonoff's gleichen, und er wisse keine Ursache, die den Lord dazu bestimmt habe. Der Anknüpfung der Verbindung mit Russland stehe ja noch manche Schwierigkeit entgegen. Auch sei die asiatische Frage nicht entschieden und könne nicht auf den Tisch gelegt werden vor Ankommen Ribeaupierre's. Er werde Lord Strangford im Namen der Pforte ersuchen, bis dahin zu bleiben.« Der Lord antwortete: »Er werde der Pforte ein nützlicherer Freund in London als in Constantinopel seyn,« und vermied jede schriftliche Erklärung.

In Petersburg hatte die Nachricht von dem Falle Ipsara's und von den Gefahren, die Samos und Hydra bedrohten, alle Griechenfreunde gegen den Kaiser aufgeboten. Man warf das vergossene Blut auf die Zögerung, die griechische Frage ernstlich anzufassen. Durch

Verhandlungen in Constantinopel sie führen zu lassen, missfiel selbst dem russischen Cabinete, aber es hielt sich nicht für stark genug, sie in Petersburg fest zu halten, als ihm unerwartet hiezu von Canning die Gelegenheit geboten wurde. Dieser erwiederte auf die in der zweiten Sitzung (am 2. Juli) gegebene Erklärung Russlands, dass er seinen Neffen Stratford Canning mit Vollmachten wegen der grossen Frage der Herstellung des Friedens im türkischen Reiche nach Petersburg zu senden beabsichtige. Diese Ankündigung galt dem russischen Cabinete für eine wichtige Annäherung. Es erklärte daher die Sitzungen für vertagt, bis zur Ankunft dieses neuen englischen Botschafters und setzte bei, dass es von seinem Vorschlage, den Ministern der Mächte zu Constantinopel die Berathung über die Wege der Führung der Verhandlungen zu überlassen, zurücktrete, diese in Petersburg erwogen und beschlossen, den genannten Ministern aber nur die Ausführung übertragen werden solle. Der Kaiser ernannte ohne weitere Umfrage Herrn von Minciaky zum Geschäftsträger an der Pforte, liess, der Sitte gemäss, durch einen Ukas vom 25. August, welcher einerseits sagte, dass die Pforte den Forderungen Russlands Genüge gethan habe, andererseits die Hoffnung aussprach, den Jammer des Orients beendigen zu helfen, die Ernennung des Herrn von Ribeaupierre zum ausserordentlichen Gesandten und bevollmächtigten Minister in Constantinopel kund geben und von dessen baldiger Abreise den Divan verständigen. Um dem Unmuthe zu entgehen, den er täglich auf allen Gesichtern las, und um die Entwürfe, wozu ihn die Verhältnisse drängen konnten, zu reifen, ging der Kaiser kurz darauf nach den südlichen Provinzen des Reiches.

Aber die griechische Regierung schöpfte Athem, als sie mit der Nachricht von dem Unglücke von Ipsara zugleich die Versicherung erhielt, dass Miaulis aus Hydra abgesegelt sei und bald darauf dem Volke einen Sieg desselben zu verkünden hatte. Es gelang den Bemühungen Blacquière's, den Beschlag der jonischen Regierung zu umgehen und die 40,000 Pfund endlich, um die Mitte

Juni, an Georg Kunturiotis und an den Vollziehungsrath übergeben zu machen. »Wer Geld hat, hat die Macht in Griechenland,« pflegte Lord Byron zu sagen. Die Macht war also nun entschieden in der Hand der Regierung. Bezahlte sie die Forderungen, die ihr Kolokotronis und Odysseus als Guthaben nachwiesen, so konnte sie diese Häuptlinge für sie sich erklären machen; aber dann wäre sie in der Unmöglichkeit gewesen, eine Abschlagzahlung an die Inseln zu machen, und hätte sich auf's Neue aller Vertheidigungsmittel entblösst. Bezahlte sie dieselben nicht, so drohte das Anleihen den Bürgerkrieg zum Ausbruch zu bringen.

Die Regierung wagte es darauf; sie gab an die Inseln eine bedeutende Summe und behielt den Rest in der Hand. Kolokotronis, Koliopulos, Nikitas, zahllose Capitaine und Primaten waren erwartungsvoll nach Nauplia geeilt, und sahen sich in ihren Erwartungen getäuscht. Odysseus verliess es der erste wieder, und ging im August nach Velitza, wo er die Seinigen sammelte, sich für einen Vertheidiger der Volksrechte gab und laut verkündigte, das Anleihen sei in die Hände von Mördern gefallen, denn er gab der Regierung einen Mordversuch schuld, der zu Nauplia auf ihn gemacht worden war. Am 1. September schrieb er an Stanhope, er werde gedrängt seyn, sich den Türken in die Arme zu werfen, und zog sich bald darauf in seine wohlbefestigte Grotte auf dem Parnass zurück. In Athen hatte er keine Stütze mehr, denn während er zu Nauplia auf Geld oder Ausbruch von Unruhen wartete, war ihm von der Regierung sein erster Capitain, Guras, abwendig gemacht worden, der nun den Herrn in Ostgriechenland spielte.

Bald traten in der Morea die Capitaine und Primaten aller Orten zusammen und es bereitete sich ein Aufstand vor, stärker als je einer in diesem Kriege gewesen war. Selbst Zaimis und Lontos schlugen sich zu Kolokotronis und jeder warb, unter dem Vorwande der Berennung von Patras, Truppen. Im Herbste stand die ganze Halbinsel in Flammen. Die Regierung, die um diese Zeit schon eine zweite Abschlagzahlung aus London, abermals 40,000 Pfund auf dem Wege wusste (sie empfing dieselbe am 10. December durch die Commissäre Bulwer und Brown), setzte Alles daran, einen für immer entscheidenden Schlag zu führen. Eine Wahlversammlung von nur 60 Gliedern bestätigte im October, gegen den Buchstaben des Gesetzes, Kunturiotis, Botasis, Kolettis und Spiliotakis in ihren Aemtern, gab dem Vollziehungsrathe durch Asimakis Photillas aus Kalavryta, der wenige Wochen darauf zu den Rebellen überging, die erforderliche Ergänzung; ernannte zum Präsidenten des berathenden Körpers den alten Primaten Korinths, Panutzos Notaràs, zum Vicepräsidenten aber den Bischof Theodoros von Vrestheni. Nachdem sich die Regierung solchermassen gestaltet hatte, bot sie Papa Flessa mit nahe an 2000 Mann gegen Tripolitza auf, und auf Kolettis Vorschlag griff sie zu dem entscheidenden Mittel, aus den Gebirgen des Festlandes die Krieger herbeizurufen, die dort mit Derwisch- und Omer-Pascha sich geschlagen hatten. An 3000 Mann folgten dem Rufe, und Karaiskakis, Tzavellas, Guras und a. m. stellten sich der Regierung zu Gebot. Dessgleichen thaten aus den Moreoten Jatrakos, Panajotis Notaràs und selbst der Bey der Maina, dessen Sohn Konstantios dafür an Photillas Stelle in den Vollziehungsrath trat. Gegen die Regierung aber erhoben sich fast ganz Arkadien, Elis und Achaja; Kolokotronis sah seine früheren Gegner A. Zaimis, A. Lontos, Georg Sisinis nun an seiner Seite; die meisten moreotischen Primaten schaarten sich um ihn. Vor Tripolitza kam es zuerst zu Feindseligkeiten. Da hatte Kolokotronis den Kummer, seinen wackeren Sohn Panos zu verlieren, und Staikos, einer seiner wackersten Capitaine, fiel in Gefangenschaft. Er eilte den Kriegern des Festlandes entgegen nach Korinth; Guras aber kam ihm zuvor und Korinth sank in Staub. Der Strom der Rumelioten drang weiter, erreichte bei dem alten Phlius die Haufen des Nikitas und Notaropulos, an 800 Mann stark, und brach ihren Widerstand, während Hadschi Christos und Vassos die Anhänger des gleichfalls gegen die Regierung gewaffneten Delijannis aus den Engwegen des Parthenion warfen und das durch Kolokotronis Truppen umlagerte Tripolitza entsetzten. Kolettis, der den Kampf für die Regierung leitete, liess nun die Bezirke von Vostitza, Kalavryta, Gastuni, Kyparissia, Karytäna und Arkadia fast gleichzeitig angreifen. Die Rebellen unterlagen auf allen Puncten; Zaimis, Lontos und Sisinis, die mächtigsten Primaten der Halbinsel, sahen ihre Häuser niedergebrannt und ihren ganzen Besitz verheert. Die beiden ersteren ergriffen die Flucht und warfen sich mit Nikitas in den Schutz des mässigsten ihrer Gegner, Mavrokordato's, der sie nach der jonischen Insel Kalamos zu gehen nöthigte. Die Gebrüder Delijannis und Sisinis wurden gefangen; Kolokotronis endlich lieferte sich selbst der Regierung aus. In vierzig Tagen war alles zu Ende; im December auch der letzte Hirte unterworfen.

Dieser Sieg über die inneren Feinde begleitete die glückliche. Abwehr gegen die äusseren. Der Angriff auf Samos war völlig misslungen. Die Rache an einem geringen Theile der Sieger von Ipsara verübt, hatte die zahlreichen albanesischen Söldlinge auf Samos mit Muth, die Unmöglichkeit anderer Rettung als durch den Widerstand (denn Niemand vertraute in die Zusage des Kapudan-Pascha) die Bewohner mit dem festen Entschlusse der Vertheidigung beseelt; viele Weiber und Kinder wurden nach der Morea geschickt, alle Landungspuncte, so weit die Mittel ausreichten, gesichert; die griechischen Geschwader unter Miaulis und Sachturis kreuzten ohne Unterlass um die wichtige Insel, die weniger durch Angriffskräfte als durch die der Vertheidigung ein anderes Bollwerk Griechenlands war und mehr als einmal die ganze Kraft des Feindes auf sich gezogen, Griechenland gleichsam mit seinem Körper gedeckt hatte. Während Miaulis mit seinem Geschwader einen Flug nach den Gewässern von Halikarnassus gemacht hatte, um die ägyptische Flotte zu beobachten, die von Rhodus sich auf diesem Wege Samos näherte, umschwärmte Sachturis mit 20 Schiffen die Flotte des türkischen Grossadmirals, der am 14. August an der Südspitze der Insel erschien und ein heftiges Feuer gegen die Kanonen eröffnete, welche die See vor diesem Puncte bestrichen. Ein Transport von 4000 Mann auf 40 Transportschiffen setzte um dieselbe Zeit von der asiatischen Küste über und suchte die Nordseite der Insel zu gewinnen. Diesen griff Sachturis mit dem ganzen Vortheile des Windes an, schoss alsogleich ein paar Schiffe in den Grund, nahm ein paar andere, und warf den Rest auf die asiatische Küste zurück. Der Kapudan-Pascha zog sich hierauf hinter Cap St. Maria und versuchte in den folgenden Tagen mehrmals die Ueberfahrt, wurde aber jedesmal von den Brandern der Griechen daran gehindert. Diese Waffe hatte damals den höchsten Grad ihrer Wirkung erreicht. Die schlecht geleiteten, mit Leuten, der See ungewohnt, überfüllten Schiffe der Türken hatten noch das Mittel nicht gefunden, denselben zu widerstehen. Panischer Schreck brach jede Ordnung und lähmte jeden Arm, sobald ein griechisches Fahrzeug über die eigentliche Schusslinie sich näherte. Die leichten Segel, aus Baumwollenzeuge gefertiget, kecke Bemastung und geschickte Führung der griechischen Schiffe gaben denselben auch jedesmal den Vortheil des Windes, und so konnten sie ohne verhältnissmässige Gefahr weit überlegenen Flotten trotzen und Thaten ausführen, die dem Unerfahrenen Wunder schienen. Durch 9 spezziotische Fahrzeuge und 1 ipsariotisches verstärkt, griff Sachturis am 16. und 17. August die Flotte des Grossadmirals im Augenblicke eines abermaligen Versuches der Ueberfahrt an und Kanaris verbrannte in der Enge zwischen Cap St. Maria und der Insel eine Fregatte zu 54, ein spezziotischer Brander eine andere zu 48, und Vatikiotis eine Brigg zu 20 Kanonen, wobei die Türken über 2000 Mann verloren. Nach diesen missglückten Versuchen ging die grossherrliche Flotte nach Budrum unter Segel, um sich dort mit der ägyptischen zu vereinigen, und wurde von beiden Geschwadern der Griechen bis zum 17. September mehrmals angegriffen, wobei zwar diese eine tunesische Fregatte und eine ägyptische Brigg zerstörten, aber auch eine bedeutende Zahl ihrer Brander vergeblich opferten und zwölf Schiffe verloren. Sie konnten nicht hindern, dass der Grossadmiral an diesem Tage abermals die Richtung nach Samos nahm, und zwar von 40 ägyptischen Transporten und einer Abtheilung der ägyptischen Flotte unter persönlichem Befehle Ibrahim-Pascha's begleitet. Aber der Wind warf ihn nach Mykone und am 27. überfiel diese Flotte ein heftiger Sturm in den Gewässern von Andros und zerstreute sie so völlig, dass der Grossadmiral Tags darauf nur mit 6 Fregatten Mytilene erreichte. Der Rest der Flotte kämpfte in den ersten Tagen des Octobers mit der See und mit den bis auf 60 Fahrzeuge angewachsenen griechischen Geschwadern und ging nach geringem Verluste, obwohl stark durch den Sturm beschädigt, gleichfalls bei Mytilene vor Anker. Dort fand der Kapudan-Pascha den Befehl des Sultans, den er sich erbeten hatte und der ihn die gesammte Flotte an Ibrahim zu übergeben und mit den Schiffen, die Ausbesserung nöthig hatten, nach den Dardanellen zu kommen hiess. Er traf dort mit 15 Segeln am 7. October ein. Ibrahim versuchte an demselben Tage durch den Canal von Chios zu segeln, wurde aber von Miaulis zum Rückzuge genöthiget, wobei er eine Brigg und eine tunesische Corvette verlor. Die Griechen hatten abermals mehrere Brander vergeblich geopfert; es ergab sich auch, dass ägyptische Schiffe sich deren erwehrten, selbst als sie bereits durch das Feuer ergriffen waren und einen der Brander in den Grund bohrten. Diess waren die ersten Ereignisse, durch welche diese mächtige Waffe der Griechen von ihrer Schrecklichkeit zu verlieren begann. Am 19. October ging Ibrahim-Pascha abermals unter Segel, und es setzte sich kein griechisches Schiff seiner Fahrt nach Budrum entgegen. Er lag dort bis Anfang November mit zwei Fregatten zu 60, acht zu 44, dreizehn Corvetten, 30 Briggs und Goeletten und 200 Transporten, meist Kauffahrer europäischer Flaggen. Die Landtruppen lagerten am Gestade. Die auf Hafenwache kreuzenden Schiffe führten jedes zwei mit Haken versehene Boote neben sich her und spotteten in dieser Verfassung der Brander. Die Griechen hatten in der letzten Epoche des Feldzuges zwei Drittheile derselben vergeblich verwendet. Die Unzulänglichkeit dieser Waffe that sich noch klarer hervor, als die Aegypter am 8. November wieder von Budrum ausliefen. Obwohl von mehr als vierzig griechischen Fahrzeugen umschwärmt und von Brandern angegriffen, erschienen sie ohne Verlust am 10. auf der Höhe von Kandia. Am 14. führte selbst die Gunst eines Sturmes, der die Flotte aus einander warf, den Griechen nur wenige Transportschiffe in die Hände. Die Kriegsschiffe der Aegypter gelangten in den Hafen von Spinalonga und gingen zum Theile nach Marmaritza zurück, von wo sie am 5. December Suda erreichten, und zwar ohne Hinderniss, denn die griechischen Schiffe hatten sie aufgegeben und waren alle nach Hause gegangen. Am Gestade von Suda bezogen die ägyptischen Truppen ein Winterlager. Sechzehn ihrer Kriegsschiffe warfen Vorräthe nach Koron und Modon und Ibrahim eilte nach der Küste von Asien zurück, um neue Truppen zu holen.

Es war der Feldzug in diesem Jahre nur in so ferne zu Gunsten der Griechen, als sie nicht in der Morea selbst angegriffen worden waren, und sich des Feindes auch im Festlande erwehrt hatten. Aber keinen der von dem Feinde besetzten festen Puncte in der Halbinsel und im Festlande hatten sie genommen, dagegen war ihre Stärke zur See durch den Fall von Ipsara und durch den Nachtheil, in welchem sie gegenüber den Aegyptern standen, tief erschüttert. Der Angriff auf die Halbinsel war als nahe vorauszusehen.

Ganz Griechenland zitterte von dem schweren Schlage, den es durch den Bürgerkrieg erfahren. Die 80,000 Pfund Sterling des Anleihens waren noch vor Jahresende so gut als verbraucht und man begreift es, wenn man bedenkt, dass jedes Fahrzeug der Regierung im Durchschnitte monatlich 1000 Thaler, jeder Brander zwischen sechs- bis achttausend für Anschaffung und Ausrüstung kostete, und dass sie dem Manne im Felde, der vor der Ankunft des Anleihens mit zwanzig Piaster oder wenig mehr an monatlichem Solde zufrieden war, nun fünfzig bezahlen musste und für mehr als 30,000 Mann Sold gefordert wurde.

Wenn man erwägt, dass ohne den starren Hinblick auf das Anleihen, die zu Hydra seit März bereit liegenden Schiffe wahrscheinlich in die See gegangen wären und das Bollwerk Ipsara gerettet hätten; wenn man den Gräueln des Bürgerkrieges nachblickt, den eben diess Anleihen hervorrief, so ist es verzeihlich zu fragen: ob nicht diese Geldhülfe Griechenland mehr Elend als Vortheil gebracht habe?

Das Anleihen schlug wie mit einem Zauberschlage die eben erst keimende Vaterlandsliebe und die Tugend nieder, welche bei allen Völkern zu gewissen Zeiten Unerwartetes und Grosses hervorgebracht hat, und überall den Unterbau für Macht langer Dauer und manchmal grosser Verbreitung bildet. Von dem Augenblicke, als das englische Anleihen in Griechenland eintraf, regte sich die Mehrzahl nur mehr für Geld, baares oder versprochenes; man verkaufte seinen Dienst. Aber es ist eben so wahr, dass ohne das englische Anleihen die gemässigte Partei, die allein einen Mittelpunct für ganz Griechenland aufstellen konnte, nicht den Sieg über die Anarchie errungen hätte und das Walten dieser letzteren das Land so völlig zu Grunde gerichtet haben würde, dass es keines Widerstandes mehr fähig und nicht im Stande gewesen sein würde, das Interesse der Cabinete bis zur Einmischung zu steigern. Das Scheinbild einer Regierung, so hohl es war, genügte für Europa, um die Leidenschaft für die Griechen unter den Völkern aufrecht zu halten und den Cabineten einen Punct zu geben, an den sie mit Anstand ihre Entwürfe lehnen konnten. Die eigenen Mittel des Landes würden überhaupt zur Vertheidigung nicht ausgereicht haben, denn der Boden lag wüste und ohne Seeraub und Zufuhr aus dem schwarzen Meere musste die Hungersnoth allgemein werden. Niemand war seines Wohnsitzes, vielweniger der Ernte sicher; Niemand wollte das Feld bebauen. Was nicht Krieger war, irrte von Berg zu Berg; Noth, Hunger und Seuchen rieben die Bevölkerung nach einem schauderhaften Massstabe auf. Von baarem Gelde, das sich in den Händen der Einzelnen befunden hatte, war durch den dreijährigen Krieg schon ein beträchtlicher Theil aufgezehrt. Die Schiffe selbst waren um so viel älter geworden, viele derselben zu Grunde gegangen; wenige wurden nach gebaut, und der Handel, die Quelle des Reichthums, war aufgegeben. Wie eine Lampe aus Mangel an Oehl ausgeht, so musste Griechenland, ohne diese Geldhülfe von aussen, sich in ein paar Jahren verzehren und dann eine leichte Beute der Türken werden. Nicht minder gross war die moralische Wirkung des Anleihens gerade in der gefährlichen Lage, in der man sich befand. Es galt den Führern des Volkes für eine halbe Anerkennung, dem Volke selbst für eine ganze.

Nach ihrem Siege war die Regierung bestrebt, sich möglichst zu befestigen. — Sie setzte Kolokotronis und Sisinis in ein Kloster auf Hydra und ging damit um, sich ein für allemal des ersteren durch gerichtlichen Todesspruch zu entledigen. Aber die Gemässigten drangen gegen die Heftigen durch. Kolokotronis wurde in seinem Gefängnisse erhalten. Unter den Anhängern Mavrokordato's, die sich vorzugsweise für die Gemässigten gaben, trat um diese Zeit lauter die Eifersucht gegen Kolettis auf, der Patras belagern, sich dann in das Festland werfen wollte, und es bis an das macedonische Gebirge hin vom Feinde zu reinigen versprach. Streit um die künftige Macht wurde sichtbar. Man empfindelte für Kolokotronis, den niedergeworfenen Dictator, wie man ihn nannte, und sprach von dem gefährlicheren, der heranwachse. Kolettis schien sich wenig darum zu kümmern. Er freute sich, die Regierung stärker zu wissen als zur Zeit, da er sie überkommen hatte. Sie war geachteter und achtbarer, als irgend eine der vorhergegangenen, fand Gehorsam im Lande und unter den Truppen, und hatte das Selbstgefühl, das zum Leben gehört.

So ungenügend dem Divan auch die Ergebnisse der diessjährigen Anstrengungen zur See schienen, und so sehr sich die Gegner des Grossadmirals bemühten, ihn zum Falle zu bringen, der Sultan hielt diesen ihm angenehmen und wichtigen Mann hoch über dem Strome der ungerechten und gerechten Klagen empor. Dagegen waren schon im September, nach einem Tumulte der Dschebedschi (der Waffenschmiede) sowohl das Haupt dieser Truppe, als auch der Aga der Janitscharen, und endlich der Grossvezir Galib-Pascha abgesetzt worden, und zwar der Letztere, wie das grossherrliche Hatti-Scherif vom 16. September *) sagte: »weil er, ein Mann aus der Gelehrtenzunft, zu sehr auf seine Geschicklichkeit und Gewandtheit gerechnet; einen zu grossen Theil seiner Zeit auf Kleinliches in den Geschäften, das er seinen Untergeordneten hätte überlassen sollen, verwendet und sein Ansehen nicht hinlänglich aufrecht zu halten verstanden habe.« An Galib's Stelle wurde Mechmed-Selim, Pascha von Silistria, berufen, der Mann, der die hohe Hand in den Fürstenthümern gehabt hatte, und mit seinen Ansichten der Räumung derselben entgegen stand.

Einen Minister von ganz anderem Charakter als Galib-Pascha verlor die Pforte um dieselbe Zeit durch den Tod Dschanib-Efendi's, durch lange Jahre der herrschende Geist im Rathe, ein Mann von eisernem Sinne und unerschütterlicher Anhänglichkeit an die alten Grundsätze, Regeln und Formen. Die Strenge seiner Sitten, seine unbestechliche Rechtlichkeit, sein Verstand nöthigten Einheimischen und Fremden Achtung ab; aber er war beiden unbequem geworden, denn die Verhältnisse, unter denen er lebte, und die seinen Geist nicht unterjochten wenn auch vereinsamten, schienen seinen Gefährten im Rathe hauptsächlich Geschmeidigkeit zu verlangen, den Fremden aber war nur mit Nachgeben gedient. Dem Sultan selbst war der Greis unangenehm geworden, in welchem er einen nicht zu überwindenden Gegner der Neuerungen wusste, mit denen er umging. Männer, wie Dschanib-Efendi sind spät getriebene Sprösslinge aus den Wurzeln des bereits in seinem Hauptstamme hohl gewordenen und bis in seine letzten Aeste alterkranken Baumes. Die durch seinen Tod erledigte Stelle des Nischandschi (Staatssecretair für den Namenszug des Sultans) kam an Hadschi-Said-Efendi.

Seit 7. Juni war Graf Guilleminot in Constantinopel angelangt und hatte am 21. September seine Antrittsaudienz bei dem

*) Siehe Beilage V. 10.

Sultan. Schon einige Tage früher waren die zahlreichen und kostbaren Geschenke an Waffen, reichen Stoffen, Krystall- und Porzellangefässen, Uhren und anderen Producten der französischen Industrie in das Serail gebracht worden und dienten dem Stolze des Volkes zur Nahrung. Auch von Seite Schwedens war ein Gesandter an der hohen Pforte angelangt, Graf Löwenhielm, ein junger Mann, der damit anfing, Empfindlichkeit darüber zu zeigen, weil der Reis-Efendi dem Lord Strangford eine Zusammenkunft gewährte, die von ihm verlangte aber hinausschob. Er zog sich auf seine Klage die Antwort zu: »habe sein Besuch Geschäften gelten sollen, so bitte ihn der Reis-Efendi zu erwägen, dass ein fremder Gesandte nicht beginne, bevor er nicht seine Beglaubigungsschreiben übergeben habe; sei aber der Besuch nur ein freundschaftlicher, so bitte er ihn um die Rücksicht, ihm zu erlauben, dass er denselben den Geschäften nachsetze.« Graf Löwenhielm, nach dieser Zurechtweisung, bequemte sich in den Weg der herkömmlichen Ordnung und begehrte die zur Uebergabe der Beglaubigungsschreiben bestimmte Aufwartung beim Grossvezier.

Am 2. September war endlich auch Herr Turner angekommen, der die Geschäfte der englischen Botschaft einstweilen übernehmen sollte und Lord Strangford die Abreise frei machte. Mit Unruhe sah dieser den Entscheidungen aus Petersburg entgegen. Endlich brachte ihm ein Eilbote Bagot's am 10. September das lobende Schreiben Alexanders, die Abschrift desjenigen, womit Oszarowsky an den König von England gegangen war, den Ukas der Ernennung Ribeaupierre's, so wie ein Schreiben Nesselrode's desshalb an den Reis-Efendi *), die Ernennung Mincinky's zum Geschäftsträger, endlich eine Depesche Nesselrode's an ihn, worin, obgleich in einem etwas trockenen Tone, die Leistungen Strangford's gepriesen wurden, und nur in Betreff der Schifffahrtsfrage der Vorbehalt ausgesprochen war, dass Russ-

*) Siehe Beilage V. 11. 12.

land das Verbot der Simulation der Flaggen nur in dem Verhältnisse in Ausführung bringen könne, als die Pforte, zufolge ihres Versprechens, den fremden Flaggen die freie Fahrt in's schwarze Meer zulasse. Der Zwist zwischen Russland und der Pforte war sonach dem Scheine nach völlig gehoben, nur der asiatischen Frage war mit keinem Worte gedacht, und das Schweigen darüber der Pforte von schlimmer Vorbedeutung. Sie sah in der Weigerung Lord Strangfords sich über diesen Punct auszusprechen, eine Bestätigung ihrer Besorgnisse, blieb fest in ihrer Meinung, dass Russland ihren Untergang im Herzen trage und traute den Mächten des Festlandes nicht, am wenigsten aber England, dessen Gold nach ihrer Meinung den Angriff auf Samos scheitern gemacht hatte, eine Meinung, in so ferne richtig, als ohne das zeitgemässe Eintreffen des englischen Anleihens die hydriotischen und spezziotischen Schiffe nicht in genügender Zahl dieser Insel beigesprungen wären. Die Goldstücke mit dem Brustbilde Georg IV. nach Constantinopel aus Griechenland gebracht, wirkten dort als ein thatsächlicher Beweis. Die Pforte hatte auch in dem Kriege Englands gegen Algier nur die Absicht dieser Macht sehen wollen, die Beiwirkung Algiers zur Unterjochung der Griechen zu hindern. Uebrigens war der Friede dort schon am 26. Juli geschlossen worden und zwar nach den Wünschen des Dey, denn wenn im Vertrage auch gesagt wurde, dass die englische Flagge auf dem Consulargebäude in der Stadt gehisst werden solle, so gab England in einem geheimen Artikel zu, auf dieser Bedingung nicht bestehen zu wollen, und versprach in einem anderen, den Consul Macdonall seine Kanzlei nicht eröffnen zu lassen.

Auch die Abreise Lord Strangfords schien der Pforte als ein feindliches Zeichen. Er schiffte sich am 11. October ein, nachzem er zuvor von dem Sultan mit einer Dose im Werthe von 1000 Pfund Sterling beschenkt worden war. Die Pforte nahm die Miene an, als betrachte sie seine Abreise als einen Urlaub. Strangford selbst scheint sich auf diese Weise ausgesprochen zu haben, denn als Turner seine feierliche Audienz verlangte, verweigerte sie die Pforte, obgleich er ihr die Beglaubigungsschreiben von Seite seines Königes vorlegte, mit der Aeusserung: »Strangford habe ihr schriftlich erklärt, er gehe nur auf wenige Monate; sie könne also nicht zwei Vertreter Englands anerkennen, oder sie ersuche ihn, die Erklärung Strangford's zurück zu nehmen.« Turner scheute sich diess zu thun, und so war seine Stellung vom Beginne schon eine falsche. Lord Strangford aber ging mit düsterer Laune von Constantinopel weg, wo gerade am Ende seines Wirkens die Meinung die allgemeine war, dass er die Pforte, Russland und alle Welt getäuscht hatte. Der Reis-Efendi pflegte von ihm zu behaupten, dass der Lord die Gewohnheit verloren habe, die Wahrheit zu sagen. Er war am 14. November in Wien, wo er bis zum 1. December blieb. Man muss von ihm sagen, dass er nie eine eigene Idee gehabt habe; er fasste die Ideen des Fürsten Metternich auf, und so lange er sie auszuspinnen im Stande war, glänzte er, dann aber verliess ihn die Kraft und er erlosch. In seiner Weise lag seine Eigenthümlichkeit. Er machte Politik, wie Freibeuter den Krieg machen, vom Tag in den Tag, ohne vorwärts noch rückwärts zu schauen. Diese Weise, wenn sie grosse Kühnheit und wirkliches Talent zur Grundlage hat, kann ohne Zweifel grosse Wirkungen hervorbringen, aber sie bricht zuletzt den, der sie anwendet. Wahr sprach der österreichische Staatskanzler, der sich seiner so lange bedient hatte, in einer Depesche vom 4. December an den Internuntius: »Abermals ein merkwürdiges Beispiel, dass die schönsten Talente weder zum Glücke noch zum wahren Ruhme führen, wenn sie nicht ein redliches Herz zum Gefährten haben und grosse Schwächen des Charakters sie lähmen und verdunkeln.«

Die Pforte, durch die französischen Tagblätter schon seit langem mit der Denkschrift vom 9. Jänner bekannt und in dem Ukas der Ernennung Ribeaupierre's gleichsam die neue Ausforderung vor Augen, beklagte ihr Zugeständniss der Räumung der Fürstenthümer und jemehr die Minister der Mächte drängten, desto weniger fühlte sie sich berufen, damit zu eilen. Graf Guilleminot, bestrebt, den vordersten Platz einzunehmen, suchte ihr vorzustellen, wie unerlässlich es für sie wäre, das Versprechen erfüllt zu haben, bevor Kaiser Alexander aus den südlichen Provinzen, wahrscheinlich voll schwerer Klagen gegen sie, in seine Hauptstadt zurückkehrte. Sie aber antwortete: »erst müsste sie die Fürstenthümer, wo es von gefährlichen Fremden wimmle, reinigen.« Der Internuntius erhielt keine andere Antwort und gegen den englischen Dollmetsch, kurz vor der Abreise Strangfords, äusserte der Reis-Efendi mit Unwillen: »er erwarte nicht mehr, über einen Gegenstand zur Rede gestellt zu werden, über den Alles gesagt sei.« Gegen den österreichischen ersten Dollmetsch, Karl v. Testa, einen persönlichen Freund des Reis-Efendi, erklärte sich dieser in ganz vertrauter Unterredung schon am 24. September *) auf eine Weise, die offenbar seinen ganzen Gedanken enthüllte.« Sie sprechen uns von Herrn v. Minciaky, von Herrn v. Ribeaupierre. Glauben Sie denn, dass wir so sehr nach diesen Herren verlangen? Gewiss, wir wünschen sehnsüchtig die Ausgleichung mit Russland, aber haben Sie das Herz, mir zu sagen, dass, wenn wir den letzten Mann aus den Fürstenthümern ziehen und Herrn v. Ribeaupierre endlich hier haben, die Ausgleichung damit gefördert, Russland zufrieden gestellt sei? Wir wissen leider zu viel über seine weiteren Pläne. Unter dem Vorwande von Menschlichkeit und Religion will es an den Sturz des Reiches. Es kann die übrigen Mächte nicht geradezu zur Theilung der europäsichen Türkei bereden, also sucht es den Umweg zu diesem Ziele, indem es sie zu Helfershelfern der Rebellen zu machen bemüht ist.«

Aber in einem ernsteren Tone hatte er sich schon am 12. September gegen Lord Strangford ausgesprochen **), da sich dieser Mühe gab, den Eindruck zu mindern, den die Denkschrift vom

*) Siehe Beilage V. 13.
**) Siehe Beilage V. 14. a. b.

9. Jänner auf die Pforte gemacht hatte, und desshalb die Treue der ihr zugekommenen Abschrift in Zweifel zog. »Nicht um über einen Gegenstand zu reden, über den die Pforte nie reden wird, sondern um Ihnen ein für allemal unseren Entschluss bekannt zu geben, frage ich Sie,« sagte er, »wie könnten wir dulden, dass die christlichen Mächte, ohne andere Berechtigung als ihre vereinte Stärke, die Zerstückelung eines Reiches vorbereiten und kundgeben, welches sich fortwährend zur Regel gemacht hat, mit allen in Frieden zu leben und keine zu beleidigen? In welchem Vertrage steht es geschrieben, dass die europäischen Souveraine das Recht haben, nach ihrem Gutdünken in der Türkei die Herren zu spielen, weil es christlichen Unterthanen der Pforte gefallen hat, sich zu empören? Wodurch wollen sie diese Anmassung rechtfertigen? Etwa dadurch, dass unsere Waffen die Rebellion nicht unterdrückt haben? Aber an wem die Schuld? Haben wir nur die Griechen zu bekämpfen, oder neben diesem offenen Feinde nicht auch die geheimen noch, die uns zwar Freundschaftsworte, den Rebellen aber Waffen, Geld, Rath, Hülfe aller Art geben? Forderten wir fremde Hülfe, dann würde die eine oder die andere Macht vielleicht das Recht haben, sich dagegen zu setzen; aber wir fordern nichts als Achtung für unsere Unabhängigkeit. Wir mischen uns in keines Anderen Geschäfte und sind entschlossen, nicht zu dulden, dass man sich in die unseren mische.«

Indessen, Minciaky sah dem Augenblicke mit Verlangen entgegen, seine Vollmachten zu übergeben. Er sprang über die Zahl der Beschli's in der Moldau weg, welche die Pforte selbst auf 1000 angab, und zufrieden gestellt durch eine Mittheilung des Hospodars, dass deren in der Wirklichkeit nur 670, also nur 170 über den alten Friedensstand wären, wollte er, nach dem Rathe aller seiner Collegen, zur Uebergabe der Beglaubigung schreiten, als in der Stunde der Abfahrt Strangfords, ein Bericht des russischen Generalconsuls der Moldau, Pisany, der sich zu Kisseneff aufhielt, ihm neue Zögerung aufzwang. Der Commandant von Jassy sollte nämlich den Kir-Serdar (Vorstand der Polizei) dort haben hinrichten lassen, weil dieser ihm einen Mann seiner Wache getödtet hatte. Diess aber wäre ein offener Eingriff in die Vorrechte des Hospodars gewesen. Erst im Laufe des Novembers erhob sich die Unwahrheit dieses Berichtes. Der Hingerichtete war ein Renegat, der wegen schlechter Streiche schon mehrmals zu Strafarbeit verdammt worden war. Seine Hinrichtung hatte auch gar keine Aufmerksamkeit erregt: am wenigsten aber die Besorgnisse verbreitet, die Pisany geschildert hatte. Einstweilen drangen die Minister abermals auf Vollzug der Räumung. Die Pforte wusste wohl, welche neue Angriffe ihr bevorstanden, aber sie fürchtete doch den russischen Krieg im Gefühle ihrer Verlassenheit noch mehr. Diesen Krieg aber legte der Internuntius am 25. October *) in die Wagschale gegen die völlige Räumung, und liess sie gerne in dem Umstande, dass Minciaky wegen des ihr so unbedeutend scheinenden Vorfalles von Jassy die Uebergabe seiner Beglaubigungsschreiben verzögert hatte, den Wunsch Russlands zum Bruche sehen. Sie hatte sich endlich auch mehr und mehr daran gewöhnt, dem Einschreiten der Mächte in die griechische Sache in's Auge zu schauen, und sah darin weniger Gefahr, als sie anfänglich dachte. Sie urtheilte nämlich, dass die Mächte, welche auf so vielen Feldern die Revolution bekämpft hatten, sie nicht mit gewaffneter Hand in Griechenland halten würden, also ihr die Möglichkeit bleibe, den Aufstand während der Verhandlung niederzuschlagen, und dass sie, fest entschlossen, diess Einschreiten nicht zuzugeben, im äussersten Falle denn doch nichts Schlimmeres treffen könne, als womit sie dermalen bedroht war, nämlich der Krieg mit Russland. Am 29. October sandte sie wirklich an den Basch-Beschli-Aga der Moldau den bestimmten Befehl der Räumung, die am 20. November begann. Zu Ende des Jahres war ausser den 500 Beschli's kein türkischer Soldat in den Fürstenthümern. Am 11. November übergab Minciaky seine

---

*) Siehe Beilage V. 15.

Vollmacht. Fast um dieselbe Zeit überredete Graf Guilleminot den englischen Geschäftsträger Turner zu einer im rauhen Tone abgefassten Note an die Pforte wegen eines laufenden Geschäftes und verdarb ihn so ganz und gar in der Meinung der Pforte. Der französische Botschafter glaubte um diese Zeit einen abgesonderten Gang gehen zu können und vernachlässigte die Minister von Oesterreich und Preussen. Diese verriethen keine Empfindlichkeit dessbalb, denn sie kannten seine Weisungen; die ihrigen aber lagen in folgenden Worten des Fürsten Metternich an den Internuntius, die dem Anlangen Guilleminots in Constantinopel vorausgingen: »Ich bin zufrieden mit den Weisungen, die Guilleminot erhalten wird. Halten Sie an ihn. Russland hat die unveränderliche Neigung, sich an Frankreich zu schliessen. Also kann Guilleminot wichtig werden.«

Fürst Metternich liess der Pforte für die Räumung der Fürstenthümer danken und warf Körner des Trostes in einigen allgemeinen Worten über die griechische Frage vor sich hin, die sie gerne auffasste. Ihr Vertrauen in das Wiener Cabinet stieg dadurch. Dieses aber wusste, dass nun eine Epoche des Wartens eingetreten war, in der man der Pforte ihre Mittel sammeln lassen und ihr Ruhe gewähren musste. Das Feld war nun, wenn auch vorübergehend, Petersburg, oder besser gesagt, es theilte sich zwischen London und Petersburg.

Von den fünf Mächten hatte, ausser Oesterreich, kaum eine einen klaren Begriff von dem was sie wollte, oder was aus ihren Handlungen hervorgehen würde. Russland wollte die Einmischung, aber es fühlte wohl selbst, dass auf dem von ihm vorgeschlagenen Wege die gewünschte Lösung nicht herbeigeführt werden konnte; dass das Vorbild der Fürstenthümer weder für die Griechen ein lockendes, noch für die Pforte ein annehmbares, noch ein an und für sich passendes war, da es in den Fürstenthümern keine türkischen Bewohner gab und die Türken in den griechischen Ländern eben so wenig einer christlichen Regierung sich unterwerfen würden, als zwei Regierungen in einem und demselben Lande möglich waren. Eben weil es auf einem Wege, auf dem nichts zu erreichen war, erreichen wollte, war es nicht klar. Oesterreich dagegen nahm eben desshalb diesen Weg gerne an, weil es wusste dass er zu nichts führte, und am Ende aller Bestrebungen von zwei Ergebnissen eins kommen musste: entweder dass die Pforte die Griechen überwand, oder dass die Griechen sich die Unabhängigkeit erkämpften; diese beiden aber waren allein wirkliche Lösungen. Der ganze Gedanke des Fürsten Metternich über die Einmischung lag in folgenden Worten, an den Internuntius schon am 3. October geschrieben: »Mir gilt es für ausgemacht, dass die Frage der Einmischung der Zahl derjenigen Fragen angehört, die ihrer Natur nach nicht zu lösen sind. Könnte man ihr ausweichen, desto besser. Da man es aber nicht kann, so muss man ihre Grundlagen, ihren Ausgangspunct und ihren Gang so regeln, dass die Bemühungen zum Beweise ihrer Unlösbarkeit auf diesem Wege führen. Das ist mein ganzes Geheimniss. Es wird Ihnen erklären, warum ich mich überhaupt in die Sache mische. Die Türken wollen nicht; die Griechen wollen eben so wenig; das genügt mir, um vorwärts zu gehen.«

Dass die Griechen nicht wollten, kam bald zu Tage. Kaum hatten sie Kenntniss von dem russischen Entwurfe erhalten, so trat das Blatt der Regierung, die Hydraer Zeitung vom 25. Juli (6. August) gegen denselben auf und Rhodius, der Staatssecretär für das Aeussere, in einem Schreiben vom 12. August an den englischen Staatssecretär Canning, verwahrte sich auf das Feierlichste gegen jede Berücksichtigung des russischen Vorschlages durch die Mächte. Er sprach Englands Hülfe nach dem Vorbilde dessen, was es für die spanischen Niederlassungen in Amerika gethan habe, an.

Dieser Schritt der Griechen machte Canning den Gang beschleunigen. Er sah die Zeit gekommen, sich voran zu stellen, verzögerte desshalb die bereits angekündigte Absendung Stratford Cannings als englischen Bevollmächtigten nach Petersburg und folglich die Besprechungen selbst, die dort auf Russlands Einladung stattfinden sollten und zu denen er eingewilliget hatte. Er beschloss, einen Vorschlag dem russischen entgegen zu stellen und die Cabinete dafür zu bearbeiten. Eben desshalb sollte Stratford Canning erst nach Wien gehen. Fürst Metternich suchte die Trennung zwischen London und Petersburg zu erweitern, indem er da sowohl als in Constantinopel auf die Absicht Cannings deutete, sich durch die Aeusserungen einer revolutionären Regierung leiten zu lassen.

Die Hinneigung Cannings zu den Griechen that sich in den unmittelbaren Berührungen mit ihnen und namentlich in einer Frage hervor, die späterhin eine dem europäischen Handel und selbst den Griechen verderbliche Wichtigkeit erhielt. Die Regierung von Nauplia hatte am 27. Mai ihre Ansicht über das Seerecht derjenigen der europäischen Mächte entgegen zu stellen versucht; sie erliess nämlich die Erklärung, dass sie den Satz nicht anerkenne, dass die Flagge die Waaren decke, und feindliches Gut auf neutralen Schiffen wegnehmen, ja solche Schiffe, die feindliche Truppen oder Kriegsmittel an Bord haben, in Grund bohren werde. Die jonische Regierung setzte sich gegen dieselbe *) und der Lord-Obercommissär, Sir Frederic Adams, durch die Flotte des Admiral Neale unterstützt, begab sich in den ersten Tagen des September selbst nach Nauplia, um den Widerruf dieser Erklärung zu verlangen. Sobald die griechische Regierung von seiner Absicht Kenntniss erhielt, erliess sie am 27. August einen zweiten Beschluss, welcher den früheren vom 27. Mai für alle neutralen Fahrzeuge, die nicht türkische Truppen an Bord führten, was auch übrigens ihre Ladung seyn möchte, aufgehoben erklärte. Diesen theilweisen Widerruf hielten sie Admiral Neale, als er vor Nauplia erschien, zum Beweise entgegen, dass dem Verlangen der jonischen Regierung bereits Genüge geleistet sei. Der Admiral aber erklärte, dass nur ein unbedingter Widerruf als genugthuend betrachtet werden könne, und in wenigen Stunden nach dieser bestimmten Erklärung gab die griechische Regierung durch Beschluss vom 3. (15.) September diesen Widerruf.

---

*) Siehe Beilage V. 16.

In Folge aus London erhaltener Weisungen musste aber die jonische Regierung am 19. November den griechischen Blocus von Lepanto und Patras anerkennen und patentirten griechischen Kriegsschiffen das Recht zugestehen, neutrale Schiffe zu untersuchen und auf denselben nicht nur Kriegscontrebande, sondern überhaupt feindliches Gut wegzunehmen. Nicht genug, dass diese Zugaben dem Seeraube Thüren und Thore öffneten, die Nachsicht gegen die Seeräuber selbst verlockte die Griechen auf diess unglückliche Feld. Die am 17. September von dem Criminalgerichte zu Corfu zu mehrjähriger Gefängnissstrafe wegen Seeräuberei verurtheilte Mannschaft eines griechischen Mystiks wurde am 17. November, zufolge Befehl von London, freigegeben und sammt dem Fahrzeuge nach Mesolongi begleitet. Drei andere griechische Raubschiffe, die durch die englische Kriegsmarine nach Corfu aufgebracht worden waren, mussten ebenfalls freigegeben und den Griechen zugeführt werden. Das eine dieser Raubschiffe, die Goelette Polyxene, hatte einen österreichischen Kauffahrer geplündert. Vergeblich machte der österreichische Generalconsul Gegenvorstellungen; der Lord-Obercommissär wies zur Antwort auf seine Befehle aus London.

Aber Canning ging weiter. Er beantwortete, obwohl spät (1. December), die Zuschrift des griechischen Staatssecretärs. Die Thatsache der Antwort war an und für sich schon ein in seinen Folgen unberechenbares Zugeständniss. Es galt den Griechen abermals als eine Anerkennung ihres politischen Bestehens; es wirkte wenigstens so, und der Inhalt bestärkte diese Wirkung. Der englische Staatssecretär gestand darin die Aechtheit des den Griechen bekannt gewordenen Vorschlages des russischen Hofes nicht zu, wohl aber die Absicht desselben, im Vereine mit den verbündeten Mächten der Pforte sowohl als der einstweiligen Regierung Griechenlands einen Waffenstillstand vorzuschlagen, und zwar um für eine freundschaftliche Dazwischenkunft Zeit zu gewinnen, welcher, wenn vorgebracht in rechter Zeit, England seine Theilnahme nicht versagen werde. Er theilte ihm weiter mit, »dass die russische Denkschrift im Divan denselben Eindruck hervorgerufen habe, und nahm als ausgemacht an, dass die Griechen sich auf keinen Vergleich einlassen würden, der nicht die Unabhängigkeit zur Grundlage hätte, so wie dass der Divan jeden verwerfen würde, der nicht die Aufrechthaltung der Herrschaft über Griechenland bewahrte. Bei so schroff entgegenstehenden Verlangen sei keine Vermittelung wahrscheinlich. Wenn aber Russland, bevor es von der Natur und Hartnäckigkeit dieser Verlangen genaue Kenntniss gehabt habe, die Vermittlung vorgeschlagen, so würde man weder ihm noch irgend einer der dazu gestimmten Mächte darüber einen Vorwurf machen dürfen. Die sogenannte russische Denkschrift enthalte allerdings die Elemente zu einem Vergleiche, doch seien sie wahrscheinlicher Weise noch nicht in eine Form gebracht, in welcher sie den kriegführenden Theilen vorgelegt werden könnten. Eine Vermittlung würde sich übrigens eben nur damit beschäftigen können die Extreme zu vermitteln, also einerseits die Oberherrschaft der Türken, andererseits die Unabhängigkeit der Griechen beschränken. Jeder der beiden Theile könnte ohne Zweifel einem solchen Vergleiche seine Zustimmung versagen; aber seit man wisse, dass keiner von beiden von einem derlei Vergleiche hören wolle, sei auch keine Wahrscheinlichkeit für die Vermittelung überhaupt da.«

»Was das Ansuchen um Englands Hülfe und das Beispiel der spanischen Colonien betreffe, so habe Grossbritannien in dem Kampfe dieser Colonien mit dem Mutterlande eine strenge Neutralität beobachtet, und diese beobachte es auch in dem Kampfe, der dermalen Griechenland verheere. Die Rechte der Griechen als Kriegführende seien streng geachtet worden, und wenn England erst vor Kurzem dem Missbrauche dieser Rechte habe Schranken setzen müssen, so hoffte es dazu nicht ein zweites Mal genöthiget zu werden.«

Schliesslich gab Canning der griechischen Regierung das Versprechen, dass Grossbritannien an keinem Vergleiche, der ihrem Willen entgegen stehe, mitarbeiten werde, dass es aber, wenn früher oder später Griechenland seine Vermittelung ansprechen sollte, der Pforte den entsprechenden Antrag machen und im Falle der Annahme nichts versäumen werde um, im Vereine mit anderen Mächten, die Sache zum gewünschten Ziele zu führen« *).

Diess Schreiben verwarf deutlich die Idee eines unabhängigen Griechenlands und verrieth im englischen Cabinete eine Absicht, derjenigen des russischen gleich, nämlich eine Gestaltung der griechischen Länder unter fremdem Einfluss und für denselben. Was die Russen in Bezug auf Servien und die Fürstenthümer der Pforte abgerungen hatten, ähnliches konnte England in griechischen Ländern und Inseln der Pforte abringen, und dem auf türkischem Gebiete berechtigten Einflusse Russlands auf eben diesem Gebiete den berechtigten Einfluss Englands entgegen stellen. Die Wirkung dieses Schreibens auf die Griechen war aber eine ganz andere, als die natürlicher Weise zu erwartende. Von dem Zeitpuncte seiner Ankunft in Griechenland schreibt sich da der Glauben an die Möglichkeit, die Unabhängigkeit zu erreichen her, von der bis dahin zwar alle sprachen, aber an die Niemand glaubte. Die Griechen sahen sich darin zum ersten Male und zwar von der ersten Seemacht, von ihrer Nachbarin überdiess, mit der Pforte, die bis jetzt ihre Herrin war, auf eine und dieselbe Linie gestellt; sie hörten sich mit demselben Worte wie ihre Gegner bezeichnet; sie hörten von ihren Rechten gegenüber von allen anerkannten Mächten reden und die That bewies ihnen bereits, was England darunter begreife. Sie zogen aus dem, was C a n n i n g über die Vermittlung sagte, den Schluss, dass sie von keinem Vergleiche als dem auf der Grundlage der Unabhängigkeit hören lassen durften; dass die Vermittlung der Mächte ihnen nie gefährlich werden, ja selbst von ihnen verworfen werden könnte. Eine englische Partei fand sich zusammen. Diese aber dachte, dass England der Vertreter der Griechen gegenüber den Mächten sowohl als der Pforte zu werden sich anschicke; dass nur in England der wahre Halt, nur von ihm Rettung zu erwarten sei.

*) Siehe Beilage V. 17.

War es Cannings Absicht, die Hoffnungen der Griechen von den Mächten abzulenken, sie mit dem Entschlusse festen Widerstandes gegen Feinde und Vermittler zu beseelen, so hatte er seinen Zweck erreicht. Ob er auf diesem Wege die künftige Gestaltung Griechenlands ganz dem Bereiche Russlands entziehen, ganz von England ausgehen machen konnte, hat das Schicksal ihm nicht vergönnt, der Welt darzuthun. Was bis zu seinem Tode geschah, hatte diesen Erfolg nicht für sich.

Auch mit dem österreichischen Cabinete suchten um diese Zeit die Griechen Verbindungen anzuknüpfen, vielleicht um es in London, Petersburg und Constantinopel zu verdächtigen, wahrscheinlicher, um es in keinem Zweifel darüber zu lassen, dass der letzte Zweck des Kampfes die Unabhängigkeit sei. Mavrokordato ergriff einige Artigkeiten des österreichischen Generalconsuls von Corfu, um am 5. (17.) December *) an Friedrich von Gentz zu schreiben, diesen Freund des Fürsten Metternich und den einzigen Mann, der den innersten Gedanken der Politik Oesterreichs kannte und in's Leben zu bringen mithalf. Als Secretär des Hospodars der Wallachei, des Fürsten Karaczay, mit welchem Ritter v. Gentz durch Jahre in sehr vertrautem, den politischen Interessen Oesterreichs nützlichem Briefwechsel stand, hatte Mavrokordato einige Berührungen mit diesem ausgezeichneten Staatsmanne gehabt und demselben auch in dem Zeitpuncte wieder geschrieben, als er die ihm und seinem Fürsten durch Gentz erwirkte Freistätte in Italien plötzlich verliess, um seinem Volke zu Hülfe zu eilen.

Er berief sich nun auf jenes letzte, von manchem Schmerzensrufe über die Voreiligkeit des Aufstandes begleitete Schreiben und begann auch in diesem mit dem Ausspruche derselben Ueberzeugung, mit demselben Geständnisse, möchte man sagen, an das er hart die Unerlässlichkeit für das griechische Volk stellte, die einmal ergriffenen Waffen nicht vor Durchführung des Aufstandes aus

---

*) Siehe Beilage V. 18. a. b. c.

der Hand zu legen, weil im anderen Falle keine Versöhnung möglich, kein anderer Ausblick als auf das Schicksal von Chios gegeben sei. Das vierte Jahr habe bereits der glorreiche Kampf erreicht und der wichtigste Sieg, den dadurch Griechenland errungen habe, sei derjenige, den Irrglauben über den Zusammenhang seiner heiligen Sache mit derjenigen der Revolution, zugleich mit dem Wahne von der türkischen Macht vertrieben zu haben. Heut zu Tage könne kein Staatsmann mehr glauben, dass die Türkei durch ihre eigenen Mittel Griechenland wieder zu unterwerfen im Stande sei, und da man nicht annehmen könne, die europäischen Mächte würden ihr die Mittel dazu geben, so sei die Unabhängigkeit Griechenlands eine entschiedene Sache und nur eine Zeitfrage mehr. In wie ferne kann die Unabhängigkeit Griechenlands den Interessen Europa's dienen oder schaden? Das zu erwägen, sei demnach dermalen die einzige Aufgabe. Und nun griff Mavrokordato den russischen Vorschlag an als einen, der zum Ziele habe Griechenland in sich zu trennen und sich in den zinspflichtigen Provinzen eben so viele bequeme Eroberungen bereit zu legen, während ein unabhängiges Griechenland der natürliche Freund und Verbündete der Pforte, mit ihr zugleich eine Schutzwache gegen Russland und zwar eine bessere als die seitherige sei, also aus demselben Grunde von den Mächten gewünscht und gehalten werden solle, warum sie bis nun das türkische Reich hielten. Schliesslich suchte er darzuthun, wie Oesterreich, in seinem besonderen Interesse selbst, durch die Unabhängigkeit Griechenlands nur gewinnen könne, entschuldigte die Zwistigkeiten unter den Griechen, die Unvollkommenheit ihrer Einrichtungen, schilderte auf das Günstigste die Regierung, und sprach die Meinung, den Rath und die Hülfe des Ritters von Gentz in warmen Ausdrücken an.

Es war aber auch Mavrokordato, welcher sich vor allen Griechen am entschiedensten an England hing, diese Richtung selbst auf Gefahr des Verlustes seines ganzen Einflusses und seines Lebens befolgt und den Schritt an Canning veranlasst hatte.

Der Ritter von Gentz antwortete an den österreichischen Generalconsul in Corfu, Herrn von Hauenschild, umging also die unmittelbare Antwort an Mavrokordato. Er ging nicht in die Untersuchung der Interessen ein, sondern nahm die Frage aus dem höheren Gesichtspuncte, dem des öffentlichen Rechtes, das allein das Benehmen der Mächte gegen die Pforte regeln dürfe, und schloss mit der richtigen Folgerung, dass, wenn die Sachen wirklich so ständen, wie Mavrokordato sie schildere, allerdings nur das Schwert den Knoten zerhauen könne.

Kaiser Alexander war von seiner Reise durch die Südprovinzen am 4. November nach Zarskoje-Zelo zurück gekehrt. Erst am 15. kam er in die Stadt. Vier Tage später trat die Newa aus und stellte ungeheuere Verheerungen an. Seit 1777, des Kaisers Geburtsjahre, hatte solch ein Unglück nicht stattgefunden. Der politische und religiöse Fanatismuss wiesen auf diess Ereigniss, wie auf die glühenden Worte an der Wand des Assyrers. Sie kündigten es als einen Wink des zürnenden Himmels an, dessen Langmuth durch die Preisgebung des Kreuzes erschöpft sei, als eine Vorbedeutung, dass nun Alexanders Todesjahr begonnen habe. Trübsinn umfing die Seele des Kaisers; seine Gedanken verweilten nun öfter, länger, nachdrücklicher auf dem Kampfe der Griechen.

Sechster Abschnitt.

Jahr 1825.

Die Besprechungen, welche in Petersburg gehalten werden sollten, mussten das Unvereinbare in den Ansichten der Cabinete an's Licht stellen. Alle wollten ohne Zweifel die baldigste Lösung, aber England und Russland die halbe Unabhängigkeit noch in ihrem Gedanken gar nicht abgegränzter Provinzen, um auf diese Grundlage ihren Einfluss überwiegend hinzustellen, Oesterreich die ganze Unabhängigkeit oder die Rückkehr unter das türkische Joch mit administrativen Verbesserungen, welche die Erneuerung des Aufstandes verhüten konnten. Fürst Metternich, dem daran lag Russland fest- und zugleich vom Kriege abzuhalten, suchte das englische Cabinet für die Theilnahme an den erwähnten Besprechungen zu gewinnen. Canning aber, zu einem abgetrennten Gange entschlossen, wollte in diesen Besprechungen nur ein seit dem Falle Capodristia's nicht mehr nöthiges Hinhalten Russlands und ein Versäumen der Wirksamkeit in Constantinopel sehen, die er für möglich hielt, und zwar gerade dann, wenn sie von der Versicherung begleitet wäre, nie zu Gewaltmitteln zu schreiten. Der Notenwechsel zwischen dem englischen und österreichischen Cabinete in den letzten Monaten des Jahres 1824 behandelte diese Puncte und führte zu keiner Verständigung.

Am 21. December war Stratford-Canning in Wien angelangt. Sein Aufenthalt dort hatte die Abneigung Englands gegen diese Besprechungen zum klaren Ausspruche gebracht. In der letzten Unterredung mit dem Fürsten Metternich erklärte nämlich der englische Abgeordnete, dass seine Weisungen ihm nicht erlaubten Zeuge, wenn auch nur stummer Zeuge der Besprechungen in Petersburg zu sein, und dass der Zweck seiner Reise dahin eben kein anderer sei, als Russland darüber nicht in Zweifel zu lassen und vorzuschlagen, jede Berathung bis auf die Zeit zu vertagen, wo Griechen oder Türken, oder beide zugleich, ermüdet und erschöpft, die Dazwischenkunft der Mächte ansprechen würden.

Diese Erklärung, zusammengehalten mit der Antwort Cannings an Rhodius, deckte die Absicht des englischen Cabinetes hinlänglich auf. In der Besorgniss, dass Russland durch den Abfall Englands zu einem äussersten Entschlusse getrieben würde, lehnte der Fürst die Einladung Stratford Cannings, mit England gegen Russland gemeine Sache zu machen, ab und trug dem Internuntius und allen Gesandten auf, das Scheitern der Bemühungen

Stratfords zu verbreiten. Seine Antwort an diesen Abgeordneten Cannings war, dass Oesterreich nichts dagegen habe, wenn Russland von den Besprechungen zu Petersburg abstehe, aber dass es daran Theil nehmen werde, sobald Russland, ungeachtet des Abfalles Englands, sie wünsche. Er machte zugleich in London noch einen Versuch, die Abtrennung Englands zu hindern.

In Petersburg, wo man unmittelbar von London aus über Stratford Cannings Aufträge unterrichtet war, nahm man sogleich seinen Entschluss. Graf Nesselrode, in einem Schreiben an den Fürsten Lieven, vom 26. December, in kalten und festen Ausdrücken abgefasst, sprach sein Erstaunen über den Gang Cannings aus, zählte dessen Erklärungen auf, und schloss mit der Aeusserung, dass der Kaiser demnach jede Berathung zwischen England und Russland über die Beziehungen zur Türkei und über die Beilegung des griechischen Kampfes für aufgehoben betrachte. Stratford Canning, der am 7. Jänner von Wien nach Petersburg abging und am 29. dort anlangte, fand also seine Sendung bereits beantwortet.

Das Pariser Cabinet, beunruhigt durch die Politik Cannings, welche durch die um diese Zeit geschehene Anerkennung der südamerikanischen Freistaaten immer schärfer die Abweichung von der Politik der übrigen Mächte bezeichnete, liess auch seinen Abgeordneten zu den Besprechungen in Petersburg, den Grafen Laferronais, über Wien gehen, wo er am 26. Jänner eintraf. Er verstand sich leicht mit dem Fürsten Metternich, denn das Cabinet von Paris wollte nichts, als sich fester an Oesterreich und Russland schliessen. Es ging also in die eine Ansicht ein, die Fürst Metternich um diese Zeit gegen alle Cabinete aussprach, nämlich in diejenige, dass der Abfall Englands nicht hindern dürfe, die Besprechungen in Petersburg zwischen den vier Mächten des Festlandes wieder aufzufassen; dass die Souverainetät der Pforte über die griechischen Länder und Inseln aufrecht gehalten und diesen Vergessenheit für das Vergangene und Bürgschaft für eine glücklichere

Zukunft erwirkt werden solle, genügende nämlich, um die Wiederkehr von Druck und Willkühr zu hindern. In diesem, dem lauten Wunsche des Petersburger Cabinetes entsprechenden Sinne waren die Weisungen an den Grafen Lebzeltern vom 15. Jänner, also wenige Tage nach Stratford Canning's Abreise von Wien, gegeben *). Fürst Metternich schien nun mehr Gewicht als je auf diese Vorbereitungen zum Einschreiten in die griechische Sache zu legen, und streng auf der Grundlage des Rechtes sich verschanzt haltend, erklärte er die Berechtigung für die Mächte hiezu aus dem Antheile springend, den das revolutionäre Europa an der Förderung des Aufstandes der Griechen genommen hatte. Um die Aufrichtigkeit des Wunsches Oesterreich's für die baldige Beendigung des griechisch-türkischen Kampfes zu belegen, zeigte er sich beunruhigt durch die Stimmung, welche die Unruhen in Griechenland unter den griechischen Bewohnern der österreichischen Südprovinzen und in Italien erregen konnten, hauptsächlich aber durch die Gefahren, womit die längere Dauer dieses Kampfes die Einigkeit der Cabinete unter sich und gegen die Revolution überhaupt bedrohte. Stets auf der Hut, dass Russland ihn mit seinen Zugeständnissen, woran er es wie an einem Bande hielt, nicht binden, ihn nicht aus seinem Wege ziehen könne, legte Fürst Metternich jedes seiner Worte wohl in die Wagschale und gab dem Grafen Nesselrode keines zu, welches das bestimmte Gewicht überschritt. So bestritt er, in denselben Weisungen an den Grafen Lebzeltern, den Ausdruck einer Depesche des Grafen Nesselrode vom 14. (26.) December, worin es hiess: »S. M. der Kaiser hofft, dass seine Verbündeten auf dem Festlande und namentlich Oesterreich ihm nun ebenfalls die thätige und vertrauensvolle Freundschaft an den Tag legen werden, welche er ihnen bewiesen hat, als ganz ähnliche Krisen sie zu gerechten Vorkehrungen und edlen Entschlüssen bewogen hatten.« Er griff die oft vertheidigte Aehnlichkeit der griechischen Revolution mit denen,

*) Beilage VI. 1.

die in Italien und Spanien stattgefunden hatten, an und fusste gerade auf die Unähnlichkeit hier die Zulassung des Einschreitens auf friedlichem Wege, während dort mit den Waffen in der Hand eingeschritten worden war. Diese Verwahrungen sind nicht eitle Wortstreite; sie sind das Beispiel der Vorsicht, ohne welche der fähigste Staatsmann anderen fähigen Staatsmännern gegenüber, gar bald seine Freiheit verliert und am Schlepptau zu gehen gezwungen wird.

In Hinsicht der Ausführung der zu beschliessenden Dazwischenkunft drang Fürst Metternich darauf, dass die Mächte das verschiedene Verhältniss, in welchem sie zu beiden im Kampfe liegenden Theilen standen, treu berücksichtigen, also die ersten Eröffnungen an die Pforte machen, an die Griechen aber nur Erklärungen erlassen sollten, bis die Verhandlungen einmal mit der ersteren förmlich eingeleitet und begonnen sein würden. Folgende waren die Puncte, welche er dem österreichischen Botschafter in Petersburg vorzeichnete:

1. »Sie sind ermächtiget, Herr Graf, Theil zu nehmen an den Besprechungen, welche das russische Cabinet mit Vertretern von Oesterreich, Frankreich und Preussen gemeinschaftlich eröffnen wird.
2. Das Ziel, welches wir diesen Besprechungen zuerkennen, ist, zuerst die Mittel aufzusuchen, um den Aufstand der Morea und der Inseln des Archipels beizulegen und den Frieden in diesen Theilen des türkischen Reiches herzustellen, und zwar auf Grundlage einerseits der Souverainetät der Pforte und andererseits von Zugeständnissen, geeignet um den Bewohnern dieser Gebiete durch Verbesserung ihrer bürgerlichen Lage die öffentliche Ruhe zu sichern; zweitens, die Schritte zu berathen, sowohl gegen die Pforte als gegen die Griechen, welche auf das Zweckmässigste zu diesem Ziele führen können und deren Ausführung den Ministern der Mächte in Con-

stantinopel übertragen werden soll; drittens, über eine moralische Bürgschaft sich einzuverstehen, auf dass, welcher auch der Erfolg dieser Schritte sei, der Frieden Europa's dadurch nicht beeinträchtiget werde.

3. Da uns das Begehren eines Waffenstillstandes zwischen den streitenden Theilen dem Geiste einer friedlichen Dazwischenkunft entsprechend erscheint, so werden Sie für ein solches Begehren stimmen, zugleich aber auch die Berathung auf die Mittel lenken, welche geeignet sind, es zur Geltung zu bringen.«

Diese Puncte begleitete das Gutachten, die Verhandlung in Constantinopel nicht mit der Vorlage eines bereits völlig fertigen Planes, wie z. B. die Denkschrift vom 9. Jänner, und am wenigsten mit dieser, welche bereits durch alle Zeitungen Europa's gelaufen war, zu eröffnen, sondern mit dem einfachen Begehren der Zulassung der Dazwischenkunft der Mächte in einer Angelegenheit, in welcher ihre eigenen Interessen mit denen des Sultans sich begegneten, dann aber die Pforte aufzufordern, ihre Ansichten den Mächten darüber bekannt zu geben, durch welche Zulassungen sie die Ruhe in Griechenland herzustellen und für die Zukunft zu verbürgen denke. Diesen Vorgang sollte Graf Lebzeltern als den natürlichen und gerechten vorschlagen; es war derselbe, den Fürst Metternich in dem Streite zwischen Spanien und den Colonien in Vorschlag gebracht und der damals die Beistimmung aller Höfe erhalten hatte. Es war unmöglich, dass Fürst Metternich nicht auch den Fall in Erwägung zog, dessen Wahrscheinlichkeit nahe genug lag, nämlich dass die Pforte, oder die Griechen, oder beide von der Vermittlung der Mächte auf die angegebene Weise nichts wissen wollten. Er schloss Waffengewalt, sei es gegen den einen oder den anderen Theil, ausdrücklich aus der Zahl der in diesem Falle anwendbaren Zwangsmittel aus; aber in einer geheimen Weisung an den Grafen Lebzeltern ergänzte er seinen Plan dahin, dass, wenn die Unterwerfung nicht gelingen sollte, nur die Unabhängigkeit der Griechen als anderer Wechselfall angenommen werden dürfte. Er ermächtigte den Grafen, diese Idee auszusprechen; wenn es Noth thun sollte, die Anerkennung der Unabhängigkeit als die einzige Drohung hinzustellen, die man als Zwangsmassregel gegen die Pforte sich erlauben, die einzige, die man ausführen dürfe, nicht als eine Massregel des Rechtes, aber als eine der Nothwendigkeit, und als die Anerkennung einer Thatsache, die sich aus der Widerspenstigkeit der Pforte, durch Vermittelung der Mächte erwirken zu lassen, was sie mit ihren eigenen Mitteln nicht mehr zu erwirken im Stande, nothwendig ergeben müsste. Endlich brachte er in Vorschlag, das Cabinet von St. James zu befragen, welchen Gang es, nach der Abtrennung von den übrigen Mächten, in der orientalischen Frage zu befolgen gedenke? Bei keiner Gelegenheit dieser langjährigen Verhandlung ist der Gedanke Österreichs in Hinsicht der griechischen Frage klarer hervorgetreten: Unterwerfung oder Unabhängigkeit — und sein Streben ging in diesem Zeitpuncte dahin, sich darüber aufzuklären, wie weit jedes Cabinet im äussersten Falle zu gehen gedenke. Das englische und das russische befolgten eigene Wege; das französische diente unbewusst, um die beiden fehl gehen und das gemeinschaftliche Wirken auf die Pforte scheitern zu machen. So musste sich eben für Griechenland von beiden Fällen der eine ergeben, Unterwerfung oder Unabhängigkeit *).

---

*) In einem dem Fürsten **Metternich** von dem Ritter von **Gentz** unter dem 10. November 1824 übergebenen *Mémoire confidentiel* heisst es: „*Si l'indépendance des Grecs — car il ne s'agit plus d'autre chose — nous paraît un si grand bien ou une nécessité tellement démontrée qu'il faut prendre son parti sur l'existence future de l'Empire Ottoman — reconnaissons purement et simplement cette indépendance et attendons que la Porte vienne nous en demander raison. Il serait, certes, bien moins difficile d'inventer un manifeste en justification d'une mesure que l'opinion du monde telle qu'on nous l'a faite, accueillerait avec des transports d'enthousiasme que de défendre avec la plus légère apparence de légalité et de justice, une déclaration de guerre contre la Porte.*“

Bald darauf (Anfangs März) ging der Fürst, seiner kranken Gemahlin wegen, nach Paris. Die Besprechungen in Petersburg aber waren um eben diese Zeit im vollen Zuge.

In Constantinopel einstweilen geschah nichts, was die Pforte zur Nachgiebigkeit vorbereiten konnte. Sie hoffte nach der Räumung der Moldau einige Ruhe zu haben, aber wenige Tage nach der Übergabe seiner Beglaubigungsschreiben brachte Herr von Minciaky die Frage wegen der Zulassung sämmtlicher Flaggen in's schwarze Meer vor, beklagte sich bei dem Reis-Efendi über die Zögerung, welche die Entscheidung derselben erfahren, und erklärte, dass Russland, in so lange die Pforte das desshalb gegebene Versprechen nicht erfülle, sich nicht gebunden betrachte durch das seinige, fremden Schiffen nicht länger seine Flagge zu erlauben. Er klagte auch über den Stand der Dinge in den Fürstenthümern, als einem noch weit verschiedenen von demjenigen vor Ausbruch der Unruhen von 1821. Russland, als Bürge für die Aufrechthaltung der Rechte und Vorrechte dieser Provinzen, könne nicht mit gleichgültigem Auge einen türkischen Befehlshaber darin eine Macht ausüben sehen, die nur den Hospodaren zustehe. Zu allen Zeiten seien die Basch-Beschli-Aga's von den Hospodaren gewählt und ernannt worden und unter deren Befehlen gestanden. Die Hinrichtung des Kisserdar-Hassanaky auf Befehl des Kutschuk-Achmed-Aga von Jassy, und das Verbot des Basch-Beschli-Aga von Bukarest, dass kein Bojare sich ohne seine Erlaubniss, um der Pest zu entfliehen, aus der Stadt entfernen dürfe, seien sogar Beweise einer Machtausübung, die früher nicht bestanden habe. Er verlangte die Absetzung des Kutschuk-Aga.

Die Pforte antwortete, sie sei in diesem Augenblicke in Unterhandlung mit mehreren Flaggen, sei auch bereit mit allen, die da wollten, zu unterhandeln, habe aber nie versprochen, dass die Zulassung in's schwarze Meer bedingungslos geschehen solle. Was die andere Beschwerde beträfe, so ergingen alle Befehle der Pforte an die Hospodare, nicht aber an die Beschli-Aga's, also sei ja offenbar die Macht jener über diese; es habe sich keiner der Hospodare über die Deschli-Aga's beklagt; das Verbot wegen der Bojaren von Bukarest sei auf Befehl des Fürsten Ghika verkündiget und auf eben desselben Weisung auch bereits wieder zurück genommen worden; der Hassanaky sei niemals Kisserdar gewesen, sondern ein Räuber, der überdiess den Islam erst angenommen, dann wieder abgeschworen habe, woraus sich ergebe, dass der Kutschuk-Achmed-Aga nur seines Amtes gethan habe. Das Schutzrecht Russlands dürfe nicht über die durch die Verträge bezeichnete Linie hinausgreifen und diese enthielten keine Bestimmung, welche die Oberherrschaft des Sultans über diese Provinzen aufhebe. Endlich möge sich Russland, das der Pforte ihre Verpflichtungen in's Gedächtniss rufe, erinnern, dass es ebenfalls deren eingegangen sei und dass, der asiatischen Frage nicht zu erwähnen, die man nach Ankunft des Herrn von Ribeaupierre auffassen wolle, Herr von Minciaky die Weisungen seines Hofes wegen Erneuerung des Tarifes einzuholen versprochen habe, seit neun Monaten aber darüber gar nichts zu hören sei, und dass es der Pforte wunderlich vorkomme, ihn, so oft es sich um Erfüllung von Verpflichtungen russischer Seite handle, ohne Weisungen zu sehen, während dieselben im anderen Falle, wo es Verpflichtungen der Pforte beträfe, ihm niemals fehlten.

Dieses Verhältniss zwischen der Pforte und Russland war kein günstiges für den Antrag einer Einmischung, welche die erstere, bei ihrem Vertrauen in die militärischen Mittel zum diessjährigen Feldzuge, für ein klares Merkmal der Begünstigung der Griechen ansah.

Diese Mittel waren in den Gränzländern Griechenlands von dem Gelde und von der Wahl der Befehlshaber abhängig. Die Pforte wählte zum Seriasker von Rumelien den Mann, der dort am meisten Achtung genoss, den Gouverneur von Widdin, Mechmed-Reschid Pascha, versetzte Omer Vrionis von Janina nach Salonich, und übertrug die Sandschak's von Valona, Trikala und Kostandil an die Beglerbeg's Ibrahim-Sade-Suleiman, Hessan Sahli und Achmed, den Neffen Omer Vrionis. Sie schickte ansehnliche

Summen, um durch Bezahlung der Rückstände die albanesischen Capitaine zu gewinnen. Diess gelang ihr auch. Reschid Pascha war mitten im Winter von Monastir über Mezzowo und Trikala nach Janina marschirt. Er hatte die Häuptlinge der albanesischen Stämme durch Geld und Verheissungen mit der Pforte versöhnt, und von allen Seiten fliessen zu Fuss und zu Pferde die albanesischen Haufen zu ihm, so dass er schon im Februar 24,000 Mann versammelt hatte. Er sollte mit seiner gesammelten Kraft gegen Mesolongi herabbrechen und sich in den Besitz dieser Stadt setzen, während der Pascha von Negropont, mit dem verwendbaren Theile der Besatzungen und mit den bei Larissa stehenden Haufen, Ostgriechenland angreifen würde. Es war auch die Flotte in einem ansehnlichen Stande, denn ausser den Schiffen des Sultans, die mit den ägyptischen vereinigt zu Suda, Rhodus, oder in den asiatischen Häfen lagen, befand sich auch zu Constantinopel bereits wieder ein Geschwader von 2 Fregatten und 25 kleineren Fahrzeugen segelfertig; es lagen in den Dardanellen an 40 Kriegs- und Transportschiffe; der Dey von Algier hatte überdiess nebst einem Geschenke von anderthalb Millionen Piaster die Meldung geschickt, dass zwölf Kriegsschiffe, darunter drei Fregatten, auszulaufen bereit seien.

Die Pforte schien aber ihre grösste Hoffnung in die Aegypter zu setzen. — Thätigere Führung des Krieges und mildere Benützung des Sieges, das war es, was der Vortheil der Pforte verlangte; es stand zu erwarten, dass beide in dem Feldzuge, den Ibrahim Pascha bereitete, Platz greifen würden. Zum ersten Male sollte ein durch die Bande des Gehorsames im Zaume gehaltenes Heer auf dem Schauplatze erscheinen, ein Heer, dessen Verpflegung gesichert und das als ein gut bereitetes Werkzeug einem Führer in die Hände gelegt war, dem seine Siege in Arabien den Ruf eines Feldherrn gaben, und dessen Anträgen und Versprechungen der Schutz, den die Griechen in Aegypten genossen, als eine Beglaubigung vorausgehen konnte.

Die Pforte hatte bis nun die Griechen hauptsächlich an der Seite, wo sie am stärksten waren, mit den Waffen, worin sie selbst am schwächsten war, angegriffen, nämlich zur See; in diesem Jahre aber sollte der Angriff zu Lande geschehen, und zwar von den Aegyptern in der Halbinsel selbst. Im Lager von Suda standen dazu 8000 Mann Infanterie, 1000 Reiter und 20 Kanonen bereit; in Rhodus und Marmaritza warteten der Ueberfahrt nach Suda 5000 Mann Infanterie, 1000 Reiter und andere 20 Kanonen; 1000 Albanesen kamen von Alexandria nach Kandia. Diese 18,000 Mann bildeten die eigentliche Angriffstruppe. Es lagen aber 6—8000 Albanesen als Besatzung in den Plätzen von Kandia, von denen ein grosser Theil als Unterstützung der Angriffstruppe nachrücken konnte, und bei Alexandria zog Mechmed-Ali eine zweite Masse geregelter Truppen an 18,000 Mann zusammen, die im Falle des Bedarfes gleichfalls für den Feldzug in der Morea bestimmt waren.

Die Einschiffung der in Rhodus, Marmaritza und Suda lagernden Truppen konnte jeden Tag geschehen. Die Brücken dazu waren schon in den ersten Tagen des Jänners geschlagen und es lagen damals in den beiden asiatischen Häfen 13 Fregatten, 13 Corvetten, 30 Briggs und viele Transporte; in Suda 2 Corvetten, 3 Briggs, 2 Goeletten und 17 Transporte zu ihrer Aufnahme bereit. Um nicht an derselben Klippe zu scheitern, an der seither alle Unternehmungen der Türken gescheitert hatten, war für die Verpflegung grosse Sorgfalt getragen worden. Viele Schiffsladungen Getreide gingen während des Winters, von den Griechen unbehindert, aus Suda und Alexandria nach Modon und Koron. Es lagen zur Zeit der wirklichen Eröffnung des Feldzuges in diesen Plätzen Lebensmittel auf 6 Monate für 20,000 Mann.

Diesen Vorbereitungen, diesen Kräften entgegen was thaten die Griechen? was stellten sie auf? Zerfallen erst durch den inneren Zwist und erschöpft, war die Morea wie ein besiegtes Land in den Händen der Regierung und diese nicht in der Lage, es gegen den äusseren Feind zu vertheidigen, wenn sie das Festland nicht preisgeben wollte. Und durfte sie diess? Vier Festungen auf der Halbinsel waren in den Händen der Türken, Koron, Modon, Patras und das Schloss von Morea, drei davon wichtige Hafenplätze und die vierte, mit dem gegenüberliegenden Schlosse von Rumelien und Lepanto, die Einfahrt in den korinthischen Golf beherrschend. Nichts war im verflossenen Jahre mit Ernst geschehen, um sich in den Besitz des einen oder anderen dieser Plätze zu setzen. Kolettis, die Militärbewegungen leitend, hatte zwar stets das Auge auf Patras geheftet und, so wie der Bürgerkrieg aussetzte, die verwendbaren Haufen dorthin getrieben. Aber auch zu ihrer eigenen Stütze, unmittelbar um sich hatte die Regierung Militärgewalt nöthig. Dazu genügte die nicht über 300 Mann starke Schaar, der abermalige, ungeschickten Händen anvertraute Versuch einer geregelten Truppe in Nauplia wie natürlich nicht. Von 8000 Rumelioten, welche die Regierung bezahlte, konnte sie kaum 2000 Mann gegen den aus Kandia drohenden Feind verwenden, und nun war es auch bereits zu spät mit Koron und Modon dem ägyptischen Heere die langbezeichneten, allgemein bekannten Angriffs- und Stützpuncte zu nehmen. Wenige Briggs hätten hingereicht, um während des Winters Suda zu sperren, und die Ueberführung von Lebensmitteln nach den genannten Festungen, wenn nicht unmöglich zu machen, doch um viele Monate zu verzögern und dadurch den Angriff hinauszuschieben oder abzuhalten; wenige Schüsse, um die Magazine von Kanea, Retimo und Kandia zu zerstören; wenige Kreuzungen, um alle Kauffahrer wegzuschrecken, welche die Zufuhren zwischen Alexandria, Rhodus, Suda und Modon besorgten. Nichts davon war geschehen. Zwar hatte die Regierung im Jänner die Flotte vermocht einen Versuch gegen Suda zu machen, Miaulis und Sachturis mit einigen siebenzig Schiffen erschienen vor diesem Hafen, in welchem der Angriff auf die Halbinsel noch wie in einer Schale lag; aber dieser Versuch deckte einen schweren Verlust an Zuversicht auf, denn wie günstig auch die Natur des Hafens einem Angriffe der feindlichen Flotte durch Brander, wie einzig diese letzte Gelegenheit war, wie gross der zu erringende Preis, die Griechen, nachdem sie fünf Brander vergeblich verbrannt hatten, gingen unverrichteter Dinge von dannen. Die Aegypter in Suda, in Rhodus, auf der asiatischen Küste lebten im Ueberflusse; Kauffahrer aller Flaggen hielten offenen Markt; die Transportschiffe, die Postschiffe selbst fuhren wie mitten im Frieden zwischen Africa, Asien und Kandia auf und nieder, und so bereitete sich auf eine Tagfahrt von Hydra der Angriff auf die Halbinsel. Man hätte glauben sollen, die Griechen besässen kein Boot mehr; das Gefühl der Unmöglichkeit, sich der Landung in der Morea zu widersetzen, herrschte in allen.

Um aber den Gegner im Lande zu erwarten, dazu gab es, wie gesagt, für die Regierung dermalen fast gar keine Kräfte, und die Parteiung hinderte die Vereinigung derer, die bestanden, und die wohl angewandt, die Landung der Aegypter hätten scheitern machen können. Kolettis war der einzige Mann um einen halbwegs genügenden Widerstand vorzubereiten und, der That nach mit der obersten Gewalt ausgerüstet, hatte er einen solchen auch ernstlich im Auge. Er ging nach Kyparissia in Messenien und zog nach und nach unter dem Vorwande, Kräfte gegen Patras zu sammeln, alle Capitaine des Festlandes mit ihren Haufen, die nicht unmittelbar in der Heimath festgehalten waren, dahin; er mochte zwischen acht- und zehntausend Mann unter den Händen haben, denen er grosses Vertrauen und wahre Anhänglichkeit an ihn einzuflössen verstand. Mit diesen wollte er der Landung der Aegypter widerstehen. Er konnte, selbst wenn sie nicht zu hindern gewesen wäre, zählen auf die Natur des Bodens, der einer geregelten Truppe grosse Hindernisse entgegensetzt und auf das im Volke allgemein gewordene Gefühl der Unmöglichkeit der Unterwerfung.

Westgriechenland überliess die Regierung ganz der Leitung Mavrokordato's. Dieser hielt zu Anfange des Jahres in Anatoliko eine Berathung mit den Abgeordneten der Bezirke Westgriechenlands, hundert an der Zahl, die sowohl die Mittel gegen den inneren als gegen den äusseren Feind in Erwägung zog. Es ergab sich, dass das ganze Land verheert, die Truppe ohne Sold, ja ohne Nahrung, und täglich zu den grössten Gewaltmitteln gezwungen war. Man belegte mit Abgaben das in den Winterständen befindliche Vieh, trieb die Zehentrückstände mit Gewalt ein, verkaufte Grundstücke und öffentliche Gebäude, und verpachtete die Zölle auf 14 Monate hinaus. Dadurch war man im Stande in die Durchgänge des Makrynoros die Capitaine Kosta, Ikonomos und Jannakis Stratos, in die Stellung von Karbassaras den Anagnostis Karajannis zu werfen, auch die Haufen des Rangos, Sturnaris, Tzongas und Makrys zusammen zu halten, deren gesammte Stärke zwischen zwei- und viertausend Mann wechselte. Ostgriechenland blieb dem Guras anvertraut, der siebentausend Mann zu haben versicherte, aber nie über fünfzehnhundert wirklich hatte.

Auch die Meinung in Europa zu Gunsten der Griechen hatte durch die Gräuel des Bürgerkrieges und durch die Schilderungen vieler aus Griechenland rückgekehrter Philhellenen einen gewaltigen Stoss erlitten. Den Philhellenismus ersetzte in Frankreich die Eifersucht auf England; darum so wie der Londoner Verein die Zügel fallen liess, nahm der Pariser sie auf. Dieser zählte Männer von Einfluss in sich, die Herzoge von Larochefoucauld, Choiseul und Dalberg, den Grafen Chateaubriand, die Generale Sebastiani, Foy und andere. Den grössten Dienst leistete den Griechen in dieser Epoche dennoch der Londoner Verein, indem er, um den stockenden Verkauf des ersten Anleihens zu beleben, das Haus Ricardo zu der Verhandlung eines zweiten mit den griechischen Abgeordneten bestimmte. Dieses wurde auch wirklich im März abgeschlossen zu 58. Es lautete auf 2 Millionen Pfund Sterling und konnte, da eine beträchtliche Summe zur Tilgung des ersten zurückbehalten wurde, im günstigsten Falle wohl eine Million liefern. Diese Aussicht war allerdings tröstlich für die griechische Regierung und ein Schutz gegen Entmuthigung. Kolettis und Mavrokordato, die einzigen, welche Einsicht in die wahre Lage der Dinge hatten, würden durch gemeinschaftliches Zusammenwirken vielleicht die nahende grösste Gefahr ihres Vaterlandes mit den Waffen beschworen haben, aber nur der Schein der Einigkeit bestand, nicht die Wahrheit. Das

Geschrei gegen den Dictator, so nannte man Kolettis, ging von den Anhängern Mavrokordato's aus, und die zu einer entsprechenden Vertheidigung unerlässlichen Massregeln desselben wurden als eben so viele Beweise hingestellt, dass er mit Missbrauch der obersten Gewalt umgehe. Als daher Mavrokordato, nachdem er Westgriechenland, so gut es anging, geordnet hatte und im Jänner nach Argos ging, um an des kürzlich verstorbenen Theodor Negris Stelle das Generalsecretariat bei der Regierung zu übernehmen, so wurde diese scheinbar günstige Bestimmung bald die Quelle eines Wirkens, das den Widerstand brechen und das Land den Aegyptern bloss stellen musste. Denn Mavrokordato gewann bald entscheidenden Einfluss auf Kunturiotis, und dieser Einfluss war ganz gegen Kolettis gerichtet. Der Wirklichkeit nach war also für die Aegypter die grösste Wahrscheinlichkeit des Erfolges.

Bei diesem Stande der Dinge war es der Pforte nicht zu verdenken, dass sie Vertrauen hegte in ihre Mittel für den diessjährigen Feldzug. Es war ihr auch von grösster Wichtigkeit, die Aegypter nicht in Unternehmungen zu stören, welche bei ungünstigem Ausgange die Macht eines gefürchteten Statthalters brechen, bei günstigem dieselbe theilen mussten. Niemand im Divan wollte daher von der Dazwischenkunft der Mächte etwas wissen; Saida-Efendi selbst, der mässigste, den Europäern geneigteste unter den Räthen des Sultans, wagte mit keinem Worte die bestimmte Verneinung zu schwächen. Die Weigerung Englands, an den Petersburger Conferenzen Theil zu nehmen, erschien der Pforte als ein Anzeichen, dass es ihr nicht schwer werden würde, den Zumuthungen der Verbündeten zu widerstehen. Turner versicherte sie, die Achtung Englands für die Rechte des Sultans als unabhängigem Herrn seines Reiches habe England zu dieser Weigerung vermocht, und trocken sagte der Reis-Efendi den Ministern der Verbündeten: „Es könne wohl die eine oder die andere Macht Gründe haben, Russland nicht zu missfallen, ja ihm zu Dienste seyn, aber keine solle sich einbilden zu glauben, dass der Sultan auch nur den Schatten einer Dazwischenkunft zugebe, die seinen Rechten als unabhängiger Fürst zu nahe trete. Der Bund der Mächte sei stark, aber jeder Bund auflösbar. Auch England habe sonst die russischen Interessen verfochten, nun aber, seit es die letzten Absichten Russlands durchblickt, gefalle ihm nicht mehr, dieser Macht als Werkzeug zu dienen. Allerdings habe die Pforte Gründe genug, auch mit England unzufrieden zu seyn, und traue ihm sogar die Absicht zu, sich auf Kosten der Pforte vergrössern zu wollen, aber sie müsse doch gestehen, dass es wenigstens seine Würde gerettet habe, durch den Ausspruch des Missmuthes über die Zögerung der Absendung des Herrn von Ribeaupierre.«

In Petersburg waren die Berathungen zwischen den vier Ministern nach sieben Zusammenkünften geschlossen worden. Es hatte die erste am 24. Februar stattgefunden und war von dem Grafen Nesselrode mit der Vorlage einer Denkschrift begonnen worden, welche die Gedanken des russischen Cabinetes über die Wege zur Herstellung des Friedens im türkischen Reiche enthielt. Diese merkwürdige Arbeit schien sich in mancher Hinsicht auf die Ideen des österreichischen Cabinetes zu stützen, aber ihr eigentlicher Zweck war, den sehr davon abweichenden russischen unter diesem Kleide Eingang zu verschaffen. Vor allem drang der russische Staatskanzler auf eilige Verhandlung, damit noch im März zu Constantinopel das Geschäft begonnen und der neue Feldzug verhindert werden könnte. Diess Verlangen mässigten die drei Minister von Oesterreich, Frankreich und Preussen durch die Darlegung der Nothwendigkeit eines wohl überlegten stufenweisen Ganges.

Dafür machte Graf Nesselrode folgenden Vorschlag:

1. Es soll an die Pforte, sobald als nur immer thunlich, von den vier Ministern in einer gemeinschaftlichen Note die Einladung gerichtet werden, sich mit den verbündeten Mächten über die Beschwichtigung Griechenlands ohne Aufschub einzuverstehen. Diese Einladung müsste beruhen auf

der Vorstellung der Unmöglichkeit für die Pforte, durch Gewalt zu diesem Ziele zu gelangen und derjenigen für die Mächte, einen Kampf länger fortdauern zu lassen, der nur in der Vertilgung des einen oder des anderen Theiles sein Ende finden würde; auf der Unmöglichkeit insbesondere für Russland, so lange dieser Kampf dauere, mit der Pforte in ein wahrhaft freundschaftliches Verhältniss treten zu können.

2. Es soll gleichzeitig mit diesem ersten Begehren, an die Pforte das andere des alsogleichen Waffenstillstandes gestellt und die Drohung beigefügt werden, dass die vier Mächte im Weigerungsfalle ihre Gesandtschaften aus Constantinopel abrufen und der Pforte die ganze Last der Folgen dieser Massregel auf den Schultern lassen würden.

3. Unter der Vermittlung der Verbündeten soll eine Verhandlung zwischen der Pforte und griechischen Abgeordneten eingeleitet werden, die auf einem neutralen Kriegsschiffe im Hafen von Constantinopel selbst statthaben würde.

4. Einer oder mehrere diplomatische Agenten sollen nach Griechenland geschickt werden, um den Glauben auf die Echtheit der durch die Zeitungen verbreiteten russischen Denkschrift zu zerstören und den Griechen begreiflich zu machen, dass die Absicht der Mächte dahin gehe, ihnen eine nationale Existenz, die völlige administrative Unabhängigkeit und völlige Religions- und Handelsfreiheit, gegen die Bedingung eines geringen Tributes an die Pforte und die Anerkennung der Oberherrlichkeit derselben, zu erwirken.

In der zweiten Sitzung, am 1. März, machten die Minister der drei Mächte ihre Erklärung auf den russischen Vorschlag. Jeder aus ihnen brachte seine Einwürfe vor und verfocht sie. Hinsichtlich der vier Puncte bemerkten sie:

1. Die Verhandlung in Constantinopel sei allerdings nicht länger hinauszuschieben; es sollen daher die Beauftragten der vier Mächte gemeinschaftlich die Pforte einladen, die guten Dienste (bons offices) der Allianz zur Beilegung des Aufstandes in den griechischen Provinzen anzunehmen. Die Mittel und Sprache, um auf den Divan zu wirken, sollen diesen Beauftragten überlassen bleiben.
2. Mit dem ersten Begehren zugleich dasjenige des Waffenstillstandes vorzubringen, scheine ihnen unzulässig und würde die Weigerung der Annahme auch des ersten zur gewissen Folge haben. Bevor aber das erste angenommen, würde das zweite doch ohne Ausführung bleiben. Die Drohung der Abberufung der Gesandten sei völlig unzulässig.

Graf Nesselrode vertheidigte den Vorschlag dieser Drohung mit grossem Eifer und erinnerte, dass im Jahre 1822 die Höfe von Wien und Berlin sich zu derselben Massregel bereit erklärt hatten. Graf Lebzeltern erwiederte sehr richtig, dass eine Drohung dieser Art wohl damals, wo es sich noch bloss um die Russland gebührende Genugthuung handelte, von seinem Hofe aus Rücksicht für Kaiser Alexander hatte beliebt werden können, dass aber heute die Wege zu einer Verhandlung über das Schicksal Griechenlands ausgemittelt werden sollen und Verhandeln nicht Abbrechen der diplomatischen Verbindungen sei. Die beiden übrigen Minister stimmten ihm bei und alle drei erklärten sich nicht ermächtiget, zu einer solchen Drohung ihre Zustimmung zu geben.

3. Der Vorschlag, zwischen der Pforte und den Griechen unmittelbare Verhandlungen herbeizuführen, wurde weder angenommen noch verworfen. Graf Lebzeltern, ohne geradezu Besprechungen mit Griechen unzulässig zu finden, sprach jedoch gegen die Bezeichnung dieser letzteren als Abgeordnete und stellte den Gesichtspunct auf, es könne

überhaupt Unterhandlung nur zwischen den verbündeten Mächten und der Pforte statthaben.

4. Die Nothwendigkeit, sich mit den Griechen in Berührung zu setzen, wurde anerkannt. Aber mancherlei waren die Ansichten über die Art dieser Berührungen, über die Personen, die damit beauftragt werden sollten, über die Sprache derselben und über die Massregeln für den Fall, dass die Griechen jeden Versöhnungsvorschlag von sich wiesen. Doch vereinigte man sich darüber, dass die nach Griechenland zu sendenden Personen keinen öffentlichen Charakter haben; dass sie im Einverständnisse mit den Ministern der Mächte in Constantinopel und nach den Weisungen, die sie von diesen erhalten würden, handeln sollten; dass ihre Hauptaufgabe wäre, den Griechen die Gefahren auseinander zu setzen, den Absichten der Mächte sich unfügsam zu zeigen. Auf die Frage, welche Zwangsmassregeln allenfalls gegen die Griechen angewendet werden könnten? vereinigte man sich über den Grundsatz: dass man in keinem Falle zur Gewalt greifen würde. Ueber den Umfang dessen, was man unter Griechenland verstand, war ein Ausspruch unerlässlich. Russland hatte in der Denkschrift vom 9. Jänner Thessalien, Epirus, und so weiter, mit einbegriffen, aber Graf Nesselrode äusserte auf die Bemerkung des Grafen Lebzeltern, dass dermalen nur die Morea, ein geringer Theil des Festlandes und einige Inseln der Macht der Türken entgegen ständen, es sei auch die Denkschrift nur ein erster Entwurf, der mancherlei Aenderungen zulasse.

Nachdem die Puncte einzeln besprochen waren, trug Graf Nesselrode darauf an, die Bemerkungen und Einwürfe zu Papier zu bringen. Diese Arbeit wurde in der dritten Sitzung, am 4. März vorgelegt und es gingen daraus folgende Beschlüsse hervor:

1. Die Beauftragten der vier Mächte werden von der Pforte die Annahme ihrer guten Dienste zur Beilegung der Unruhen in den griechischen Ländern begehren.
2. Sobald diess Begehren zugestanden, werden sie dasjenige des Waffenstillstandes machen.
3. Sie werden gleichzeitig den Divan zu vermögen suchen, ihnen die Zugeständnisse bekannt zu geben, die er für die Herstellung des Friedens zu machen gestimmt ist.
4. Sind diese Vortheile erworben, so werden sie den Divan von der Absicht der Verbündeten in Kenntniss setzen, sich an die Griechen zu wenden, um sie zur Niederlegung der Waffen und zur Annahme der Bedingungen zu vermögen, die zugleich mit der Unterwerfung für sie eine neue civile Existenz bewirken sollen.
5. Die Pforte wird auch verständiget werden von der Absicht, in einem desshalb neutral zu erklärenden Schiffe einige angesehene Griechen herbeizubringen, die gehörig bevollmächtiget zu Unterhandlungen und im Stande seyn würden, den Ministern der Mächte sichere Auskünfte über die wahren Bedürfnisse und Begehren der Griechen zu geben.
6. Die Minister der vier Mächte werden strenge eine und dieselbe Sprache führen, und zwar stets die der Versöhnung, der Achtung für die Rechte des Sultans als unabhängigen Fürsten, des aufrichtigen Verlangens, seine Interessen mit der Aufrechthaltung des Friedens in Europa in Einklang zu bringen. Die Mittel der Ueberredung bleiben ihrer Weisheit anheimgestellt.
7. Sollte die Pforte nach Annahme der Dazwischenkunft der Mächte den Waffenstillstand verweigern, und in dieser Weigerung beharren, so werden die Minister der Mächte nichts desto weniger fortfahren, alle Mittel der Ueberredung aufzubieten, jedoch in der Festhaltung dieses Punctes nicht so weit gehen, dass daran die ganze Unterhandlung scheitere.

8. Wiese aber die Pforte die Dazwischenkunft überhaupt zurück, oder wollte sie nach Annahme derselben von keinem Vorschlage hören, so würden die Minister eine strengere Sprache anzunehmen, auf dem Interesse Europa's, endlich diese Unruhen beigelegt zu sehen, zu bestehen haben, und ihr die Möglichkeit einer Annäherung der Mächte an die Griechen fühlen lassen. Sie würden übrigens ihren Höfen die Zeit und die Freiheit lassen, über die Mittel diesen Widerstand zu überwinden, sich auf's Neue zu berathen.

Am Schlusse dieses Actenstückes erklärten die Minister unter Voraussendung des Grundsatzes, dass keine aus den Mächten Gewalt gegen die Griechen anwenden dürfe: dass es dennoch nützlich wäre, im Falle der Weigerung ihrerseits, eine stärkere Sprache führen und nachdrückliche Bewegmittel gegen sie anwenden zu können. Als solche schlug man, ohne jedoch zum Beschlusse zu kommen, die Bedrohung vor, ihre Zufuhren und Geschwader zu hindern, ihre Blokaden und Flaggen nicht anzuerkennen, die Vorschriften gegen den Seeraub in ganzer Strenge gegen sie walten zu lassen, überhaupt sie so zu beengen, ohne Krieg, dass sie genöthiget seyn würden, den Frieden zu suchen.

Nach geendeter Lesung drückte Graf Nesselrode sein Bedauern über die Zögerungen aus, die aus diesem Gange sich ergeben müssten. Der Kaiser beharrte in seinen Ansichten, sagte er, und glaubte, dass die Rücksichten und der Aufschub nicht zum gewünschten Ziele führen, aber er sei dennoch bereit, die von den drei Bevollmächtigten für nöthig erachteten Veränderungen anzunehmen. Hierauf nahm Graf Nesselrode auf sich, Vorschläge und Gegenvorschläge in Eins zu bringen und dieses Schlussstück nach erlangter Erlaubniss des Kaisers den Bevollmächtigten zur Unterzeichnung vorzulegen.

Diess that er in der vierten Sitzung, die am 6. März stattfand. Graf Lebzeltern fand diese Zusammenstellung nicht von der

Art um seine Zustimmung geben zu können. Das russische Cabinet schlug unter anderem darin die Sendung eines russischen Diplomaten nach Griechenland als einzigen Beauftragten der vier Höfe, und mit ihren Weisungen und Ermächtigungen versehen, vor. Es wollte denselben über Marseille gehen und auf einem französischen Kriegsschiffe im Archipel erscheinen lassen. Diesem Vorschlage widersprachen die drei Minister, als einem der Würde ihrer Höfe und selbst dem Interesse Russlands nicht zusagenden. Graf Nesselrode versprach eine neue Ausarbeitung. Am 9. kündigte er auch neue Vorschläge des am Abende zuvor aus Zarskojezelo in Petersburg angelangten Kaisers für die nächste Sitzung an.

Diese fand am 12. März statt. Der russische Staatskanzler sprach darin hauptsächlich von der Beeinträchtigung, welche die Würde der Mächte durch die Weigerung der Pforte erlitte, und schlug in der neuen Ausarbeitung vor, die Stelle wegen des Waffenstillstandes so abzufassen:

»Wenn die Pforte, nach Annahme der Dazwischenkunft der Mächte, sich weigerte dem Begehren des Waffenstillstandes alsogleich zu genügen (sei es aus bösem Willen, aus Ohnmacht oder aus was immer für einem Grunde), so würde man die Annahme des ersten Begehrens als nicht geschehen zu betrachten haben, die Unterhandlungen abbrechen und durch eine gemeinschaftliche Note ihr erklären, dass man darüber an die Höfe berichten werde, sie zugleich auch die Folgen dieses nothgedrungenen Schrittes als drohende ansehen machen.«

Graf Lebzeltern bat ihn überzeugt zu seyn, dass Oesterreich sich durch die Weigerung der Pforte nicht in seiner Würde verletzt betrachten werde. Diese Würde verlange, dass man der Pforte gerechte Vorschläge mache. Das solle man allerdings thun, aber sie zu zwingen, gäbe es im Umfange des Rechtes keinen Vorwand. Der Graf las, in seinem und in seiner beiden Gefährten Namen, Betrachtungen über das in der vierten Sitzung von dem russischen Staatskanzler vorgelegte, und in seiner neuen Abfassung wenig geänderte Actenstück vor *). Der Letztere nahm es zurück und versprach den Beauftragten nächstens einen neuen Beweis der Nachgiebigkeit des Kaisers. In der sechsten Sitzung endlich, am 13. März, vereinigte man sich zur Unterzeichnung eines Protokolles und es wurde beschlossen, gleichlautende Weisungen an die vier Minister in Constantinopel zu verfassen. Graf Nesselrode übernahm diese Arbeit, so wie den Entwurf von Weisungen für die nach Griechenland zu sendenden Vertrauten.

Die Berathungen waren geschlossen — es schien ein Ergebniss erzielt; aber jeder der Minister der vier Mächte wusste, dass es nicht so war. Das Auftreten Russlands mit Vorschlägen zum Frieden, die alle zum Kriege hätten führen müssen, sein Drängen und das ausgesprochene Geständniss des Kaisers, dass seine Interessen und seine Ehre die Beilegung der griechischen Unruhen innerhalb weniger Monate verlangten, waren dazu gemacht, um die Minister von Preussen, Oesterreich und Frankreich das Schlimmste erwarten zu lassen. Aber allmählig waren diese Besorgnisse auch wieder geschwunden. Die gefährlichsten Vorschläge des russischen Cabinetes wurden durch den geregelten Widerstand hauptsächlich des österreichischen einer nach dem anderen über den Haufen geworfen, und was übrig blieb, war nicht einmal gemacht, um sich auf den Füssen erhalten zu können.

Aber den drei Mächten ein Vortheil erster Wichtigkeit, den erworben zu haben alle Mühseligkeiten der Petersburger Conferenzen aufwog, war das Geständniss, welches dem Grafen Nesselrode, der hingeworfene Vorschlag Oesterreichs wegen Anerkennung

*) Siehe Beilage VI. 2, 3.

der Unabhängigkeit Griechenlands abdrang. Graf Lebzeltern führte diese wichtigste Frage schon in der ersten Sitzung in die Besprechungen ein, und zwar gelegenheitlich der Erwägung, welcher Zwangsmittel man sich allenfalls gegen die Pforte bedienen könne. »Ich, meines Theils,« sagte der österreichische Botschafter, »bin überzeugt, dass mein Hof nicht wünscht dass man von Waffen, von Besetzung von Ländern, von militärischen Unternehmungen spreche. Ohne Zweifel wird zu Wien der Wunsch, Russland gefällig zu seyn, über manche Verschiedenheit der Meinung wegspringen machen, nie aber auch dann noch, wenn die Interessen Russlands und diejenigen Europa's dadurch gefährdet werden. Uebrigens drängt noch nichts zum Ausspruche, welche Massregeln man im äussersten Falle nehmen wird. Warum heute Entschlüsse ankündigen, wo der Ausspruch schon eine Feindseligkeit gegen die Pforte ist, deren Vertrauen man doch erwerben will, und eine mächtige Hülfe für den Aufstand, den man beizulegen sich zur Aufgabe macht? Meinem Hofe wäre, frei gesagt, lieber mit einem Sprunge über den Graben zu setzen, der bei allen Militärunternehmungen und Länderbesetzungen denn doch vor unseren Füssen läge, lieber geradezu die Unabhängigkeit der Griechen anzuerkennen und dadurch die Verlegenheiten durchzuhauen, welche alle Wege zur Lösung dieser Frage bewachsen.«

Graf Nesselrode blieb lange stumm auf diese Aeusserung. Dann drückte er sein Erstaunen aus, dass auf österreichischem Boden eine solche Idee habe sprossen und auch nur einen Augenblick Platz in einem Cabinete finden können, das zu allen Zeiten der Anwalt der erhaltenden Grundsätze, der Feind der Revolutionen und ihrer gefährlichen Triumphe gewesen sei. Aber auch auf die Pforte würde diese Drohung die beabsichtigte Wirkung verfehlen, sagte er, und sie zu grösserer Erbitterung gegen die Griechen treiben, vielleicht sie bewegen die Dardanellen den Russen zu schliessen und Russland also nöthigen, dieselben mit Gewalt sich zu öffnen. Er kam zurück auf den Einwurf, wie gefährlich diess Mittel für das Prinzip sei, wie es einen Gang zur Folge haben könnte, der dem von allen

Mächten getadelten Canning's rücksichtlich der spanischen Colonien in Südamerika gleich käme.

Der Graf antwortete ihm: »Der Unterschied, den Oesterreich zwischen dem Aufstande der Griechen und den Aufständen in Italien und Spanien aufgestellt habe, sei von allen Mächten richtig befunden worden. Oesterreich habe eben damit seine Einmischung auf eine rechtliche Grundlage gestellt. Dieser Unterschied führe zum Schlusse, dass die Griechen nicht wie die Aufrührer in Italien und Spanien zu behandeln seien. Das sei übrigens nicht einmal die Frage; es handle sich um eine höhere Nothwendigkeit und diese allein, ohne Zweifel, könne Oesterreich zur Anerkennung der Unabhängigkeit der Griechen führen. Thatsache sei, dass am Ende aller friedlichen Vergleichsmittel Russland keinen anderen Weg mehr vor sich sehe, als den Krieg gegen die Pforte, Oesterreich aber sehe noch denjenigen der Anerkennung der Unabhängigkeit. Hinter dem Kriege ständen alle Zweifel und Schwierigkeiten für Europa noch da; hinter der Anerkennung würden sie abgethan und die Frage geschlossen seyn. Ein neuer Staat würde sich bilden, den die europäischen Mächte zu regeln bemüht zu seyn hätten und es würden neue politische, neue commerzielle Interessen sich gestalten, die Jeder auf seine Weise für sich benützen könnte. Er bitte, den Standpunct nicht zu verrücken,« fuhr der Graf fort, »Oesterreich wünscht zunächst die Unterwerfung und die Sicherung der Griechen durch wohlberechnete, innere Massregeln; gelingt es nicht, diess Ziel zu erreichen, und schlägt Russland nur den Krieg als Mittel vor, so wird Oesterreich das letzte friedliche Mittel, die Anerkennung, vorziehen.« Graf Laferronais, nicht weniger überrascht, äusserte, dass er zwei grosse Uebel genannt sehe. Müsse er wählen, so würde er sich für das kleinere, die Anerkennung entscheiden *).

---

*) Siehe Beilage VI. 4.

Graf Nesselrode, von dem österreichischen Botschafter gedrängt, den Vorzug der Anerkennung vor dem Kriege zuzugestehen, nahm keinen Anstand zu erklären: »Russland könne die Unabhängigkeit der Griechen nie wollen; es wolle dieselben unter der Herrschaft des Sultans, begünstigt so weit es angeht, und in ihrer Verwaltung unabhängig.« Dass Russland unter dieser bedingten Unabhängigkeit nichts anderes als einen Stand der Dinge meinte, in welchem die hohe Hand über die griechischen Provinzen ihm gesichert wäre, das konnte den drei Höfen nicht zweifelhaft seyn.

Die Petersburger Berathungen also hatten für die Höfe das wichtige Ergebniss in klaren Worten darzulegen, was Russland nicht wollte. Es wollte die Beilegung der griechischen Unruhen, aber nicht zu jedem Preise und auf jedem Wege, nicht auf demjenigen unmittelbaren Einverständnisses zwischen den streitenden Theilen, nicht auf dem des Sieges der ottomanischen Waffen und weniger noch auf dem anderen des Sieges der Griechen. Es wollte die Unabhängigkeit Griechenlands nicht; nicht die Festsetzung der Aegypter in der Morea. Es wollte die Beilegung der Unruhen nicht durch die friedliche Vermittelung Oesterreichs und Frankreichs. Warum wollte es keinen dieser Wege? Weil es unter Beilegung der Unruhen in Griechenland hauptsächlich die Wiederkehr seines eigenen früheren Verhältnisses zu diesem Lande verstand, und weil es auf allen diesen Wegen nur Klippen für seinen Einfluss erblickte, der ihm allerdings als eine Nothwendigkeit erscheinen konnte. Eben desshalb war ihm nur derjenige Weg der Lösung der genehme, auf welchem es selbst vorangehen und wo es Leiter seyn konnte.

Der Kaiser wollte allerdings den Krieg nicht, der in den Wünschen und Hoffnungen der meisten seiner Räthe lag, aber er wollte durch die Besetzung der Fürstenthümer oder durch andere von den übrigen Mächten gebilligte Zwangsmassregeln sich die Oberleitung sichern. Ihn lockten hiezu weniger ehrgeizige Entwürfe, als weil diess das einzige Mittel war, im türkischen Reiche wie in Griechenland seinen früheren Einfluss herzustellen oder einen neuen auf den

Trümmern des alten zu begründen. Der alte war dort und da vor der Hand gebrochen, weil die Pforte die Gefahr desselben eingesehen, und weil die Revolution in Griechenland neue Interessen schuf, indem sie die alten zerstörte. Der Kaiser sah auch nur auf diesem Wege die Möglichkeit sich eine Demüthigung zu ersparen, der öffentlichen Meinung in seinem Reiche zu genügen, und den Vorwurf zu widerlegen, als habe er russische Interessen den Interessen anderer Mächte geopfert.

Alle Widersprüche, alles Schwanken im Petersburger Cabinete kam aus dem Schwanken des Zielpunctes, den es sich vorgesetzt hatte, und an dem nur das Eine fest war: kein unabhängiges Griechenland. So wie es zu zweifeln begonnen hatte seine Absichten auf natürlichem, geregeltem, friedlichem Wege durchzuführen, war es bereit zu jedem anderen und suchte in der Zustimmung der Mächte den Mantel der Berechtigung hiezu. Versagten die Mächte diese Zustimmung, so schmeichelte es sich, dass die Pforte, durch Fehler im Benehmen, die Last der Versündigungen schwer genug machen werde, um seine Abtrennung von den Mächten und eigenen Gang zu rechtfertigen.

Das war, in diesem wichtigen Augenblicke, die Ansicht der Mächte. Fürst Metternich, als er den Ausgang der Berathungen erfuhr, sagte zu einem seiner Freunde: »Es kostet dem Menschen jederzeit viel, sich eine unangenehme Wahrheit zu gestehen. Das ist heute die Lage des russischen Cabinetes. Es will es nicht über sich gewinnen zu sehen, dass die Zeit, die Ereignisse und sein eigener Gang in der ersten Epoche des griechischen Aufstandes die Stellung Aller verrückt haben. Russland hat nie die Unabhängigkeit der Griechen gewünscht, hat in seinem Interesse sie nie wünschen können. Der Aufstand ist aber heut zu Tage ein Kampf um die Unabhängigkeit und das erste Ergebniss dieses Wechsels, die Unvereinbarkeit des Einflusses, den Russland sonst über Griechenland übte, mit den heutigen Interessen der Griechen. Das will es sich nicht gestehen und glaubt, dem Schicksale eines Landes nicht fremd bleiben zu dürfen, wo es durch so lange Zeit überwiegenden Einfluss übte. Auf der anderen Seite ist Russland wieder so enge an die Mächte geknüpft, dass es ohne ihre Zustimmung und Mitwirkung nichts zu unternehmen in der Lage ist. Es blickt nach Auswegen und findet keinen. Was es will, ist eben unmöglich und das Mögliche will es nicht. Das ist der Schlüssel zu allen seinen Verlegenheiten!"

Aus diesen Verlegenheiten erklärt sich auch, wie Kaiser Alexander, erst so übel auf England zu sprechen, dass er Herrn von Ribeaupierre hauptsächlich desswegen zurückhielt, weil das Cabinet von St. James an dessen Absendung ihn gemahnt hatte, dem Grafen Nesselrode auftrug, Stratford Canning in der griechischen Sache zu sprechen. Dieser Minister hatte im März die Gränzangelegenheit an der Nordwestküste Amerika's mit Russland in's Reine gebracht, und schickte sich an, Petersburg zu verlassen, wo seine Stellung, ohne Theilnahme an den Besprechungen, eine persönlich unangenehme war. Er beantwortete die ersten Anwürfe des Grafen Nesselrode sogleich mit dem Begehren, dass die Verbündeten auf jede Zwangsmassregel gegen die Pforte sowohl als gegen die Griechen verzichten. Diess liess Graf Nesselrode ohne Erwiederung und Stratford Canning reisete ab.

Bevor noch die Weisungen aus Petersburg nach Constantinopel gingen, bewiesen die Nachrichten aus der Morea, dass der Feldzug bereits im Gange war und die Schilderung von der Parteiung und Erschöpfung der Griechen, so wie der Vergleich der Kräfte lauteten zu keiner Zeit günstiger für die Pforte, als eben damals. Man fühlte zu Petersburg die Nothwendigkeit, — und das russische Cabinet sprach sie zuerst aus, — weiterer und unmittelbarer Verständigung unter den Höfen über mehrere Puncte des Protokolles vom 13. März und man kam leicht überein, am 7. April, vor der Hand die Pforte nur um die Annahme des Grundsatzes der Dazwischenkunft der Mächte und zwar auf vertraulichem Wege anzugehen, damit sie wie aus eigenem Entschlusse diess Zugeständniss thun oder vielmehr die Mächte zu dem, was derselben Begehr war, einladen könne *). Die Forderung des Waffenstillstandes, die Sendung nach der Morea, wurden einstweilen vertagt. Gleichlautende Weisungen gingen von Petersburg an die vier Minister nach Constantinopel ab, wo sie am 13. Mai eintrafen **).

Wenn die Cabinete auf das Gelingen dieses Schrittes gerechnet hätten, so würden sie nicht den unpassendsten Zeitpunct gewählt haben, um bei der Pforte Gehör zu finden. Zum ersten Male hatte der Krieg von Seite der Türken einen nachdrücklichen Charakter, und der Erfolg der Waffen war auf allen Theilen des Kriegsschauplatzes für sie.

Wir haben das den Griechen nachtheilige Verhältniss der Mittel und ihre schweren Versäumnisse und traurigen Zwistigkeiten während des Winters oben geschildert und gehen nun auf die Geschichte dieses Feldzuges selbst über, des wichtigsten während des ganzen Kampfes.

Die griechische Regierung sah wohl, was sich im Norden und Süden diessmal früher im Jahre als gewöhnlich bereitete. Dort rüstete Reschid-Pascha, nun zum Seriasker von Rumelien ernannt, nachdem er Epirus beruhigt, ungestört in Larissa und Janina; hier stand Ibrahim völlig bereit in Suda und zu diesen Kräften sollte noch die Flotte des Kapudan-Pascha beihelfend kommen. Sie setzte ihr Vertrauen hauptsächlich in die Seemacht. Sie bot Hydra und Spezzia zu einer Anstrengung auf, die dem Drange der Umstände entsprechend und der Auszeichnung, dass die Inseln nun an der Spitze von Griechenland standen, würdig wäre. Drei Geschwader sollten zu gleicher Zeit dem Feinde die Spitze bieten. Das erste unter Miaulis wurde gegen Suda und Modon beordert; das zweite unter Sachturis nach Mytilene und Tenedos; das dritte unter Georg Nengkas in den Golf von Patras. Jedes dieser Ge-

---

*) Siehe Beilage VI. 5.

**) Siehe Beilage VI. 6.

schwader war einige dreissig Segel stark und führte zehn bis zwölf Brander mit sich. Es liefen auch die beiden ersten im März, das dritte aber am 27. April aus Hydra aus.

Die Vertheidigung von Westgriechenland übertrug die Regierung einem Ausschuss von drei Gliedern. Sie vertraute den Oberbefehl in Mesolongi den Capitainen Sturnaris, Liakatas und anderen, Anatoliko aber den Sulioten und Epiroten. In die Stellungen von Vonitza und Karbassaros am Golfe von Arta und in's Gebirge Makrynoros hatte schon Mavrokordato, wie wir wissen, die Haufen des Nota Bozzaris, Tzongas, Makrys und anderer geworfen, und die Regierung schickte den Capitain Andreas Iskos aus Nauplia, um die Oberleitung der Vertheidigung der Gränze zu übernehmen und in dieselbe Einheit zu bringen. Die bewaffnete Macht in Westgriechenland mochte zu Ende März an 6000 Mann betragen. Die Regierung hoffte aber den Aufstand des gesammten Volkes, sobald der Feind in's Land brechen würde.

Die Vertheidigung von Ostgriechenland war dem Capitain Guras, einem tüchtigen Manne, übertragen zugleich mit einem Regierungsausschusse, der in Salona seinen Sitz hatte. Unter Guras standen die Capitaine Grissiotis, Stathis, Nakos Panurias, Dimos Scaltzas, Georg Kitzos, G. Valtinòs, G. Aeniàn und andere. Sie lagen mit etwa 7000 Palikaren im phocischen und lokrischen Gebirge und hatten 1500 Mann zu Athen. Skyros und die Teufelsinseln, so wie die des Archipels unterstützten die Truppen im Gebirge mit Zufuhren. Odysseus, völlig mit der Regierung zerfallen, unterhandelte mit Omer-Pascha von Euböa, von dem er Unterstützung verlangte zu einem Angriffe auf Athen. Er hatte sich in der Schlucht ober Thitorea am Parnass eine Höhle zurecht gemacht; in dieser hausete er unangefochten.

Die Entscheidung für die Zukunft Griechenlands lag aber in der Morea. Da that sich Mavrokordato's Einfluss entscheidend hervor, indem er einerseits Kolokotroni's und seiner Anhänger entbehren, anderseits Kolettis um seine Macht bringen wollte. Er hob daher Kunturiotis, durch den Reichthum seines Hauses der bedeutendste Mann in Hydra, aber schwach und leicht zugänglich, hoch über die Stelle, die er einzunehmen verstand, indem er ihn zum Oberbefehlshaber zu Wasser und zu Land ernennen machte, Kolettis aber aus seinem Lager in Elis nach Nauplia rief. Dieser, in Kenntniss der Absicht, die diesem Rufe zu Grunde lag, gehorchte zögernd aber dennoch. Die von ihm gesammelten Truppen wurden durch eine angebliche bessere Vertheilung aufgelöset, unter ihnen weniger bekannte Führer gestellt und eigentlich gebrochen, denn unzufrieden verliess der grössere Theil derselben die Fahne, ging nach dem Festlande oder kam nach Argos. Die Regierung, mit Petro-Bey völlig ausgesöhnt, dessen einen Sohn Constantin sie in ihre Mitte aufgenommen hatte, schien sich nicht darum zu bekümmern. Sie verstärkte die Besatzung von Navarin auf 2000 Mann Kephalonier, Kranidioten, Mainoten und andere Peloponnesier, und gab dem Hydrioten Dimitris Sachturis darin den Befehl. Die vor dem Hafen liegende Insel Sphakteria wurde mit drei Batterien versehen, und durch den alten Hetäristen Anagnostaras und durch Tzokris mit fünf bis 600 Peloponnesiern besetzt. Auch die verfallenen Mauern von Alt-Navarin, auf der Höhe im Nordwesten des Hafens gelegen, wurden etwas aufgeräumt und sollten im Nothfalle die Bulgaren des Hadschi Christos, die aus Arkadiern und Tzakonen zusammengesetzten Haufen der beiden Zaphyropulos, und die Mainoten unter den Söhnen und Neffen des Bey's aufnehmen, die zusammen über 6000 Mann stark, in Messenien sich sammelten. Mit diesen Truppen, deren Zahl durch das allgemeine Aufgebot verstärkt werden sollte, wollte man der Landung des Feindes entgegen treten. In Nauplia selbst arbeiteten die deutschen und französischen Philhellenen an der Bildung des geregelten Fussvolkes; der aus der Revolution in Piemont bekannte General Santa Rosa, der Oberst Colegno und mehrere andere Offiziere, waren von dem Pariser Vereine mit Waffen und Vorräthen gesendet worden. In der Person des General Roche stellte dieser Verein bei der griechischen Regierung einen förmlichen Beauftragten an, und diese benützte die Beglaubigung eines Mannes von Rang zur Vermehrung ihres Ansehens und zur Aufrechthaltung der sinkenden Hoffnungen des Volkes.

Die Vertheidigungsanstalten der Regierung waren für das Ende März berechnet, aber die Türken, sowohl als die Aegypter kamen ihnen zuvor.

Schon am 19. Februar lief Ibrahim mit 4000 Mann geregelten Fussvolks und 500 Reitern von Suda aus und landete, ohne dass Jemand ihn hinderte, am 22. bei Modon. An demselben Tage ging die zweite Abtheilung der ägyptischen Flotte mit 7000 Mann an Bord unter Segel und erreichte gleichfalls ohne Hinderniss Modon. 12,000 Aegypter standen sonach in den ersten Tagen des März auf dem Boden der Morea. Halil-Kapudan mit 18 Schiffen ging von Modon sogleich nach Patras, und versah diesen vom Mangel bedrängten Platz mit Lebensmitteln. Die wenigen griechischen Fahrzeuge, welche vor Mesolongi kreuzten, flohen in den Golf von Lepanto, wobei zwei derselben strandeten, und verbrannt wurden. Acht türkische Schiffe von Prevesa gekommen, schlossen sich vor Patras an das Geschwader. Am 16. März langten auf 58 Fahrzeugen abermals 5000 Aegypter aus Suda in Modon an, und drei Tage darauf rückte Ibrahim-Pascha vor Navarin und berannte diesen Platz, auf dessen Wällen etwa vierzig Stücke Geschütz standen und in den ein paar Tage früher die ungeregelten Haufen unter Georg Mavromichalis, Yatrakos aus Sparta, Makryjannis aus Athen u. s. w. mit einer Compagnie geregelter Artillerie und einigen Kephaloniern, nach misslungenen Bestrebungen, um die Aegypter ferne zu halten, sich geworfen hatten. Die Besatzung, nunmehr wirklich an 2000 Mann stark, hatte an dem piemontesischen Major Colegno einen brauchbaren Ingenieur, war aber schlecht mit Mitteln versehen, und hing trotz einigen Cisternen von der Zufuhr an Trinkwasser ab, das von dem anderen Gestade des Hafens geholt werden musste. Die venetianische Wasserleitung, die von aussen nach der Festung führt, fiel sogleich in die Hände des Feindes.

Ueberrascht durch die Nachricht der Landung machte die Regierung 25 Schiffe des ersten Geschwaders in Eile von Hydra aufbrechen. Diese segelten am 17. März ab, begegneten der unter Hussein-Bey von Modon nach Suda zurücksegelnden Flottenabtheilung, die 9 Fregatten, 10 Corvetten und 21 Briggs und Goeletten zählte, und begnügten sich, sie zu begleiten, denn schon hatten sie in Erfahrung gebracht, dass drei Landungen geschehen waren, und erriethen, dass die Flotte vor ihren Augen Truppen zur Bewerkstelligung einer vierten zu holen ging.

Was die Regierung an Leuten in Messenien gesammelt hatte, warf sie auf die Aegypter. Hadschi Christo's und die Arkadier, an 4000 Mann stark, griffen dieselben am 24. März hart bei Navarin an, wurden aber durch das Regiment des Kurschid-Bey in die Flucht geschlagen und liessen 60 der Ihrigen gefangen in den Händen der Aegypter. Durch die Söhne und Neffen des Petro-Bey und anderes Volk auf 6000 Mann verstärkt, und ermuntert durch vier Fahrzeuge, die Miaulis in den Hafen schickte, griffen sie zwei Tage darauf wieder an, scheiterten aber mit dem schweren Verluste von 200 Todten und vielen Gefangenen. Nicht glücklicher waren Karatassos, Karaiskakis, Tzavellas, Kosta Bozzaris und andere Führer des Festlandes, zu den Truppen Kolettis gehörend, unzufrieden, aber dennoch aus Achaja und Elis herbei geeilt, in diesem Augenblicke allen Zwist und Undank vergessend. Auch diese Truppen, die kräftigsten aus allen, zersplitterten an der Reiterei und am Geschütze des Feindes. Nun aber begann Muthlosigkeit unter den griechischen Haufen. Die Reiterei und das Bajonnet, die Ueberlegenheit der Ordnung und Abrichtung, so verschrieen, so verachtet unter den Palikaren, standen nun wie Wälle vor ihnen, während ihre Gewehre und ihr Muth ihnen wie Binsen erschienen. Sie verliefen sich mehr und mehr. Die Moreoten klagten gegen die Rumelioten; diese gegen jene. Die Parteisucht trat aus allen Winkeln hervor und der Klagen gegen die Regierung war kein Ende. Während die Einen sie der Absicht ziehen, die Halbinsel durch die

Rumelioten unterjochen zu wollen und als Preis ihrer ferneren Beiwirkung zur Vertheidigung, das Austreiben der Rumelioten und die Freigebung Kolokotroni's verlangten, klagten sie die Anderen schändlicher Eifersucht an, und wiesen nach, wie Kolettis mit 12,000 Mann ihm ganz ergebener Palikaren die viertausend Araber, welche zuerst ausschifften, sicher in die See geworfen und dadurch einen unberechenbaren Erfolg erlangt, ja das Land gerettet haben würde. In dieser höchsten Noth glaubte Mavrokordato irgend eine Massregel grosser Wirkung nehmen zu müssen. Er bewog Kunturiotis sich auch wirklich an die Spitze der Truppen zu stellen, und zu Ende März feierlichen Auszug aus Nauplia zu halten. Aber schon in Tripolitza hielt der Präsident an, kam nur langsam und mühsam bis Kalamata; Mavrokordato aber eilte nach Navarin voraus, von Santa Rosa und allen Philhellenen, so wie von einigen hundert Palikaren begleitet, auf dem ganzen Zuge durch das Land überall Leute aufbietend und hinter sich herziehend. Kolettis aber wurde unter anständigem Vorwande in Nauplia zurückgelassen und fügte sich mit dem ihm angeborenen, grossartigen Gleichmuthe ohne Uebelwollen in die Rolle, die man ihm zudachte.

Nun geschah für die Insel Sphakteria und für Alt-Navarin, was früher hätte geschehen sollen, obwohl auch diess zu wenig, aber bei dem Mangel an Mitteln das Mögliche war. An 3000 Mann Rumelioten wurden, als unter den dermaligen Umständen nicht ablösbar, auf diesen beiden Puncten, 1200 Mann derselben in Nauplia, 500 in Akrokorinth zurückgehalten, die übrigen erhielten den Befehl zum Marsch in das Festland. Dafür sammelten sich bei Messene über 6000 Moreoten, über welche ein unerfahrener Hydriote, Scurtis, den Befehl erhielt, und die Hoffnung fing aufs Neue an, die leichtbewegten Griechen zu erfüllen, als Ibrahim-Pascha am 19. April diese Haufen, zu denen sich die besten aus den Sulioten freiwillig geschlagen hatten, angriff, den Capitain P. Zaphyropulos, mehrere untergeordnete Capitaine und an 600 Mann tödtete, und fast eben so viele gefangen nahm, den Rest aber in die Flucht schlug. Seit diesem

Tage konnten die Aegypter ohne die geringste Störung die Belagerung von Navarin fortsetzen, die anfänglich nur eine ungeregelte Bewerfung aus ein Paar Mörsern und Beschiessung mit ein Paar Geschützen gewesen war, aber gegen Ende April einen drängenden Charakter annahm.

Sieben Tage nach der Rückkehr Hussein-Bey's nach Suda traf dort auch Halil-Kapudan mit 11 Schiffen seines Geschwaders ein, und am 25. langte aus Alexandria ein Transport von 35 europäischen Kauffahrern an mit 2500 Mann und bedeutenden Vorräthen an Munition, Pferden, Lebensmitteln und schwerem Geschütze. Er war nur durch 5 Kriegsbriggs begleitet, und dennoch hatte Miaulis ihm nichts anhaben können. Die Aegypter fuhren keck als wie in ihren Meeren auf und nieder. Am Abende des 27. April brach die gesammte Flotte (11 Fregatten, 12 Corvetten, 33 Briggs und Goeletten) aus Suda auf, um die an Mitteln so reichen Transporte nach Modon zu führen. Miaulis mit 20 Schiffen warf sich ihr am folgenden Tage entgegen, aber Windstille fesselte bald beide Theile. Am 29. April erneuerte Miaulis, der über dem Winde sich befand, den Angriff und suchte, obwohl vergeblich, die Feinde aus ihrer Ordnung zu locken. Diese zogen ungestört fort und wehrten den Feind, wenn er sich nahte, durch das weit überlegene Geschütz leicht ab. Mit Einbruch der Nacht gelang es drei Brandern, in die Colonne der Aegypter zu dringen. Zwei derselben verzehrten sich vergeblich und auch der dritte blieb ohne entsprechenden Erfolg. Zwar hatte er sich an eine grosse Fregatte gelegt und schon brannte mit ihm, da er in Feuer aufging, auch das Hintertheil dieses Schiffes und ein Theil des Takelwerkes hell auf, aber dennoch entwand sie sich dem Brander, der einsam in der dunklen See abzehrte, während sie des Feuers an Bord mächtig wurde und die Flotte ohne Anhalten nach Modon fortzog. Miaulis begleitete sie bis dahin, und wechselte wohl häufig Schüsse mit ihr, aber er konnte ihr nicht ein einziges Transportschiff abjagen und überhaupt die Bewegungen der Feinde nicht hindern, die ohnediess schon an Zahl und Art der Schiffe ihm weit überlegen, am 10. Mai durch das algierische Geschwader von 8 Schiffen unter Mustapha Reis abermals zu Modon Verstärkung erhielten.

Aber sobald Hussein-Bey angelangt und das Geschütz an's Land gebracht war, betrieb Ibrahim die Belagerung mit solchem Eifer, dass der Fall des Platzes nicht lange mehr anstehen konnte. Er griff am 7. Mai zum wiederholten Male auch Alt-Navarin an, in dessen gestürzte Mauern Hadschi Christos, der Erzbischof Gregorios von Modon und Mavrokordato mit nahe an 2000 Mann sich geworfen hatten, musste aber der Stelle des Berges, der tapferen Gegenwehr und dem Feuer der im Hafen stehenden griechischen Schiffe weichen. Tags darauf lief eine Abtheilung Miaulis's, 8 Schiffe unter dem Hydrioten Anagnostis Tzamado's, mitten durch die kreuzende Flotte des Feindes in den Hafen. Der grössere Theil der Besatzung dieser Schiffe begab sich mit ihrem Führer auf die Insel Sphakteria, wohin auch Mavrokordato von Alt-Navarin und Dimitris Sachturis von Navarin selbst kamen, um mit Anagnostaras und Tzokris die Vertheidigung zu leiten. Bald darauf traten 46 feindliche Schiffe in den Hafen, und während sie das Feuer gegen die Küstenbatterien und die darunter Schutz findenden griechischen Fahrzeuge eröffneten, schlossen sie durch drei Fregatten die Ausfahrt des Hafens ab. Am 9. Mai, eine Stunde vor Mittag, griff Ibrahim mit fünfzig bewaffneten Booten die Insel an der inneren Seite an, wo das Gestade am besten sich zur Landung schickte und die schwächste der drei griechischen Batterien stand, warf die Palikaren, nahm die Batterie und fasste die Hydrioten und übrigen Vertheidiger von allen Seiten. Die meisten der Griechen mit ihren Führern blieben auf dem Platze oder kamen in den Wellen um, indem sie die Küste von Alt-Navarin schwimmend zu erreichen suchten; ein geringerer Theil rettete sich auf die Schiffe, von denen sieben nun die Flucht ergriffen und aus dem Hafen kamen. Das achte aber, das des Tzamado's, erwartete seinen Führer, der einstweilen an der Spitze der Hydrioten auf der Insel kämpfte und fiel. Auf dieses

Fahrzeug rettete sich Mavrokordato durch Schwimmen. Santa Rosa und Anagnostaras waren an seiner Seite niedergehauen worden. Das Schiff entkam auf fast unbegreifliche Weise durch die nördliche, seichte Ausfahrt, von Nikolos Vulzi und Dimitris Sachturis geführt. Fast die ganze Besatzung der Insel, über 1000 Mann, war auf dem Platze geblieben, und die Aegypter verfolgten ihren Vortheil, indem sie noch an demselben Tage Alt-Navarin angriffen; aber die Steile der Höhe unterstützte die Verzweiflung der Griechen. Der Sturm wurde abgeschlagen. In der folgenden Nacht suchte die von Allem entblösste Besatzung dieser Ruine sich zu der drei Stunden von dort im Dorfe Ligudisti stehenden Abtheilung griechischer Truppen zu retten; sie zog aus, aber bald war sie umringt, durch Feuer, die der Feind rings um sie anzündete, eingeengt. Was sich in dieser Nacht zurück in die Festung rettete, musste sich am nächsten Morgen ergeben. Hadschi Christos, der Bischof Gregor von Modon und einer der Söhne Petro-Bey's waren nun Gefangene im ägyptischen Lager. Ueber 700 Mann unter Capitain Lucas streckten die Waffen, wurden durch die ägyptische Reiterei ein paar Stunden weit geleitet und dann entlassen.

Diese schweren Unfälle erfuhren zum entscheidenden Nutzen für die griechische Sache durch eine gewaltige That Miaulis's eine Unterbrechung, die den Jammer über die erlittenen Verluste mit Siegesgeschrei übertäuben machte. Am 12. Mai, während er die vor Modon kreuzenden Schiffe des Feindes, 30 an der Zahl, durch einen Angriff festhielt, sandte er gegen den im Hafen liegenden Theil der Flotte, der aus der in Schweden erbauten Fregatte Asia und aus 20 kleineren Kriegsschiffen bestand, eine Abtheilung der seinigen, der er selbst bald folgte. Um 6 Uhr Abends drang diese zwischen den Inseln Cabrera und Sapienza hindurch, und legte einen Brander an die Fregatte, deren sechs aber an die übrigen Schiffe. Um 8 Uhr flog die Asia auf, drei Corvetten, drei Briggs, vier türkische und zwei jonische Transporte wurden verbrannt. Stadt und Festung litten nicht, obwohl die Griechen das Gegentheil verkündeten.

Dieser Schlag, der in ganz Griechenland den Eindruck der Landung und des Sieges Ibrahim's abstumpfte, minderte aber die Bedrängniss von Navarin nicht, das gerade an demselben Tage gegen freien Abzug der Besatzung mit Waffen und Gepäcke die Uebergabe ansprach. Ibrahim schlug diess ab und setzte das Feuer fort. Am 13. drang Miaulis durch die ägyptische Flotte in den Hafen und warf Hülfe in den Platz, aber sie war nicht mehr im Stande, den Muth der Besatzung zu beleben. Am 18. verlangte diese abermals freien Abzug, obwohl ohne Waffen und Gepäcke, unter Bürgschaft zweier eben im Hafen anwesender Kriegsschiffe, eines österreichischen und eines französischen. Die Uebergabe kam zu Stande. Am 23. geschah der Ausmarsch der Besatzung, die noch 1100 Mann zählte. Ibrahim liess allen denen, die ihn darum ersuchten, die Waffen; was an türkischem Gelde bei den Gefangenen gefunden wurde befahl er, ihnen als türkischen Unterthanen zurückzugeben und nur das englische Geld zu behalten, das aus dem Anleihen gekommen war. Er behandelte sogar den Erzbischof Gregorios, den ein schlimmer Ruf von vielen bei der Eroberung von Navarin im Jahre 1822 an Weibern und Kindern begangenen Grausamkeiten begleitete, mit Rücksicht, entliess einen Neffen Petro-Bey's in die Heimath und hielt nur Yatrakos und Georg Mavromichalis, den Sohn des Bey's, als Geisseln für Selim- und Ali-Pascha zurück, die in Nauplia gefangen worden waren. Auf österreichischen und englischen Kauffahrern wurde die Besatzung, durch die beiden vermittelnden Kriegsschiffe bis Kalamata geleitet und dort in die Heimath entlassen. Im Platze fanden die Aegypter 5 Sechsunddreissigpfünder, 2 Vierundzwanzigpfünder, 7 Achtzehnpfünder, 4 Sechzehnpfünder, 14 Zwölfpfünder, 5 Neunpfünder, 11 Sechspfünder, dann 6 Mörser, — 52 Geschütze im Ganzen, theils eherne, theils eiserne, und vier davon unbrauchbar. Ferner 62 Fässer Schiesspulver, 32 Kisten Flintenpatronen, 2500 Kanonenkugeln verschiedenen Kalibers, 150 Bomben, 51 Stangen Blei, 1100 Gewehre, 600 Pistolen, 120 Säbel; Zwieback,

Mehl, Hülsenfrüchte, Oliven und gesalzene Fische für den Bedarf eines Monates, und Wasser in den Cisternen für etwa 14 Tage.

So war dieses Bollwerk Griechenlands gefallen. Um dieselbe Zeit aber war auch das andere, Mesolongi, schon hart bedroht. Im Laufe des März hatte Reschid-Pascha in der Umgegend von Arta an 20,000 Mann gesammelt. Die angesehensten Häuptlinge aus Albanien waren in Person zugegen. Varnakiotis stand mit mehreren hundert Mann als Waffengefährte unter ihnen. Auch Odysseus, Andruzzo's Sohn, der vor wenigen Monaten noch Herr von Ostgriechenland gewesen war und unter den Trümmern des Parthenon seinen Fürstensitz aufgeschlagen hatte, er, den Griechenland in den Tagen des Ruhmes und der Gefahr unter seinen kühnsten und glücklichsten Streitern gesehen hatte, und der den Gedanken mit sich herumtragen durfte, sich zu dessen Herrn zu machen: auch er hatte seine sichere Höhle verlassen und war, noch immer von einer zahlreichen Schaar begleitet, vor Mechmed-Reschid-Pascha gekommen, um von nun an gegen sein Vaterland zu stehen. Aber er ertrug den Anblick des türkischen Lagers nicht; er nahm nur seine Silberlinge und eilte dann zurück in's phocische und lokrische Gebirge, wo ihn bald darauf das Verhängniss erreichte.

Am 1. April setzte sich das Heer des Seriaskers in Bewegung. Ismael-Pascha Pliassa drang mit 7000 Mann in die Pässe des Makrynoros. Die Haufen des Nota Bozzaris und Tzongas mit einigen Bewohnern des Valtos, überrascht und zu schwach an Zahl, räumten sie ohne Gefecht. Andreas Iskos fand als er kam, die Engwege bereits in der Hand des Feindes und warf sich in das akarnanische Gebirge, dessen Bewohner ihre Weiber und Kinder auf die jonische Insel Kalamos flüchteten, welche die Engländer den Griechen als Freistätte geöffnet hielten. Aber der rechte Flügel der Türken, 2400 Mann stark, unter dem Befehle des Kiaja des Seriaskers, von Varnakiotis begleitet, drang unbekümmert um die Haufen im Gebirge, über Karavassera bis Vonitza und durch das Xeromeros hinab, während der linke unter Abbas-Pascha, 4000 Mann stark, sich in das Gebirge am linken Ufer des Aspropotamos warf, und mit aus Thessalien einbrechenden Haufen sich vereinigte, um weiter nach Salona niederzusteigen. Soliman-Pascha von Berat und Danut-Aga mit 6500 Mann rückten als zweites Treffen um die Mitte April auf dem Wege über Ambrakia an die Mündung des Flusses, die Griechen aufgerollt vor sich her treibend bis nach Guria. Da trafen die Flüchtigen den Capitain Sturnaris, der, als Abgeordneter des Regierungsausschusses, sie zu bewegen suchte Stand zu halten jenseits des Flusses, nicht Andreas Iskos und die Anderen aufzugeben, die noch das akarnanische Gebirge behaupteten; wirklich gingen auch Tzongas und Makrys über den Fluss zurück, fanden aber auf allen ihren Wegen den Feind und hielten nun nicht mehr, sondern eilten nach Anatoliko und Mesolongi. Schon am 23. April erschienen die Türken vor Anatoliko, nachdem sie die Sulioten aus der Stellung von Kephalovrysi gedrängt hatten, und am 27. vor Mesolongi, während an diesem Tage Ismael-Pascha bei Guria mit seiner gesammten Kraft über den Fluss ging.

Der linke Flügel der Türken stand schon im Thale des Sperchius und rückte in dasjenige des Kephisus. Guras, der erst am Knemis mit türkischen Haufen sich schlug, und in Livanades sogar einen derselben eingeschlossen hielt, überliess diesen an Grisiotis und Stathis, und ging mit nahe an 4000 Palikaren dem Abbas-Pascha entgegen, griff ihn am 20. April bei Daulis an, und schlug sich am 23. und 24., bis er die Türken nach Chäronea zurückdrängte, von dieser Seite den Zugang nach Salona sichernd. In den Gefechten bei Livanades hatte sein böses Schicksal Odysseus in die Hände seines einstigen Gefährten und Protopalikaren gebracht. Geschreckt durch die, wahrscheinlich falsche, Nachricht, dass er zufolge eines Befehls des Sultans festgenommen werden sollte, und auch bereits von den meisten der Seinigen verlassen, suchte er durch die Flucht sich zu retten, täuschte die Türken durch den Schein der Verfolgung und entkam zu den Griechen. Aber Guras liess ihm Ketten anlegen, brachte ihn vor der Höhle vorbei, wo Odysseus Familie und

Schwieger noch hauseten, und nachdem der Versuch misslungen war, diese zur Uebergabe zu bewegen, sandte er ihn nach Athen. Da sowohl, als zu Megara, steinigte ihn das Volk fast, und die Weiber schlugen ihn in's Gesicht. Er aber ward in den hohen Thurm auf die Akropolis gebracht. Die Besatzung verweigerte der Regierung diesen Mann unter dem Vorwande, er sei zu Athen sicherer als zu Nauplia, und Guras liess ihn einige Wochen darauf, um allem Wechsel ein Ende zu machen, von der Höhe des Thurmes auf den Pflasterweg herunter stürzen, so dass er auf der Stelle todt blieb.

Anfangs Mai bezogen die Türken ein geregeltes Lager vor Mesolongi und Anatoliko. Soliman Pascha mit 9000 Mann hielt die Verbindung mit Epirus; Mistirli-Ali-Bey diejenige mit Abbas-Pascha durch's Gebirge; Kutschuk und Bujuk Banos aber mit 6000 Mann die mit Lepanto. Mechmed Reschid-Pascha besprach sich am Gestade von Mesolongi mit Jussuf-Pascha von Patras. Dieser versprach das schwere Geschütz zum Angriffe auf diess andere Bollwerk Griechenlands zu liefern.

Mesolongi ist von Nord-Nordwest bis Süd auf Entfernung von drei bis fünf Seemeilen von Lagunen geschützt, welche kaum drei Fuss Wasser haben, und nur durch einen einzigen kleinen, schmalen, vielfach gewundenen Canal den Booten die Fahrt an die Stadt erlauben. An der Mündung dieses Canales hatten die Griechen auf einer flachen Insel, noch eine Stunde von der Stadt entfernt, eine Mauerflèche für 6 Kanonen, mit Flanken aus Sand und Reiswerk angelegt, Vasiladi genannt. Grössere Schiffe können sich derselben nur bis auf drei Seemeilen nähern. Ausser dieser schwachen Schutzwehr hatte Mesolongi an der Seeseite keine. Die Befestigung der Landseite bestand nur in einer crenelirten Mauer mit sieben Thürmen und einem Wassergraben, sieben Fuss tief und zwischen zwölf und dreissig Fuss breit. Einige 40 Geschütze und ein Paar Mörser, meist von Byron's Gefährten, Capitain Parry hergerichtet, lagen auf den Thürmen, die man Bollwerke hiess und mit geschichtlichen Namen, wie Marco Bozzaris, Kosciuszko, Wilhelm Tell, Montalembert, Makrys, Rigas und Korais belegt hatte. Eine Batterie Sheffield auf Kosten des Lord Charles Murray erbaut, ein paar andere, Kutzonikas und Miaulis, verstärkten die nördliche Seite, ein kleiner Halbmond, Wilhelm von Oranien, den Winkel zur östlichen. Die Stadt war ein Gemenge armer Häuser, ohne jeden gesicherten Ort für Mannschaft, Kriegs- und Lebensmittel. Die Besatzung, an 4000 Mann stark, war in Hinsicht der letzteren fast nur auf die See angewiesen. Diese aber stand ihr vor der Hand noch offen und griechische Kaper griffen Kauffahrer ohne Unterschied der Flaggen auf, sobald sie Lebensmittel an Bord führten.

Der Seriasker näherte sich den Landseiten der Stadt mit drei Batterien, wovon in zweien nur vier Kanonen eingeführt waren, aus der dritten aber einige Mörser spielten. Er suchte in die Lagunen niederzusteigen, was die Griechen durch ein paar Kanonen, die sie auf ein halbversenktes Fahrzeug brachten, hinderten. Jeder Tag steigerte jedoch die Gefahr in welcher Mesolongi schwebte, und was die Vertheidiger sich dermalen noch zu ihrem Troste sagen konnten war, dass der günstige oder ungünstige Ausgang des Angriffes des Seriaskers an dem Willen seiner Truppen und dieser an dem Eintreffen oder Nichteintreffen der Lebensmittel hing, der Angriff also auf keiner festen Grundlage stand, in so lange die Flotte des Kapudan-Pascha nicht bei der Hand war.

Von dem Erfolge der ägyptischen und türkischen Waffen waren die Minister zu Constantinopel grösstentheils in Kenntniss, als sie, in den ersten Tagen des Juni, die am 13. Mai erhaltenen Weisungen ausführten. Der Bairam erlaubte ihnen nicht früher an das hoffnungslose Werk zu gehen. Sie hatten einmüthig beschlossen den Ausdruck »Dazwischenkunft« (intervention) durch den »gute Dienste« (bons offices) zu ersetzen, weil es für diesen letzteren im Türkischen einen entsprechenden Ausdruck gab (Mesaigi dschemile), für jenen aber nur einen verfänglichen (Tewassül), der um eine Linie weiter ging als Dazwischenkunft, nämlich auch Vermittlung bedeutete. Sie sandten, jeder für sich, mit fast gleichlautenden zeigbaren

Weisungen ihre Dolmetscher an die Pforte; Graf Guilleminot den seinigen am 3. Juni, der Internuntius am 7., Baron Miltitz am 10. und Herr von Minciaky am 13.

Die Pforte, in Kenntniss des Herganges bei den Berathungen in Petersburg, und namentlich der Vorschläge, mit denen Russland dort aufgetreten war, betrachtete das Begehren der vier Minister als eine Falle und lehnte es einfach ab. Sie war daran den Verbündeten eine Thüre zu öffnen, indem sie dem österreichischen Dolmetsch Carl v. Testa, die Frage stellte: warum die Mächte nicht damit anfingen sich an die Griechen zu wenden, und sich nicht vorerst dieser versicherten bevor sie an die Pforte gingen? Aber das Gewicht, welches der französische Dolmetsch, Dégrange, unzeitig auf diese Aeusserung legte, und der schneidende Ton, in welchem die russischen, die Herren Franchini, für die Ernennung der Beschli-Aga's durch die Hospodare sprachen, führten zum trockenen Ablehnen der guten Dienste der Mächte. Die Antwort war dem Reis-Efendi von dem Sultan selbst vorgeschrieben worden. Der Minister begleitete sie, bei der Uebergabe an die Dolmetscher von Frankreich und Oesterreich mit den einfachen Worten: »Wir wissen, wohin diese guten Dienste uns führen sollen. Dass Russland seinen Gewinn sucht, seine ehrsüchtigen Plane auf die eine oder andere Weise auszuführen bestrebt ist, das ist in der Ordnung der Dinge. Was aber Oesterreich, Frankreich und Preussen bei der Verwirklichung dieser Plane, deren letztes Ziel der Sturz des türkischen Reiches ist, zu gewinnen hoffen, das ist es, was wir nicht begreifen.« Am 15. Juni traten die Gesandten zusammen und theilten sich die erhaltene Antwort mit. Am 17. gingen ihre Eilboten damit nach Wien, Paris, Berlin und Petersburg ab. Sie war in der Form verschieden; höflich und freundlich an Oesterreich, gefällig an Frankreich und Preussen, schneidend an Russland. Es zerschlugen sich auch um diese Zeit die Verhandlungen zwischen Däuemark und der Pforte, wegen Zulassung der Flagge jenes Staates in das schwarze Meer. Man konnte über die Bedingungen sich nicht vereinen.

Aber der Krieg ging rasch weiter und ein neues Gewicht war einstweilen noch in die ohnediess so überwiegende Wagschale der Türken gekommen. Der Kapudan-Pascha verliess mit 67 Schiffen (3 Fregatten, 9 Corvetten, 14 Briggs, 20 Goeletten und 21 Transportschiffen) am 28. Mai die Dardanellen. Er bekümmerte sich wenig um Sachturis, der ihm bei Mytilene mit 37 Schiffen Schaden zu thun bestrebt war und 7 Brander vergeblich aufopferte. Am 2. Juni war er in der Strasse zwischen Negropont und Andros, wo Wind und Meer sich gegen ihn wandten und Sachturis Gelegenheit gaben, die türkischen Schiffe einzeln anzugreifen. Eine Fregatte, die ihre Masten im Sturme verlor und eine Corvette wurden verbrannt; eine andere Corvette strandete auf Syra und wurde dort von der Bemannung in Brand gesteckt. Sechs Transporte fielen den Griechen in die Hände. Drei Briggs, neunzehn Goeletten und fünf Transporte eilten nach Carysto; der Kapudan-Pascha aber mit 23 Segeln lief am 5. Juni in Suda ein, wo Tags zuvor Hussein-Bey, am 29. Mai mit 9 Fregatten, 9 Corvetten und 21 Briggs und Goeletten des ägyptischen Geschwaders aus Navarin abgesegelt, angelangt war.

Dort erschienen am 11. und 12. Juni Miaulis und Sachturis, die sich bei Falkonera vereinigt hatten, mit 62 Segeln, darunter zehn Brander, und kündigten laut den Entschluss an, diessmal in den Hafen zu dringen und die feindliche Flotte zu vernichten. Auch versuchten sie es am 14. und 15., aber Hussein-Bey ging ihnen an beiden Tagen mit kleinen Schiffen und bewaffneten Booten in die Bucht vor dem Hafen entgegen und hinderte die Annäherung, so dass sie drei Brander verloren, mit einem vierten eine Corvette, nur weil sie gestrandet war, zerstörten und die Ueberzeugung der Unzulänglichkeit der Waffe mit sich nehmend, die Gewässer von Suda verliessen. Die türkische und die ägyptische Flotte, die letztere mit 5200 Mann Arnauten, 600 Reitern und 1200 Mann Tross an Bord, liefen am 23. aus Suda. Miaulis und Sachturis, im Vortheile des Windes, versuchten bei Cerigo am 28. Juni abermals zwei

Brander an ihnen und abermals vergebens; dann begnügten sie sich, sie aus der Ferne zu begleiten. Jene langten am 2. Juli in Navarin an.

Dreizehn Tage nach der Einnahme von Navarin war Ibrahim, nach Zurücklassung von nur 300 Mann in diesem Platze und der doppelten Zahl vor Modon, mit 13,000 Mann Fussvolk und der gesammten Reiterei nach Arkadia aufgebrochen, hatte Besatzung in den Ort gelegt und sich dann über das Gebirge nach den Ruinen von Messene und nach Andrussa gewandt. Während dieses Marsches stiess er auf den einzigen damals in der Morea gesammelten Truppenhaufen, der, 1700 Mann stark, unter dem Archimandriten Dikäos (Pappa Flessa), Kephala und zwei Neffen des Petro-Bey eine gutverwahrte Stellung im Walde bei Maniaki inne hatte. Er umzingelte denselben und vernichtete ihn fast gänzlich, denn da viele der von ihm mit den Waffen entlassenen Leute darunter waren, so gab er kein Quartier. Dikäos selbst, dieser alte Hetärist und leidenschaftliche Parteimann, endete hier sein unruhiges Leben. Hierauf zog Ibrahim nach Nisi und Kalamata, welches am 8. Juni in Flammen aufging, liess in der Ebene etwa 2000 Mann zurück, überraschte und fing auf der Strasse nach Mistrà bei Saranta 300 Mainoten mit ihren Capitainen. Da vernahm er, dass Kolokotronis in Freiheit gesetzt und zum Oberbefehlshaber aller griechischen Streitkräfte in der Morea ernannt sei. Wirklich hatte die Regierung, durch die schnell auf einander folgenden Niederlagen fast aller Mittel des Widerstandes beraubt und durch die steigende Unzufriedenheit bedroht, als zu einem letzten Mittel dazu gegriffen, das Schwert nicht in die Hände Kolettis's, sondern Kolokotroni's zu legen, mit dem sich Mavrokordato im Grunde leichter befreunden konnte. Diese Massregel war von dem immer biegsamen und am wenigsten durch Leidenschaft befangenen Kolettis selbst, der durch den Drang der Verhältnisse nun wieder Einfluss gewann, ausgegangen. Es war seine Ansicht, man müsse dem fremden Tyrannen den eingeborenen vorziehen, und um diesem das Gegengewicht zu schaffen, machte er Hydra zur Vertheidigung gegen einen möglichen Angriff von Seite des Kapudan-Pascha, von der Regierung 2000 Rumelioten verlangen, und die 1200 Sulioten in Nauplia durch 500 Leute des Guras verstärken. Erst der Fall von Navarin entschied die Ausführung dieses Beschlusses, den der Sieg Miaulis's zu hindern gedroht hatte. Die Regierung, die noch am 21. April auf die Meldung, dass Zaimis, Lontos und andere Geflüchtete von Kalamos nach der Halbinsel zurückgekehrt seien, den Befehl erlassen hatte sie zu greifen und einzuliefern, setzte am 22. Mai den vor wenigen Tagen aus dem Kloster auf Hydra nach der Stadt selbst herabgebrachten, aber dort noch verwahrten Kolokotronis, den Mann, der, wie Kunturiotis zu sagen pflegte, so Vieles zu rächen hatte, völlig in Freiheit, berief für den 28. eine allgemeine Versammlung der Civil- und Militärhäupter nach Nauplia, verkündete am 30. eine allgemeine Amnestie und übertrug am 1. Juni die Vertheidigung und Rettung des Vaterlandes mit ausgedehnten Vollmachten dem Theodor Kolokotronis und Peter Mavromichalis, indem sie zugleich das gesammte Volk zu den Waffen und unter den Befehl dieser beiden Führer rief. Petro-Bey, der achtzehn Söhne oder Neffen und über sechzig Verwandte gegen den Feind verloren, und die grössten Opfer unter allen Griechen gebracht hatte, eilte sogleich nach der Maina, Kolokotronis aber nach Kalavryta, um mit Lontos, Zaimis und Sissinis das allgemeine Aufgebot zu betreiben. Er bestimmte den Khan von Makriplagi, auf den Höhen zwischen dem Alpheusthale und dem des Pamisus, zum Sammelpuncte der Streitkräfte, um den Zugang aus Messenien zur Hochebene von Tripolitza zu decken. Ibrahim aber wählte den höher gelegenen durch die Engpässe von Poliani und brach am 17. Juni mit 8000 Mann und der Reiterei auf dem Wege nach Leondari vor. Da eilte Kolokotronis mit ein paar tausend Mann aus Tripolitza herbei, in der Hoffnung, den Feind noch im Gebirge zum Gefechte zu bringen. Am Dorfe Akowo hatten seine Posten Steinwälle gehäuft, hinter denen sie hielten, bis Verstärkung nachrückte. Genäios Kolokotronis, Kanellos Delijannis und andere Capitaine schlugen sich dort während des 17., aber Plaputas mit der Haupttruppe konnte nicht halten und wich bis Komara. Vergebens erneuerte der in der Nacht herbeigeeilte Kolokotronis am Morgen den Angriff; es gelang ihm zwar, seinen bedrängten Sohn zu retten, aber die griechischen Truppen mussten auf allen Puncten weichen. Am 20. waren sie bis Tripolitza zurückgeworfen, gaben die Stadt den Flammen preis und am 21. zogen die Aegypter in die rauchenden Trümmer. Drei Tage später sahen Nauplia und Argos die Höhen, worüber die Wege nach Tripolitza führen, von den Bajonneten der Aegypter erglänzen.

Griechenland wäre jetzt verloren gewesen, hätte Ibrahim den Stand der Dinge in Nauplia gekannt; hätte ihn nicht der Wunsch, Kolokotronis zu erreichen und durch dessen Niederlage allen Widerstand zu brechen, verlockt und die Beharrlichkeit Ypsilanti's mit der Besorgniss nachdrücklicheren Widerstandes auf dem Felde von Nauplia als der That nach möglich war, getäuscht.

Ypsilanti, ein Mann nichtig im Rathe, aber der edelsten Aufopferung fähig im Felde, hatte sich mit Makrijannis und anderen Führern hinter in der Eile aufgeworfene Schanzen an den Mühlen von Lerna geworfen, wo die Kornvorräthe von Nauplia lagen. Constantin Mavromichalis stiess zu ihm, so dass die Zahl der griechischen Streiter dort auf einige Hunderte stieg. Zwei Kriegsschiffe lagen am Ufer. Ibrahim senkte sich am 25. mit ein paar tausend Mann Fussvolk und 2500 Reitern in die Ebene herab, nahm Argos, und während er für seine Person nur von 80 Reitern begleitet hart bis an das Thor von Nauplia ritt, das in der Verwirrung kaum geschlossen werden konnte, griff sein Fussvolk die Schanzen an den Mühlen an, konnte dieselben aber nicht gewinnen. Alle Philhellenen von Nauplia waren herbeigeeilt und die zufällig eben damals auf der Rhede liegenden Commodore Hamilton und Rigny, beide von philhellenischer Gesinnung fortgerissen, thaten das Ihrige, um in Nauplia der eine und an den Mühlen der andere den Widerstand zu beleben. Die Regierung, durch Hamilton ermuthigt, beharrte in Nauplia, dessen Vertheidigung sie an den Obersten

Fabvier übertrug; dieser gewandte Offizier aber wusste Zuversicht in Truppen und Bevölkerung zu bringen. An den Mühlen that sich namentlich Makrijannis hervor, der auch verwundet wurde. Dort nicht überwunden zu sein, war schon ein Sieg. Jedermann handelte, als leite ihn das Gefühl, dass an diesem Tage die Entscheidung des ganzen Feldzuges hänge. Und so war es auch, obwohl diess damals nicht vorausgesehen werden konnte. Da der Angriff der Aegypter auf die Mühlen ohne Erfolg geblieben war, und Ibrahim mit seinem Streifzuge gegen Nauplia nur eine Erkennung im Sinne gehabt, zum Hauptaugenmerke aber Kolokotronis hatte, so verbrannte er Argos und zog am 27. die vorgeschobenen Truppen wieder über den Parthenion nach Tripolitza zurück, ohne dass Kolokotronis und Koliopulos ihm einen Verlust beizubringen im Stande gewesen wären. In Tripolitza setzte er sich fest, da es ihm der Drehpunct und die Vorrathskammer für den weiteren Feldzug werden sollte.

Mesolongi *) war einstweilen durch geregelte Belagerung schwer bedrängt. Es hielten die Westseite der Stadt Sturnaris und Dimo Tzelios, die Mitte Makris, und die rechte oder östliche Seite Tzongas und Liakatas. In Anatoliko standen Sulioten unter Nota Bozzaris, Sukas und Anderen. Die Verbindung zwischen beiden Orten machte die Schanze Poros, so wie das Vorwerk Vasiladi die Einfahrt in die Canäle schloss. Schon am 5. Mai begannen die Türken ein Zickzack gegen die Fronte des grossen Thores der Bastion Bozzaris und warfen einen Schutzgraben gegen das Vorwerk Wilhelm von Oranien auf, den sie am 7. bezogen. Im Laufe des Monates legten sie der Batterie Normann gegenüber eine Redoute an, begannen die Bewerfung der Stadt und kamen bis auf 15 Klafter an die Mauer. Im Juni blieben Demeter Sideris, Rutzos und andere Capitaine gegen sie, doch erhielten die Griechen auch Unterstützung durch die Brigg Leonidas, die durch vier Schiffe des

*) Siehe den Plan, der obwohl mehrere Jahre später aufgenommen, doch einen Anhaltspunct gibt.

Pascha von Patras nicht vertrieben werden konnte, und am 10. durch das dritte griechische Geschwader unter Georg Nengkas, das dem mit 7 Fregatten, 10 Corvetten und 20 kleineren Schiffen am 7. aus Navarin ausgelaufenen Kapudan-Pascha in den Golf von Patras folgte. Das Anlangen dieser Flotte vor Mesolongi musste die Regierung fürchten machen, diess andere Bollwerk Griechenlands in wenigen Wochen zu verlieren.

Aber auch in Ostgriechenland schien derselbe böse Stern zu walten. Am 17. Mai griffen die Türken, die nun auch an der Westseite des Parnasses sich herabsenkten und durch die unbesetzten Pässe vor Lidoriki gelangt waren, mit nahe an 2500 Mann und 500 Pferden die Griechen in ihren Steinschanzen »bei den fünf Geyern« vor Salona an. Dort hielt Panurias mit etwa 600 Mann aber nicht lange, denn auch die Besatzung von Lepanto konnte den Vormarsch der Albanesen über Lidoriki durch eine Bewegung über Potidania begleiten und Abbas-Pascha drückte über Mavrolithari auf der Strasse von Hypate herab. Nachdem die Hälfte der Griechen geblieben, flohen die Anderen nach Salona und zogen den Feind hinter sich her in die fast sorglose Stadt. Die geringe Besatzung unter dem aus der Morea dahin geeilten Kitzo Tzavellas flüchtete über Delphi und Desphina nach dem Helikon; Regierungsausschuss und ein Theil der Einwohner stürzten nach Chrysso hinab und setzten über nach Korinth; ein anderer meinte sich auf die Berge zu retten und fiel grösstentheils den Türken in die Hände; der Rest wurde in der Stadt theils niedergehauen, theils in Sclaverei gebracht. Während Salona und der Boden bis an's Gestade mit Blut gedüngt wurde, die Dörfer brannten und Flüchtige den Golf bedeckten, jammerten am jenseitigen Gestade die aus der Morea abziehenden, eben bis Vostitza gelangten Rumelioten und zogen hinunter bis Lutraki im äussersten Winkel des Golfes, um, da sie nicht genügende Schiffe fanden, zu Lande nach dem Helikon zu gelangen. Da sammelten sie sich im Gebiete von Thisbe und rückten aufwärts an den Kirphis und Parnass, verjagten die Türken aus Desphina und brachen über Arachowa und Delphi bis an die letzten Höhen von Salona vor. Aber sie vermochten vor der Hand nichts als die Türken zu necken, ihre Zufuhren zu bedrohen und zu nehmen und sie abzumüden und zu schwächen durch Ueberfälle, Postengefechte, Angriffe in Schlucht und Wald. Das thaten sie denn auch den Sommer über. Karaiskaki, Vassos Mavrovuniotis, Kosta Bozzaris, Perrhävos, Tzavellas und mehrere Capitaine des Guras verschanzten sich am Kloster Moni, und abwechselnd zwischen 1500 und 3000 Mann stark, führten sie von dort aus den kleinen Krieg. Am Vardussi aber und auf den anderen Gebirgen im Westen von Salona trieben sich Dimos Skalzas, G. Valtinos, A. Karajannis und G. Aenian mit mehreren Hunderten herum, verschanzten die Engwege, schnitten die Verbindungen durch und wurden ein Anhaltspunct für das arme, wie das Wild gejagte Volk. Im Sommer auch brachen die Negropontiner Türken aus ihrer Insel und überschwemmten mit beinahe 8000 Mann ohne Widerstand Böotien und Attika. Grisiotis und Vassos mussten die Umgegend von Salona verlassen und nach Megara und Eleusis eilen, um den Isthmus zu sichern. Die Türken waren überall Herren wo sie standen, in der Halbinsel sowohl als im Festlande; es gab keine Kraft auf Seite der Griechen stark genug, um ihnen die Stirne zu bieten; es gab nur kleinen Krieg aus Noth und Unmöglichkeit der Unterwerfung.

Unter diesen Umständen war der Pforte erlaubt, auf das nahe Ende des griechischen Aufstandes zu hoffen. In den europäischen Cabineten herrschte dieselbe Erwartung vor. Das Petersburger suchte den in den Berathungen verlorenen Boden durch unmittelbare Verhandlungen zu gewinnen, indem es Anfangs Mai, also bald nach dem Schlusse dieser Berathungen, dem Wiener, Pariser und Berliner Cabinete, jedem abgesondert, die Frage vorlegte, was es zu thun gesonnen sei, im Falle dass die Pforte die Dazwischenkunft verwerfe? Es wartete dazu nicht einmal die Antwort der Pforte ab, und war zum Voraus von der Unfruchtbarkeit des bei ihr gemachten Schrittes überzeugt. Die drei Cabinete antworteten bestimmt, dass sie jede

Zwangsmassregel unzulässig finden würden, und gaben dadurch die Abneigung kund, je zur Besetzung der Fürstenthümer und zum Abruf der Gesandtschaften, die beide Russland im Auge hatte, willig zu seyn. Dennoch sprach Russland im vertrauten Wege diese Massregeln als Vorschläge, von denen es sich entscheidenden Erfolg erwarte, aus. Fürst Metternich wies auf England wegen der ersten und erwiderte gegen die zweite einfach: wenn man verhandeln will, muss man die Unterhändler nicht abrufen *).

Als die Nachricht von der Weigerung der Pforte in Petersburg ankam, war für diesen als gewiss vorausgesehenen Fall, im Grunde nichts bereitet. Er machte wenig Eindruck, aber die Empfindlichkeit gegen Oesterreich wuchs; der Wunsch, die Bande zu lösen, in denen man beengt lag, wurde lebendiger und in die andere Wagschale fiel nur, dass Frankreich und Preussen fest an Oesterreich gebunden schienen und dass aller Wahrscheinlichkeit nach der griechische Aufstand in kürzerer Zeit, als jeder Plan reifen konnte, den türkischen Waffen erlegen seyn würde. Graf Nesselrode wartete auf irgend ein Ereigniss, welches ihm die Möglichkeit geben sollte, die drei Mächte oder wenigstens Frankreich auf die ihm zweckdienliche Weise anzufassen. Er wechselte einige Noten mit Metternich, die seine Erbitterung kaum verhüllten. Dieser pflegte dem Wortträger des Grafen, dem Bailly von Tatitscheff, zu sagen: »Es liegt in der Natur des Menschen, dass diejenigen die Unrecht haben, denen die im Rechte sind, ihre Verlegenheiten in die Schuhe schieben.«

Im August ging Kaiser Alexander von Petersburg ab. Er wollte die Kaiserin nach Taganrok begleiten, wohin die Aerzte sie gewiesen hatten, und dann nach Astrachan reisen, wohin ihn der Vorschlag der Verbindung der Wolga mit dem Don lockte. Es war Stillstand im russischen Cabinete, aber sein Entschluss im September schon so weit reif, dass Herr von Minciaky am 15. den Befehl

*) Siehe Beilage VI. 7, 8.

erhielt, mit keinem seiner Collegen sich in Besprechungen, sei es über die griechische oder über eine andere Frage, einzulassen.

Der Krieg in der Morea stellte sich immer ungünstiger für die Griechen. Kolokotronis, auf dem Partheniongebirge und im Norden der Ebene von Mantinea seine Haufen sammelnd, erhielt am 4. Juli durch die Regierung Nachricht von neuem Truppennachschub, der den Aegyptern in Navarin angelangt war. Er eilte, sie in Tripolitza anzugreifen. Desshalb umschloss er die Hochebene von Tripolitza, indem er Plaputas mit 2000 Mann die Stellung von Valtetzi auf den westlichen Höhen, seinem Sohne Genäos mit 3000 Mann diejenige von Vervena und Trikorpha auf den südlichen und östlichen übertrug, die 4000 Mann aber, mit welchen Zaimis, Londos, Notaràs, die Petmezäi und Andere die nördlichen bei Levidi hielten, nach Kloster Chrepa, nahe an Tripolitza heranzog. Was sich erst befehdet hatte, stand nun in brüderlicher Eintracht neben einander. In der Nacht zum 5., als die Aegypter die Feuer der erst zum Theil eingetroffenen Griechen erblickten, brachen sie aus Tripolitza auf, und kamen diesen mit dem Angriff zuvor. Genäos konnte sich in den Steinaufwürfen von Trikorpha nicht halten. Nach und nach rückten die Haufen heran, ihn zu unterstützen — man focht auf dem ganzen Gebirge, aber überall mussten die Griechen zuletzt weichen, und nachdem sie eilf Capitaine und über tausend der Ihrigen verloren, begaben sie sich auf die Flucht. Sie sammelten sich wieder bei Levidi und Karytäna, wo Kolokotronis am 7. mit 4000 Mann sich einfand, und den Muth der Seinen zu heben bestrebt war, indem er angab, in Vervena an 9000 Mann zu haben, aber ein dringender Aufruf an die Mainoten um Hülfe bewies seine Noth. »Wo bleiben so lange die Waffen von Sparta?« heisst es darin, »wo sind die Spartaner? wo ist ihr Muth, wo ihre Liebe zum Vaterlande? Welche Erschlaffung! Sparta fügt uns heute den grössten Nachtheil zu. Es sieht das Vaterland zu Grunde gehen und steht nicht für dasselbe! Erwachet, ihr Brüder! denn wenn der Peloponnesus verloren (was Gott verhüten wolle), wohin werden wir uns retten? Nach Ost- und Westgriechenland? Aber auch diese Länder sind unter den Hufen des Feindes. In die Höhlen? Aber da werden wir sterben vor Hunger und Durst. Auf die Gebirge? Aber auch dort ist der Feind. Nach Sparta? Aber auch Sparta wird nicht ungestraft bleiben, wenn der Peloponnesus unterjocht ist. Nach Europa? Aber sollen die Griechen wie die Hebräer unter anderen Völkern leben? Kein Ausweg bleibt uns übrig, als der mit den Waffen. Auf die Feinde also! auf die Feinde mit Entschlossenheit! und so entweder ein ehrenvolles Leben oder einen Tod wie Leonidas! Ich habe mich müde geschrieben, ich habe mich heiser geschrieen — wer Christ ist, komme herbei, für Religion und Vaterland!«

In der Richtung von Sparta waren aber die nächsten Bewegungen Ibrahim's. Er durchbrach am 20. Juli mit einer Truppe von 3000 Mann die Vorpostenreihe des Demetrius Ypsilanti, der bei Vervena Leute sammelte und schon an 1500 Mann vereiniget hatte, griff Tags darauf die verschanzte, von Zaphyropulos und den Brüdern Hadschi Stephanis und Georgis mit 2000 Mann besetzte Stellung von Arachówa an und eroberte dieselbe, obgleich Ypsilanti mit 600 Mann herbei eilte und an dem Gefechte redlichen Theil nahm. Nur wenige Flüchtlinge warfen sich in Thürme und vertheidigten sich; die Menge zerstob und Ypsilanti und Kolokotronis, der für seine Person in der Nacht herbeikam, konnten am folgenden Tage kaum 500 derselben zusammen finden. Da einstweilen die aus Levidi und Karytäna bei Alonistena und Maguliana sich gesammelten Haufen in die Ebene drangen, wandte Ibrahim um, schlug sie und durchzog verwüstend Karytäna und die Umgegend. Alles flüchtete nach den Bergen und auch dort sich nicht sicher haltend, nach der Maina und nach Nauplia. Heerden in Menge, Beute und Gefangene brachten die Sieger nach Tripolitza.

Schrecken und Bestürzung hatten sich in diesem Zeitpuncte aller Griechen bemeistert. Die Führer kamen die meisten ohne Mannschaft und Mittel nach Nauplia, darunter Ypsilanti und Genäos,

Kolokotroni's Sohn, während der Vater mit ganz ungenügenden Kräften auf dem Gebirge herumschweifte.

Nauplia selbst war ein Anblick der grässlichsten Ueberladung mit Volk, des Elends und des Entsetzens; Tausende von Flüchtigen lagen, von Allem entblösst und mit dem Hungertode kämpfend an den Mauern oder überfüllten die elenden Strassen. Ueber 24,000 Menschen bewohnten die vierhundert zerfallenen Häuser der Stadt. Täglich kamen neue Flüchtige und nicht bloss aus der Morea; auch aus dem Festlande zogen die wackersten Führer, Karaiskakis, Tzavellas, und viele Andere, am Ausgange verzweifelnd, dahin. In dieser Noth, im Grunde durch traurige Ehrsucht Mavrokordato's, durch seinen Hass gegen Kolettis herbeigeführt, wusste nun allerdings Niemand Rath, wie das Land zu retten, wie wenigstens der Widerstand zu fristen wäre, als eben Mavrokordato. Den entscheidenden Einfluss übend, beredete er die Regierung zu einem sehr zweideutigen Mittel welches, wenn es das war wofür er es später gab, allerdings den Erfolg für sich hatte, nämlich zu dem höchst kecken Schachzuge, Griechenland und seine Sache Grossbritannien auf feierliche Weise zu Füssen zu legen, und in der Erwartung, dass der Antrag in London nicht angenommen werde, die Verhältnisse der Cabinete unter sich wo möglich zu verrücken, den gefährlichsten Gegner Mechmed-Ali und Ibrahim mit der Besorgniss zu befangen, dass die ganze Sache eine mit England abgekartete sei, die Griechen zu ein paar Monaten Ausdauer zu bewegen, sie von dem Verträgnisse mit den Aegyptern abzuhalten, und so die nahen Geldhülfen des zweiten Anleihens und den Winter zu erreichen, wo dann ein günstigerer Stand der Dinge eingetreten oder irgend ein rettendes Wunder geschehen seyn konnte.

Schon seit dem Falle von Navarin war die Idee, sich England zu unterwerfen, besonders in den Inseln ausgesprochen worden und hatte Anhänger gefunden. Sie erschien bald als unbedingte Unterwerfung, bald als Vorschlag, den Prinzen von Coburg sich von

England zum Fürsten zu erbitten. Aber sie hatte auch viele entschiedene Gegner, alle, welche mit dem Grafen Capodistrias in Verbindung standen, den ursprünglichen Gedanken der Hetärie festgehalten hatten, ihre Erwartungen auf die Hülfe Russlands stützten, dem Wirken der Engländer auf den jonischen Inseln abgeneigt waren, alle endlich, und unter diesen Kolettis, welche die volle Unabhängigkeit ihres Vaterlandes im Auge hatten. Commodore Hamilton, durch die oft wiederholte Versicherung, dass England den Rückfall Griechenlands unter die alte Abhängigkeit von der Pforte nie dulden werde, hatte entscheidend dazu beigetragen die Hoffnung auf England zu vermehren. Als Freund und Rathgeber der Griechen hatte Niemand von den Fremden grösseren Einfluss, und Niemand auch mehr dafür gethan als eben er, den Gedanken des Verträgnisses mit den Türken von den Griechen ferne zu halten. Seine Sorgfalt insbesondere für Nauplia, zur Zeit der Bedrohung dieses Platzes durch Ibrahim, hatte die Andersdenkenden fast erschreckt und sie auf die Meinung gebracht, England denke daran sich in Nauplia ein anderes Gibraltar zu gründen. Aber ein Augenblick der grössten Entmuthigung des Volkes war eingetreten und er fiel mit demjenigen zusammen, wo eben eine vermehrte Zahl englischer Kriegsschiffe in den Gewässern von Mesolongi und Nauplia erschien, wo der Lord-Obercommissär der jonischen Inseln auf den nach der ersteren Richtung gegangenen sich befand, wo das Gerücht ihn in der Morea wissen wollte, wo die Umstände überhaupt der Regierung leicht machten, das Volk durch das Vertrauen in den Beistand Englands, wenn auch nicht zum Kampfe zu begeistern, doch mit dem Gedanken der Unterwerfung unter eine christliche Macht zu befreunden und dadurch von derjenigen unter die Aegypter, die bereits hie und da begann, abzuhalten. Aus diesem Gesichtspuncte konnte ein in die Augen fallender Schritt, im Sinne des Antrages sich an England zu geben, selbst bei vielen der Gegner Billigung finden. Mavrokordato hatte dafür in Hydra persönlich gewirkt, und als er von da am 20. Juli mit Hamilton nach Nauplia zurückkehrte, machte er noch an demselben Tage die Regierung zu einer ausserordentlichen Sitzung zusammentreten, und die verzweifelte Lage Griechenlands, die Auflösung aller Streitmittel, den äussersten Geldmangel, die grosse Ueberlegenheit des Feindes auseinander setzend, brachte er den Vorschlag zu Tage, sich der Grossmuth Englands zu übergeben. Er fand keinen Wiederspruch. Am 21. Juli begaben sich Mavrokordato, Kolettis, Spyridon Trikupis und Spiliotakis an Bord der Fregatte Cambrian, und trugen im Namen des griechischen Volkes dem englischen Commodore den Beschluss vor. Dieser nahm ihn als einen erwarteten und bedauerte, keine Weisung über einen so hochwichtigen Gegenstand zu haben; meinte, dass es mit der Halbinsel, als vom Feinde besetzt, grosse Schwierigkeit haben dürfte, liess für die Inseln, selbst für Nauplia, einen Hoffnungstrahl leuchten, und schloss mit dem Rathe, sich unmittelbar an seine Regierung zu wenden, einstweilen aber die Anstrengungen zum Widerstande zu erneuern.

Diese Antwort war genügend. Unter grossem Volkstumulte gingen die Abgeordneten nach dem Regierungsgebäude, und alsogleich wurde eine Unterzeichnung zu Gunsten des Beschlusses, sich Englands Schutz zu unterwerfen, eröffnet. Diese fand in Spezzia schon am 20. statt; am 23. setzte Kunturiotis sie in Hydra durch. Abgeordnete machten sich bereit für Korfu, das Geschehene dem Lord Obercommissär mitzutheilen, und der älteste Sohn des Navarchen Miaulis sollte den Unterwerfungsact in einem seiner Schiffe nach London tragen.

Diese Massregel musste die Kolokotronische Partei lähmen; aber die Regierung erwartete von ihr ohnediess keine Hülfe mehr. Sie musste die sogenannte französische Partei in den Harnisch jagen, aber der Einfluss derselben war verhältnissmässig gering — und den wahren Freunden der Unabhängigkeit war auf jeden Fall klar, dass die dringende Noth wirklich keine Wahl zuliess, um die grosse Gefahr zu durchschiffen. War es Mittel oder Zweck?, darüber mochten sich wenigstens die Letzteren fragen.

Es gab während der ganzen Dauer des Befreiungskrieges, weder vor noch nach dieser Epoche, im griechischen Volke eigentlich eine geschlossene, sich bewusste französische, englische oder russische Partei. Diese, in so ferne sie im Volke vorausgesetzt wurden, bestanden nur in den Träumen der Europäer und in dem Arsenale einiger Wühler. Es gab unter der Regierungspartei (denn eine solche bestand) im Laufe der Zeit Hoffnungen auf Russland, England oder Frankreich, und es gab Schritte zur Verwirklichung dieser Hoffnungen, aber diese Ansichten und Handlungen waren von dem Volke als Mittel, nicht als Zwecke verstanden. Als im Sommer 1824 der seit länger als 40 Jahren in Russland ansässige Grieche Varvakis, trotz seines Alters von achtzig Jahren, von Taganrok nach Griechenland ging, und die öffentlichen Blätter ihn als den Träger kaiserlicher Geschenke, als den Besitzer von Millionen ausschrieen, die er in die Wagschale gegen die Türken zu werfen beabsichtige; als die Einen von ihm behaupteten, er wolle die Ruinen seiner Vaterstadt Ipsara wieder aufrichten, die Anderen, er gehe Euböa zu erobern und dort eine Niederlassung zu gründen, die Dritten, er wolle die Morea organisiren, nannten auch die griechischen Blätter ihn zum vorneheinein den grossen Wohlthäter der Nation, und die Aussicht auf den Präsidentenstuhl in der Nationalversammlung wurde ihm entgegengehalten. Als aber sich gezeigt hatte, dass seine Schätze nicht so gross waren als ihr Ruf, und man erfuhr, dass er zu Genf eine Zusammenkunft mit dem Grafen Capodistrias gehabt habe, auch sein Benehmen auf die Voraussetzung einer russischen Partei gebaut war, stiessen ihn dieselben griechischen Blätter bald von sich, verdächtigten seine Gaben, und nannten ihn Verräther und geheimen Wortträger Russlands. Selbst Ypsilanti fand gerade in dem, was ihn anfänglich empfahl, das Hinderniss die Herrschaft zu bewahren. Capitaine und Regierungsleute hassten die fremde Einmischung, aber die einen legten diesen Hass auch offen gegen die Philhellenen an Tag, während die anderen dieselben nützten und streichelten.

Diese war auch durch lange Zeit die Haltung der Regierung gegen England und die Engländer, die unter ihrem Schutze eine Weile eine bedeutende Rolle im Lande spielten. Sie brachten Geld, Waffen, Kriegsmittel aller Art; sie auch politische und militärische Anwürfe, Schulen, Presse. Sie waren die Wortführer der Griechen in Europa, die ausgiebigsten Federn, worauf Mavrokordato und die Seinigen drückten, um den Enthusiasmus für die griechische Sache in Europa zu steigern und die Hülfen reichlicher zu machen. Sie waren das Mittel, um den Speculationsgeist der Londoner Börse zum Vortheile Griechenlands einzuspannen und das Anleihen zu unterhandeln, ohne welches die Schiffe und Brander, die den türkischen Flotten so viel Uebles anthaten, nicht in der See erschienen wären, ohne welches Samos im August des vorigen Jahres das Schicksal von Ipsara getheilt hätte, und der Archipel in die Macht der Türken gefallen wäre; ohne welches die Regierung zu Nauplia sich nicht hätte gegen die Oligarchen erhalten können und der Aufstand wahrscheinlich zu Anfang des Jahres 1825 mit der Unterwerfung Griechenlands sein Ende gefunden hätte.

Diese Dienste waren ohne Zweifel bedeutende. Aber sie vermochten bei den Eingeborenen das Misstrauen in die Absichten Englands, die Scheu vor der Möglichkeit der Einmischung Englands lange nicht zu mildern. Alle fürchteten die Nähe und das Beispiel der jonischen Inseln; sie fürchteten, dass England den günstigen Augenblick ergreife, um im Archipel eine Schutzherrschaft wie in Korfu zu gründen. Aus diesen Besorgnissen gingen Kälte und Zwang bis hart an die Zeit, von welcher wir sprechen, selbst in den Berührungen mit den englischen Philhellenen hervor. Selbst Mavrokordato, den man bald ihr Werkzeug, bald ihren Schützer schalt, und dem so Manche den Vorwurf machten, er treibe die Anglomanie bis zur Verrätherei, hatte nach und nach mit Blaquières, Trewlany, Stanhope gebrochen, endlich sogar mit Lord Byron sich schlecht gestanden, so dass dieses letzteren Tod dem öffentlichen Bruche zuvorkam. Mit Byron starb auch der scheinbare Einfluss der englischen Philhellenen völlig ab und derjenige der französischen trat hervor.

Eine französische Partei gab es im Volke eben so wenig, und noch weniger. So thätig auch die französischen Philhellenen waren, sie wogen nicht den englischen gleich an Geld, und das entschied ein für allemal. Die Regierung liess sie ihr Wesen treiben, Spitäler einrichten, Soldaten spielen und ihren Enthusiasmus und ihre Eitelkeit abfüttern. Die Oligarchen bedienten sich ihrer, um dem Scheinbilde der englischen Partei das Scheinbild der französischen entgegen zu stellen. Das beirrte Niemanden und Niemand glaubte daran, als die Philhellenen und Europa.

Gab es aber auch keine Parteien der Art, so gab es doch Anhänger dieser Mächte und wie weit diese zu gehen beabsichtigten, das war ihr Geheimniss. Es konnte sich aus den Getäuschten, die sie hinter sich herzogen, etwas, das die Stelle einer Partei vertrat, bilden. Das war wirklich der Fall mit Mavrokordato, der in Beziehungen zum Lord Obercommissär der jonischen Inseln und zu dem Befehlshaber des englischen Geschwaders, und dadurch mit der englischen Regierung zu stehen schien, die fast wie Abhängigkeit aussahen. In weit minderem Grade war diess der Fall mit Kolettis und es ergab sich vielmehr ein ziemlich fein angelegtes, sehr böses Spiel Mavrokordato's, diesem seinem Gegner im Ringen um die Macht die französischen Farben anzuhängen. Auch setzte sich nach und nach die Meinung fest, durch stetes Wiederholen der einen und selben Bezeichnung und durch das Nachlallen derselben Befangenen, Unwissenden und Böswilligen, dass Kolettis das Haupt der französischen Partei sei. Die Eitelkeit und Unbedachtsamkeit der französischen Philhellenen trugen das Ihrige dazu bei, um dieser Meinung Glauben zu verschaffen, und namentlich in England galt sie für eine ausgemachte Wahrheit.

Mavrokordato hatte die Unterwerfungsacte auch durch die Umtriebe eben dieser Philhellenen, als eine Nothwendigkeit um diesen Umtrieben zuvorzukommen, bei seinen Vertrauten geltend zu machen gewusst, und es ist kein Zweifel, dass ihm die Franzosen, vor allem General Roche, der Beauftragte des Pariser Vereines, diese Waffe in die Hand gaben. General Roche, aus dem Kreise der Anhänger des Hauses Orleans hervorgegangen, arbeitete seit Längerem dahin, die Griechen zum Ausspruche des Wunsches zu bringen, einen Prinzen aus diesem Hause zum Könige zu berufen. Noch bevor er gekommen war, hatten französische Philhellenen in diesem Sinne vorgearbeitet und sich zuerst an Mavrokordato gewandt, der einzugehen schien und darüber an Kunturiotis zu Anfang des Jahres 1825 mit der Bitte schrieb, die Sache vor Kolettis verborgen zu halten. Als General Roche gekommen war, liess dieser zunächst Mavrokordato durch einen Vertrauten, Vitalis, zu einer Unterredung einladen, gab Geschenke an ihn, an Kunturiotis und an Aenian, der für den Franzosen besonders geneigt galt, und er sprach Allen von einem Prinzen aus dem Hause Orleans. That er diess in der Erwartung, sich dadurch in Paris zu empfehlen, oder auch nur um dem Prinzen von Coburg einen französischen entgegen zu stellen, genug er setzte alle seine Mittel daran, um seiner Idee Anhänger zu werben, und gewann insbesondere im Festlande mehrere Capitaine dafür, unter die er Geschenke, Porträte des Prinzen u. s. w. austheilen liess. Die Sache kam förmlich vor dem Senate sowohl als vor dem Regierungsausschusse zur Sprache. Auf Kolettis Vorschlag wurde General Roche eingeladen, seine Vollmachten vorzuweisen. Er hatte keine und scheiterte also an der Unmöglichkeit, bestimmte Versprechungen geben zu können, und an der häufigen Gegenwart des französischen Commodore de Rigny, der sich nicht zur Stütze für Vorspiegelungen solcher Art hergab oder missbrauchen liess. Die Regierung drang noch weiter in Roche, indem sie ihn von der Absicht verständigte, Abgeordnete nach Paris zu schicken. Dagegen sträubte sich General Roche, und somit fiel der Versuch. Dieser eifrige Mann fing aber auch endlich an einzusehen, dass Mavrokordato nur dessbalb dem französischen Wunsche nachgeholfen hatte, um denselben denen, die England vorzugsweise zugeneigt waren, zum Besten zu geben. Hamilton wusste um Alles. Roche fing nun durch die Unterwerfungsacte Feuer und war ausser sich. W. Townshend Washington aber, der Abgeordnete des nordamerikanischen Vereines, nicht minder Feind von England, lief hinter ihm her. Beide veröffentlichten leidenschaftliche Verwahrungen. Die Griechen im Allgemeinen und die meisten Glieder der Regierung, wenig im Stande den Einfluss solcher Männer, wie Roche und Washington, in ihrem Vaterlande richtig zu beurtheilen, und von der Hoffnung beseelt, die Mächte durch Eifersucht aus ihrer Gleichgültigkeit zu reissen, waren nicht unzufrieden über die Wirkung, welche der neueste Beschluss auf jene Herren gemacht hatte, beachteten die Verwahrungen derselben gar nicht, und brachten sie zu immer lauterem Tadel, der seinerseits nicht wenig beitrug, in die Geneigtheit Englands den Schutz zu gewähren, glauben zu machen. Je lauter die Herren behaupteten, die Unterwerfungsacte sei von Hamilton herausgefordert, desto lieber musste diess insbesondere der Regierung, die in Mavrokordato's Händen war, sein, und er benützte diese Anklage, um sie Kolettis in die Schuhe zu schieben.

Was nun die Acte selbst betrifft *), so war sie unter der Ueberschrift einer Adresse des griechischen Volkes an England im Namen des Clerus, der Abgeordneten, der militärischen und politischen Vorstände abgefasst. Sie entwickelte in eilf einleitenden Artikeln die thatsächlich errungene Unabhängigkeit, die Schwierigkeit, welche dem Kampfe die Verletzung der Neutralität von Seite mehrerer Flaggen und der Umstand, dass Christen die muselmanischen Horden abrichteten und führten, entgegenstellten, — die Strenge Englands in Beobachtung der Neutralität, aber auch das Unzureichende dieser lobenswerthen Haltung, eben weil andere Mächte keineswegs die versprochene Neutralität beobachteten, — den unvermeidlichen Untergang Griechenlands, wenn es nicht Sieger bliebe, endlich die nach-

*) Siehe Beilage VI. 9.

barliche Billigkeit, und reihte an diese Einleitung in drei Artikeln das Gesetz, kraft welchem das griechische Volk seine National-Unabhängigkeit und seine politische Existenz ausschliesslich dem Schutze Grossbritanniens übergab.

Mit dieser Acte in sechs Urschriften durchzogen in den letzten Tagen des Juli Janulli Nakos von Livadien und Stamatis Daniells von Atalante Ostgriechenland; andere Abgeordnete das von den Türken unbesetzte Gebiet Westgriechenlands. Ueberall unterschrieb das Volk durch seine Primaten, Aeltesten oder Capitaine, ohne lange zu fragen, oder eine andere Antwort auf seine Frage zu bekommen als: England wolle es so; nur Guras, von einem der Anhänger des General Roche bearbeitet, weigerte die Unterschrift. Die Regierung verbarg diesen Widerspruch. Schon in der ersten Woche des August waren die unterzeichneten Urschriften in Hydra zurück und der Sohn des Navarchen Miaulis so wie Spyridon Trikupis gingen, wie oben gesagt, mit vier derselben nach Korfu in der Hoffnung und mit der Weisung ab, zwei dem Lord-Obercommissär übergeben, die übrigen beiden aber nach London bringen und in die Hände Cannings legen zu dürfen.

Dass der Schritt in seiner Wirkung auf den Kampf richtig berechnet war, that sich alsogleich kund. Niemand dachte mehr an Unterwerfung; Ibrahim, unbestritten Herr wohin er reichte, machte eben damals einen Zug über Kalavryta durch Arkadien und kehrte über Elis nach Navarin zurück. Das Volk floh aus seinem Wege, kein Gefecht fand statt, aber nur die besetzten Puncte blieben in seiner Gewalt. Unfähig gegen Ibrahim, aber in der gegründeten Hoffnung, dass die versuchte Unterwerfung an England auch auf diesen rückwirke, ihn zögern, in Alexandrien anfragen mache, wählte die Regierung glücklich den Augenblick, durch auswärtige Unternehmungen die Meinung ihrer Kraft in Europa zu verbreiten. Sie hatte im Juli 1,800,000 Piaster auf Rechnung der zweiten Anleihe erhalten; 150,000 Pfund Sterling waren ihr für den October angesagt. Einen Theil dieser Mittel verwendete sie, um durch Manollis Tombasis, Kriesis und Kanaris einen Versuch auf den Herd der Rüstungen Mechmed-Ali's, auf Alexandria selbst machen zu lassen, der zwar misslang, aber doch für eine Heldenthat galt; sie sandte Emanuel Antoniadis und Demetrius Kallergis mit einigen hundert Kretern, die ihr unnütz auf dem Halse sassen, nach Kreta, Drosos Mansolas in den Golf von Volo und machte überall Lärmen, der dem End-Erfolge günstig war.

Die Unfähigkeit des Kapudan-Pascha war es hauptsächlich, welche ihr am meisten zu statten kam, denn durch diese erhielt sich Mesolongi. Seit dem Anlangen der türkischen Flotte im Golfe von Patras war die Belagerung von dem Seriasker mit grosser Thätigkeit aufgefasst worden. Er richtete, durch die Flotte mit schwerem Geschütze versehen, sein Feuer hauptsächlich gegen die Batterie Franklin und gegen die in der Eile aufgeführten Seitenbatterien Kyriakula und Sachturis. Die Türken bemächtigten sich nach und nach der einzelnen Inselchen in den Lagunen und griffen am 19. und 20. Juli das Vorwerk Vasiladi an. Dieses erhielt sich, aber Prokopanitse, ein vorderster Posten der Griechen, ging verloren. Fast täglich büssten diese einen oder den anderen ihrer Offiziere ein. So in diesen Tagen die Obersten Binas und Lepenotakis. Am 22. nahmen die Türken die kleine Insel Skylla ungeachtet der Gegenwehr, die sechs kleine Fahrzeuge in den Lagunen gegen die Boote leisteten.

Der Graben vor der Batterie Franklin war bereits mit Bäumen und Aesten ausgefüllt. Aber den Belagerten gelang es, sie in Brand zu stecken. Der Muth entfiel ihnen fast, und manche aus ihnen, darunter sogar die Capitaine Rangos und Tsongas, entwichen aus der Stadt, trotz der augenscheinlichen Gefahr, der sie sich aussetzten. Am 23. Juli forderte der Seriasker die Belagerten abermals auf, aber sie wiesen seine Anträge zurück. Die Bewerfung geschah nun sowohl vom Lande als von den in die Lagunen eingedrungenen Booten aus, und der Kampf vor den Batterien Montalembert, Makrys, Franklin und Botzaris dauerte fast ohne Unterbrechung

Tag und Nacht fort, da die Türken sich darin festzusetzen, die Griechen aber sie daraus zu verjagen bestrebt waren. Am 28. zerstörten die Türken durch Minen einen Theil der Batterie Botzaris, konnten aber nicht durch die gut vertheidigte Bresche dringen. Am folgenden Tage pflanzten sie bereits ihre Fähnlein auf die Trümmer, mussten aber zuletzt doch weichen. Die Griechen verloren den Capitain Jannis Sukas auf der Bresche; Dimos Rinjassas und mehrere andere Capitaine starben an ihren Wunden. Am Abende des 1. August bemerkten die Belagerten allgemeines Gebet in dem Lager ihrer Feinde; am 2. mit Anbruch des Tages rückten diese zum Sturm gegen die Batterien der Mitte vor. Fast gleichzeitig sprangen Minen unter jeder derselben und die Türken erstiegen die Breschen, so dass bald zwanzig Fähnlein auf dem Schutte der Batterie Franklin zu sehen und bald auch die Batterien Botzaris, Makrys und Montalembert in ihren Händen waren. Dennoch konnten sie sich darin nicht halten, sondern zogen sich nach dritthalb Stunden mit Zurücklassung von etwa 500 Todten wieder heraus. Den Angriff der Boote hielten die Küstenbatterien ab. Am 3. August vernahmen die Belagerten Kanonendonner aus der See, sahen die türkische Flotte unter Segel gehen, und sich nach der Einfahrt des Golfes wenden, und am 4. hatten sie die Freude, vierzig griechische Schiffe im Golfe zu erblicken, während der entfernte Donner des Geschützes noch eine Nachhut von mehreren Schiffen verrieth, die mit dem Kapudan-Pascha sich schlug. Es waren deren zwanzig, die, obwohl unter dem Winde, ihn beschäftigten, während die Hauptmacht in den Golf drang. Miaulis und Sachturis, der eine am 27. Juli auf Betrieb Hamiltons aus Hydra, der andere aus dem lakonischen Golfe abgesegelt, führten die 60 Schiffe der Griechen. Die türkische kleine Flottille in den Lagunen zog sich sogleich an das Land unter den Schutz der Batterien des Seriaskers. Sachturis schiffte ungehindert die von der Regierung gesendeten Hülfen an Kriegs- und Lebensmitteln aus. Alle Batterien der Festung machten Freudensalven und neuer Muth belebte die Besatzung. Eine andere gute Nachricht kam um diese Zeit aus der Gegend von Salona. Karaiskakis, der Sohn Karaiskos, einer der beliebtesten und unternehmendsten Capitaine, während der grössten Entmuthigung zu Nauplia von Kolettis zur Erneuerung des Kampfes im Festlande aufgefordert und hiezu nur mit 800 Piastern, die Kolettis nicht einmal besass sondern entlieh, ausgerüstet, hatte sich mit etwa 60 Leuten abermals in's Gebirge bei Salona geworfen und dort bald mehrere Hundert Palikaren gesammelt. Nun schrieb er nach Mesolongi, er werde den Seriasker im Rücken anfallen und that es auch in der Nacht zum 6. August. Das Gefecht, durch ihn und Tzavellas mit vielem Muthe geführt und durch einen Ausfall unterstützt, kostete den Türken über 600 Todte und beunruhigte sie über ihre Verbindungen. Sie fuhren etwas lässiger in den Belagerungsarbeiten während der nächsten Tage fort; doch gelang es ihnen, hart an den Franklin ein überragendes Werk zu legen, von dem aus sie die Mauer an der Inseite zu bestreichen und die Stadt aufzudecken begannen.

Den Kapudan-Pascha trieben der Wunsch des Sultans, in Alexandria seine Flotte sehen zu lassen, und der Auftrag zur Ueberschiffung dort bereit stehender ägyptischer Truppen nach der Morea, zu sehr gelegener Zeit aus den Gewässern von Mesolongi. Mit Vergnügen sahen die Belagerten ihn am 5. August mit 12 Fregatten, 13 Corvetten und 15 Briggs und Schoonern südwärts ziehen, so dass nur unter den Kanonen von Patras eine Corvette, vier Briggs und vier Schooner zurückblieben, der Golf aber frei war. Sachturis folgte ihm mit 37 Segeln, darunter 15 Brander, am 6. und vier Tage darauf nahm auch Miaulis mit 8 Schiffen dieselbe Richtung. Der Rest der Schiffe blieb zur Sperre der Küsten und Golfe bis in den Canal von Korfu, welche die Regierung durch Erlass vom 29. Juni anbefohlen hatte.

Der Rückzug des Kapudan-Pascha entschied vor der Hand die Erhaltung des wichtigsten Bollwerkes, das Griechenland in diesem Zeitpuncte besass, und verbreitete unter dem ganzen Volke auf's Neue eine Zuversicht, die den sinkenden Glauben auf den Erfolg der Unterwerfungsacte bald ersetzte. Der Serlasker, ohne fähige Offiziere, fuhr zwar mit den Angriffen nach seinem besten Wissen fort. Seit dem Ueberfall vom 6. August mit seinem Lager in die Ebene hinabgerückt, machte er einen Küstenthurm, etwa zwei Stunden nordwestlich der Stadt, zu einem festen Anlehnungspuncte für seine äusserste Rechte, zog die Boote der Lagunenflottille wieder in's Wasser und neckte damit Anatoliko. Er bestrich auch die Inseite der Mauer, die bereits einem Steinhaufen glich, und hinter der die Griechen stellenweise Quermauern aufgeführt hatten. Er beunruhigte mit Feuer aus kleinem Gewehre mehrere Strassen und Gebäude der Stadt, auch die Ausfuhr aus den Lagunen. Die Griechen bedrängten aus den Batterien Koray, Wilhelm Tell und Kosciuszko durch Kanonen und Mörser sein Werk am Franklin, von dem er palissadirte Gänge bis an die Mauer vorzustrecken begann. Der Verlust der Türken vor Mesolongi betrug seit Anfang der Belagerung schon an 6000 Mann und Krankheiten breiteten sich im Lager aus. Am 14. August blieb auf Seite der Griechen der Sulioten-Capitain Kitzo Kostas; am 15. Spiros Kontojannis; aber die Griechen zerstörten durch Ausfall die mehrtägigen Bauten des Feindes, der das Werk am Franklin zu krönen und die Gänge durch einen grossen Damm zu decken bestrebt war. Schiffe brachten ihnen am 19. Nachschub an Truppen, von Kitzos Tzavellas, Georg Valtinòs und Kostas Photomaras gesandt, und zugleich die Nachricht, dass alles Volk der Gebirge sich um Karaiskakis sammle.

Am letzten August nahmen die Griechen durch Sturm die Werke, die der Belagerer um den Franklin aufgeführt hatte. Die Haufen der Capitaine Noto-Bozzaris, Kitzos Tzavellas, Lampro-Veikos, Nikolaus Zervas, Georg Kitzos, dann Makrys Lamprassis, N. Sturnaris, A. Iskos, Dimo-Tzelios, A. Rasikotzikas (der die eigentlichen Mesolongioten befehligte), Kostas Chormovas, A. Kussuris, Yataganas, Veris, Pangalos, Kosta Drossinis, brachen nach und nach diese schlecht vertheidigten Aufwürfe und Gänge mit verhältnissmässig geringem Verluste, der an Todten und Verwundeten nicht auf 100 Mann stieg. Am 3. September brachte die Goelette des Capitain Kyriakos Bruskos, abermals einige Vorräthe und Leute zur Bedienung der Geschütze, von der Regierung gesendet. Am 4. sprengten die Griechen den mit Türken bedeckten Franklin in die Luft.

Der Mangel stieg im türkischen Lager. Karaiskakis und die übrigen Capitaine erschwerten ungemein den Beitrieb von Lebensmitteln, überfielen einzelne Streifer und Haufen, waren auf allen Wegen, schnitten alle Verbindungen durch, waren Herren im Valtos und fast in ganz Akarnanien; sie waren es auch im Gebiete von Salona, das sie immer enger bedrängten.

Während des Septembers setzten die Belagerer die Beschiessung von Mesolongi fort. Was sie bis zum 21. an Werken am Franklin wieder gebaut hatten, zerstörten die Griechen glücklich durch Minen und Ausfall an diesem Tage. Ihre Verluste ersetzten die Letzteren, da die See offen war und das Gefühl der Wichtigkeit Mesolongi's damals in Blüthe stand, ohne Schwierigkeit. So brachten am 25. griechische Schiffe aus dem ambracischen Golfe die Capitaine G. Sadimas, Basilis Patzis, Christodulos Hadschi Petros und Johann Stratos mit ihren Leuten herbei. So nahmen mit Anfang des Herbstes die Belagerten an Kraft und Zahl zu, die Belagerer aber wurden müde, fingen an sich zu verlaufen, und es gehörte das Gewicht eines persönlich so hochgeachteten Mannes, wie Mechmed Reschid-Pascha unter den Türken es war, dazu, um auch in dieser Jahreszeit und bei dieser Stimmung die Belagerung fortzuführen. Gegen ihre Hoffnung und zuversichtliche Erwartung mussten sich die Griechen an die Idee gewöhnen, auch während des Winters ihre Bedrängnisse fortdauern zu sehen. Zwar räumten die Türken Salona, als eben die sie dort bedrängenden Capitaine ihre in der vorgeschrittenen Jahreszeit nicht länger haltbaren Stellungen verlassen wollten, und zogen nach Lamia zurück. Auch die Negropontiner Türken gingen nach Hause. Das östliche Griechenland war also wieder frei; aber Reschid-Pascha rüstete sein Lager vor Mesolongi für den Winter aus.

Während dieser Zeit war in Constantinopel in der Hauptsache Stillstand gewesen. Die Unterwerfungsacte der Griechen hatte die Pforte als einen Beweis des nahen Endes des Aufstandes betrachtet. Das Erscheinen eines nordamerikanischen Geschwaders im Archipel beunruhigte sie einen Augenblick, denn sie fürchtete, dass es zur Aufgabe habe ihr zu sagen: »schliesset einen Handelsvertrag mit uns oder wir stehen den Griechen bei.« Aber diese Besorgniss zerstob bald. Sie sah in der Eifersucht Englands ihren Schild gegen die Freistaaten und gewann der Unterwerfungsacte der Griechen auch die gute Seite ab, dass der Verwendung Russlands darin ein neues Hinderniss bereitet war. Glaubend, dass seinem Cabinete damit gedient sei den Stand der Dinge in den Fürstenthümern als einen den Verträgen zuwiderstehenden erscheinen zu machen und die Pforte damit nicht zu Ende kommen zu lassen, hatte Herr von Minciaky, gleich nach der Weigerung der Annahme der Dazwischenkunft, den Faden des Zwistes wieder aufgefasst, und am 22. Juni eine Note an den Reis-Efendi gerichtet, deren Ton nicht von der Art war um ihr eine gute Aufnahme zu bereiten. Er brachte darin der Pforte alles bereits wegen der Beschli-Aga's Gesagte in Erinnerung, bedauerte, dass sie auf seine siegreichen Gründe nichts zu erwiedern gewusst habe und eröffnete ihr, dass ihm von seinem Hofe erneuert die Weisung gekommen sei die Sache durchzuführen. Dann entwickelte er die Geschichte der Beschli's, die als eine Polizeitruppe zum Schutze der Bewohner der Fürstenthümer gegen die Gewaltthätigkeiten der türkischen Anwohner und insbesondere desshalb aufgestellt worden seien, um die Türken, die keine geregelte Erlaubniss vorzeigen konnten, über die Donau zurück zu schicken, die anderen aber, die berechtiget waren in den Fürstenthümern zu reisen, zu überwachen. Die Zahl ihrer Offiziere, Baschbeschli's, sei nach und nach bis zu etwa 40 angewachsen, die in den Hauptorten jeder drei bis fünfzehn Beschli's unter sich halten, durch diese die Polizei gegen die Muselmänner besorgen und die Ausführung der Entscheidungen der Gerichte und der Befehle der

Hospodare betreiben sollten. Keiner der Baschbeschli's dürfe ohne Erlaubniss des Hospodars mit den türkischen Statthaltern und Befehlshabern in Briefwechsel stehen. Wahl und Verwendung der Truppe, Absetzung und Entlassung hingen ausschliesslich von dem Willen des Fürsten ab, daher die Beschli-Aga's bei dem Wechsel des Fürsten auch gewechselt zu werden pflegten und der Mann erst kraft des Ehrenkaftans des Hospodars zum Beschli würde. Vor 1821 habe diese Truppe in der Wallachei jährlich 125,000 Piaster, in der Moldau 45,000 Piaster gekostet. Heute koste in der Wallachei allein ihr Unterhalt 880,000 Piaster.

Und nun fuhr Herr von Minciaky fort darzuthun, wie diese Truppe, ihrer ursprünglichen Bestimmung entgegen, zu einem von dem Hospodar fast unabhängigen Körper erwachsen sei. Er erklärte dadurch die Schutzrechte Russlands verletzt, zieh die Pforte der Unredlichkeit in Erfüllung ihrer an Lord Strangford gemachten Versprechungen, warf die Bemerkung hin, dass diess ein Massstab für S. M. den Kaiser sei, woran er ermessen könne, wessen er überhaupt von der Pforte sich zu versehen habe, drohte mit dem Wiederabbruche der auf eben diese Versprechungen hin angeknüpften Verbindungen und forderte unumwundene Antwort.

Der Reis-Efendi, aufgebracht über diese Note, hob mehrere Vorwürfe darin als völlig ungegründet heraus, so z. B. dass die Pforte unmittelbar an die Baschbeschli's Befehle ergehen lasse, während nicht eine Zeile an diese, sondern alles an die Hospodare gehe. Nach seiner Versicherung war der Punct der Ernennung der Baschbeschli's niemals in irgend einem öffentlichen Acte zur Sprache gekommen. Das religiöse Gesetz lasse aber nicht zu, dass ein Muselmann von einem, der es nicht ist, wie hoch auch dessen Rang, mit einem militärischen Range bekleidet werde. Der Hospodar habe allerdings diese Offiziere vorzuschlagen, ernannt aber würden sie jederzeit von der Pforte und die Bekleidung mit dem Kaftan durch den Hospodar sei eben die Folge dieser Ernennung. Auch über die Zahl der Beschli's bestehe keine andere Regel als die des

Bedarfes. Der Reis-Efendi bestritt Russland das Schutzrecht (droit de protection, Himajet), und gestand ihm nur das des Einschreitens (droit d'intercession, Chifaat) zu Gunsten dieser beiden Provinzen zu. Aber der Internuntius mässigte den Unmuth der Pforte, indem er ihr darthat, wie sehr sie Russland dadurch in die Hände arbeitete. Fürst Metternich wollte um jeden Preis die Frage wegen der Beschli's abgethan. Er ging von der Ueberzeugung aus, dass, was immer auch das Petersburger Cabinet wolle, Kaiser Alexander fest in dem Wunsche des Friedens beharre und dass, wenn er sich früher hinter der Handlungsweise seiner Verbündeten gegen den Zwang der griechischen, den Türken feindlichen Partei in seinem Reiche vertheidigte, er nun, wo er sich von den Verbündeten zurückzog, den Mangel an Unterstützung von ihrer Seite als Beweggrund seiner künftigen Unthätigkeit bei derselben Partei geltend machen wollte. Es war, nach dieser Ansicht, in den gegenseitigen Stellungen nichts verändert, und daher auch für das österreichische Cabinet keine Aenderung in seinem Gange nöthig. Fürst Metternich trug dem Internuntius auf, den Zwist wegen der Beschli-Aga's im russischen Geiste aufzufassen und bei der Pforte darauf zu dringen, dass, um dem Verlangen des Petersburger Cabinetes Genüge zu thun, die Beschli-Aga's aus den Fürstenthümern gezogen würden. Er sollte sein Begehren, als aus dem österreichischen Interesse springend, darstellen, die Seite des Rechtes gar nicht berühren, sondern nur auf das Gewicht, welches diese kleine Frage heute habe, hinweisen, nicht zugeben, dass die Pforte an die Erfüllung dieses Begehrens ein Gegenbegehren hänge (der Reis-Efendi hatte sich schon gegen den österreichischen Dollmetsch ausgesprochen, dass, wenn Russland in der Frage des Tarifs nachgäbe, die Pforte in derjenigen der Beschli-Aga's nachgeben könnte) und im Nothfalle drohen, dass Oesterreich der Pforte seine Beihülfe versagen, sie ganz verlassen würde. Zugleich befahl er ihm, in seinem Benehmen gegen Minciaky die Erkältung des Petersburger Cabinetes gegen das Wiener nicht im geringsten durchscheinen zu lassen, vielmehr seine Aufmerksamkeiten zu verdoppeln, die Petersburger Berathungen als die fortdauernde Quelle seiner Weisungen anzugeben, und wenn Herr von Minciaky ihm nicht mit gleicher Wärme begegnete, jeden abweichenden Schritt wohl zu bemerken und stets auf diesen Minister das Unrecht und die Verantwortlichkeit fallen zu machen.

Am 20. September war dieser Auftrag in Constantinopel angekommen. Vier Tage früher hatte Herr von Minciaky ein Schreiben des Grafen Nesselrode vom 10. August erhalten, des merkwürdigen Inhaltes: »dass die Halsstarrigkeit der Pforte in der Frage der Beschli's den gerechten Unmuth des Kaisers auf das Aeusserste gebracht und ihm die Augen über die Rolle geöffnet habe, welche die Gesandten von Oesterreich, Frankreich und Preussen in Constantinopel spielen. Der Kaiser wolle von nun an in der orientalischen Angelegenheit von den Verbündeten nichts weiter hören, sondern den Weg befolgen, den ihm die wahren Interessen des Reiches und seine Würde vorzeichnen. Nächstens werde Herr von Minciaky umständliche Weisungen erhalten. Vor der Hand habe er über die dermalige Eröffnung zu schweigen; wenn aber die Minister der Mächte zu sehr in ihn dringen, ihnen zu sagen: »er habe gemessenen Befehl von seinem Kaiser und Herrn, gegen die Minister der befreundeten Höfe sich weder über die Natur, noch über die Wirkungen der veränderten Gesinnungen desselben zu erklären; auch gebe seine Weisung dahin, an keinem Schritte Theil zu nehmen, den sie bei der Pforte zu machen für gut fänden, und ihnen zu wissen zu thun dass, im Falle sie irgend einen Vortheil ihr abgewännen, sei es in den griechischen Angelegenheiten oder in denen der Fürstenthümer, Russland nur in so weit sich damit zufrieden stellen würde, als es solch ein Ergebniss seinen eigenen Rechten und Interessen entsprechend fände, denn es sei des Kaisers Entschluss, sich nicht mehr mit Theilsachen abzugeben, sondern die Geschäfte in eins zusammen zu fassen.«

Dieses Schreiben kannte der Internuntius wenige Tage, nachdem es angekommen war. Aber er minderte die Wärme nicht, in der er die Weisungen seines Hofes ausführte. Saida-Efendi, froh, Waffen gegen den Divan zu haben, unterstützte selbst die feindseligen Gerüchte über die Reise des Kaisers in die Südprovinzen; der Divan gab nach und am 4. October theilte der Reis-Efendi dem Internuntius den Entschluss der Pforte mit, die Beschli-Aga's abzurufen und durch gewöhnliche Offiziere zu ersetzen. Herr von Minciaky erklärte sich schon auf die Mittheilung des beabsichtigten Schrittes an den Internuntius wörtlich, wie jenes Schreiben ihm auftrug, und wiederholte dieselbe Erklärung bei Mittheilung des Ergebnisses. Er hielt sich abgeschieden, regte keine Hand, mischte sich in nichts.

Die Haltung Russlands bewies, dass es das Gefühl habe, nicht länger auf dem schwankenden Grunde stehen zu können, auf dem es bis jetzt gestanden hatte. Fürst Metternich begann Besorgnissen Raum zu geben, denn er wusste den Kaiser Alexander in hohem Grade missmuthig und von dem Gefühle gequält, seit vier Jahren dem Nationalwunsche entgegen zu kämpfen; wusste ihn nur von dem Major-General Diebitsch und von dem militärischen Theile seines Hofstaates, durchaus von entschiedenen Anhängern des Krieges begleitet, wusste ihn reisend in Ländern, welche von den Hetäristen am meisten bearbeitet waren. Graf Wittgenstein, der Befehlshaber der Südarmee, war auch kurz vor der Abreise des Kaisers nach Petersburg berufen worden und dann zur Armee abgegangen. Diess bedeutete wahrscheinlich nichts, aber es konnte bedeuten. Der Fürst schrieb an den Internuntius am 30. September: »Der Kaiser will aus seiner Stellung heraus, die freilich eine falsche ist. Sich selbst überlassen, kann er möglicherweise zu einem Entschlusse fortgerissen werden, der allerdings wieder eine falsche Massregel wäre, aber wenn der Schlag gegen die Pforte gethan ist, gilt es für sie gleich, ob er recht oder falsch war. Wenn der Divan nicht mit Blindheit geschlagen ist, so muss er uns verstehen.« Er setzte zu seiner Weisung vom 5. den Wunsch hinzu, dass der Reis-Efendi, im Falle des Nachgebens, Herrn von Minciaky davon in einfachen und artigen Worten unterrichte, um dadurch die Kriegspartei in Russland um den Vorwand zu bringen, die Stellung des Kaisers zur Pforte als eine demüthige auszuschreien. »Gelten der Pforte,« so schloss er, »die Baschbeschli's so viel als das Bestehen des ottomanischen Reiches in Europa? Wenn die Verblendung der Pforte so weit ginge, beide Fragen für gleich gewichtig zu nehmen, so würden sicherlich auch wir bewogen sein, uns auf ein fruchtbareres Feld zu stellen als dasjenige der Verwendung für eine Macht, die länger nicht mehr die Kraft hat, aufrecht zu stehen.«

Dass aber das Petersburger Cabinet seines Kaisers eben so wenig vielleicht weniger gewiss war, als Fürst Metternich, geht aus dem Umstande hervor dass Herr von Minciaky nur gegen seine Collegen Schroffheit an Tag legen, die Pforte aber nicht ganz vernachlässigen musste. Zwei Tage nach Abgang des österreichischen Eilboten, der das Zugeständniss der Pforte, auf welches Herr von Minciaky so wenig Werth zu legen schien, nach Wien und Petersburg trug, verlangte dieser russische Minister eine Zusammenkunft mit dem Reis-Efendi, um über die Angelegenheiten Serviens und der Fürstenthümer mit ihm sich zu benehmen. Der Reis-Efendi fürchtete in der Erwähnung Serviens irgend einen neuen bösen Stern; er bemerkte dem russischen Dollmetsch: »über Servien sei ja Alles gesagt; die Abgeordneten dieser Provinz wohnten in den Offiziersgemächern des Serails und würden nach Rang und Würde behandelt; die Pforte behalte sie oder lasse sie nach Hause gehen, wie Herr von Minciaky diess wünsche, gegen die Bedingung freilich, dass im zweiten Falle Andere von gleichem Range sie ablösten. Es war aber Herrn von Minciaky eigentlich nur um die Gelegenheit zu thun, der Pforte die Abtrennung Russlands von den seitherigen Verbündeten mit dem gehörigen Gewichte vorzubringen und desshalb ihr zu sagen, dass, was sie immer in russischen Fragen mit anderen Mächten abmache, von Russland für nichtig angesehen werde. Die Zusammenkunft fand am 13. October im Landhause Saida-Efendi's statt. Dieser nahm die Erklärung des russischen

Ministers ruhig auf und bat ihn, zur Antwort die bereits angeordnete Abberufung der Baschbeschli-Aga's und die Ersetzung derselben durch untergeordnete Offiziere aus Silistria nach der Wahl der Hospodare, zur Kenntniss seines Hofes zu bringen. Der servischen Angelegenheiten wurde nur nebenher erwähnt; man sprach sich leicht. Herr von Minciaky schien zufrieden gestellt. Diese Stellung und der Umstand, dass der That nach dem Petersburger Cabinete der letzte seiner vorgebrachten Vorwände gerade in diesem Augenblicke unter den Füssen weggezogen ward, bildeten einen merkwürdigen Gegensatz mit der Erwartung von ganz Europa, das in der Reise des Kaisers Alexander die Einleitung zum Kriege sah. Das Petersburger Cabinet konnte nicht sagen, dass die Pforte sein Begehren nicht erfüllt habe; es musste sich daher zufrieden erklären. Aber schon hatte es seine Hoffnungen auf ein anderes Feld übertragen. Man begreift, dass diess kein anderes als England sein konnte; auf London war seine hauptsächliche Thätigkeit seit dem Augenblicke gerichtet, wo die Petersburger Verhandlungen nach Erschöpfung aller Hüllen und Formen endlich den innersten Gedanken des Petersburger und des Wiener Cabinetes hart sich gegenüber gestellt, Frankreich und Preussen entschieden zwischen beiden gewählt hatten, und Graf Nesselrode nicht die Hoffnung mehr nähren konnte, den Fürsten Metternich hinter sich her zu ziehen.

Canning aber wollte die Aufrechthaltung des Friedens eben so sehr, obwohl aus anderen Gründen als Fürst Metternich; er war daher natürlich geneigt, Russland die dargebotene Hand zu drücken, um sie zu halten. Graf Nesselrode, seinerseits besorgt dass Canning die Unabhängigkeit Griechenlands im Auge habe, bot die Hand, um diejenige Englands zu halten und zu lenken. Von beiden Seiten war daher seit Sommer dieses Jahres die Neigung, sich zu finden. Die Uebereinstimmung in einem so wichtigen Puncte als demjenigen der Verhinderung des Krieges, musste aber nothwendig auch den Fürsten Metternich und Canning sich in diesem Zeitpuncte wieder näher führen, denn Jeder hatte des Anderen nöthig. Als sich dieses Bedürfniss auszusprechen begann, ging Jeder halben Weges dem Anderen entgegen und Jeder aus Beiden schmeichelte sich, den Anderen hinter sich herzuziehen. In Berlin und Paris suchte das englische Cabinet gleichfalls das Schweigen des russischen für sich zu nützen. Es machte geltend, dass völliges Zurückziehen in der orientalischen Frage nie in seiner Absicht gelegen habe, und eiferte für die Nothwendigkeit des Zusammenstehens. Es sprach von Vorschlägen zur Beilegung des griechischen Aufstandes und forderte zu solchen auf. Wien und Berlin so wie Petersburg blieben in Erwartung; Paris glaubte voran treten zu müssen, und machte seinen Vorschlag bereit.

Es ist schwer zu sagen, wie weit eigentlich Canning mit Griechenland gehen wollte. Dass die Unabhängigkeit dieses Landes nicht in seiner Absicht lag und dass er über das was er wollte, in Petersburg nicht Verdacht erregen, nicht die Annäherung an diess Cabinet sich erschweren wollte, geht aus seinem Benehmen hervor. Er beantwortete die Klagen der Pforte, die diese erst kurz durch eine an Turner gegebene Denkschrift und dann durch mehrere Noten, wovon sie die letzte, vom 5. September, auch an den Lord Obercommissär der jonischen Inseln sandte, ihm dienstlich zukommen liess, mit der Versicherung, dass England nicht über die Linie einer strengen Neutralität hinaus gehen werde. Die Aufforderung von Seite Oesterreichs, sich zu erklären, wie Canning es mit der Unterwerfungsacte der Griechen zu halten gedenke, beantwortete er mit der Missbilligung aller Schritte, welche sich Sir Frederic Adams und Commodore Hamilton erlaubt hatten, mit der Versicherung, er werde diese Acte ohne Antwort lassen und endlich mit der königlichen Kundmachung vom 13. September, wodurch die Werbung für den griechischen Dienst und der Eintritt in denselben, die Ausrüstung von Kriegsschiffen in den englischen Häfen für Rechnung oder zum Dienste der Griechen bei Strafe verboten, und die Wegnahme solcher Schiffe anbefohlen wurde *).

---

*) Siehe Beilage VI. 10.

Die Angabe Mavrokordato's, dass er mit der Unterwerfungsacte nie etwas anderes beabsichtiget habe, als der Vertheidigung das Leben zu fristen, schien also gerechtfertigt. Demeter Miaulis, der Anfangs October damit in London anlangte, konnte nur durch Umweg sich seines Geschäftes entledigen. Er legte die Acte in die Hände eines Unterstaatssecretärs und mit ihr zugleich eine Denkschrift, die bewies, dass es Mavrokordato dennoch in einem anderen Sinne Ernst war, denn sie sprach den Wunsch aus, dass der Prinz Leopold von Sachsen-Koburg den Griechen zum Fürsten gegeben werde. Canning antwortete nicht, liess Demeter Miaulis bedeuten, die Antwort würde in Korfu erfolgen, aber der Schritt war auch für ihn kein verlorener und er beschloss bei sich damals bereits die Sendung Stratford Cannings über Hydra, um sich mit Mavrokordato zu benehmen. Da er aber den Eindruck besorgte oder errieth, den die Acte auf das eine oder andere Cabinet machen konnte, so war er der Uebergabe derselben mit dem erwähnten königlichen Cabinetsbefehle zuvorgekommen, der durch die Unklugheit der Philhellenen ihm überdiess fast abgenöthiget war. England galt noch weit mehr als es wirklich es war, für das Arsenal der Griechen gegen die Pforte. Dampfschiffe wurden öffentlich in der Themse, unter den Augen der ganzen Welt, aus den Geldern des griechischen Anleihens gebaut. Sir Francis Burdet, Hobhouse und andere angesehene Männer bewogen die griechischen Verhandler der Anleihe, Lord Cochran anzuwerben und diese schlossen offenkundig mit ihm einen Dienstvertrag am 17. August. Der Admiral that sich auf das Thätigste mit Ausrüstung der Schiffe herum. Die Blätter prahlten mit seiner nahen Abreise und während die einen zum Voraus über die Zerstörung der türkischen und ägyptischen Flotte durch diesen wie eine Marktwaare ausgeschrieenen Seemann jubelten, rechneten die anderen den Folgen nach, welche der Brand von Constantinopel und Alexandria, als unfehlbar und als Cochran's nächste Aufgabe betrachtet, haben müsste. Die Waffenverkäufe und Sendungen, statt sie im Verborgenen zu machen, geschahen mit einer

Oeffentlichkeit, die ihren Umfang in den Augen Europa's vervielfachte. England war dadurch der That nach aus seiner unbetheiligten Haltung herausgedrängt und ihm diejenige eines Verbündeten der Hellenen aufgenöthiget. Diess aber konnte Cannings Wunsch am wenigsten in einem Augenblicke sein, wo die Griechen die Unabhängigkeit als eine Thatsache voranstellten, und er in Constantinopel und Petersburg durch Verhandlungen sich die Entscheidung der Frage auf seine Weise zu sichern vorhatte. Ohne eine öffentliche Erklärung, wie der Cabinetsbefehl sie enthielt, konnte er weder bei der Pforte noch bei den Cabineten des Festlandes Glauben finden.

In Constantinopel und Wien nahm man die Unterwerfungsacte für das, für was sie Mavrokordato nunmehr öffentlich gab. In Petersburg weckte sie gleichfalls wenig Verdacht, aber sie verletzte als der feindselige Ausspruch einer zahlreichen Partei unter einem Volke, von dem man Dankbarkeit zu erwarten sich berechtiget hielt. In Paris wurde sie mit Eifersucht aufgenommen und ganz und gar als mit dem englischen Cabinete verabredet betrachtet. Canning hing einen ähnlichen Verdacht gegen das Pariser Cabinet aus. Er schrieb im October an seinen Botschafter in Wien, Sir Henry Wellesley: »Frankreich spielt offenbar ein doppeltes Spiel. Mit der einen Hand unterstützt es die Bildung und Abrichtung des ägyptischen Heeres, mit der anderen ermuthiget es die Griechen zum Beharren im Widerstande und streuet durch geheime Abgeordnete Versprechungen künftiger Hülfe aus, die nach Umständen zu gewähren es wahrscheinlich auch wirklich die Absicht hat. Der Vorschlag, aus Griechenland einen unabhängigen Staat unter einem französischen Prinzen zu bilden, mag allerdings von dem Pariser Vereine gekommen sein, aber dieser Verein ist in fortwährenden und innigen Verbindungen mit der französischen Regierung; mehrere seiner Glieder sind Leute aus der Umgebung des Königs und es ist kaum zu glauben, dass sie, ohne dessen schweigende Zustimmung wenigstens, daran Theil zu nehmen gewagt hätten. Ueber das Bestehen dieses Vorschlages kann kein Zweifel sein, aber es scheint, dass er eben keine ermuthigende Aufnahme bei den Griechen gefunden hat. Bei diesem Stande der Dinge und im Bewusstseyn dessen, was sie gethan hat oder zu thun erlauben würde, ist es begreiflich, dass die französische Regierung England im Verdacht ähnlicher Umtriebe hat, und die Unterwerfungsacte würde gemacht seyn, sie in demselben zu befestigen, wenn die Geradheit und Reinheit des Ganges Englands weniger bekannt und unbezweifelbar wären, als sie es wirklich sind« *).

Die Thatsachen sprachen aber laut gegen die Neutralität, welche Canning der Pforte und den Mächten gegenüber so gerne im Munde führte. Da diese Thatsachen nicht geläugnet werden konnten, so gab sich Canning Mühe, die Abweichungen aus der Verschiedenheit im Begriffe selbst zu erklären, und den Gang Englands als in der Mitte zwischen den beiden Meinungen des Tages vorzustellen **). Der einen zu Folge wären den Griechen als Rebellen gar nicht die Rechte einer kriegführenden Macht zuzuerkennen; der anderen nach aber hätten sie als für die Befreiung aus einem tyrannischen Joche kämpfend, mehr noch als diese Rechte anzusprechen. England nun erkenne ihnen diese Rechte zu, erlaube aber die unbillige Erweiterung derselben nicht. Canning betrachtete den Fürsten Metternich als den Verfechter der ersten dieser beiden Meinungen, und die daraus folgende Haltung Oesterreichs als über die Linie der Neutralität, wie England sie verstehe, zu Gunsten der Pforte herausschreitend. Für sich aber sprach er die Ansicht an, dass der Vorwurf gegen England, als schreite es seinerseits zu Gunsten der Griechen über diese Linie, aus der Grundverschiedenheit der Meinung über den Umfang dieses Begriffes entsprungen sei. Er forderte für sich die Anerkennung, dass er mit Treue und Strenge die Pflichten erfüllt, die aus dem Begriffe von Neutralität, wie er sie verstand, entsprossten. An diese Vertheidigung hing Canning die bestimmte Erklärung, dass es Grossbritannien nie und nimmer

*) Siehe Beilage VI. 11. a.

**) Siehe Beilage VI. 11. b.

einfallen werde, sich mit dem von den Griechen ihm übertragenen Schutz zu belasten.

Sobald es aber Canning an der Zeit schien, sich des Bodens in Petersburg und Constantinopel zu bemeistern, verkündigte er, im October noch, die Sendung Lord Strangfords nach dem ersten, die seines Neffen Stratford Canning nach dem anderen Puncte. Strangfords Wahl war ein Pfand, in Metternichs Hände gelegt, und konnte diejenige Stratfords hingehen machen. Der erste hatte Befehl, die Besprechungen mit Russland über die orientalischen Angelegenheiten wieder aufzufassen und desshalb zu erklären, England habe sich zurückgezogen zu Anfang dieses Jahres im Glauben, es sei zwischen Russland und der Pforte Alles ausgeglichen; wäre diess nun nicht der Fall, so fände sich England bereit, für diese Ausgleichung zu wirken, denn die Erhaltung des europäischen Friedens sei sein oberstes Augenmerk. Stratford Canning aber erhielt die Weisung, über Hydra nach Constantinopel zu gehen, am ersteren Orte sich mit Mavrokordato zu besprechen, ihm die Ausscheidung der Türken aus den im Aufstande begriffenen Ländern, aber auch das Aufgeben der Unabhängigkeit für eine günstige, dem Sultan zinspflichtige Stellung einzureden; in Constantinopel aber erst die Nachricht von Strangfords Ankunft in Petersburg abzuwarten und sich einstweilen auf freundschaftlichen Fuss mit der Pforte zu halten. Dass Russland den Entschluss, allein zu stehen, laut bekannt gegeben hatte, und dass das Feld in Constantinopel von Oesterreich nicht verlassen, sondern durch den Internuntius eben der letzte der von Russland geltend gemachten Vorwände weggeräumt worden war, wusste Canning damals nicht. Die Pforte nahm die Nachricht der Sendung Stratfords ziemlich kalt auf, da sie dessen Leidenschaftlichkeit kannte. Er war ein Mann von Geist und Geschäftsübung, aber eines wenig versöhnlichen Charakters. Fürst Metternich trug dem Internuntius auf, sich mit ihm auf einen höflichen Fuss zu stellen, aber kein vertrautes Verhältniss anzuknüpfen. Lord Strangford fand in Petersburg zuvorkommende

Aufnahme und das russische Cabinet, um seine Absichten zu reifen, nahm im Ganzen einen milderen Ton, gegen London insbesondere einen sehr zuvorkommenden an.

Die Stimmung rücksichtlich der Unterwerfungsacte hatte sich indessen in Griechenland völlig geändert, oder vielmehr es trat die ursprüngliche unbeengt vor. Im Verhältnisse als mit dem Vorrücken der Jahreszeit die Zuversicht in den Widerstand wuchs, nahm auch der Tadel gegen diese Acte zu. In Mesolongi und an anderen Orten traten Capitaine zusammen, schrieen gegen die Regierung, namentlich gegen Mavrokordato und lobten Kolettis, welcher bei der gesammten Kriegerkaste seiner Zustimmung zur Acte das Ansehen eines gegen seine Ueberzeugung und, um Schlimmeres zu verhüten, gemachten Schrittes zu bewahren gewusst hatte. Der Streit darüber wurde jedoch niemals heftig; man gewöhnte sich bald daran, die Acte für einen Streich in der Noth anzusehen; auch machten der Widerstand Mesolongi's, die Vergeblichkeit der Erfolge der Türken in Ostgriechenland, das allgemein geglaubte Gerücht, als herrsche die Pest im Lager Ibrahims und die Nachrichten von der gelungenen Aussaat des Aufstandes in Kreta, wo Grabusa um die Mitte October durch Ueberfall in die Hände der Griechen gerathen war, so günstigen Eindruck auf das Volk, dass die ganze Sache bald vergessen wurde und die Regierung als reinen Ertrag davon zunächst die Rettung des Landes und die Steigerung ihres eigenen Ansehens gewann. Sie versicherte sich Guras durch die Bereitwilligkeit, mit der sie seine Soldforderungen in Erwägung zog und durch den Umstand, dass sie viele seiner Leute zu Hydra und in Nauplia selbst in Händen hatte; sie bielt Kolokotronis um so leichter in Abhängigkeit, da sein Ruf und Anhang sich bedeutend gemindert hatten; sie schlug die Umtriebe des General Roche nieder, indem sie die Werkzeuge desselben, den Justizminister Theotokis und den mehr erwähnten Sophianopulos, der zu Megara in einer durch ihn veranlassten Versammlung von Primaten und Capitainen eine Sendung an den König von Frankreich durchführen wollte, um einen der Söhne des Herzogs von Orleans zum König zu erbitten, — weiter Lambro-Nakos, Aenian und Andere festnehmen liess; sie bemühte sich endlich, durch die Gründung einer geregelten Truppe Unabhängigkeit von den Parteien zu erringen und hatte in dem französischen Obersten Fabvier ein treffliches Werkzeug für dieses Geschäft. In wenigen Monaten und mit sehr wenigen Mitteln, fast nur auf die Zuflüsse aus den französischen Vereinen beschränkt, hatte dieser Offizier an 1500 Mann Fussvolk, Reiterei und Artillerie gebildet, und es begannen schon viele der Griechen sich an den Anblick einer geregelten Truppe zu gewöhnen. Die Regierung hatte sogar am 27. September ein Rekrutirungsgesetz erlassen, wodurch 1 pro Cent der männlichen Bevölkerung unter die geregelte Truppe gestellt werden sollte, ein Gesetz, das freilich nur in wenigen Inseln Folge fand, aber für das Ansehen der Regierung in und ausser Landes nützlich war. Für Waffen und Munition sorgten die philhellenischen Vereine in England und Frankreich, die sich im August dieses Jahres, als der Oberst von Stanhope, einem Rufe des Herzogs von Dalberg folgend, nach Paris kam, zu gemeinschaftlichem Wirken zu verständigen suchten. In Paris hatte der Eifer so zugenommen, dass die ersten Namen Frankreichs auf der Liste des Vereines standen; aber der Wunsch überwiegenden Einfluss zu üben, machte viele Mittel auf Sendung von Offizieren verwenden, die, in Griechenland ungern gesehen, und dem Stande der Dinge da wenig anpassend, diesem Aufwande nicht entsprachen. Die Regierung begann auch die Steuern mit einigem Nachdrucke einzutreiben, sie suchte eine Anleihe auf Nationalländereien und, da diese sich nicht verwirklichen liess, so verkaufte sie Gärten und zerstörbares Gut.

Der Krieg in der Morea hatte im Spätsommer seinen drohenden Charakter verloren. Er wurde von Seite der Aegypter ohne Verstand und gleichsam in der Absicht geführt, damit nicht zu Ende zu kommen. Aus Arkadien war Ibrahim-Pascha nach Messenien gezogen, dann über Mistra das Tal des Eurotas hinunter bis an die Mündung und weiter nach Monemvasia, dann wieder zurück nach

Tripolitza, wo er am 22. September mit grosser Beute und vielen Gefangenen eintraf. Kurz darauf trieb er die Wein- und Oehlärndten in den Thälern des Alpheus und Pamisus so wie in der Exarchie von Kyparissia ein, nahm die einstweilen in Navarin angelangten Verstärkungen und Vorräthe in Empfang, und durchzog im November die Ebenen von Elis. Nirgends wagten die Griechen sich ihm entgegen zu stellen, wohl aber versuchten sie, während seiner Abwesenheit von Tripolitza, Angriffe auf die zurückgelassene Mannschaft, so zu Ende August gegen mehrere Vorwerke und Mühlen, die sie zerstörten. Im September wollten sie sogar eine Ueberrumpelung der Stadt ausführen, wozu sie Fabvier mit seinen geregelten Truppen aufboten. Das Unternehmen scheiterte aber, da Fabvier von den Capitainen nicht unterstützt wurde. Kolokotronis hielt sich im arkadischen Hochgebirge, Petro-Bey in dem der Maina und einiges Volk lag im Castel Tornese und in den Sümpfen von Agulinitza. Für Nauplia war keine Sorge, so dass die Regierung im October sogar Fabviers entbehren zu können glaubte; sie sandte ihn und seine Truppe nach Athen, theils um Guras in Abhängigkeit zu erhalten, theils um Negropont zu bedrohen, und eigentlich, weil Mavrokordato ihm nicht traute, in ihm ein Hinderniss für seine weiteren Absichten sah.

So schwammen die Griechen mit gehobenem Haupte auf dem Meere der Unfälle, die sie erlitten. Jeder Versuch, die Moreoten zum Schlagen zu bringen, war vergeblich, ein grosser Theil der Halbinsel verheert, Ibrahim überall Meister, wo er stand. Aber der Grieche säete und ärntete nicht selten hinter seinem Rücken; er flüchtete auf die höchsten Spitzen des Gebirges oder unter die Mauern der festen Plätze, aber nirgends war von Unterwerfung die Rede, Kolokotronis, Nikitas und die anderen Capitaine hatten kaum 4000 Mann auf den Beinen und Jedermann wusste, dass die am 10. October von der Regierung abermals anbefohlene Aufstellung von 15,000 Mann unter diesem obersten Befehlshaber in der Morea ein Traum, und mehr für Europa als gegen den Feind berechnet war.

Aber auch die Truppe Ibrahims war durch Fieber und Anstrengung auf etwas über 9000 Mann geregelten Fussvolkes, 5000 Mann Albanesen, 1400 Reiter und wenige hundert Mann Artillerie und Sappeurs herunter gekommen, und von diesen lagen ein Drittheil als Besatzung in Tripolitza und in den Küstenplätzen. In Westgriechenland war zwar der Winterfeldzug nunmehr entschieden, denn der Kapudan-Pascha, während Hydra in grosser Besorgniss eines Angriffes von seiner Seite schwebte, war am 25. November wieder vor Mesolongi erschienen. Er hatte Alexandria am 17. October mit 1 Linienschiff, 20 Fregatten und Corvetten, 45 Briggs und Goeletten, 10 Brandern, 70 Transporten und einem Dampfschiffe verlassen, 8500 Mann geregeltes Fussvolk, 900 Reiter und grosse Vorräthe aller Art an Bord, schiffte die Truppen am 5. November in Navarin aus, und setzte dann seinen Weg fort. Aber Mesolongi hatte mehrmals Verstärkung empfangen und das Gebirge war in den Händen Karaiskakis und anderer Capitaine, die an 3000 Mann unter den Waffen hatten. In Ostgriechenland waren die Griechen fast unbeeinträchtiget. Zu den 3000 Mann, die unter Guras da standen, kamen nun fast 1000 Mann unter Fabvier, die eine Angriffsmasse gegen Negropont bildeten. In Kandia endlich hatte der Aufstand doch einige Verbreitung und an Grabusa einen Anhaltspunct gefunden, so dass er ein paar tausend Mann zu beschäftigen im Stande war.

Zur See, so sehr die Zahl sowohl als die Wirksamkeit der griechischen Marine gesunken war, machte doch der entscheidende Dienst den sie Mesolongi geleistet hatte, die gegen Ibrahim bewiesene Schwäche wieder vergessen und Hydra, mit Sorgfalt gerüstet und mit 1200 Rumelioten verstärkt, schien gesichert gegen jeden Angriff des Kapudan-Pascha. Auch Nauplia, vor wenigen Monaten noch ganz vernachlässiget, war durch die Thätigkeit der französischen Philhellenen auf einen Punct der Vertheidigungsfähigkeit gebracht, der dem Gegner wenig Hoffnung liess. Die Gesammtkraft der Insurgenten betrug im Herbste dieses Jahres 17,319 Mann, wovon 5910 Mann auf die Halbinsel, 6600 Mann auf Westgriechenland,

1200 Mann auf Hydra, und 800 Mann auf Kandia fielen. Auf den Zahlungslisten aber hatte die Regierung an 35,000 Mann, darunter 186 Generale.

Um den Geldforderungen Genüge zu leisten, hatte die Regierung neben den spärlichen Zuflüssen der englischen Anleihe und der Sendungen der philhellenischen Vereine noch den Ertrag der Zehenten und Zölle, den die Habsucht der Pächter, der Raub der Soldaten und die Anwesenheit des Feindes im Festlande und in der Halbinsel freilich tief herunterbrachten. Die Inseln, welche die Regierung zu zwingen im Stande war, gaben noch den meisten Ertrag, der im Jahre 1825 dennoch im Ganzen auf nahe an 6 Millionen türkischer Piaster sich belief.

Die Noth im Volke erzeugte ein Handwerk, von welchem die Regierung Hülfe in ihren täglichen Verlegenheiten zog und das die offenbare Hinneigung der Geschwader der europäischen Mächte, namentlich des englischen, zu den Griechen über Hand nehmen liess, das aber die griechische Marine nach und nach auflösete und den Philhellenismus in Europa brechen half, den Seeraub. Schon im Juli belief sich die Zahl der Raubschiffe im Archipel über achzig, die etwa 3500 Mann an Bord hatten. Mykone war der Hauptsitz dieser Mistiken und Syra ihr Markt. Die volle Entwickelung dieser Geisel gehört dem Winter von 1825 auf 1826 an. Wir wollen ihre Geschichte bis dahin vertagen.

In Europa waren die Hoffnungen für Griechenland tief gesunken. Der Glauben an einen günstigen Ausgang, d. h. an das Erringen der Unabhängigkeit, war nur noch bei den Ununterrichteten, bei den Getäuschten zu finden, die ihre Meinung aus Zeitungsnachrichten holten. Das Anleihen war auf 26 gefallen, und dieses zweite durch ein drittes zu heben, war bei solcher Stimmung nicht wieder möglich. Viele Griechen, insbesondere die in London befindlichen, verzweifelten an dem Schicksale ihres Vaterlandes, und nannten eine glückliche Wendung der Dinge eine Auferstehung vom Tode.

Eine Quelle der grössten Besorgniss war wirklich die unglückliche Verwendung der Anleihe. Von zwei Millionen Pfund, für welche die griechische Regierung sich Schuldner bekannte, deren wirklicher Belauf aber nur 1,110,000 Pfund gab, waren ihr im Baaren nur 216,114 Pfund zugeflossen, auf Geschütz und Kriegsbedarf aber 56,850 Pfund ausgegeben worden; die Zinsen, die Commissionsgebühren, die Wiedereinziehung von 500,000 Pfund der ersten Anleihe, die Amortisirung frassen 502,070 Pfund auf; 160,000 Pfund waren für sechs Dampfboote in England, 156,000 für zwei Fregatten in Amerika hinterlegt, so dass der vorräthige Rest in den Händen der griechischen Abgeordneten Orlandos, Luriotis und Kontostavlos dermalen nur mehr 18,365 Pfund betrug. Das eigennützige Betragen der amerikanischen Kaufleute, in deren Hände der Bau der Fregatten gegeben war, machte selbst die zu diesem Zwecke niedergelegte Summe unzulänglich, und die Abgeordneten in London waren schon im Laufe dieses Herbstes genöthiget, Wechsel dieser Kaufleute im Betrage von 45,000 Pfund unbezahlt zurückzuschicken, was das Schicksal dieser Fregatten vor der Hand in Zweifel stellte. Die Dampfschiffe, eine fast eben so unnöthige Ausgabe, waren auf Betrieb Lord Cochran's bestellt worden, der davon sein Kommen nach Griechenland abhängig machte, und diess war mit Leichtsinn und schlechter Wahl geschehen, so dass bis zur Stunde auch nicht eines fertig gebracht war. Lord Cochran, damals in Brüssel, stand ab von der ursprünglichen Forderung von 5 Dampfschiffen, und verlangte davon nur eines, nebst einem Schooner und vier Kanonierschaluppen. Auch dazu mangelte das Geld, denn Ricardo, die Sache Griechenlands für rettungslos ansehend, verweigerte die Herausgabe der niedergelegten Summen. Die Abgeordneten sahen sich bald in der Lage, die Wechsel ihrer eigenen Regierung von beiläufig 30,000 Pfund nicht annehmen zu können. Die Sendung Sir Robert Wilsons nach Griechenland, wo ihm der Befehl des Landheeres anvertraut werden sollte, ein Plan, an dem man mit Vorliebe hing und der zum Glücke Griechenlands nicht ausgeführt werden konnte, fiel aus eben dieser Ursache, da seine erste Bedingung eine Summe von 100,000 Pfund war.

Selbst die Schilderungen, die Graf Capodistrias empfing, waren völlig entmuthigend. Nach einem Schreiben seines Bruders Viaro an ihn, aus Korfu vom 29. December, waren die Kräfte der Griechen so vertheilt: Nikitas mit 2000 Mann in Messenien, um wo möglich die Verbindung Tripolitza's mit den westlichen Küstenplätzen zu hindern; Kolokotronis mit 3 bis 4000 Mann in Karytena, nach mehreren vergeblichen Versuchen, sich Tripolitza's zu bemeistern; Karatassos mit 3000 Rumelioten aus Hydra und Spezzia nach Argos gezogen und zu Kolokotronis zu stossen bestimmt; Lontos und Zaimis zu Megaspileon mit etwa 3000 Mann, um eine Bewegung Ibrahims von Patras nach Korinth zu erschweren; die Flotte zu Hause; Mesolongi sehr bedroht, obgleich die Sulioten in den Engwegen der Gebirge lagen und den Türken die Zufuhr abschnitten; die Regierung schwach.

Wie tief auch die Hoffnungen der Philhellenen und überhaupt der Mehrzahl der Europäer gesunken war, so gab es doch denkende Männer, welche die Lage der Griechen anders beurtheilten. Namentlich die Ansicht des österreichischen Cabinetes war eine von der allgemeinen abweichende. Herr von Gentz, in einer seiner vielen, an Schärfe des Gedankens, so wie an Kraft und Würde des Ausdruckes unübertroffenen Denkschriften, ein Mann, dessen in keinem Cabinete Europa's seines Gleichen sass, sprach diese Ansicht im August, also mitten in der Zeit der grössten Entmuthigung, aus. Er bezeichnete die Leistungen Ibrahims richtig als eine Ueberrennung, nicht aber als eine Eroberung, und gerade der Abgang eines griechischen Heeres, das sich im offenen Kampfe mit dem ägyptischen messen konnte, bei der Verwüstung des Landes und der Hinweisung der gesammten Bevölkerung auf den Krieg als ihr einziges Handwerk, schien ihm die beinahe sichere Bürgschaft dafür, dass die Unternehmung Ibrahims ohne nachhaltigen Erfolg bleiben müsste. Er wies auf die Unwahrscheinlichkeit für diesen, sich vor Einbruch des Winters in den Besitz von Nauplia zu bringen, und auf die nicht geringere, ohne diesen festen Platz sich während des Winters anders als vertheidigungsweise in den Festungen der Westküste und, mit häufig durchbrochenen Verbindungen, in Tripolitza und in ein paar anderen Puncten der Halbinsel zu behaupten. Der Feldzug in Westgriechenland offenbarte auch in diesem Jahre die Schlaffheit der türkischen Militärunternehmungen und der Umstand, dass bei allem Werthe, den man, und mit Recht, in Constantinopel auf den Besitz von Mesolongi legte, bis Ende Juli nicht eine einzige Massregel ergriffen war, um die Belagerung von der Wasserseite zu unterstützen, gab damals schon dem österreichischen Staatsmanne Grund, den Fall von Mesolongi in diesem Jahre nicht mehr zu erwarten. Die See wies ihm nur das Uebergewicht der griechischen Marine, der schweren Unfälle ungeachtet, die sie erlitten. So war auf jedem der drei Schauplätze, nach seiner Ansicht, der Endvortheil für die Griechen. Aber selbst in der unwahrscheinlichen Voraussetzung, dass Mesolongi fiele, Ibrahim jeden für die anhaltende Vertheidigung des eroberten Landes wesentlichen Punct, selbst den Winter hindurch behauptete, sah Herr von Gentz in Nauplia, in den bewaffneten Inseln und in der Marine drei Bollwerke der griechischen Sache, welche, selbst wenn fremder Einfluss und fremder Beistand, was doch keineswegs der Fall war, gänzlich aus dem Spiele blieben, von einer türkischen Macht nicht bezwungen werden konnten. Diese Bollwerke und der Abscheu vor der Rückkehr unter die alte Herrschaft, welcher die Kraft wie den Muth der griechischen Bevölkerung der Halbinsel wie des Festlandes überlebte und Ursache war, dass bei aller Abneigung zum Kriege, bei der allgemeinen Unlust und Abspannung, kein Friedensvorschlag, kein Versuch der Unterhandlung, keine Unterwerfung stattfand, dieser materielle Besitz und diese moralische Gegenwehr erschienen Herrn von Gentz als Bürgen der Unbesiegbarkeit der Griechen durch die Türken.

Diese merkwürdige, in der Geschichte fast beispiellose Erscheinung kann nicht auf Rechnung der Grausamkeit der Gegner gesetzt werden. Weder das eine noch das andere wurde im Grunde den Aegyptern Schuld gegeben, obwohl der Vortheil der Zeit verlangte, dergleichen Beschuldigungen auszusprechen und in den öffentlichen Blättern zu verbreiten. Der Pforte und der eigentlich türkischen Herrschaft gegenüber war es anders, denn der Grieche wusste aus tausendfältiger Erfahrung, gegen welche jede Meinung und Zusage fremder Cabinete nichts gewogen haben würden, dass der Sultan auch mit dem besten Willen nicht im Stande gewesen wäre, die Gräuel der tiefsten Erbitterung und Rache bei der Unterwerfung des Landes unter seine Herrschaft, demselben zu ersparen. Aber die Ernennung Ibrahims zum Statthalter der Morea, also die Aussicht im Falle der Unterwerfung auf die ägyptische, nicht aber auf die türkische Herrschaft, hoben dieses Hinderniss auf. Die Schwierigkeit lag daher ganz auf Seite der Griechen, und wenn sich von den Führern leicht begreifen liess, dass sie jedes Verträgniss von sich stiessen, so war weniger leicht zu erklären, wie die gesammte Masse eines, durch Noth und Elend aller Art gebeugten und fast aufgelösten Volkes eine solche Gesinnung theilen und jedes Mittel, den fast hülflosen Zustand mit einem erträglicheren zu vertauschen, standhaft verschmähen konnte.

Manche sahen den wirksamsten Grund davon in dem Gefühle von Misstrauen und Furcht, welches jeder einzelnen Gemeinde und mehr oder weniger jedem Einzelnen die Unsicherheit der Gesinnungen und Entschlüsse der nächsten Nachbarschaft einflösste; andere in dem Leichtsinne, in dem Vertrauen auf das Glück, in dem Hange zu abenteuerlichen Hoffnungen und in anderen längst bekannten Charakterzügen, die den Griechen so schnell von einem Aeussersten zum anderen, von Uebermuth zur Erschlaffung, von Verzweiflung zur Vermessenheit schleudern. Diese Gründe haben ohne Zweifel alle beigewirkt, ein anderer ist noch die, in der orientalischen Denkweise tiefgewurzelte Ergebung, und der wichtigste, der Takt der Lenker des Volkes, dessen Hoffnungen fortwährend neue Nahrung, neue Stützen zu geben. Die erfahrensten, geübtesten Staatsmänner würden in dieser Beziehung kaum geleistet haben, was Mavrokordato, Kolettis, Kunturiotis und so viele Andere leisteten, und was, gegenüber von Griechen, nur wieder ein Grieche leisten konnte.

Die schärfsten Köpfe in Griechenland, welche auf die Unmöglichkeit rechneten, dass unter den europäischen Mächten das Verhältniss, in welchem sie dermalen unter sich und zur Pforte hinsichtlich der griechischen Frage standen, noch lange fortbestehen könne, und die mit Gewissheit jedes Heraustreten aus demselben als von entscheidendem Nutzen für Griechenland betrachteten, die schärfsten Köpfe erschraken vor dem Zustande nicht und pflegten damals mit Kolettis zu denken, dass die Fortsetzung des Krieges das Wünschenswertheste sei. Die Mittel, die materiellen nämlich, waren freilich karg, aber die Unfähigkeit des Sultans, durch die seinigen die Griechen zu unterwerfen, stand fester als je in der Meinung jedes Einzelnen unter ihnen, und auch die Besorgniss, den Aegyptern zu unterliegen, hatte einer glücklichen Zuversicht Platz gemacht.

Es war ein entscheidendes Glück für Griechenland, dass, so oft es am Rande des Abgrundes stand, irgend ein Balken sich ihm bot, und wenn dieser brach, auch schon ein neuer bei der Hand war. Die Schutzacte hielt das Volk von der Unterwerfung zurück: sobald der Glaube an diese starb, wurde derjenige an Lord Cochran geboren. Der Eintritt dieses Mannes in den griechischen Dienst und seine nahe Ankunft wurden im Spätsommer verbreitet und die riesenhaftesten Erwartungen knüpften sich an die Meinung von seinen Fähigkeiten und an diejenige von den Mitteln, die er mitbringen sollte. Man war bereit, ihm unumschränkte Vollmacht zu geben, die ganze griechische Seemacht ihm unterzuordnen, oder wenigstens zwanzig Briggs ihm zu Befehle zu stellen, deren Eigenthümer ihre Bereitwilligkeit hiezu schriftlich erhärteten. Eine Kette von Täuschungen hielt so den Kampf in diesem drohenden Jahre aufrecht, und man möchte sagen, dass die Täuschungen mehr geleistet haben, als die halbe Wahrheit, die nachkam.

Die Regierung hatte eigentlich nur zwei Männer von wirklicher Fähigkeit, Mavrokordato und Kolettis. Der eine beherrschte den gesetzgebenden Körper hauptsächlich durch den Deputirten von Mesolongi, Spyridon Trikupis, und die Inseln durch den Präsidenten G. Kunturiotis; der andere hatte die Mehrzahl der Rumelioten und überhaupt der Capitaine für sich. Das Streben des ersteren ging dahin, die Regierung von den Capitainen und Primaten unabhängig zu machen und in seiner Person zu verwirklichen; er glaubte, für das erstere in der geregelten Truppe ein mächtiges Werkzeug gefunden zu haben, und dachte nur daran, sie in ihm ergebene Hände zu bringen. Als Phanariote gehasst, lehnte er sich an Europa, und an diese Stütze gelehnt, behauptete er sich in seiner schwierigen, viel angegriffenen und sicher zweideutigen Stellung. Kolettis, weit tiefer im Volke wurzelnd, kecker und gewaltsamer in seinen Mitteln, edler in seiner Gesinnung, bediente sich Europa's mit Scheu und Misstrauen selbst im Drange der Noth, und warf jedesmal das Werkzeug so schnell als thunlich weg. Nach ihm ruhte Griechenlands Zukunft in den Händen, so wie in dem Geiste des Volkes und eine Versammlung von Abgeordneten desselben war die erste Massregel, wornach er zielte. Er hatte dafür im Herbste dieses Jahres schon so viel gewirkt, dass Mavrokordato und Trikupis selbst nicht mehr wagten, sich entgegen zu stellen, und den gesetzgebenden Körper vermochten, sie am 29. September für den nächsten Jänner einzuberufen. Diess war ihnen damals das einzige Mittel, sich die Frist für drei Monate zu sichern, und dadurch um eben so viel ihre am 10. October gesetzmässig endende Macht zu verlängern. Die Schutzacte diente ihnen abermals als Vorwand, und zwar, um den wahren Grund ihres Einrathens zur Berufung der Nationalversammlung, die Furcht, zu verhüllen. Sie suchten dem Volke durch angebliche Berathung darüber zu schmeicheln, hofften es umzustimmen, denn es hasste bereits diese Acte und wollte seines Versprechens an England wieder los seyn. Sie hofften auch, auf's Neue die Macht in ihren Händen zu befestigen.

Wie sehr auch die Regierung zu dieser Zeit auf der Spitze

stand, so war doch keine Kraft da, um ihr den kleinen Stoss zu geben, der sie umzuwerfen genügend war. Das Volk war von der Ueberzeugung durchdrungen, dass mit den Türken kein Bund zu schliessen und der Sultan nie und nimmer im Stande seyn würde, die Griechen im Falle der Unterwerfung gegen die Wuth des Heeres zu schützen. Die Gräuel der Albanesen hatten auch die Hoffnung in Ibrahims Gewalt über sie völlig gebrochen. Das Volk blickte hoffend auf Europa, die Mehreren auf England, die Wenigeren auf Frankreich, Einige auf den heiligen Bund; alle hatten das Gefühl, dass in der Regierung, so schwach sie auch war, dennoch der einzige Ring bestand, der sie mit Europa verkettete.

Auf dem diplomatischen Felde war man einstweilen sehr thätig geworden. Graf Laferronais trat zuerst um die Mitte Novembers zu Petersburg mit seinem Vorschlage auf, der die fünf Mächte zu einem gemeinschaftlichen Schritte bei der Pforte bestimmen sollte. Er ging dahin: »dass die fünf Mächte, von der Nothwendigkeit durchdrungen, dem Kriege der Türken gegen die Griechen ein Ende zu machen, einstimmig und förmlich der Pforte erklärten: dass sie ein für allemal diesen Krieg als geendet betrachteten, folglich von ihr die Vortheile oder Gewährungen zu erfahren verlangen, die sie ihren griechischen Unterthanen zu geben gesonnen wäre, wogegen sich die Mächte verpflichten würden, die Vorschläge der Pforte von den Griechen annehmen zu machen. Der neue Zustand der Dinge, der aus diesem Vergleiche hervorginge, würde unter den Schutz der fünf Mächte gestellt bleiben.«

Der Vorschlag Lord Strangfords, den er vor der Hand nur als seinen persönlichen betrachtete, war in folgenden Worten abgefasst: »Die vier mit Russland verbündeten Mächte, indem sie die Beweggründe anerkennen, welche diese Macht vermögen, ein lebendiges und besonderes Interesse an der Beschwichtigung Griechenlands zu nehmen, fühlen zu gleicher Zeit, dass für keine aus ihnen ein gerechter Grund des Zwistes mit der Pforte bestehe, mit welcher sie durch Verträge, die sie treu beobachtete, verbunden sind; es wäre sonach dem Gewissen dieser Mächte entgegen, der Pforte den

Krieg desshalb zu machen, weil sie in Feindseligkeit gegen einen Theil ihrer Unterthanen steht, und es vertrüge sich schlecht mit ihrer Würde und mit dem Vortheile der Sache selbst, zu Constantinopel Drohungen auszusprechen, ohne dadurch ein bestimmtes Ergebniss zu beabsichtigen.«

»Da sie aber für durchaus und unbezweifelbar nothwendig erachten, dass der beklagenswerthe Stand der Dinge in der Levante aufhöre, und überzeugt davon sind, dass die bis jetzt in Anwendung gebrachten Massregeln hiezu nicht ausreichen, also andere ergriffen werden müssen, welche, wenn auch kräftigerer Art, sie jedoch nicht von der Linie der Neutralität zu verdrängen hätten und eben so wenig die Hoffnung ausschlössen, den Frieden zwischen Russland und der Pforte erhalten zu sehen, so haben sie zu diesem Zwecke Folgendes in Betracht genommen:

1. dass Russland, völlig einig mit ihnen über die eben ausgesprochenen Sätze, thätigst mit den vier Mächten am grossen Werke des Friedens arbeiten und sie mit dem ganzen Gewichte seines Einflusses in Constantinopel hierin unterstützen werde;
2. dass, um dieser Unterstützung die erwünschte Wirkung zu sichern, Russland vor der Hand alle weniger wichtigen Fragen bei Seite setze, zu Constantinopel eine neue Epoche beginne, einen Minister hinsende, und ihn mit den Ministern der übrigen Mächte auf eine und dieselbe Linie rücksichtlich dieser wichtigen Aufgabe stelle;
3. dass dieser russische Minister die Weisung erhalte, im Einklange mit den übrigen Ministern eine gemeinschaftliche, in den einfachsten und allgemeinsten Worten abgefasste Erklärung an die Pforte zu richten, über die man zuvörderst sich einverstehen würde, und durch welche man, was bis jetzt noch nicht geschehen sei, der Pforte begreiflich mache, dass sie die vereinte Stimme aller fünf Höfe

rücksichtlich der Angelegenheiten Griechenlands höre, und sie enttäusche über die falsche Voraussetzung, als herrsche darüber in den Ansichten der Mächte irgend eine Verschiedenheit;

4. dass, sobald die auf diese Weise gemachten Erklärungen oder Vorschläge von der Pforte angenommen sein werden, die Verbündeten ihren Einfluss anwenden, um sie von Seite der Griechen annehmen zu machen, ohne jedoch Zwangsmittel gegen die Griechen, noch in diesen ersten Schritten gegen die Pforte, in Anwendung zu bringen;

5. dass, im Falle die Pforte die Vorschläge verwirft, der russische Minister Constantinopel verlassen, und die übrigen Minister auf das gemessenste und gleichzeitig erklären, dass sie die Pforte ihrem Schicksale und den unabwendbaren Folgen dieser zweiten Abreise der russischen Mission überlassen, Folgen, gegen welche sie sich nur durch die alsogleiche Annahme der Rathschläge des gesammten Europa schützen könne.«

Lord Strangford sah seinen Vorschlag als genügend und zweckmässig an, als genügend, weil er zum ersten Male die fünf Mächte mit einer und derselben Stimme auftreten machte, und die Drohung, die darin enthalten war, ihm von solchem Gewichte schien, dass die Pforte derselben nicht widerstehen würde; er schien ihm auch zweckmässig, weil die Erhaltung des Friedens immer in den Händen der Verbündeten, d. h. in ihrem Einflusse auf Kaiser Alexander blieb.

Beide Vorschläge waren kaum zu Wien bekannt, so verwarf Fürst Metternich entschieden den ersten und erklärte sich bedingt für den zweiten. Die Abfassung des ersten zeigte Eile. Das österreichische Cabinet hob die Fehler desselben und die Vorzüge des englischen Vorschlages heraus, und während es an jenem fast kein Wort unbestritten liess, verlangte es an diesem nur eine bestimmtere

Abfassung der Drohung. Es wollte nämlich ein Russland gegebenes Zuerkenntniss des Rechtes zum Kriege, in dem gegebenen Falle, durchaus vermieden wissen. Baron von Damas verfocht nur schwach den Vorschlag des Grafen von Laferronnais, und stimmte zuletzt den Bemerkungen des Fürsten Metternich bei, den Gedanken des französischen Cabinets für einen und denselben mit dem des österreichischen erklärend. Er dehnte diese Zustimmung auch bis auf den freien Ausspruch aus, dass im Falle des Krieges Russlands gegen die Pforte, die vier Mächte diejenigen Massregeln in gemeinschaftlicher Berathung nehmen würden, die sie eben für gut fänden *).

Während diese Vorschläge in Petersburg besprochen wurden und die drei Mächte, nun durch England verstärkt, einen abermaligen Versuch, ihre Vermittlung in der griechischen Sache der Pforte aufzudringen, richtiger gesagt, einen neuen Damm gegen Russlands Kriegslust aufzuführen bemüht waren, brach der Boden unter ihren Füssen durch. Kaiser Alexander starb, Allen unerwartet, plötzlich zu Taganrok am 1. December. Die Nachricht war schon am 14. in Wien, am 22. in Constantinopel, am 9. in Petersburg. Sie bewirkte da ein augenblickliches Erstarren; in Constantinopel Angst und Beklemmung, die nur in der Hoffnung auf Unordnungen in Europa ihr Gegengewicht fanden; in Wien die Auffassung der Friedenshoffnungen mit erneuertem Vertrauen.

Alexander war von Sebastopol in Taganrok am 18. November mit Fieber angelangt. Am 27. nahm die Krankheit einen ernsten Charakter an; am 29. empfing er die Sacramente; am 1. December 10 Uhr früh starb er. Auf die Nachrichten vom 29., die Besserung verkündeten, liess die Kaiserin Mutter am 9. December in der Kathedrale ein Tedeum singen. Während desselben empfing der Grossfürst Nikolaus die Todesbotschaft. Nach einer kurzen Berathung beschloss derselbe in die Kirche zurück zu kehren und den Augenblick, wo die Kaiserin niedergeworfen lag vor dem Altare, zu er-

*) Siehe Beilage VI. 12, 13, 14.

greifen um ihr das traurige Ereigniss mitzutheilen. Der Gottesdienst wurde eingestellt, der Archimandrit mit dem Kreuze in der Hand trat vor sie hin und sprach die Botschaft aus; die Kaiserin brach ohnmächtig zusammen und wurde so weggebracht.

Die Pforte hatte kurz vorher bedeutende Veränderungen in Besetzung der ersten Staatsämter vorgenommen. Der Kiaja-Bey Sadik-Efendi, welcher sowohl auf diesem Posten als bei dem früher von ihm bekleideten Ministerium des Auswärtigen grossen Einfluss genossen hatte, war von seiner Stelle entfernt und zu einem sehr untergeordneten Amte ernannt worden. Zugleich mit ihm war der Verwalter des Arsenals Hussein-Bey, welcher im Rathe und im Serail, in den wichtigsten Angelegenheiten des Reiches ein bedeutendes Wort hatte, zwar nicht seiner Stimme im Rathe, aber doch seines Einflusses grossentheils beraubt worden. Es galten diese Veränderungen für einen Sieg der gemässigten Partei. Hussein-Bey und Nedschid-Efendi wurden nach der Morea gesendet in der doppelten Absicht, zwischen Ibrahim-Pascha, dem Seriasker und dem Kapudan-Pascha ein genügendes Einverständniss herzustellen und die Griechen zur Unterwerfung zu stimmen.

Das österreichische Cabinet, das vielleicht besser als irgend ein anderes den Kaiser Alexander gekannt hatte, konnte auch dafür gelten, den Fürsten, den man als dessen Nachfolger voraussetzen musste, zu kennen. Fürst Metternich schrieb, am 17. December, an den Freiherrn von Ottenfels *): „Der Grossfürst Constantin hat Geist, ein gerades Herz und Adel in seiner Gesinnung; seine Grundsätze sind streng; sie vertrugen sich manchmal schlecht mit dem Ideengange seines kaiserlichen Bruders, den die Empfindung und der Hang nach dem Romantischen beherrschten, aber der Grossfürst war das treueste Werkzeug in der Hand seines Bruders. Niemand versteht das Gehorchen und das sich Gehorchenmachen besser als er. Während seiner Jugend litt sein Ruf auf eine ihm sehr

*) Siehe Beilage VI. 15.

empfindliche Weise durch die Heftigkeit seines Charakters. Die Jahre und seine Gemahlin haben diesen Fehler gemildert. Seine Politik wird nach Aussen auf Erhaltung des Friedens, nach Innen auf diejenige des monarchischen Prinzipes und auf Verbesserungen in der Verwaltung gerichtet seyn. Für Russland beginnt nun die Geschichte, da der Roman zu Ende ist. Er wird sich der Griechen nicht annehmen, denn bis nun sprach er von denselben als Volk mit Geringschätzung und von ihrem Kampfe nur als von einem Aufruhr. Er betrachtet das Zusammenstehen Russlands mit Oesterreich als dessen Vortheil; er hasset die Engländer, verachtet die Franzosen und sieht Preussen als vom Uebel der Revolution bereits ergriffen an. Seine Regierung wird grosse Hindernisse zu besiegen haben. Das erste springt aus der Abspannung, die alle Bande des Gehorsams unter der weichen Regierung Alexanders erlitten haben. Die Handlungsweise des neuen Kaisers, mit den Augen der Furcht beurtheilt, die er einflösst, wird leicht hart gescholten werden und ein Gefühl des Zwanges erzeugen, welches das russische Volk seit fünf und zwanzig Jahren, d. h. seit einem Menschenalter, nicht kannte. Entsagt der Grossfürst Constantin dem Throne (ein Entschluss, den Manche erwarten) zu Gunsten seines Bruders Nikolaus, so ist es schwer, der neuen Regierung ihr Horoskop zu stellen.«

Mit dieser Einleitung eröffnete Fürst Metternich die Weisung an den Internuntius, sich nach Möglichkeit des Bodens in Constantinopel zu versichern. Er bedachte wie nun die Gerüchte von baldiger Trennung zwischen den Mächten, die Besorgniss des Krieges die Pforte befallen würden, und zeigte dieser Oesterreich als unwandelbare Stütze. Er verlangte von ihr, Alles zu vermeiden, was einem bösen Spiele gegen Russland gleichsehen könnte, dem neuen Monarchen mit Vertrauen entgegen zu treten, die Vorwände für Klagen über die Verwaltung der Fürstenthümer aus dem Wege zu räumen und nicht zu gestatten, dass ihre Bestellten dort Blössen geben; weiter, zu trachten, dass der Krieg gegen die Griechen sein Ende erreiche, die Unterworfenen mit sichtbarer Milde zu behandeln,

Massregeln zu ergreifen, die ihnen eine friedliche Zukunft sichern und sie ausser den Bereich der Willkühr der Verwaltenden stellen; er rieth ihr die Kraft der öffentlichen Meinung, dieser Atmosphäre, in der sich alle Cabinete bewegen, wohl zu erwägen und zu bedenken, dass, wenn sie nicht auf die eben genannte Weise gegen die Griechen sich benehme, die Gewal tder Umstände stärker seyn werde als diejenige der entschiedensten Freunde des Friedens; dass sie also die Mächte, wenn sie ihr über die künftige Gestaltung Griechenlands sprechen sollten, nicht nur höre, sondern sich zum Voraus so stelle, um ihnen antworten zu können: »Ich erkenne, dass ihr meine Freunde seyd, denn ihr rathet mir, was ich bereits gethan habe;« — dass sie endlich nie über die Thatsache der Einigkeit der Mächte unter sich in Zweifel sich werfen lasse.

Diese Weisungen schlossen das Jahr.

www.ingramcontent.com/pod-product-compliance
Lightning Source LLC
Chambersburg PA
CBHW032310280326
41932CB00009B/760

* 9 7 8 3 7 4 1 1 8 3 9 6 6 *